高等学校商科教育应用系列教材

财务管理

张宏艳 主 编

王 娜 刘悦男 副主编

清华大学出版社
北京

内 容 简 介

    本书基于企业财务管理的一般规律,以企业资金运动特征为主线,系统介绍了现代企业财务管理的基本概念、基本原理和基本方法,力求在内容上接近企业的经营实务。本书主要内容包括财务管理总论、财务管理基础、筹资管理、资金成本与资本结构、项目投资管理、证券投资、营运资金管理、收益分配、财务预算和控制、财务分析、财务绩效评价、国际财务管理等。

    本书可作为本科院校经济管理类专业必修课程的教材,尤其适用于会计、财务管理、金融学等专业,也可作为高等学校相关教职人员的参考书,还可供其他大众读者阅读参考。

图书在版编目(CIP)数据

财务管理/张宏艳主编. —北京:清华大学出版社,2022.4
高等学校商科教育应用系列教材
ISBN 978-7-302-60454-9

Ⅰ.①财… Ⅱ.①张… Ⅲ.①财务管理-高等学校-教材 Ⅳ.①F275

中国版本图书馆 CIP 数据核字(2022)第 052810 号

责任编辑:强　溦　刘士平
封面设计:傅瑞学
责任校对:袁　芳
责任印制:宋　林

出版发行:清华大学出版社
        网　　　址:http://www.tup.com.cn,http://www.wqbook.com
        地　　　址:北京清华大学学研大厦 A 座　　　　邮　　编:100084
        社 总 机:010-83470000　　　　　　　　　　邮　　购:010-62786544
        投稿与读者服务:010-62776969,c-service@tup.tsinghua.edu.cn
        质量反馈:010-62772015,zhiliang@tup.tsinghua.edu.cn
        课件下载:http://www.tup.com.cn,010-83470410
印 装 者:大厂回族自治县彩虹印刷有限公司
经　　　销:全国新华书店
开　　　本:185mm×260mm　　　　印　　张:21.25　　　　字　　数:510 千字
版　　　次:2022 年 5 月第 1 版　　　　　　　　印　　次:2022 年 5 月第 1 次印刷
定　　　价:59.50 元

产品编号:092776-01

前　言

高等学校商科教育应用系列教材

随着市场经济的蓬勃发展和企业管理制度的不断完善,现代企业财务管理有了长足进步,制定财务战略,合理筹集资金,有效营运资产,控制成本费用,规范收益分配等日益成为企业经营管理中的重要内容。财务管理作为高等院校经济学类、管理学类专业的核心课程之一,具有应用性强且多学科交融的特点。

本书在内容上坚持以财务管理的基本原理为基础,以企业财务活动为主线,阐述在整体财务管理目标下,关于资产购置(投资管理)、资本融通(筹资管理)、经营中现金流量(营运资金管理)及利润分配管理的内容,对企业财务管理实务进行整体规划,力求将原理、方法和应用融为一体。在内容安排上,本书紧密结合会计资格考试的有关内容,确保理论够用,突出实践导向,在每一章安排大量习题及案例分析,培养学生的应用能力,帮助学生满足工作岗位的实际需要。

本书在编写过程中,突出与办学定位、人才培养目标的一致性和适应性,通过每章的"导入案例""案例学习"以及每个知识点对应的"例题""课后练习",让学生掌握企业财务管理的基本技能,学会正确运用财务管理方法解决企业的实际财务问题。同时,本书每章都设计"关键术语中英文对照",可以为学生阅读英文文献打下基础。

本书由哈尔滨金融学院张宏艳担任主编,参加编写的有哈尔滨金融学院的王娜、刘悦男、王磊、李宁、赵凯。本书具体编写分工如下:张宏艳负责拟定提纲,并编写第五章、第七章;王娜编写第三章;刘悦男编写第十章、第十二章;王磊编写第四章、第八章、第十一章;李宁编写第二章、第六章;赵凯编写第一章、第九章。哈尔滨金融学院姚旭教授对全书内容进行了审订。

在编写过程中,本书参考了国内外大量专家、学者的著作,吸收了许多优秀的研究成果,在此表示衷心的感谢。由于编者水平有限,书中难免有不足之处,真诚希望广大读者批评、指正。

编　者
2022 年 1 月

目 录

高等学校商科教育应用系列教材

第一章

财务管理总论

◆ 学习目标 ▮▮▮▮▮▮▮▮▮▮▮▮

区别财务管理与会计；

了解财务管理假设；

理解财务管理的基本概念；

熟悉财务管理目标的科学表达；

掌握财务关系及财务管理的基本内容。

◆ 导入案例 ▮▮▮▮▮▮▮▮▮▮▮▮

2021年5月22—23日，2021年清华五道口全球金融论坛"新格局　新发展　新金融"在北京隆重召开。清华大学五道口金融学院院长张晓慧出席会议并发表演讲。张晓慧表示，为抗击新冠肺炎疫情对经济的冲击，过去一年中部分发达国家向经济注入了大量的流动性。我国在金融抗疫中并没有采取"大水漫灌"的方式，也没有采用量化宽松（QE）、零利率甚至负利率这类非常规的货币政策，更多的是以改革的手段提高金融服务实体经济的能力。但我们仍需警惕发达国家货币政策转向可能对我国金融体系产生的短期冲击，需要密切关注全球资产价格通胀的变化以及可能随之而来的金融过度杠杆和金融不稳定，做好不同通胀情境下的应对准备，尤其是要妥善管理预期，警惕结构性通胀上升导致部分领域投资过热。我们必须利用好稳增长压力减少的"空窗期"，加大结构调整和改革的力度，尽快形成以国内大循环为主体、国内国际双循环相互促进的新发展格局。

（资料来源：张晓慧. 要密切关注全球资产价格通胀的变化. https://www.sohu.com/a/468785683_117965,2021年5月26日）

思考题：目前我国企业所面临的财务环境如何？

"互联网＋"环境下企业财务管理创新探索

第一节 财务管理概述

一、财务管理的概念及特点

1. 财务管理的概念

财务管理是基于企业在再生产过程中资金活动所处的不同阶段形成的一系列经营活动而产生的,是企业组织财务活动、处理企业与各方面财务关系的一项经济管理工作,是企业管理的重要组成部分。

2. 财务管理的特点

企业生产经营活动的复杂性,决定了企业管理必须包括多方面的内容,如生产管理、技术管理、劳动人事管理、设备管理、销售管理、质量管理、关系管理和财务管理等。上述各项工作既互相联系、紧密配合,同时又有科学的分类,具有各自的特点。而财务管理作为企业管理的重要组成部分,具有以下特点。

(1) 财务管理是一项综合性管理活动。企业管理在实行分工、分权的管理过程中形成了一系列专业活动,有的侧重于使用价值的管理,有的侧重于信息的管理。社会经济的发展,要求财务管理主要是运用价值形式对经营活动实施管理。财务管理通过价值形式,对企业拥有的经济资源、经营过程和经营成果进行合理的规划和控制,达到企业效益不断提高,财富不断增加的目的。因此,财务管理既是企业管理的一个独立方面,又是一项涉及企业各方面财务关系的综合性管理活动。

(2) 财务管理与企业各方面具有紧密联系。在企业中,一切涉及资金的收支活动,都属于财务管理的范畴。企业中的每个部门都会通过资金的使用与财务部门发生联系,每个部门也都要在合理使用资金、节约资金等方面接受财务部门的指导,受到财务制度的约束,以此保证企业经济效益的提高。

(3) 财务管理能迅速反映企业的生产经营状况。在企业管理中,决策是否得当,经营是否合理,技术是否先进,产销是否顺畅,都可以迅速地在企业财务指标中得到反映,企业生产的产品如果适销对路,质量优良可靠,则可带动生产发展,实现产销两旺,加快资金周转,增强盈利能力,并体现在财务指标上。因此,财务管理工作既有其独立性,又受整个企业管理工作的制约。财务部门应通过自己的工作,向企业管理者及时通报有关财务指标的变化情况,以便其统筹各部门的工作,提高企业经济效益,实现财务管理的目标。

二、财务管理与会计的区别

财务管理是指运用管理知识、技能、方法,对企业资金的筹集、使用以及分配进行管理的活动,主要工作内容在于事前、事中管理,重在"理";会计是指以资金形式,对企业经营活动进行连续的反映、监督和参与决策的工作,主要工作内容在于事后核算,重在"算"。两者联系在于,其目的都是管理企业经营、提高企业效益,对象都是企业资金。在实际工作中,两者往往相互交叉,不分彼此,财务部门常常也会从事会计核算。但是,两者的职能、内容是不同的,是各自独立的专业学科,不存在包含关系,也不存在谁的地位高于谁的问题。

一般而言,财务制度的内容是针对财务管理方面而制定的,会计制度的内容是针对会计核算方面而制定的。但在企业的实际工作中,二者工作内容相近,概念常有混用,如使用财务制度规范会计核算,使用会计制度规范财务管理,也有些单位索性将这些制度统称为财务会计制度。

三、财务管理的内容

财务管理的内容由企业资金运动决定。现代企业财务管理的基本内容包括组织财务活动和处理财务关系两个方面。

1. 组织财务活动

财务活动是指企业资金的筹集、投放、使用、收回及分配等一系列行为,具体包括以下四个方面。

(1)筹资活动。企业组织生产经营活动,必须以一定的资金为前提,企业从各种渠道以各种形式筹集资金,是资金运动的起点。所谓筹资是指企业为了满足投资和用资的需要,筹措和集中所需资金的过程。在筹资活动中,企业一方面要确定筹资的总规模,以保证投资所需要的资金;另一方面要通过筹资渠道、筹资方式或工具的选择,确定合理的筹资结构,降低筹资成本和筹资风险。

从整体上看,任何企业都可以从两个方面筹资并形成两种性质的资金来源。一是企业主权资金,它是企业通过吸收直接投资、发行股票、企业内部留存收益等方式取得,其投资者包括国家、法人、个人等。二是企业债务资金,它是企业通过向银行借款、发行债券等方式取得。企业筹集资金,表现为企业资金的流入;企业偿还借款、支付利息、股利以及付出各种筹资费用等,则表现为企业资金的流出。这种因为资金筹集而产生的资金收支,便是由企业筹资引起的财务活动,是企业财务管理的主要内容之一。

(2)投资活动。企业取得资金后,必须将资金投入使用,以谋求最大的经济效益,否则,筹资就失去了目的和效用。投资是指企业将筹集的资金投入使用的过程,包括企业内部使用资金的过程(如购置流动资产、固定资产、无形资产等)以及对外投放资金的过程(如投资购买其他企业的股票、债券或与其他企业联营等)。企业无论购买内部所需资产,还是购买各种证券,都要支付资金。当企业变卖其对内投资形成的各种资产或收回其对外投资时,则会产生资金的收入。这种因企业投资而产生的资金的收付,便是由投资而引起的财务活动。

另外,企业在投资过程中,必须考虑投资的规模,以便企业的经济效益最佳。企业也必须通过投资方向和投资方式的选择,确定合理的投资结构,以提高投资效益、降低投资风险。这些投资活动都是财务管理的内容。

(3)资金营运活动。企业在日常生产经营过程中,会发生一系列的资金收付。首先,企业要采购材料或商品,以便从事生产和销售活动,同时,还要支付工资和其他营运费用;其次,当企业把产品售出后,便可取得收入,收回资金;最后,如果企业现有资金不能满足企业经营的需要,还要采取短期借款方式筹集所需资金。上述各方面都会产生企业资金的收付,而这些资金的收付就是因企业日常营运而引起的财务活动。

企业的营运资金,主要是为满足企业日常营业活动的需要而垫支的资金,营运资金的周转与生产经营周期具有一致性。在一定时期内资金周转越快,企业便可以利用相同数量的资金,生产出越多的产品,取得更多的收入,获得更多的报酬。因此,如何加速资金周转,提高资金利用效率,也是企业财务管理的主要内容之一。

(4) 分配活动。分配总是作为投资的结果而出现的,它是对投资成果的分配。投资成果表现为取得的各种收入扣除各种成本费用后获得的利润。分配是指对投资收入(如销售收入)和利润进行分割和分派的过程。

企业通过投资取得的收入,首先要用于弥补生产经营耗费,缴纳流转税,其余部分为企业的营业利润;营业利润和投资净收益、营业外收支净额等构成企业的利润总额。利润总额首先要按国家规定缴纳所得税,净利润要提取公积金,分别用于扩大生产、弥补亏损等,其余利润作为投资者的收益分配给投资者,或暂时留存企业或作为投资者的追加投资。值得说明的是,企业筹集的资金归结为所有者权益和负债两个方面,在对这两种资金分配报酬时,前者通过利润分配的形式进行,属于税后分配;后者通过将利息等计入成本费用的形式进行,属于税前分配。另外,随着分配过程的进行,资金无论退出还是留存企业,都必然会影响企业的资金运动,这不仅表现在资金运动的规模上,而且表现在资金运动的结构上。因此,在遵循法律的基础上,如何合理确定分配规模和分配方式,以使企业的长期利益最大,也是财务管理的主要内容之一。

上述财务活动的四个方面,不是相互割裂、互不相关的,而是相互联系、相互依存的。这四个方面构成了完整的企业财务活动,是企业财务管理的基本内容。

2. 处理财务关系

企业财务关系是指企业在组织财务活动过程中与有关各方发生的经济利益关系,具体可概括为以下几个方面。

(1) 企业与政府之间的财务关系。中央政府和地方政府作为社会管理者,担负着维持社会正常秩序、保卫国家安全、组织和管理社会活动等任务。政府依据这一身份,无偿参与企业利润的分配。企业必须按照税法规定向中央和地方政府缴纳各种税款,包括所得税、流转税、资源税、财产税和行为税等。企业与政府之间是一种强制和无偿的分配关系。

(2) 企业与投资者之间的财务关系。企业与投资者之间的财务关系主要是指企业的投资者向企业投入资金,企业向其投资者支付投资报酬所形成的经济关系。企业的投资者要按照投资合同、协议、章程的约定履行出资义务以便及时形成企业的资本。企业利用资本进行营运,实现利润后,应该按照出资比例或合同、章程的规定,向投资者支付报酬。一般而言,投资者的出资不同,他们各自对企业承担的责任也不同,相应对企业享有的权利也不相同。但他们通常要与企业发生以下财务关系:投资者能对企业进行何种程度的控制;投资者对企业获取的利润能在多大的份额上参与分配;投资者对企业的净资产享有多大的分配权;投资者对企业承担怎样的责任。投资者和企业均要依据上述四个方面合理地选择接受投资企业和投资方,最终实现双方之间的利益均衡。

(3) 企业与受资者之间的财务关系。企业与受资者之间的财务关系主要是指企业以购买股票或直接投资的形式向其他企业投资所形成的经济关系。随着市场经济的不断发展，企业经营规模和经营范围不断扩大，这种关系将会越来越广泛。企业向其他单位投资，应按约定履行出资义务，并依据其出资份额参与受资者的经营管理和利润分配。企业与受资者的财务关系是体现所有权性质的投资与受资的关系。

（4）企业与债权人之间的财务关系。企业与债权人之间的财务关系主要是指企业向债权人借入资金，并按借款合同的规定按时支付利息和归还本金所形成的经济关系。企业除利用资本进行经营活动外，还要借入一定数量的资金，以便降低企业资金成本，扩大企业经营规模。企业的债权人主要有债券持有人、贷款机构、商业信用提供者，以及其他出借资金给企业的单位和个人。企业利用债权人的资金，要按约定的利息，及时向债权人支付利息；债务到期时，要合理调度资金，按时向债权人归还本金。企业同其债权人的财务关系属于债务与债权关系。

（5）企业与债务人之间的财务关系。企业与债务人之间的财务关系主要是指企业将其资金以购买债券、提供借款或商业信用等形式出借给其他单位所形成的经济关系。企业将资金借出后，有权要求其债务人按约定的条件支付利息和归还本金。企业同其债务人的关系体现的是债权与债务关系。

（6）企业内部各单位之间的财务关系。企业内部各单位之间的财务关系主要是指企业内部各单位之间在生产经营各环节中相互提供产品或劳务所形成的经济关系。企业内部各职能部门和生产单位既分工又合作，共同形成一个完整的系统。只有实现这些子系统功能的执行与协调，整个系统才能具有稳定功能，从而达到企业预期的经济效益。因此，企业在实行厂内经济核算制和企业内部经营责任制的条件下，其供、产、销各个部门以及各个生产单位之间，相互提供的劳务和产品也要计价结算。这种在企业内部形成的资金结算关系，体现了企业内部各单位之间的利益关系。

（7）企业与职工之间的财务关系。企业与职工之间的财务关系主要是指企业向职工支付劳动报酬过程中所形成的经济关系。职工是企业的劳动者，他们以自身提供的劳动作为参加企业分配的依据。企业根据劳动者的劳动情况，用其收入向职工支付工资、津贴和奖金等，体现着职工个人和集体在劳动成果上的分配关系。企业与职工的分配关系还将直接影响企业利润并由此而影响所有者权益，最终会导致所有者权益的变动。

第二节　财务管理目标

企业的目标可概括为生存、发展和获利，其中获利是企业经营的根本目标。作为企业管理的一部分，财务管理的基本目标与其相一致。

一、财务管理的基本目标

根据现代财务管理理论和实践的发展，财务管理的目标主要包括以下几种。

1. 利润最大化

企业作为自主经营的主体,所创利润是企业在一定期间全部收入和全部费用的差额,是按收入与费用配比原则加以计算的。它不仅可直接反映企业创造剩余产品的多少,而且能从一定程度上反映出企业经济效益的高低和对社会贡献的大小。此外,利润是企业补充资本金、扩大经营规模的源泉。

利润最大化目标在实践中也存在一些难以解决的问题。第一,利润最大化的含义模糊,期间利润的定义也是模棱两可的。第二,利润最大化目标不能区分不同时期的报酬,没有考虑资金时间价值。第三,利润最大化目标没有考虑风险因素。第四,片面追求利润最大化,可能导致企业短期行为。

2. 净资产利润率最大化或每股利润最大化

净资产利润率是税后利润与净资产的比率,每股利润是净利润额与普通股股数的比值。作为企业的投资者,其投资目标是取得资本收益,这具体表现为税后净利润与出资额或股份数的对比关系。这个目标的优点是把企业实现的利润额同投入的资本或股本数进行对比,能够说明企业的盈利水平,可以在不同资本规模的企业或同一企业不同期间之间进行比较,揭示其盈利水平的差异。但缺点是该指标仍然没有考虑资金时间价值和风险因素,也不能避免企业的短期行为。

3. 股东财富最大化

股东财富最大化是近年来西方财务管理比较流行的观点。该观点认为,股东财富最大化是企业财务管理的目标,其表现形式是每股市价最大化。公司股票的价格是所有市场参与者对该公司价值的共同预期和判断的集中反映,是公司经营状况的晴雨表,在很大程度上展示了公司管理效率的高低和给所有者带来利益的多少。公司股东对公司管理业绩的满意与否,可以通过股票的买进、卖出做出反应。股东如果满意,就会持有或增加股份,股票价格上升;如果不满意,就会出售股份,该公司股票就会面临下跌的压力。因此,管理者必须从股东利益出发,积极为股东创造价值。财务经理在进行有关投资决策、筹资决策和资产管理决策时,必须考虑其决策行为对股票市场价格的影响,并以股东财富最大化为目标做出决策。影响每股市价的因素主要有以下几点。

(1)投资报酬率。投资报酬率是指公司的税后净利除以流通在外的普通股股数,投资报酬率的高低直接影响着股东财富的大小。

(2)风险。受政治、经济的宏观因素,以及技术和人为因素等个别或综合作用,股票市场价格会产生波动。

(3)资本结构。资本结构是指所有者权益和负债的比例关系。在利息率低于投资报酬率的情况下,可以扩大举债金额,提高公司的每股盈余,但这也加大了每股盈余的风险,一旦资不抵债,公司便会破产。

(4)股利政策。股利政策是指公司赚得的当期盈余中,作为股利发放给股东和保留作为投资使用的资金比例。股利是股东的眼前利益,留存收益是股东长远利益的保证,因此,股利政策会影响市价。

股东财富最大化是对现代企业财务管理目标的一种高度概括,为财务管理提供了一个行动准则。该观点考虑了时间价值和风险因素,在一定程度上能够克服企业追求利润的短期行为,容易量化,便于考核和奖惩。

4. 企业价值最大化

企业价值不是账面资产的总价值,而是企业全部财产的市场价值,它反映了企业潜在或预期的获利能力。投资者在评价企业价值时,以预期投资时间为起点,将未来收入按预期投资时间的同一口径进行折现。这一目标的优点是:第一,考虑了资金的时间价值和投资的风险价值,有利于统筹安排、合理选择投资方案、有效筹措资金、合理制定股利政策等;第二,反映了对企业资产保值增值的要求;第三,有利于克服管理上的片面性和短期行为;第四,有利于社会资源的合理配置,社会资金通常流向企业价值最大化的企业或行业,进而实现社会效益最大化。

二、财务管理目标的协调

企业管理者通常使用企业价值最大化作为分析和评价企业行为和业绩的财务管理目标。为实现这一目标,需要对不同利益主体之间的矛盾进行协调。

1. 所有者与经营者的矛盾与协调

企业价值最大化直接反映了企业所有者的利益,与企业经营者没有直接的利益关系。现代公司制企业所有权与经营权完全分离,经营者不持有公司股票或部分持有股票,希望更多增加享受成本,而所有者则希望获得更多企业价值或股东财富。由于二者行为目标不同,必然导致经营者利益和股东财富最大化的冲突。这种冲突可以通过约束和激励的方式来解决。

1) 约束

(1) 解聘。解聘是一种通过所有者约束经营者的方法。所有者对经营者予以监督,如果经营者未能使企业价值达到最大,就解聘经营者。为此,经营者会因为害怕被解聘而努力实现财务管理目标。

(2) 接收。接收是一种通过市场约束经营者的方法。如果经营者经营决策失误、经营不力,未能采取一切有效措施使企业价值提高,该公司就可能被其他公司强行接收或吞并,相关经营者也会被解聘。经营者为了避免这种接收,必须采取一切措施提高股票市价。

2) 激励

(1) "股票选择权"方式。它是指允许经营者以固定的价格购买一定数量的公司股票,股票的价格越是高于固定价格,经营者所得的报酬就越多。经营者为了获取更大的股票涨价益处,就必然主动采取能够提高股价的行动。

(2) "绩效股"方式。它是指公司运用每股利润、资产收益率等指标来评价经营者的业绩,视其业绩大小给予经营者数量不等的股票作为报酬。如果公司的经营业绩未能达到规定目标,经营者将部分丧失原先持有的"绩效股"。这种方式使经营者不仅为了多得"绩效股"而不断采取措施提高公司的经营业绩,而且为了使每股市价最大化,也会采取各种措施使股票市价稳定上升。

2. 所有者与债权人的矛盾与协调

企业的资本来自股东和债权人。债权人的投资回报是固定的,而股东收益随企业经营效益变化。当企业经营状况好、获得利润较高时,债权人所得的固定利息只是企业收益中的一小部分,大部分利润归股东所有。当企业经营状况差、陷入财务困境时,债权人却承担了资本无法追回的风险。这就使所有者的财务目标与债权人渴望实现的目标发生矛盾。首先,所有者可能未经债权人同意,要求经营者投资比债权人预计风险更高的项目,这会增加负债的风险。高风险的项目一旦成功,额外利润就会被所有者独享;倘若失败,债权人却要与所有者共同负担由此而造成的损失,这对债权人来说风险与收益是不对称的。其次,所有者或股东未征得现有债权人同意,而要求经营者发行新债券或举借新债,这增大了企业破产的风险,致使旧债券或老债券的价值降低,侵犯了债权人的利益。

所有者与债权人的上述矛盾可以通过以下方式解决。

(1) 限制性借款。它是通过对借款的用途限制、借款的担保条款和借款的信用条件来迫使股东不能利用上述两种方法剥夺债权人的债权价值。

(2) 收回借款不再借款。它是当债权人发现公司有侵蚀其债权价值的意图时,采取收回债权和不给予公司重新放款的方式,保护自身的权益。

除债权人外,与企业经营者有关的各方都与企业有合同关系,都存在着利益冲突和限制条款。企业经营者若侵犯雇员、客户、供应商和所在社区的利益,都将影响企业目标的实现。因此,企业是在一系列限制条件下实现企业价值最大化的。

第三节 财务管理环境

财务管理环境是指对企业财务活动和财务管理产生影响的所有内部、外部条件的统称。进行环境分析,可以提高企业财务行为对环境的适应能力、应变能力和利用能力,以便更好地实现企业财务管理目标。

财务管理环境一般可分为内部财务环境和外部财务环境。内部财务环境主要内容包括企业资本实力、生产技术条件、经营管理水平和决策者的素质等。内部财务环境存在于企业内部,是企业可以从总体上采取一定的措施加以控制和改变的因素。而外部财务环境存在于企业外部,无论是有形的硬环境,还是无形的软环境,企业都难以控制和改变,更多的是适应和因势利导,因此本节主要介绍企业外部财务环境。企业外部财务环境主要包括金融环境、法律环境和经济环境。

一、金融环境

影响财务管理的主要金融环境因素有金融机构、金融工具、金融市场和利率。

1. 金融机构

社会资金从资金供应者手中转移到资金需求者手中,大多要通过金融机构。金融机构包括银行业金融机构和其他金融机构。

(1)银行业金融机构。银行的主要职能是充当信用中介、充当企业之间的支付中介、提供信用工具、充当投资手段和充当国民经济的宏观调控手段。我国银行主要包括中国人民银行、各种商业银行和政策性银行。商业银行包括国有商业银行(如中国工商银行、中国农业银行、中国银行和中国建设银行)和其他商业银行(如交通银行、广东发展银行、招商银行、光大银行等);国家政策性银行主要包括中国进出口银行、农业发展银行、国家开发银行等。

(2)其他金融机构。其他金融机构包括金融资产管理公司、信托投资公司、财务公司和金融租赁公司等。

2. 金融工具

金融工具是在信用活动中产生的、能够证明债权债务关系并据以进行货币资金交易的合法凭证,它对于债权债务双方所应承担的义务与享有的权利均具有法律效力。金融工具一般具有期限性、流动性、风险性和收益性四个基本特征。

金融工具按其期限不同可分为货币市场工具和资本市场工具,前者主要是商业票据、国库券(国债)、可转让大额定期存单、回购协议;后者主要是股票和债券。

3. 金融市场

金融市场是指资金供应者和资金需求者双方通过金融工具进行交易的场所。金融市场可以是有形的市场,如银行、证券交易所等;也可以是无形的市场,如利用计算机、电话等设施通过经纪人进行资金融通活动。

金融市场的要素主要有以下几点。

(1)市场主体,即通过参与金融市场交易活动而形成买卖双方的各经济单位。

(2)金融工具,即借以进行金融交易的工具,一般包括债权债务凭证和所有权凭证。

(3)交易价格,反映的是在一定时期内转让货币资金使用权的报酬。

(4)组织方式,即金融市场交易的方式。

从企业财务管理角度来看,金融市场作为资金融通的场所,是企业向社会筹集资金必不可少的条件。财务管理人员必须熟悉金融市场的类型和管理规则,有效利用金融市场组织资金的筹措、进行资本投资等活动。

4. 利率

利率也称利息率,是利息占本金的百分比。从资金的借贷关系看,利率是一定时期运用资金资源的交易价格。资金作为一种特殊商品,以利率为价格标准的融通,实质上是资源通过利率实行的再分配。因此,利率在资金分配及企业财务决策中起着重要作用。

1)利率的类型

(1)按利率之间的变动关系,可将利率分为基准利率和套算利率。

基准利率又称基本利率,是指在多种利率并存的条件下起决定作用的利率。了解基准利率的变化趋势,就可了解全部利率的变化趋势。基准利率在西方通常是中央银行的再贴现率,在我国是中国人民银行对商业银行贷款的利率。

套算利率是指在基准利率确定后,各金融机构根据基准利率和借贷款项的特点而换算出的利率。例如,某金融机构规定,贷款 AAA 级、AA 级、A 级企业的利率,应分别在基准利率基础上加 0.5%、1%、1.5%,加总计算所得的利率便是套算利率。

(2)按利率与市场资金供求情况的关系,可将利率分为固定利率和浮动利率。

固定利率是指在借贷期内固定不变的利率。受通货膨胀的影响,实行固定利率会使债权人利益受到损害。

浮动利率是指在借贷期内可以调整的利率。在通货膨胀条件下采用浮动利率,可使债权人减少损失。

(3)按利率形成机制不同,可将利率分为市场利率和法定利率。

市场利率是指根据资金市场上的供求关系而自由变动的利率。

法定利率是指由政府金融管理部门或者中央银行确定的利率。

2)利率的一般计算公式

除供给与需求外,经济周期、通货膨胀、国家货币政策和财政政策、国际政治经济关系、国家利率管制程度等,对利率的变动均有不同程度的影响。一般而言,资金的利率通常由三部分组成:即纯利率、通货膨胀补偿率和风险收益率。利率的一般计算公式为

$$利率 = 纯利率 + 通货膨胀补偿率 + 风险收益率$$

纯利率是指没有风险和通货膨胀情况下的均衡点利率;通货膨胀补偿率是指由于持续的通货膨胀会不断降低货币的实际购买力,为补偿其购买力损失而要求提高的利率;风险收益率包括违约风险收益率、流动性风险收益率和期限风险收益率。其中,违约风险收益率是指为了弥补因债务人无法按时还本付息而带来的风险,由债权人要求提高的利率;流动性风险收益率是指为了弥补因债务人资产流动不佳而带来的风险,由债权人要求提高的利率;期限风险收益率是指为了弥补因偿债期长而带来的风险,由债权人要求提高的利率。

二、法律环境

财务管理的法律环境是指企业与外部发生经济关系时所应遵守的各种法律、法规和规章。市场经济是一种法治经济,企业的一切经济活动总是在一定法律规范范围内进行的。一方面,法律提出了企业从事一切经济业务所必须遵守的规范,对企业的经济行为进行了约束;另一方面,法律也为企业合法从事各项经济活动提供了保护。影响财务管理的主要法律环境因素有企业组织法规、税收法规和财务法规等。

1. 企业组织法规

按照国际惯例,企业可分为独资企业、合伙企业和公司制企业,各国均有相应的法律来规范这三类企业的行为。不同组织形式的企业在进行财务管理时,必须熟悉企业组织法规及其对财务管理的影响,做出相应的财务决策。

2. 税收法规

税法是税收法律制度的总称,是调整税收征纳关系的法规规范。企业财务人员应当熟悉国家税收法律的规定,不仅要了解各税种的计征范围、计征依据和税率,而且要了解差别税率、减税、免税的原则,自觉按照税收法规进行经营活动和财务活动。与企业相关的税种主要有以下五种。

（1）所得税类,包括企业所得税、个人所得税。

（2）流转税类,包括增值税、消费税。

（3）资源税类,包括资源税、城镇土地使用税。

（4）财产税类,包括财产税。

（5）目的与行为税类,包括印花税、车船税、契税。

3. 财务法规

财务法规是规范企业财务活动、协调企业财务关系的法令文件。我国目前企业财务管理法规有企业财务通则、行业财务制度和企业内部财务制度三个层次。

三、经济环境

影响财务管理的经济环境因素主要有国家经济政策、经济发展水平、通货膨胀状况、竞争环境等。

1. 国家经济政策

政府通过制定和运用财政税收政策和货币政策,能够对国民经济运行进行宏观调控。社会经济发展规划、政府产业政策、经济体制改革措施及财经法规,对企业的生产经营和财务活动都有重要影响。企业应认真研究国家的经济政策,按照政策导向行事,兴利除弊,使各项财务决策既有利于国民经济发展,又有利于增强自身的经济实力。

2. 经济发展水平

经济发展水平对企业财务管理有重要影响。经济发展与运行具有周期性,在经济快速发展时期,宏观经济环境可为企业扩大规模、调整方向、打开市场以及拓宽财务活动领域带来机遇。国际经济交流与合作使全球经济活动日趋融合,西方经济周期的影响也会不同程度地波及我国的一些企业。因此,企业财务管理人员应熟悉国内外经济环境,把握经济发展周期,以实现企业经营目标和经营战略。

3. 通货膨胀状况

通货膨胀会给企业财务管理带来很大困难。例如,通货膨胀会引起企业利润虚增,造成企业资金流失;引起资金占用大量增加,加大企业资金需求;引起利率上升,加大企业资金成本;引起有价证券价格下降,增加企业筹资难度等。企业无力改变通货膨胀本身,但作为财务管理人员,应对通货膨胀的发生及其影响有所预期,采取积极主动的应对措施,减轻其不利影响。

4. 竞争环境

竞争广泛在于市场经济之中,任何企业都无法回避,它不仅体现为产品和劳务的竞争,而且表现为人才竞争、技术竞争、资金竞争、信息竞争和管理竞争。竞争是市场经济得以运行的动力,推动着经济发展。对企业而言,竞争既是机遇,也是挑战。作为企业财务人员,应认真研究本企业及竞争对手的特点,明确自身的优势和劣势,分析原因,探求对策,为企业的财务决策、财务策略制定提供可靠的依据,使企业在竞争中立于不败之地。

第四节　财务管理假设

一、财务管理假设的概念

财务管理假设是人们利用自己的知识,根据财务活动的内在规律和理财环境的要求提出的,具有一定事实依据的假定或设想,是进一步研究财务管理理论和实践问题的基本前提。

二、财务管理假设的内容

1. 理财主体假设

理财主体假设是指企业的财务管理工作不是漫无边际的,而是限制在每一个经济上和经营上具有独立性的组织之内的。它明确了财务管理工作的空间范围,区分了股东、债权人、企业职工等主体。这一假设将一个主体的财务管理活动同另外一个主体的财务管理活动相区分。在现代的公司制企业中,财务管理应将公司的财务活动与股东的财务活动划分清楚,如果将众多股东和企业混在一起,就无法判断企业的经营业绩和财务状况。

2. 持续经营假设

持续经营假设是指经营主体持续存在并且能执行其预计的经济活动。也就是说,除非有相反的证明,否则,将认为每一个经营主体都会无限期地经营下去。这一假设明确了财务管理工作的时间范围。

企业可能是持续经营的,也可能会因为某种原因发生变更甚至终止营业。在不同的条件下,其所采用的财务管理原则和财务管理方法也是不一样的。由于绝大多数企业都能持续经营下去,破产、清算的毕竟是少数,即使发生破产,也难以预计发生的时间。因此,在财务管理上,除非有证据表明企业将破产、终止经营,否则,都假定企业在可以预见的将来持续经营下去。

3. 有效市场假设

有效市场假设是指财务管理所依据的资金市场是健全和有效的。只有在有效市场上,财务管理才能正常进行,财务管理理论体系才能建立。最初提出有效市场假设的是美国财务管理学者尤金·法玛(Eugene F. Fama),他将有效市场划分为三类:①弱式有效市场。这种市场中当前的证券价格完全反映了已蕴涵在证券历史价格中的全部信息,投资者仅根据历史的信息进行交易,均不会获得额外盈利。②半强式有效市场。此类市场中证券价格完全反映所有公开的可用信息。根据一切公开的信息进行交易,如公司的年度报告、投资咨询报告、董事会公告等,不能获得额外的盈利。③强式有效市场。此时证券价格完全反映一切公开的和非公开的信息,投资者即使掌握内幕信息也无法获得额外盈利。但事实上,即使是发达的股票市场,也不是在所有的时间和所有的情况下都是有效的,仍会出现例外情况。

4. 资金增值假设

资金增值假设是指通过财务管理人员的合理营运,企业资金的价值可以不断增加。这一假设实际上指明了财务管理的现实意义。财务管理是对企业的资金进行规划和控制的一项管理活动,如果在资金运筹过程中不能实现资金的增值,财务管理也就没有存在的意义了。

企业财务管理人员在运筹资金的过程中,可能会出现三种情况:一是取得了资金的增值(有了盈余);二是出现了资金的减值(有了亏损);三是资金价值不变(不盈不亏)。财务管理存在的意义绝不是后两种情况,而是第一种情况。当然,资金的增值是在不断运动中产生的,即只有通过资金的合理运筹才能产生价值的增值。但就个别企业而言,经营者将其资金投资于股票,一年以后卖出,可能实现资金的增值,也可能会出现亏损,但在做出这种投资决策时,一定假定这笔投资是增值的,如果假定出现亏损,这笔投资就不会发生了。因此,资金增值只是一种假设,而不是一个规律。

5. 理性财务管理假设

理性财务管理假设是指从事财务管理工作的人员都是理性的财务管理人员,其财务管理行为也是理性的,他们会在众多的方案中选择最有利的方案。

本 章 小 结

本章讲述了财务管理的概述、财务管理的目标、财务管理的环境和财务管理假设等问题,包含以下要点。

(1)企业财务管理是企业组织财务活动、处理财务关系的一项经济管理工作。

① 财务活动包括筹资活动、投资活动、资金营运活动、分配活动。

② 企业财务关系是指企业在组织财务活动过程中与有关各方发生的经济利益关系。企业的财务关系可概括为:企业与政府之间的财务关系,企业与投资者之间的财务关系,企业与受资者之间的财务关系,企业与债权人之间的财务关系,企业与债务人之间的财务关系,企业内部各单位之间的财务关系,企业与职工之间的财务关系。

(2)财务管理的目标是企业理财活动所希望实现的结果,是评价企业理财活动是否合理的基本标准。财务管理目标主要有利润最大化、净资产利润率最大化或每股利润最大化、股东财富最大化和企业价值最大化。

（3）所有权和经营权相分离形成了所有者与经营者、债权人和所有者之间的委托-代理关系，也相应需要进行财务管理目标的协调。

（4）财务管理环境包括外部环境和内部环境。外部环境主要包括经济环境、法律环境和金融市场环境，内部环境主要包括企业组织的类型和企业的组织结构。

（5）财务管理假设包括理财主体假设、持续经营假设、有效市场假设、资金增值假设和理性财务管理假设。

关键术语中英文对照

财务管理（financial management）
财务管理目标（objective of financial management）
利润最大化（profit maximization）
股东财富最大化（stockholder wealth maximization）
财务管理环境（environment of financial management）
独资企业（sole proprietorship）
合伙企业（partnership）
公司制企业（corporation）

案例学习

宏伟公司是一家从事 IT 产品开发的企业，由三位志同道合的朋友王力、张伟、赵勇共同出资 100 万元，三人平分股权比例共同创立。企业发展初期，创始股东都以企业的长远发展为目标，关注企业的持续增长能力，注重加大研发投入，不断开发新产品。这些措施有力地提高了企业的竞争力，使企业实现了营业收入的高速增长。然而，随着利润的不断增长，三位创始股东在收益分配上产生了分歧。王力、张伟倾向于分红，而赵勇则认为应将企业取得的利益用于扩大再生产，以提高企业的持续发展能力，实现长远利益的最大化。由此产生的矛盾不断升级，最终导致坚持企业长期发展的赵勇被迫出让持有的 1/3 股份而离开企业。但是，此结果引起了与企业有密切联系的广大供应商和分销商的不满，因为他们许多人的业务都与宏伟公司密切相关，他们深信宏伟公司的持续增长将为他们带来更多的机会。于是，他们威胁，如果赵勇离开企业，他们将断绝与企业的业务往来。面对这一情况，另外两位股东提出，他们可以离开，条件是赵勇必须收购他们的股份。赵勇的长期发展战略需要较多投资，这样做将导致企业陷入没有资金维持生产的境地。这时，众多供应商和分销商伸出了援助之手，他们或者主动延长应收账款的期限，或者预付货款。最终，赵勇回到了企业，成为公司的掌门人。

经历了股权变更的风波后，宏伟公司在赵勇的领导下，不断加大投入，实现了企业规模化发展，在同行业中处于领先地位，企业的竞争力和价值不断提升。

思考题:

1. 赵勇坚持企业长远发展,而其他股东要求更多的分红,赵勇的目标是否与股东财富最大化的目标相矛盾?

2. 拥有控制权的大股东与供应商、分销商之间的利益是否矛盾? 如何协调?

3. 像宏伟公司这样的公司,其所有权与经营权合二为一,这对企业的发展有什么利弊?

4. 重要利益相关者能否对企业的控制权产生影响?

课 后 练 习

一、单项选择题

1. 企业与投资者的关系主要表现为投资与分享投资收益的关系,在性质上属于(　　)关系。

  A. 所有权   B. 债权   C. 债务   D. 信用

2. (　　)的利率,在没有通货膨胀的情况下,可视为纯利率。

  A. 国库券   B. 公司债券   C. 银行借款   D. 金融债券

3. 财务管理是企业组织财务活动、处理与各方面(　　)的一项经济管理工作。

  A. 筹资关系   B. 投资关系   C. 分配关系   D. 财务关系

4. 下列属于通过采取激励方式协调股东与经营者矛盾的方法是(　　)。

  A. 股票选择权   B. 解聘   C. 接收   D. 监督

5. 在股份制企业,尤其是上市的股份公司,企业价值最大化的目标往往演变为(　　)。

  A. 每股利润最大化   B. 利润最大化

  C. 股票账面价格最大化   D. 股票市场价格最大化

6. 企业财务管理是企业管理的一个组成部分,区别于其他管理的特点在于它是一种(　　)。

  A. 劳动要素的管理   B. 物资设备的管理

  C. 资金的管理   D. 使用价值的管理

7. 现代财务管理的最优目标是(　　)。

  A. 利润最大化   B. 企业价值最大化

  C. 风险最小化   D. 效益最大化

二、多项选择题

1. 企业的财务关系包括(　　)。

  A. 企业与政府之间的财务关系   B. 企业与债权人之间的财务关系

  C. 企业与投资人之间的财务关系   D. 企业与债务人之间的财务关系

2. 债权人为了防止其利益不受伤害,可以采取(　　)保护措施。

  A. 取得立法保护,如优先于股东分配剩余财产

  B. 在借款合同中规定资金的用途

  C. 拒绝提供新的借款

  D. 提前收回借款

3. 企业财务活动包括（　　）。

  A. 筹资活动　　　　　　　　　　B. 投资活动

  C. 资金营运活动　　　　　　　　D. 分配活动

4. 所有者与债权人之间矛盾的协调方式有（　　）。

  A. 限制性借款　　　　　　　　　B. 收回借款或停止借款

  C. 股票选择权　　　　　　　　　D. 绩效股

5. 财务管理是（　　）的一项经济管理工作。

  A. 组织企业财务活动　　　　　　B. 组织购销活动

  C. 处理财务关系　　　　　　　　D. 进行人力资源管理

6. 企业价值最大化在运用时存在着缺陷，表现为（　　）。

  A. 追求企业的价值化，不能使企业资产保值与增值

  B. 非上市企业的价值确定难度较大

  C. 股票价格的变动只受企业经营因素影响

  D. 股票价格的变动，除受企业经营因素影响外，还受其他企业无法控制因素影响

7. 具有代表性的财务管理目标有（　　）。

  A. 利润最大化　　　　　　　　　B. 资本利润率最大化

  C. 企业价值最大化　　　　　　　D. 成本最大化

三、判断题

1. 企业的资金运动既表现为钱和物的增减变动，又体现了人与人之间的经济利益关系。
（　　）

2. 利润最大化是现代企业财务管理的最优目标。（　　）

3. 产值最大化是现代企业财务管理的最优目标。（　　）

4. 财务活动是指企业的生产经营活动。（　　）

5. 企业价值最大化是现代企业财务管理的最优目标。（　　）

6. 财务关系是指企业与投资人之间的经济利益关系。（　　）

7. 企业与政府之间的财务关系，体现为一种强制和无偿的分配关系。（　　）

第二章

财务管理基础知识

◆ **学习目标** ||||||||||||||

　　理解资金时间价值和投资风险价值的含义；

　　熟悉不同情况下资金时间价值的计算公式，并能够正确应用；

　　熟悉并能够熟练计算名义利率与实际利率；

　　掌握资产的风险及其衡量的步骤和方法、证券资产组合的预期收益率的计算方法；

　　掌握成本性态分析与本量利关系理论，并应用其解决实际问题。

◆ **导入案例** ||||||||||||||

复利计算的魔力与"70 规则"

　　假设你观察到，A 国家每年的经济平均增长率为 1%，而 B 国家每年的经济平均增长率为 3%。乍一看，这并不是什么大事。然而，2%的差别会引起什么结果呢？

　　答案是：两者有很大差别。在写成百分比时看来很小的增长率在许多年的复利计算之后会形成很大差异。

　　我们来看一个例子。假设两个大学毕业生刘皓和林琦，在 22 岁时，他们都找到了一份年收入为 3 万元的工作。刘皓生活在一个所有收入都按每年 1%增长的经济体系中，而林琦生活在一个所有收入都按每年 3%增长的经济体系中。简单明了的计算可以表明所发生的情况。40 年后，当两人都为 62 岁时，刘皓一年收入为 4.5 万元，而林琦一年收入为 9.8 万元。由于增长率 2%的差别，老年时，林琦的收入是刘皓的两倍多。

　　一个称为"70 规则"的古老经验有助于理解增长率和复利计算的结果。根据"70 规则"，如果某个变量每年按 x% 增长，那么大约在 70/x 年以后，该变量就会增加一倍。在刘皓生活的经济体系中，收入按每年 1%增长，因此，收入翻一番需要 70 年。在林琦生活的经济体系中，收入按每年 3%增长，因此，收入增加一倍需要大约 70/3 年，即 23 年。

　　"70 规则"不仅适用于增长的经济，而且适用于储蓄账户的增长。1791 年，本·富兰克林（Ben Franklin）去世，留下为期 200 年的 5 000 美元投资，用于资助医学院学生和科学研究。如果这笔钱每年赚取 7%的收益（实际上，这是非常可能的），那么这笔投资的价值每 10 年就能增加一倍。在 200 年中，它就变为了 20 倍。在 200 年复利计算结束时,这笔投资将价值 $2^{20} \times 5\ 000$ (美元),约为 50 亿美元。(实际上,富兰克林的 5 000 美元在 200 年中只增加到 200 万美元,因为一部分钱在此期间被花掉了。)

这些例子表明,长期中增长率和利率的复利计算会带来惊人的结果。这就是复利计算被称为"有史以来最伟大的数学发现"的原因。

思考题:复利是如何计算的?

货币时间价值在财务管理实践中的应用

第一节　资金时间价值

一、资金时间价值的概念

资金时间价值是指在没有风险也没有通货膨胀的情况下,货币经历一定时间的投资和再投资所增加的价值,也称为货币的时间价值。

在财务管理实务中,人们习惯使用相对数(利息率 i)表示资金时间价值,即用增加价值占投入资金的百分数来表示。用相对数表示的货币时间价值也称为纯粹利率(简称纯利率),指在没有通货膨胀、无风险情况下资金市场的平均利率。没有通货膨胀时,短期国债利率可以视为纯利率。

$$资金时间价值率(i) = \frac{增加价值}{投入资金} \times 100\%$$

由于货币随时间的延续而增值,不同时间单位货币的价值不相等,所以,不同时间的货币不宜直接进行比较,需要把它们换算到相同的时点才能进行比较。资金时间价值的计算包括一次性收付款项和非一次性收付款项(年金)的终值、现值的计算。

二、一次性收付款项的终值和现值

一次性收付款项是指在某一特定时点上一次性支出或收入,经过一段时间后再一次性收回或支出的款项。例如,现在将一笔 10 000 元的现金存入银行,5 年后一次性取出的本利和。

资金时间价值的计算,涉及两个重要的概念:现值和终值。现值又称本金,是指未来某一时点上的一定量现金折算到现在的价值。终值又称将来值或本利和,是指现在一定量的现金在将来某一时点上的价值。由于终值与现值的计算与利息的计算方法有关,而利息的计算又有复利和单利两种方式,因此终值与现值的计算也有复利和单利之分。在财务管理中,一般按复利来计算。

1. 单利的现值和终值

单利计算方法是指只对本金计算利息,利息部分不再计算利息,通常用 P 表示现值,F 表示终值,i 表示利率(贴现率、折现率),n 表示计算利息的期数,I 表示利息。其计算公式为

利息＝现值×利率×期数

$$I = Pin$$

单利终值＝现值＋利息＝现值×(1＋利率×期数)

$$F = P(1 + in)$$

$$单利现值 = \frac{单利终值}{1 + 利率×期数}$$

$$P = \frac{F}{1 + in}$$

【例 2-1】　某企业将一笔 50 000 元的现金存入银行,银行一年期定期年利率为 5%。计算第一年和第二年的终值、利息。

【解析】
$$I_1 = Pin = 50\ 000 × 5\% × 1 = 2\ 500(元)$$
$$I_2 = Pin = 50\ 000 × 5\% × 2 = 5\ 000(元)$$
$$F_1 = P(1 + in) = 50\ 000 × (1 + 5\% × 1) = 52\ 500(元)$$
$$F_2 = P(1 + in) = 50\ 000 × (1 + 5\% × 2) = 55\ 000(元)$$

单利计算中,第一年的利息在第二年不再计息,只有本金在第二年计息。

【例 2-2】　某企业希望 5 年后获得 20 000 元本利和,银行利率为 5%。计算现在应存入银行多少资金?

【解析】
$$P = \frac{F}{1 + in} = \frac{20\ 000}{1 + 5\% × 5} = 16\ 000(元)$$

现值的计算也称贴现值的计算,贴现使用的利率称贴现率。

2. 复利的终值和现值

复利计算方法是指每经过一个计息期,要将该期的利息加入本金再计算利息,逐期滚动计算,俗称"利滚利"。这里所说的一个计息期,是指相邻两次计息的间隔,如一年、半年等,除特别说明,一个计息期一般为一年。

1) 复利终值

复利终值指现在的特定资金按复利计算方法,折算到将来某一定时点的价值,或者说是现在的一定本金在将来一定时间,按复利计算的本金与利息之和。

【例 2-3】　某企业将 105 万元存入银行,年利率为 5%,计算一年后和两年后的本利和。

【解析】　一年后的本利和 $F_1 = 105 + 105 × 5\% = 105 × (1 + 5\%)$

两年后的本利和 $F_2 = 105 × (1 + 5\%) × (1 + 5\%) = 105 × (1 + 5\%)^2$

由此递推,可知经过 n 个计息期的本利和 $F_n = 105 × (1 + 5\%)^n$

因此,复利终值的计算公式为

$$F = P × (1 + i)^n$$

式中，P 表示现值(或初始值)；i 表示计息期利率；F 表示终值(或本利和)；n 表示计息期数。$(1+i)^n$ 被称为复利终值系数；用符号 $(F/P,i,n)$ 表示，即 $F=P\times(F/P,i,n)$。为了便于计算，本书编制了"复利终值系数表"(见附表1)。该表的第一行是利率，第一列是计息期数 n，相应的 $(F/P,i,n)$ 值在其纵横相交处。通过该表可查出，$(F/P,5\%,3)=1.1576$。表明在利率为 5% 的情况下，现在的 1 元和 3 年后的 1.1576 元在经济上是等效的。

【例 2-4】　某企业将 300 万元存入银行，年利率 4%，半年计息一次，按照复利计算，求 5 年后的本利和。

【解析】　本例中，一个计息期为半年，一年有两个计息期，计息期利率 = 4%/2 = 2%，即 $i=2\%$；由于 5 年共计有 10 个计息期，故 $n=10$。所以：

$$5 年后的本利和 F = P\times(F/P,2\%,10) = 300\times(F/P,2\%,10)$$
$$= 300\times1.21 = 365.70(万元)$$

2) 复利现值

复利现值是指未来某一时点的特定资金按复利计算方法，折算到现在的价值，或者是为取得将来一定本利和，现在所需要的本金。

根据复利终值公式计算复利现值，是指已知 F、i、n 时，求 P。

将复利终值计算公式 $F=P\times(1+i)^n$ 移项，可得公式为

$$P=F\times(1+i)^{-n}$$

式中，$(1+i)^{-n}$ 称为复利现值系数，用符号 $(P/F,i,n)$ 来表示，即 $P=F\times(P/F,i,n)$。为了便于计算，本书编制了"复利现值系数表"(见附表2)。

【例 2-5】　某企业拟在 5 年后获得本利和 500 万元。假设存款年利率为 4%，按复利计息，现在应存入多少元？

【解析】　　　$P=F\times(P/F,4\%,5)=500\times0.8219=410.95(万元)$

需要说明的是，在复利终值、复利现值的计算中，现值可以泛指资金在某个特定时间段的"前一时点"而不一定真的是"现在"的价值，终值可以泛指资金在该时间段的"后一时点"的价值。可以按照要求将该时间段划分为若干个计息期，使用相应的利息率和复利计息方法，将某个时点的资金计算得出该笔资金相当于其他时点的价值是多少。

三、非一次性收付款项(年金)的终值和现值

非一次性收付款是指在一定时期内，收款或付款的行为中有一个或两个发生的次数超过一次的收付款。其中具有代表性的，是每次收付金额相等且间隔时间相等的多次收付款，这样的收付款称为年金。年金是指间隔期相等的系列等额收付款项，通常用 A 表示。例如，间隔期固定且金额相等的分期付款赊购、分期偿还贷款、发放养老金、分期支付工程款以及每年相同的销售收入等，都属于年金。年金包括普通年金、预付年金、递延年金、永续年金等形式。年金的间隔期间可以不是一年，例如每季末等额支付的债务利息也是年金。

在财务管理中，年金一般是指普通年金。

1. 普通年金

普通年金是指在每期的期末，间隔相等时间，收入或支出相等金额的系列款项。每一间

隔期,有期初和期末两个时点,由于普通年金是在期末这个时点上发生收付的,故又称后付年金。

1) 普通年金的终值

普通年金的终值是指每期期末收入或支出的相等款项,按复利计算,在最后一期所得的本利和,用 F_A 表示。每期期末收入或支出的款项,折算到第 n 期期末的终值如图 2-1 所示。

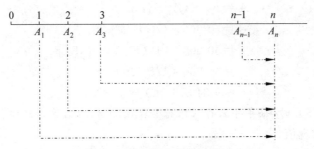

图 2-1 普通年金终值折算图

第 n 期支付或收入的款项 A 折算到最后一期(第 n 期),其终值为 $A \times (1+i)^0$。

第 $(n-1)$ 期支付或收入的款项 A 折算到最后一期(第 n 期),其终值为 $A \times (1+i)^1$。

第 3 期支付或收入的款项 A 折算到最后一期(第 n 期),其终值为 $A \times (1+i)^{n-3}$。

第 2 期支付或收入的款项 A 折算到最后一期(第 n 期),其终值为 $A \times (1+i)^{n-2}$。

第 1 期支付或收入的款项 A 折算到最后一期(第 n 期),其终值为 $A \times (1+i)^{n-1}$。

那么第 n 期的年金终值之和为 $F_A = A \times (1+i)^0 + A \times (1+i)^1 + \cdots + A \times (1+i)^{n-3} + A \times (1+i)^{n-2} + A \times (1+i)^{n-1}$。

经整理可得公式为

$$F_A = A \times \frac{(1+i)^n - 1}{i}$$

式中,$\dfrac{(1+i)^n - 1}{i}$ 称为"年金终值系数"或"1 元年金终值系数",记为 $(F/A, i, n)$,表示年金为 1 元、利率为 i、经过 n 期的年金终值,可直接查年金终值系数表(见附表 3)。

【例 2-6】 某企业连续 5 年每年年末存入银行 10 000 元,利率为 5%。计算第 5 年年末的本利和。

【解析】
$$
\begin{aligned}
F_A &= A \times (F/A, 5\%, 5) \\
&= 10\,000 \times 5.525\,6 \\
&= 55\,256(元)
\end{aligned}
$$

计算表明,每年年末存入 10 000 元,连续存 5 年,到第 5 年年末可得 55 256 元。

2) 年偿债基金

若已知年金终值,求每年支付的年金数额,则是年金终值的逆运算,即年偿债基金的计算。其计算公式为

$$A = F_A \times \frac{i}{(1+i)^n - 1}$$

式中，$\dfrac{i}{(1+i)^n-1}$ 称作"偿债基金系数"，记为 $(A/F,i,n)$，可查偿债基金系数表，也可根据年金终值系数的倒数求得，即 $(A/F,i,n)=1/(F/A,i,n)$。利用偿债基金系数可把年金终值折算为每年需要支付的年金数额。

【例 2-7】 某企业在 5 年后要偿还一笔 50 000 元的债务，银行利率为 5%。要求：为归还这笔债务，每年年末应存入银行多少元？

【解析】
$$
\begin{aligned}
A &= F_A \times (A/F,i,n)\\
&= 50\,000 \times (A/F,5\%,5)\\
&= 50\,000 \times [1/(F/A,5\%,5)]\\
&= 50\,000 \times 1/5.525\,6\\
&\approx 9\,048.79(\text{元})
\end{aligned}
$$

在银行利率为 5% 时，每年年末存入银行 9 048.79 元，5 后才能还清债务 50 000 元。

3）普通年金的现值

普通年金的现值是指一定时期内每期期末等额收支款项的复利现值之和，即为了在每期期末取得或支出相等金额的款项，现在需要一次投入或借入的金额。年金现值用 P_A 表示，其计算公式为

$$
P_A = A \times (1+i)^{-1} + A \times (1+i)^{-2} + A \times (1+i)^{-3} + \cdots
$$
$$
+ A \times (1+i)^{-(n-1)} + A \times (1+i)^{-n}
$$

整理上式可得到

$$
P_A = A \times \left[\frac{1-(1+i)^{-n}}{i} \right]
$$

式中，$\dfrac{1-(1+i)^{-n}}{i}$ 称为"年金现值系数"或"1 元年金现值系数"，记作 $(P/A,i,n)$，表示年金 1 元，利率为 i，经过 n 期的年金现值，可查年金现值系数表（见附表 4）。

【例 2-8】 某企业希望每年年末取得 10 000 元，连续取 5 年，银行利率为 5%。第一年年初应一次存入多少元？

【解析】
$$
\begin{aligned}
P_A &= A \times (P/A,i,n)\\
&= 10\,000 \times (P/A,5\%,5)\\
&= 10\,000 \times 4.329\,5\\
&= 43\,295(\text{元})
\end{aligned}
$$

为了每年年末取得 10 000 元，第一年年初应一次性存入 43 295 元。

4）年回收额

若已知年金现值，求年金，则是年金现值的逆运算，即年回收额的计算。其计算公式为

$$
A = P_A \times \left[\frac{i}{1-(1+i)^{-n}} \right]
$$

式中，$\dfrac{i}{1-(1+i)^{-n}}$ 称作"回收系数"，记作 $(A/P,i,n)$，是年金现值系数的倒数，可在查年金现值系数表后，利用年金现值系数的倒数求得。

【例 2-9】 某企业向银行贷款 100 万元，准备 20 年内于每年年末等额偿还，银行贷款利

率为5%。每年应归还多少元?

【解析】
$$A = P_A \times (A/P, i, n)$$
$$= 100 \times (A/P, 5\%, 20)$$
$$= 100 \times [1/(P/A, 5\%, 20)]$$
$$= 100 \times 1/12.462\,2$$
$$\approx 8.024\,3(万元)$$

2. 预付年金

预付年金是指每期收入或支出相等金额的款项是发生在每期的期初,而不是期末,也称先付年金或即付年金。

预付年金与普通年金的区别在于收付款的时点不同,普通年金在每期的期末收付款项,预付年金在每期的期初收付款项,二者的收付时间如图2-2所示。

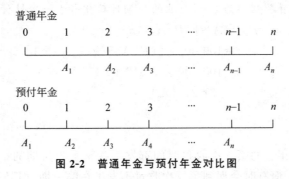

图2-2 普通年金与预付年金对比图

n期的预付年金与n期的普通年金,收付款次数是一样的,只是收付款时点不一样。如果计算年金终值,预付年金要比普通年金多计一年的利息;如计算年金现值,则预付年金要比普通年金少折现一年,因此,在普通年金的现值、终值的基础上,乘以$(1+i)$便可计算出预付年金的现值与终值。

1) 预付年金的终值

预付年金的终值是在普通年金终值基础上乘以$(1+i)$,计算公式为

$$F_A = A \times \frac{(1+i)^n - 1}{i} \times (1+i)$$
$$= A \times \left[\frac{(1+i)^{n+1} - 1}{i} - 1 \right]$$

式中,$\left[\dfrac{(1+i)^{n+1}-1}{i} - 1 \right]$称作"预付年金终值系数",记作$[(F/A, i, n+1) - 1]$,可利用普通年金终值系数表查得$(n+1)$期的终值,再减去1,便可得到1元预付年金终值。

【例2-10】 将例2-6中收付款的时间改为每年年初,其余条件不变。计算第5年年末的本利和。

【解析】
$$F_A = A \times [(F/A, i, n+1) - 1]$$
$$= 10\,000 \times [(F/A, 5\%, 5+1) - 1]$$
$$= 10\,000 \times (6.801\,9 - 1)$$
$$= 58\,019(元)$$

与例2-6的普通年金终值相比,相差2 763元(58 019-55 256),该差额实际上就是预付年金比普通年金多计一年利息造成的,即55 256×5%=2 762.80(元)。

2) 预付年金的现值

预付年金的现值是在普通年金现值基础上乘以$(1+i)$,计算公式为

$$P_A = A \times \left[\frac{1-(1+i)^{-n}}{i}\right] \times (1+i)$$

$$= A \times \left[\frac{1-(1+i)^{-(n-1)}}{i} + 1\right]$$

式中,$\left[\frac{1-(1+i)^{-(n-1)}}{i} + 1\right]$称作"预付年金现值系数",记作$[(P/A, i, n-1)+1]$,可利用普通年金现值表查得$(n-1)$期的现值,再加上1,便可得到1元预付年金现值。

【例2-11】 某企业贷款购买一生产流水线,采用分期付款方式,连续5年,每年年初付款10万元,假设银行贷款利率为8%,企业的分期付款相当于一次性付款的购价是多少元?

【解析】
$$P_A = A \times [(P/A, i, n-1)+1]$$
$$= 100\ 000 \times [(P/A, 8\%, 5-1)+1]$$
$$= 100\ 000 \times (3.312\ 1+1)$$
$$= 431\ 210(元)$$

3. 递延年金

普通年金和预付年金的第一次收付时间都发生在整个收付期的第一期,或在第一期期末,或在第一期期初。但有时会遇到第一次收付不发生在第一期,而是延后几期才在每期期末发生一系列收支款项,这种年金形式就是递延年金,它是普通年金的特殊形式。递延年金和普通年金对比图如图2-3所示。

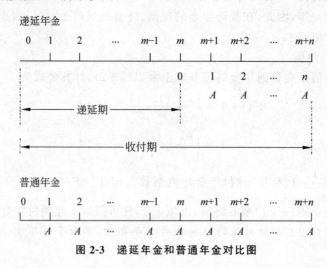

图 2-3 递延年金和普通年金对比图

由图2-3可知,递延年金的第一次年金收付没有发生在第一期,而是隔了m期(这m期就是递延期),在第$(m+1)$期的期末才发生第一次收付,并且在以后的n期内,每期期末均发生等额的现金收付。与普通年金相比,尽管期限一样,都是$(m+n)$期,但普通年金在$(m+n)$

期内,每个期末都要发生收付,而递延年金在$(m+n)$期内,只在后n期发生收付,前m期无收付发生。

1) 递延年金的终值

递延年金终值的大小,与递延期m无关,只与年金收付期数n有关,其计算方法与普通年金相同,计算公式为

$$F_A = A \times (F/A, i, n)$$

【例 2-12】 某企业于年初投资一项目,预计从第 5 年至第 10 年,每年年末可得收益 10 万元,假定年利率为 5%。计算投资项目年收益的终值。

【解析】
$$\begin{aligned} F_A &= A \times (F/A, i, n) \\ &= 10 \times (F/A, 5\%, 6) \\ &= 10 \times 6.801\ 9 \\ &= 68.019(\text{万元}) \end{aligned}$$

2) 递延年金的现值

递延年金的现值可用三种方法来计算。

(1) 将递延年金视为n期的普通年金,求得年金在递延期期末m点的现值,再将m点的现值调整到第一期期初。其计算公式为

$$P_A = A \times (P/A, i, n) \times (P/F, i, m)$$

(2) 先假设递延期也发生收付,则变成一个$(m+n)$期的普通年金,算出$(m+n)$期的年金现值,再扣除并未发生年金收支的m期递延期的年金现值,即可求得递延年金现值。其计算公式为

$$P_A = A \times [(P/A, i, m+n) - (P/A, i, m)]$$

(3) 先算出递延年金的终值,再将终值折算到第一期期初,即可求得递延年金的现值。其计算公式为

$$P_A = A \times (F/A, i, n) \times (P/F, i, m+n)$$

【例 2-13】 某企业年初投资一项目,希望从第 5 年开始每年年末取得 10 万元收益,投资期限为 10 年,假定年利率 5%。计算该企业年初至多投资多少元?

【解析】 方法一:
$$\begin{aligned} P_A &= A \times (P/A, i, n) \times (P/F, i, m) \\ &= 10 \times (P/A, 5\%, 6) \times (P/F, 5\%, 4) \\ &= 10 \times 5.075\ 7 \times 0.822\ 7 \\ &\approx 41.76(\text{万元}) \end{aligned}$$

方法二:
$$\begin{aligned} P_A &= A \times [(P/A, i, m+n) - (P/A, i, m)] \\ &= 10 \times [(P/A, 5\%, 10) - (P/A, 5\%, 4)] \\ &= 10 \times (7.721\ 7 - 3.546\ 0) \\ &\approx 41.76(\text{万元}) \end{aligned}$$

方法三:
$$\begin{aligned} P_A &= A \times (F/A, i, n) \times (P/F, i, m+n) \\ &= 10 \times (F/A, 5\%, 6) \times (P/F, 5\%, 10) \\ &= 10 \times 6.801\ 9 \times 0.613\ 9 \\ &\approx 41.76(\text{万元}) \end{aligned}$$

从计算中可知,该企业年初的投资额至多为 41.76 万元。

4. 永续年金

永续年金是指无限期收入或支出相等金额的年金,也称永久年金。永续年金是普通年金的一种特殊形式,其期限趋于无限,没有终止时间,因而没有终值,只有现值。永续年金的现值计算可使用普通年金现值的计算公式为

$$P_A = A \times \frac{1-(1+i)^{-n}}{i}$$

当 $n \to +\infty$,$(1+i)^{-n} \to 0$,可推导出永续年金计算公式为

$$P_A = A/i$$

【例 2-14】　某企业要建立一项永久性帮困基金,计划每年拿出 5 万元帮助失学儿童,年利率为 5%。现应筹集多少资金?

【解析】

$$
\begin{aligned}
P_A &= A/i \\
&= 5/5\% \\
&= 100(万元)
\end{aligned}
$$

现应筹集 100 万元资金,即可每年拿出 5 万元帮助失学的儿童。

四、利率的计算

1. 现值或终值系数已知的利率计算

现值或终值系数已知的利率计算步骤如下。

(1) 查阅相应的系数表,如果能在表中查到相应的数值,则对应的利率就是所求的利率。

(2) 如果在系数表中无法查到相应的数值,则可以使用内插法(也叫插值法)计算,假设所求利率为 i,i 对应的现值(或终值)系数为 β,β_1、β_2 为现值(或终值)系数表中与 β 相邻的系数,i_1、i_2 为 β_1、β_2 对应的利率。

可以按照下面的方程计算:

$$(i_2 - i)/(i_2 - i_1) = (\beta_2 - \beta)/(\beta_2 - \beta_1)$$

解得:

$$i = i_2 - [(\beta_2 - \beta)/(\beta_2 - \beta_1)] \times (i_2 - i_1)$$

也可以按照下面的方程计算:

$$(i - i_1)/(i_2 - i_1) = (\beta - \beta_1)/(\beta_2 - \beta_1)$$

解得:

$$i = i_1 + [(\beta - \beta_1)/(\beta_2 - \beta_1)] \times (i_2 - i_1)$$

列方程时应该把握一个原则:具有对应关系的数字在等式两边的位置相同(如在等式左边的位置与 β 在等式右边的位置相同)。按照这个原则还可以列出其他的等式。不同的等式计算的结果是相同的。

【例 2-15】　已知 $(P/F, i, 5) = 0.7835$,求 i 的数值。

【解析】　查阅复利现值系数表可知,在期数为 5 的情况下,利率为 5% 的复利现值系数

为 0.783 5,所以,$i=5\%$。

【例 2-16】 已知$(P/A,i,5)=4.20$,求 i 的数值。

【解析】 查阅年金现值系数表可知,在期数为 5 的情况下,无法查到 4.20 这个数值,与 4.20 相邻的数值为 4.212 4 和 4.100 2,对应的利率为 6% 和 7%,因此有

$$(7\%-i)/(7\%-6\%)=(4.100\ 2-4.20)/(4.100\ 2-4.212\ 4)$$

解得:

$$i=7\%-[(4.100\ 2-4.20)/(4.100\ 2-4.212\ 4)]\times(7\%-6\%)\approx6.11\%$$

或

$$(i-6\%)/(7\%-6\%)=(4.20-4.212\ 4)/(4.100\ 2-4.212\ 4)$$

解得:

$$i=6\%+[(4.20-4.212\ 4)/(4.100\ 2-4.212\ 4)]\times(7\%-6\%)\approx6.11\%$$

2. 现值或终值系数未知的利率计算

若一个表达式中含有两种系数,现值或终值系数未知,无法通过查表直接确定相邻的利率,需要借助系数表,经过多次测试才能确定相邻的利率。测试时注意,现值系数与利率呈反向变动,终值系数与利率呈同向变动。

【例 2-17】 已知 $5\times(P/A,i,10)+100\times(P/F,i,10)=104$,求 i 的数值。

【解析】 经过测试可知:

$i=5\%$时,$5\times(P/A,i,10)+100\times(P/F,i,10)=5\times7.721\ 7+100\times0.613\ 9\approx100$

$i=4\%$时,$5\times(P/A,i,10)+100\times(P/F,i,10)=5\times8.110\ 9+100\times0.675\ 6\approx108.11$

即与 5% 对应的数值是 100,与 4% 对应的数值是 108.11,与所求的 i 对应的数值是 104。

根据$(5\%-i)/(5\%-4\%)=(100-104)/(100-108.11)$,解得:

$$i=5\%-[(100-104)/(100-108.11)]\times(5\%-4\%)=4.51\%$$

3. 实际利率计算

1) 一年多次计息时的实际利率

一年多次计息时,给出的年利率为名义利率,按照复利计算的年利息与本金的比值为实际利率。

假设本金为 100 元,年利率为 10%,一年计息 2 次,即一年复利 2 次,则每次复利的利率$=10\%/2=5\%$,一年后的本利和(复利终值)$=100\times(1+5\%)^2$,按照复利计算的年利息$=100\times(1+5\%)^2-100=100\times[(1+5\%)^2-1]$

$$实际利率=100\times[(1+5\%)^2-1]/100$$
$$=(1+5\%)^2-1$$

用公式表示为

$$i=(1+r/m)^m-1$$

式中,i 表示实际利率;r 表示名义利率;m 表示每年复利计息的次数。从公式可以看出,在一年多次计息时,实际利率高于名义利率,并且在名义利率相同的情况下,一年计息次数越多,实际利率越大。

2) 通货膨胀情况下的实际利率

在通货膨胀情况下,央行或其他提供资金借贷的机构所公布的利率是未调整通货膨胀因素的名义利率,即名义利率中包含通货膨胀率。实际利率是指剔除通货膨胀率后储户或投资者得到的利息回报的真实利率。

假设本金为 100 元,实际利率为 5%,通货膨胀率为 2%,如果不考虑通货膨胀因素,一年后的本利和 $=100 \times (1+5\%)=105$(元)。如果考虑由于通货膨胀导致的货币贬值,应计算为

$$一年后的本利和 = 105 \times (1+2\%)$$
$$\begin{aligned} 年利息 &= 105 \times (1+2\%) - 100 \\ &= 100 \times (1+5\%) \times (1+2\%) - 100 \\ &= 100 \times [(1+5\%) \times (1+2\%) - 1] \end{aligned}$$

即名义利率 $=(1+5\%) \times (1+2\%)-1$,$1+$名义利率 $=(1+5\%) \times (1+2\%)$。

用公式表示名义利率与实际利率之间的关系为

$$1 + 名义利率 = (1 + 实际利率) \times (1 + 通货膨胀率)$$

所以,实际利率的计算公式为

$$实际利率 = \frac{1 + 名义利率}{1 + 通货膨胀率} - 1$$

公式表明,如果通货膨胀率大于名义利率,则实际利率为负数。

【例 2-18】 2021 年我国某商业银行一年期存款年利率为 1.5%,假设通货膨胀率为 2%,则实际利率为多少?

【解析】 实际利率 $=(1+1.5\%)/(1+2\%)-1 \approx -0.49\%$

如果通货膨胀率为 1%,则

实际利率 $=(1+1.5\%)/(1+1\%)-1 \approx 0.495\%$

第二节 风险与收益

一、资产收益与收益率

1. 资产收益的含义与计算

资产收益是指资产的价值在一定时期的增值。一般情况下,有以下两种表述资产收益的方式。

(1) 以金额表示,即资产的收益额,通常以资产价值在一定期限内的增值量来表示。该增值量来源于两部分:一部分是期限内资产的现金净收入;另一部分是期末资产的价值(或市场价格)相对于期初价值(价格)的升值。前者多为利息、红利或股息收益,后者为资本利得。

(2) 以百分比表示,即资产的收益率或报酬率,是资产增值量与期初资产价值(价格)的比值。该收益率也包括两部分:一部分是利息(股息)的收益率;另一部分是资本利得的收

益率。以金额表示的收益与期初资产的价值(价格)相关,不利于不同规模资产之间收益的比较,而以百分数表示的收益则是一个相对指标,便于不同规模下资产收益的比较和分析。所以,通常情况下,财务管理者会使用收益率的方式表示资产的收益。

此外,由于收益率是相对于特定期限的,为了便于比较和分析,对于计算期限短于或长于一年的资产,在计算收益率时一般要将不同期限的收益率转化成年收益率。若不做特殊说明,本节提到的资产的收益指的是资产的年收益率。

2. 资产收益率的类型

在实际的财务工作中,由于工作角度和出发点不同,资产收益率有以下几种类型。

1) 实际收益率

实际收益率表示已经实现或者确定可以实现的资产收益率,表述为已实现或确定可以实现的利息(股息)率与资本利得收益率之和。但当存在通货膨胀时,还应减去通货膨胀率,剩余的才是真实的收益率。

2) 预期收益率

预期收益率也称期望收益率,是指在不确定的条件下,预测的某资产未来可能实现的收益率。

一般按照加权平均法计算预期收益率。计算公式为

$$预期收益率 = \sum_{i=0}^{n}(P_i \times R_i)$$

式中,P_i表示情况i可能出现的概率;R_i表示情况i出现时的收益率。

【例 2-19】　某企业有 A、B 两个投资项目,两个投资项目的收益率及其概率情况如表 2-1 所示,试计算两个项目的期望收益率。

表 2-1　项目 A 和项目 B 投资收益率的概率分布

项目实施情况	该种情况出现的概率		投资收益率/%	
	项目 A	项目 B	项目 A	项目 B
好	0.2	0.3	15	20
一般	0.6	0.4	10	15
差	0.2	0.3	0	−10

【解析】　根据公式计算项目 A 和项目 B 的期望收益率分别为

项目 A 的期望收益率=0.2×15%+0.6×10%+0.2×0=9%

项目 B 的期望收益率=0.3×20%+0.4×15%+0.3×(−10%)=9%

3) 必要收益率

必要收益率也称最低报酬率或最低要求收益率,表示投资者对某资产合理要求的最低收益率。必要收益率由以下两部分构成。

(1) 无风险收益率。无风险收益率也称无风险利率,它是指无风险资产的收益率,它的大小由纯粹利率(资金的时间价值)和通货膨胀补偿率两部分组成。可用公式表示为

无风险收益率=纯粹利率(资金的时间价值)＋通货膨胀补偿率

由于国债的风险很小,尤其是短期国债的风险更小,因此,为了方便,通常用短期国债的

利率代替无风险收益率。

（2）风险收益率。风险收益率是指某资产持有者因承担该资产的风险而要求的超过无风险收益率的额外收益。风险收益率衡量了投资者将资金从无风险资产转移到风险资产而要求得到的额外补偿，它的大小取决于两个因素：一是风险的大小；二是投资者对风险的偏好。

综上所述，必要收益率可用公式表示为

> 必要收益率＝无风险收益率＋风险收益率
>
> ＝纯粹利率（资金的时间价值）＋通货膨胀补偿率＋风险收益率

二、资产的风险及其衡量

1. 风险的概念

风险是指收益的不确定性。虽然风险的存在可能意味着收益的增加，但人们考虑更多的则是损失发生的可能性。风险是企业在各项财务活动过程中，由于各种难以预料或无法控制的因素作用，使企业的实际收益与预计收益发生背离，从而蒙受经济损失的可能性。

2. 风险衡量

衡量风险的方法是利用概率分布，采用期望值，通过方差、标准差、标准差率等指标来确定风险程度。

1）概率分布

在经济活动中，某一事件在相同的条件下可能发生也可能不发生，这类事件称为随机事件。概率是用来表示随机事件发生可能性大小的数值。通常，把必然发生的事件的概率定为1，把不可能发生的事件的概率定为0，而一般随机事件的概率是介于0与1之间的一个数。概率越大，该事件发生的可能性越大。随机事件所有可能结果出现的概率之和等于1。

2）期望值

期望值是一个概率分布中的所有可能结果，以各自相应的概率为权数计算的加权平均值。期望值通常用符号 $\bar{E}$ 表示。其计算公式为

$$\bar{E} = \sum_{i=0}^{n}(X_i \times P_i)$$

式中，X_i 表示第 i 种情况可能出现的结果；P_i 表示第 i 种情况可能出现的概率。

3）方差、标准差和标准差率

（1）方差。在概率已知的情况下，方差的计算公式为

$$\sigma^2 = \sum_{i=0}^{n}(X_i - \bar{E})^2 \times P_i$$

式中，$(X_i - \bar{E})$ 表示第 i 种情况可能出现的结果与期望值的离差；P_i 表示第 i 种情况可能出现的概率。方差的计算公式可以表述为：离差的平方的加权平均数。

（2）标准差。标准差也叫标准离差，是方差的平方根。在概率已知的情况下，其计算公式为

$$\sigma = \sqrt{\sum_{i=0}^{n}(X_i - \bar{E})^2 \times P_i}$$

标准差以绝对数衡量决策方案的风险,在期望值相同的情况下,标准差越大,风险越大;反之,标准差越小,则风险越小。

【例 2-20】　以例 2-19 中的数据为例,分别计算 A、B 两个项目投资收益率的方差和标准差,并比较两个项目的风险大小。

【解析】　项目 A 投资收益率的方差=$0.2 \times (15\% - 9\%)^2 + 0.6 \times (10\% - 9\%)^2$
$$+ 0.2 \times (0 - 9\%)^2 = 0.002\ 4$$

项目 A 投资收益率的标准差=$\sqrt{0.002\ 4} = 4.90\%$

项目 B 投资收益率的方差=$0.3 \times (20\% - 9\%)^2 + 0.4 \times (15\% - 9\%)^2$
$$+ 0.3 \times (-10\% - 9\%)^2 = 0.015\ 9$$

项目 B 投资收益率的标准差=$\sqrt{0.015\ 9} = 12.61\%$

由于项目 A 和项目 B 投资收益率的期望值相同(均为 9%),所以,标准差越大,风险越大,计算结果表明项目 B 的风险高于项目 A。

(3)标准差率。标准差率是标准差同期望值之比,通常用符号 V 表示,其计算公式为

$$V = \frac{\sigma}{E} \times 100\%$$

标准差率是一个相对指标,它以相对数反映决策方案的风险程度。方差和标准差作为绝对数,只适用于期望值相同的决策方案风险程度的比较。对于期望值不同的决策方案,评价和比较其各自的风险程度只能借助于标准差率这一相对数值。在期望值不同的情况下,标准差率越大,风险越大;反之,标准差率越小,风险越小。

【例 2-21】　假设项目 A 和项目 B 的期望投资收益率分别为 10% 和 12%,投资收益率的标准差分别为 6% 和 7%,比较项目 A 和项目 B 的风险大小。

【解析】　由于项目 A 和项目 B 投资收益率的期望值不同,所以,不能根据标准差比较风险大小,应该计算各自的标准差率,然后得出结论。

项目 A 投资收益率的标准差率=$6\%/10\% \times 100\% = 60\%$
项目 B 投资收益率的标准差率=$7\%/12\% \times 100\% \approx 58.33\%$

计算结果表明,项目 A 的风险高于项目 B。

通过上述方法将决策方案的风险加以量化,决策者可据此做出决策。在方案选择中,决策者的行动准则应是选择低风险、高收益的方案,即选择标准差率最低、期望收益最高的方案。高收益往往伴有高风险,低收益方案的风险程度往往也较低,究竟选择何种方案,不仅要权衡期望收益与风险,还要考虑决策者对风险的态度,综合做出决定。在期望收益相同的情况下,投资者和企业管理者一般会选择风险小的方案。

3. 风险矩阵

风险矩阵是指按照风险发生的可能性和风险发生后果的严重程度,将风险绘制在矩阵图中,以展示风险及其重要性等级的风险管理工具方法。风险矩阵的基本原理是根据企业风险偏好,判断并度量风险发生可能性和后果严重程度,计算风险值,以此作为主要依据在

矩阵中描绘出风险重要性等级。企业应用风险矩阵,应明确应用主体(企业整体、下属企业或部门),确定所要识别的风险,定义风险发生可能性和后果严重程度的标准,以及定义风险重要性等级及其表示形式。风险矩阵适用于企业各类风险重要性等级的表达,也适用于各类风险的分析评价和沟通报告。

企业应用风险矩阵工具方法,一般按照绘制风险矩阵坐标图(包括确定风险矩阵的横纵坐标、制定风险重要性等级标准、分析与评价各项风险、在风险矩阵中描绘出风险点),沟通报告风险信息和持续修订风险矩阵图等程序进行。风险矩阵坐标是以风险后果严重程度为纵坐标、以风险发生可能性为横坐标的矩阵坐标图。企业可根据风险管理精度的需要,确定定性、半定量或定量指标来描述风险后果严重程度和风险发生可能性。风险后果严重程度的纵坐标等级可定性描述为"极轻微""轻微""普通""严重""非常严重"等(也可采用1、2、3、4、5 等 m 个半定量分值),风险发生可能性的横坐标等级可定性描述为"几乎不会""不太可能""可能""很可能""几乎肯定"等(也可采用1、2、3、4、5 等 n 个半定量分值),从而形成 $m \times n$ 个方格区域的风险矩阵,如图 2-4 所示,或根据需要通过定量指标更精确地描述风险后果严重程度和风险发生可能性。

严重程度	发生可能性				
	几乎不会	不太可能	可能	很可能	几乎肯定
极轻微	较小风险	较小风险	较小风险	较小风险	一般风险
轻微	较小风险	较小风险	一般风险	一般风险	一般风险
普通	较小风险	一般风险	一般风险	一般风险	严重风险
严重	较小风险	一般风险	一般风险	严重风险	严重风险
非常严重	一般风险	一般风险	严重风险	严重风险	严重风险

图 2-4　风险矩阵

风险矩阵的主要优点是为企业确定各项风险重要性等级提供了可视化的工具。其主要缺点:一是需要对风险重要性等级标准、风险发生可能性、后果严重程度等做出主观判断,可能影响使用的准确性;二是应用风险矩阵所确定的风险重要性等级是通过相互比较确定的,因而无法将列示的个别风险重要性等级通过数学运算得到总体风险的重要性等级。

4. 风险管理原则

1) 融合性原则

企业风险管理应与企业的战略设定、经营管理与业务流程相结合。

2) 全面性原则

企业风险管理应覆盖企业所有的风险类型、业务流程、操作环节和管理层级。

3) 重要性原则

企业应对风险进行评价,确定需要进行重点管理的风险,并有针对性地实施重点风险监测,及时识别、应对风险。

4) 平衡性原则

企业应权衡风险与回报、成本与收益之间的关系。

5. 风险对策

了解风险大小后,应考虑采用何种对策应对风险,通常有以下四种策略。

1)规避风险

当资产风险所造成的损失不能由该资产可能获得的收益予以抵销时,应当放弃该资产,以规避风险。例如,拒绝与不守信用的厂商业务往来;放弃可能明显导致亏损的投资项目;在试制阶段发现新产品诸多问题便果断停止试制。

2)减少风险

减少风险主要有两方面意思:一是控制风险因素,减少风险的发生;二是控制风险发生的频率和降低风险损害程度。减少风险的常用方法有:进行准确的预测;对决策进行多方案优选和替代;及时与政府部门沟通获取政策信息;在开发新产品前,充分进行市场调研;实行设备预防检修制度以减少设备事故;选择有弹性的、抗风险能力强的技术方案,进行预先的技术模拟试验,采用可靠的保护和安全措施;采用多领域、多地域、多项目、多品种的经营或投资以分散风险。

3)转移风险

对可能给企业带来灾难性损失的资产,企业应以一定的代价,采取某种方式将风险损失转移给他人承担。例如,向专业性保险公司投保;采取合资、联营、增发新股、发行债券、联合开发等措施实现风险共担;通过技术转让、特许经营、战略联盟、租赁经营和业务外包等实现风险转移。

4)接受风险

接受风险包括风险自担和风险自保两种。风险自担是指风险损失发生时,直接将损失摊入成本或费用,或冲减利润;风险自保是指企业预留一笔风险金,或随着生产经营的进行,有计划地计提资产减值准备等。

三、证券资产组合的风险与收益

两个或两个以上资产所构成的集合,称为资产组合。如果资产组合中的资产均为有价证券,则该资产组合也称证券资产组合或证券组合。证券资产组合的风险与收益与单个资产的特征不同。尽管收益率的方差、标准差、标准差率是衡量风险的有效工具,但当某项资产或证券成为投资组合的一部分时,这些指标便可能不再是衡量风险的有效工具。本节首先讨论证券资产组合的预期收益率的计算,再进一步讨论证券资产组合的风险及其衡量。

1. 证券资产组合的预期收益率

证券资产组合的预期收益率是组成证券资产组合的各种资产收益率的加权平均数,其权数为各种资产在组合中的价值比例。

【例2-22】 某投资公司的一项投资组合中包含A、B和C三种股票,权重分别为30%、40%和30%,三种股票的预期比益率分别为15%、12%、10%。计算该投资组合的预期收益率。

【解析】 该投资组合的预期收益率=30%×15%+40%×12%+30%×10%=12.3%

2. 证券资产组合的风险及其衡量

1）证券资产组合的风险分散功能

两项证券资产组合的收益率的方差满足关系式：

$$\sigma_P^2 = w_1^2\sigma_1^2 + w_2^2\sigma_2^2 + 2w_1w_2\rho_{1,2}\sigma_1\sigma_2$$

式中，σ_P 表示证券资产组合的标准差，它衡量的是证券资产组合的风险；σ_1 和 σ_2 分别表示组合中两项资产收益率的标准差；w_1 和 w_2 分别表示组合中两项资产所占的价值比例；$\rho_{1,2}$ 反映两项资产收益率的相关程度，即两项资产收益率之间的相对运动状态，称为相关系数。理论上，相关系数介于区间 $[-1,1]$ 内。

当 $\rho_{1,2}$ 等于 1 时，两项资产的收益率具有完全正相关的关系，即它们的收益率变化方向和变化幅度完全相同。这时，$\sigma_P^2 = (w_1\sigma_1 + w_2\sigma_2)^2$，即 σ_P^2 达到最大。由此表明，组合的风险等于组合中各项资产风险的加权平均值。换句话说，当两项资产的收益率完全正相关时，两项资产的风险完全不能相互抵销，这样的组合不能降低任何风险。当 $\rho_{1,2}$ 等于 -1 时，两项资产的收益率具有完全负相关的关系，即它们的收益率变化方向相反、变化幅度相同。这时 $\sigma_P^2 = (w_1\sigma_1 - w_2\sigma_2)^2$，即 σ_P^2 达到最小，甚至可能是零。因此，当两项资产的收益率完全负相关时，两项资产的风险可以充分地相互抵销，甚至完全消除。这样的组合能够最大限度地降低风险。

在实务中，两项资产的收益率具有完全正相关和完全负相关的情况几乎不存在。绝大多数资产两两之间都具有不完全的相关关系，即相关系数小于 1 且大于 -1（多数情况下大于零）。因此，会有 $0 < \sigma_P < (w_1\sigma_1 + w_2\sigma_2)$，即证券资产组合收益率的标准差小于组合中各资产收益率标准差的加权平均值，即证券资产组合的风险小于组合中各项资产风险之加权平均值。因此，大多数情况下，证券资产组合能够分散风险，但不能完全消除风险。

在证券资产组合中，能够随着资产种类增加而降低直至消除的风险，被称为非系统性风险；不能随着资产种类增加而分散的风险，被称为系统性风险。下面对这两类风险进行详细论述。

2）非系统风险

非系统风险是指发生于个别公司的特有事件造成的风险。例如，一家公司的工人罢工、新产品开发失败、失去重要的销售合同、诉讼失败等。这类事件是非预期的、随机发生的，只影响一个公司或少数公司，不会对整个市场产生较大影响。这种风险可以通过资产组合进行分散，即发生于一家公司的不利事件可以被其他公司的有利事件抵销。

由于非系统风险是个别公司或个别资产所特有的，因此也称特殊风险或特有风险。由于非系统风险可以通过资产组合分散掉，因此也称可分散风险。

值得注意的是，在风险分散的过程中，不应过分夸大资产多样性和资产个数的作用。实际上，在资产组合中资产数目较低时，增加资产的个数，分散风险的效应会比较明显，但资产数目增加到一定程度时，风险分散的效应就会逐渐减弱。经验数据表明，组合中不同行业的资产个数达到 20 个时，便可消除绝大多数非系统风险。此时，如果继续增加资产数目，对分散风险的实际意义较小，只会增加管理成本。另外，不应通过资产多样化来达到完全消除风险的目的，因为系统风险无法通过风险的分散消除。

3）系统风险

系统风险又被称为市场风险或不可分散风险，是影响所有资产的、不能通过资产组合消除的风险。这部分风险由影响整个市场的风险因素引起，包括宏观经济形势、国家经济政策、税制改革、企业会计准则改革、世界能源状况、政治环境等。

不同资产的系统风险不同，度量一项资产的系统风险的指标是 β 系数，它表示相对于市场组合，特定资产的系统风险。市场组合是指由市场上所有资产组成的组合，其收益率是市场的平均收益率，实务中通常用股票价格指数收益率的平均值来代替。由于包含了所有的资产，市场组合中的非系统风险已经被消除，所以市场组合的风险就是市场风险或系统风险，市场组合相对于它自己的 β 系数是 1。

如果一项资产的 β 系数为 0.5，表明其收益率的变化与市场收益率变化同向，波动幅度是市场组合的一半；如果一项资产的 β 系数为 2，表明这种资产收益率波动幅度为一般市场波动幅度的两倍。极个别的资产的 β 系数为负数，即当市场平均收益率增加时，这类资产的收益率却在减少。例如，西方个别收账公司和个别再保险公司的 β 系数是接近于零的负数。总之，某一资产 β 值的大小反映了该资产收益率波动与整个市场报酬率波动之间的相关性及程度。

在实务中，企业财务人员或投资者无须自行计算证券的 β 系数，一些证券咨询机构会定期公布大量交易过的证券的 β 系数，可以通过中国证券市场数据库进行查询。

不同公司之间的 β 系数不同，即使是同一家公司在不同计算期，其 β 系数也会有所差异。

证券资产组合的系统风险的大小可以用组合 β 系数来衡量。证券资产组合的 β 系数是所有单项资产 β 系数的加权平均数，权数为各种资产在证券资产组合中所占的价值比例。计算公式为

$$\beta_p = \sum_{n=1}^{\infty} (w_i \times \beta_i)$$

式中，β_p 表示证券资产组合的 β 系数；w_i 表示第 i 项资产在组合中所占的价值比例；β_i 表示第 i 项资产的 β 系数。

由于单项资产的 β 系数不尽相同，因此通过替换资产组合中的资产或改变不同资产在组合中的价值比例，可以改变资产组合的系统风险。

【例 2-23】 某投资者打算用 20 000 元购买 A、B、C 三种股票，股价分别为 40 元、10 元、50 元；β 系数分别为 0.7、1.1 和 1.7。现有两个组合方案可供选择。

甲方案：购买 A、B、C 三种股票的数量分别是 200 股、200 股、200 股。

乙方案：购买 A、B、C 三种股票的数量分别是 300 股、300 股、100 股。

如果该投资者最多能承受 1.2 倍的市场组合系统风险，应该选择哪个方案？

【解析】 甲方案：

A 股票比例：$40 \times 200 \div 20\,000 \times 100\% = 40\%$

B 股票比例：$10 \times 200 \div 20\,000 \times 100\% = 10\%$

C 股票比例：$50 \times 200 \div 20\,000 \times 100\% = 50\%$

甲方案的 β 系数 $= 40\% \times 0.7 + 10\% \times 1.1 + 50\% \times 1.7 = 1.24$

乙方案：

A 股票比例：$40 \times 300 \div 20\,000 \times 100\% = 60\%$

B 股票比例：$10 \times 300 \div 20\,000 \times 100\% = 15\%$

C 股票比例：$50 \times 100 \div 20\,000 \times 100\% = 25\%$

乙方案的 β 系数 $= 60\% \times 0.7 + 15\% \times 1.1 + 25\% \times 1.7 = 1.01$

该投资者最多能承受 1.2 倍的市场组合系统风险，意味着该投资者能承受的 β 系数最大值为 1.2，因此，该投资者会选择乙方案。

四、资本资产定价模型

1. 资本资产定价模型的基本原理

在资本资产定价模型中，资本资产主要指的是股票资产，而定价则试图解释资本市场如何决定股票收益率，进而决定股票价格。

资本资产定价模型是"必要收益率＝无风险收益率＋风险收益率"的具体化，资本资产定价模型的一个主要贡献是解释了风险收益率的决定因素和度量方法，资本资产定价模型中，风险收益率 $= \beta \times (R_m - R_f)$，资本资产定价模型的完整表达式为

$$R = R_f + \beta \times (R_m - R_f)$$

式中，R 表示某资产的必要收益率；β 表示该资产的系统风险系数；R_f 表示无风险收益率；R_m 表示市场组合收益率，由于当 $\beta = 1$ 时，$R = R_m$，而 $\beta = 1$ 时代表的是市场组合的平均风险，所以，R_m 还可以称为平均风险的必要收益率、市场组合的必要收益率等。

公式中 $(R_m - R_f)$ 称为市场风险溢酬，由于市场组合的 $\beta = 1$，所以，$(R_m - R_f)$ 也可以称为市场组合的风险收益率或股票市场的风险收益率。由于 $\beta = 1$ 代表的是市场平均风险，所以，$(R_m - R_f)$ 还可以表述为平均风险的风险收益率。它是附加在无风险收益率之上的，由于承担了市场平均风险所要求获得的补偿，它反映的是市场作为整体对风险的平均容忍程度，也就是市场整体对风险的厌恶程度，市场整体对风险越是厌恶和回避，要求的补偿就越高，市场风险溢酬的数值也就越大。反之，如果市场的抗风险能力强，则对风险的厌恶和回避不强烈，要求的补偿较低，市场风险溢酬的数值也就较小。

在资本资产定价模型中，计算风险收益率时只考虑了系统风险，没有考虑非系统风险，这是因为非系统风险可以通过资产组合消除，一个充分的投资组合几乎没有非系统风险。另外，资本资产定价模型假设投资人都会理性选择投资组织，非系统风险与资本市场无关，资本市场不会对非系统风险给予任何价格补偿。

资本资产定价模型对任何公司、任何资产（包括资产组合）都是适合的。只要将该公司或资产的 β 系数代入公式 $R = R_f + \beta \times (R_m - R_f)$ 中，就能得到该公司或资产的必要收益率。

【例 2-24】 假设平均风险的风险收益率为 5%，平均风险的必要收益率为 8%，计算例 2-23 中乙方案的风险收益率和必要收益率。

【解析】 由于乙方案的 β 系数为 1.01，所以，乙方案的风险收益率 $= 1.01 \times 5\% = 5.05\%$。

本题中，$R_m = 8\%$，$R_m - R_f = 5\%$，所以，$R_f = 3\%$。

乙方案的必要收益率＝3％＋5.05％＝8.05％

2. 资本资产定价模型的有效性和局限性

资本资产定价模型最大的贡献在于,它提供了对风险和收益关系的一种实质性的表述,资本资产定价模型首次将"高收益伴随着高风险"用这样简单的关系式表达出来。到目前为止,资本资产定价模型是对现实中风险与收益关系最为贴切的表述,长期以来,被财务人员、金融从业者以及经济学家作为处理风险问题的主要工具。

尽管资本资产定价模型已经得到了广泛的认可,但在实际运用中,仍存在着一些明显的局限,主要表现在:①某些资产或企业的 β 值难以估计,特别是一些缺乏历史数据的新兴行业。②经济环境的不确定性和不断变化,使依据历史数据估算出来的 β 值对未来的指导作用必然有所减少。③资本资产定价模型是建立在一系列假设之上的,其中一些假设与实际情况有较大偏差,使资本资产定价模型的有效性受到质疑。这些假设包括市场是均衡的、市场不存在摩擦、市场参与者都是理性的、不存在交易费用、税收不影响资产的选择和交易等。因此,资本资产定价模型只能大体描绘出证券市场风险与收益的基本情况,无法完全确切地揭示证券市场的一切。在运用这一模型时,应该更注重它所揭示的规律。

第三节　成本性态分析及本量利分析

一、成本性态分析

成本性态又称成本习性,是指成本与业务量之间的依存关系。成本性态分析是对成本与业务量之间的依存关系进行分析,在数量上掌握二者关系的规律性,以便为企业进行最优管理决策和改善经营管理提供有价值的资料。成本性态分析对短期经营决策、长期投资决策、预算编制、业绩考评,以及成本控制等,具有重要意义。按照成本性态不同,通常可以把成本区分为固定成本、变动成本和混合成本三类。

1. 固定成本

1）固定成本的基本特征

固定成本是指在特定的业务量范围内不受业务量变动影响,一定期间的总额能保持相对稳定的成本。例如,固定折旧费用、房屋租金、行政管理人员工资、财产保险费、广告费、职工培训费、科研开发费等。固定成本性态模型如图2-5所示。

一定期间的固定成本的稳定性是有条件的,即业务量变动的范围是有限的。例如,照明用电一般不受业务量变动的影响,属于固定成本。如果业务量增加达到一定程度,需要增开生产班次,或者业务量降低到停产的程度,照明用电的成本也会发生变动。能够使固定成本保持稳定的特定的业务量范围,称为相关范围。

一定期间固定成本的稳定性是相对的,即对于业务量来说它是稳定的,但这并不意味着每月该项成本的实际发生额完全一样。例如,照明用电在相关范围内不受业务量变动的影响,但每个月实际用电度数和支付的电费仍然会有差异。

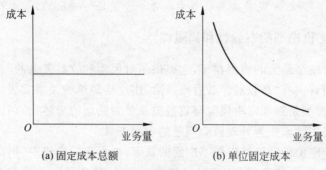

(a) 固定成本总额   (b) 单位固定成本

图 2-5　固定成本性态模型

固定成本的基本特征是：固定成本总额不因业务量的变动而变动,但单位固定成本(单位业务量负担的固定成本)会与业务量的增减呈反向变动。

【例 2-25】　某企业只生产一种产品,业务量与固定成本的关系如表 2-2 所示。请确定固定成本的业务量相关范围是多少。

表 2-2　业务量与固定成本

业务量/件	固定成本总额/元	单位固定成本/元
<5 000	—	—
5 000	10 000	2.00
10 000	10 000	1.00
20 000	10 000	0.50
25 000	10 000	0.40
40 000	10 000	0.25
>40 000	—	—

【解析】　在本例中,固定成本的业务量相关范围是 5 000～40 000 件。

2) 固定成本的分类

固定成本按其支出额是否可以在一定期间内改变,可分为约束性固定成本和酌量性固定成本。

(1) 约束性固定成本是指企业管理当局的短期经营决策行为不能改变其具体数额的固定成本。例如,保险费、房屋租金、固定的设备折旧、管理人员的基本工资等。这些固定成本是企业的生产能力一旦形成就必然会发生的最低支出,即使生产中断也仍然会发生。约束性固定成本一般是由既定的生产能力决定的,是维护企业正常生产经营必不可少的成本,也称经营能力成本,它最能反映固定成本的特性。降低约束性固定成本的基本途径,只能是合理利用企业现有的生产能力,提高生产效率,以取得更大的经济效益。

(2) 酌量性固定成本是指企业管理当局的短期经营决策行为能改变其数额的固定成本。例如,广告费、职工培训费、新产品研究开发费用(如研发活动中支出的技术图书资料费、资料翻译费、会议费、差旅费、办公费、外事费、研发人员培训费、培养费、专家咨询费、高新科技研发保险费用等)。在会计年度开始前,管理当局一般会斟酌计划期间企业的具体情况和财务负担能力,对这类固定成本项目的开支情况分别做出决策。酌量性成本并非可有可无,它关系到企业的竞争能力,若想降低酌量性固定成本,只有厉行节约、精打细算,编制出积极可行的费用预算并严格执行,防止浪费和过度投资等。

2. 变动成本

1) 变动成本的基本特征

变动成本是指在特定的业务量范围内,其总额会随业务量的变动而呈正比例变动的成本。如直接材料、直接人工、按销售量支付的推销员佣金、装运费、包装费、按业务量计提的固定设备折旧等,都是和单位产品的生产直接联系的,其总额会随着业务量的增减呈正比例的增减。其基本特征是:变动成本总额因业务量的变动而呈正比例变动,但单位变动成本不变。变动成本性态模型如图2-6所示。

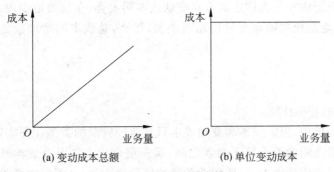

(a) 变动成本总额　　　　　(b) 单位变动成本

图 2-6　变动成本性态模型

单位变动成本的稳定性是有条件的,即业务量变动的范围是有限的。如原材料消耗通常会与业务量成正比,属于变动成本,但如果业务量很低,不能发挥套裁下料的节约潜力,或者业务量过高,使废品率上升,单位产品的材料成本也会上升。这就是说,变动成本和业务量之间的线性关系,通常只在一定的相关范围内存在。在相关范围之外就可能表现为非线性关系。

【例 2-26】　某企业只生产一种产品,在业务量变动时变动成本总额和单位变动成本如表2-3所示。请确定变动成本的业务量相关范围是多少。

表 2-3　业务量与变动成本

业务量/万件	变动成本总额/万元	单位变动成本/元
1.5	123	82
2.0	160	80
3.0	240	80
4.0	320	80
5.0	400	80
6.0	498	83
7.0	595	85

【解析】　在本例中,变动成本的业务量相关范围是 2 万~5 万件。

2）变动成本的分类

根据企业管理当局是否能决定发生额，变动成本分为两大类：技术性变动成本和酌量性变动成本。

（1）技术性变动成本也称约束性变动成本，是指由技术或设计因素决定的变动成本。如生产一台汽车需要耗用一台引擎、一个底盘和若干轮胎等，这种成本只要生产就必然会发生，如果不生产，则不会发生。企业管理当局不能决定技术性变动成本的发生额。

（2）酌量性变动成本是指由管理当局的决策行为决定的变动成本。如按销售收入的一定百分比支付的销售佣金、新产品研制费、技术转让费等。酌量性变动成本的效用主要是提高竞争能力或改善企业形象，其最佳支出额难以计算，通常要依靠经理人员的综合判断来决定。经理人员的决策一经作出，其支出额将随业务量呈正比例变动，具有与技术性变动成本同样的特征。如果把成本分为固定成本和变动成本两大类，在相关范围内，业务量增加时固定成本不变，只有变动成本随业务量增加而增加，那么，总成本的增加额便是由变动成本增加引起的。

3. 混合成本

1）混合成本的基本特征

在成本性态分析中，固定成本和变动成本只是两种极端的类型。在实际经济生活中，大多数成本与业务量之间的关系处于两者之间，属于混合成本。混合成本是包含固定成本和变动成本两种不同性质的成本，它既随业务量的变化而变化，又不与业务量的变化保持着绝对的正比例关系。

2）混合成本的分类

混合成本兼有固定与变动两种性质，可进一步将其细分为半变动成本、半固定成本、延期变动成本和曲线变动成本。

（1）半变动成本。半变动成本是指在有一定初始量的基础上，随着业务量的变化而呈正比例变动的成本。这类成本的特点是：它通常有一个初始的固定基数，在此基数内的成本发生额与业务量的变化无关，类似于固定成本；在此基数之上的其余部分，则随着业务量的增加呈正比例增加，类似于变动成本。如固定电话费，假设月租费为 20 元，只能拨打市内电话，每分钟 0.10 元，则如果某月的通话时间为 1 分钟，总的话费为 20.10 元；如果某月的通话时间为 100 分钟，总的话费为 30 元。半变动成本性态模型如图 2-7 所示。

（2）半固定成本。半固定成本也称阶梯式变动成本，这类成本在一定业务量范围内的发生额是固定的，但当业务量增长到一定限度，其发生额就突然跳跃到一个新的水平，然后在业务量增长的一定限度内，发生额又保持不变，直到另一个新的跳跃。例如，企业中管理员、运货员、检验员的工资等成本项目就属于这一类。以检验员的工资为例，假设 1 名检验员的工资为 5 000 元，如果产量在 10 万件以内，只需 1 名检验员，工资总额为 5 000 元；产量在 10 万～20 万件以内，要 2 名检验员，工资总额为 10 000 元，以此类推。半固定成本性态模型如图 2-8 所示。

（3）延期变动成本。延期变动成本在一定的业务量范围内有一个固定不变的基数，当业务量增长超出了这个范围，成本发生额与业务量的增长呈正比例变动。例如，职工的基本工资，在正常工作时间情况下是不变的，但当工作时间超出正常标准，则需按加班时间的长

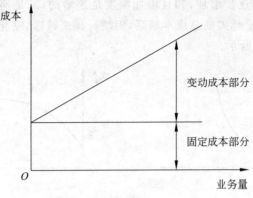

图 2-7 半变动成本性态模型

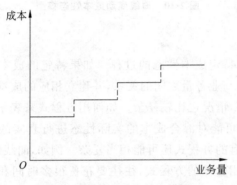

图 2-8 半固定成本性态模型

短呈比例地支付加班薪金;手机流量费也是一种延期变动成本,若每月的套餐费为 50 元,流量限额为 5GB,每月的流量超过 5GB 之后,按照 0.1 元/MB 收费,如果某月的总流量在 5GB 之内,流量费为 50 元,如果超出 1MB,则流量费为 50.1 元,超出 10MB,为 51 元。延期变动成本性态模型如图 2-9 所示。

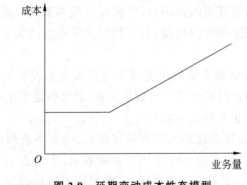

图 2-9 延期变动成本性态模型

(4) 曲线变动成本。曲线变动成本通常有一个不变的初始量,相当于固定成本,在这个初始量的基础上,随着业务量的增加,成本也逐步变化,但它与业务量的关系是非线性的。这种曲线成本又可以分为以下两种类型:一是递增曲线成本,如累进计件工资、违约金等,随着业务量的增加,成本逐步增加,并且增加幅度是递增的;二是递减曲线成本,如"费用封顶"的通信服务费等,用量越大则总成本越高,但增长越来越慢,变化率是递减的。曲线变动成本性态模型如图 2-10 所示。

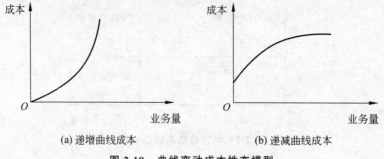

(a) 递增曲线成本　　　　　　　　(b) 递减曲线成本

图 2-10　曲线变动成本性态模型

3) 混合成本的分解

混合成本分解是决定特定成本性态的过程。如果特定的成本是一项混合成本,就需要运用一定的方法估计成本与业务量之间的关系,并建立相应的成本函数模型。

混合成本的类型很多,情况也比较复杂。如何用方程式来表示它们与业务量的关系,有两种选择:一种选择是尽可能对混合成本的实际性态进行真实的数学描述,这样得出的方程式不仅种类繁多,而且有的方程式还可能相当复杂。例如,曲线成本要使用二次方程或高次方程来描述,建立和使用这样的方程式,往往要花费很多时间和精力,有时甚至超过它们可能带来的好处。另一种选择是尽可能使用简单的方程式来描述混合成本。在各类混合成本中,最容易用简单方程式来描述的是半变动成本,因为它是直线形的成本,可以用 $y=a+bx$ 来表达。如果把所有的混合成本都近似地看作半变动成本,都用 $y=a+bx$ 来表达,则混合成本的数学描述问题可以大大简化。

当然,对所有的混合成本都用直线方程来描述,所得结果与实际成本性态会有一定的差别,但是可以通过限定相关范围来减少这种差别。任何一条曲线,在一定区间内都可以近似地表现为一条直线。因而,在特定的范围内,任何混合成本都可以近似地看作半变动成本。此外,用于管理决策的数据无须十分精确,只要其误差不影响决策的结果,便不妨碍模型的使用。

混合成本分解,一般是根据大量的历史成本资料或成本发生的具体过程,进行分析计算,寻找混合成本与业务量之间的规律性的数量关系,最终确定固定成本和变动成本的历史平均值或标准值,它们代表正常的成本水平。

混合成本分解的目的是建立总成本的直线方程,以便在决策和计划中使用。由于一定期间的固定成本的发生额是稳定的,可以用 $y=a$ 来表示;变动成本的发生额因业务量而变化,可以用 $y=bx$ 来表示;如果只有这两类成本,则总成本可以用 $y=a+bx$ 来表示。只要确定了 a 和 b,便可以方便地计算出在相关范围内任何业务量 x 的总成本 y。

混合成本的分解主要有高低点法、回归分析法、账户分析法、技术测定法和合同确认法。

(1) 高低点法。高低点法是以过去某一会计期间的总成本和业务量资料为依据,从中

选取业务量最高点和业务量最低点,将总成本进行分解,得出成本性态的模型。其计算公式为

$$单位变动成本 = \frac{最高点业务量成本 - 最低点业务量成本}{最高点业务量 - 最低点业务量}$$

式中,分子是业务量变动时总成本的增加量,分母是业务量的增加量,两者相除是增加单位产品时总成本的增量。根据前面对变动成本特点的分析可知,业务量增加时总成本的增加是变动成本增加引起的,所以,单位产品的增量成本是单位产品的变动成本。

$$固定成本总额 = 最高点业务量成本 - 单位变动成本 \times 最高点业务量$$

或

$$固定成本总额 = 最低点业务量成本 - 单位变动成本 \times 最低点业务量$$

式中,根据已经计算出来的单位变动成本,推算业务量最高(或最低)期的变动成本总额,然后用总成本减去变动成本求得固定成本。使用高低点法分解混合成本时,需要注意,分子不是最高成本减去最低成本,而是最高点业务量成本减去最低点业务量成本。

【例 2-27】　假设 A 公司的业务量以直接人工小时为单位,2020 年 12 个月的业务在 5.0 万~7.5 万小时之间变化,维修成本与业务量之间的关系如表 2-4 所示。求维修成本的表达式。

表 2-4　A 公司维修成本与业务量之间的关系

项　目	1月	2月	3月	4月	5月	6月	7月	8月	9月	10月	11月	12月
业务量/万小时	5.1	5.5	5.6	6.0	6.1	7.5	7.4	7.2	7.0	6.8	6.5	5.0
维修成本/万元	100	104	105	108	109	120	121	118	115	112	111	101

【解析】　本例中,最高点业务量为 7.5 万小时,对应的维修成本为 120 万元;最低点业务量为 5.0 万小时,对应的维修成本为 101 万元,所以:

$$单位变动成本 = (120 - 101)/(7.5 - 5.0) = 7.6(万元/万小时)$$
$$固定成本总额 = 120 - 7.6 \times 7.5 = 63(万元)$$

或

$$固定成本总额 = 101 - 5.0 \times 7.6 = 63(万元)$$

维修成本的一般方程式为

$$y = 63 + 7.6x$$

这个方程式适用于 5.0 万~7.5 万直接人工工时的业务量范围。假如,2021 年 1 月计划业务量为 6.5 万小时,则预计维修成本为

$$y = 63 + 7.6 \times 6.5 = 112.4(万元)$$

预计的结果,可能与历史成本资料中同样业务量的实际成本不同,如本例 11 月业务量为 6.5 万小时,实际维修成本为 111 万元,与预计的 112.4 万元不同。这并不奇怪,用方程式预计的维修成本代表历史平均水平,而实际发生额总有一定偶然性。采用高低点法计算较简单,但它只采用了历史成本资料中的高点和低点两组数据,故代表性较差。

(2) 回归分析法。回归分析法是一种较为精确的方法。它根据过去一定期间的业务量和混合成本的历史资料,应用最小二乘法原理,计算出最能代表业务量与混合成本关系的回归直线,以确定混合成本中固定成本和变动成本。

（3）账户分析法。账户分析法又称会计分析法，它根据有关成本账户及其明细账的内容，结合其与业务量的依存关系，判断其比较接近哪一类成本，就视其为哪一类成本。这种方法简便易行，但比较粗糙且带有主观性。

（4）技术测定法。技术测定法又称工业工程法，它是根据生产过程中各种材料和人工成本消耗量的技术测定来划分固定成本和变动成本的方法。该方法通常只适用于投入成本与产出数量之间有规律性联系的混合成本分解。

（5）合同确认法。合同确认法是根据企业订立的经济合同或协议中关于支付费用的规定，来确认并估算哪些项目属于变动成本，哪些项目属于固定成本的方法。合同确认法需要配合账户分析法使用。

上述各种混合成本分解的方法，并不是完全独立的。不能仅依靠一种方法解决全部混合成本分解问题，往往需要互相补充和印证。例如，技术测定法可能是最完备的方法，可以用于研究各种成本性态，但它在进入细节之后要使用其他技术方法作为工具；账户分析法是一种比较粗略的分析方法，在判定某项成本的性态时还要借助技术测定法或回归分析法等；高低点法和回归分析法，都属于历史成本分析的方法，它们仅限于有历史成本资料数据的情况，而新产品并不具有足够的历史数据。

总之，应当把这些方法看作一个总体，根据不同对象选择适用的方法，并尽可能用其他方法进行印证。如果不同方法得出的结果有较大差距，则需要判断哪种方法更适合该对象。混合成本分解，实际上是一个对成本性态进行研究的过程，并非仅是计算过程。

4）总成本模型

将混合成本按照一定的方法区分为固定成本和变动成本之后，根据成本性态，企业的总成本公式就可以表示为

$$总成本 = 固定成本总额 + 变动成本总额$$
$$= 固定成本总额 + 单位变动成本 \times 业务量$$

这个公式在变动成本计算、本量利分析、经营决策制定和各部门工作业绩评价等方面具有重要作用。

二、本量利分析

1. 本量利分析概述

利润是衡量企业某一时期内经营成果的重要指标，而企业利润的高低取决于成本和收入的多少，其中收入主要由售价和销售量决定。企业想获得更多利润，必须尽可能地降低成本，提高售价，增加销售量。因此，成本、业务量和利润之间存在着密切关系，为了获得最大利润，必须客观分析三者之间的内在规律，寻找三者之间的均衡点，为企业经营决策和目标控制提供有效的管理信息。

1）本量利分析的含义

本量利分析简称CVP分析（cost-volume-profit analysis），是指以成本性态分析和变动成本法为基础，运用数学模型图文，对成本、利润、业务量与单价等因素之间的依存关系进行分析，发现规律性的联系，为企业预测、决策、计划和控制等活动提供支持的一种分析方法。

其中，"本"是指成本，包括固定成本和变动成本；"量"是指业务量，一般指销售量；"利"一般指营业利润。本量利分析主要包括盈亏平衡分析、目标利润分析、敏感性分析、边际分析等内容。

本量利分析在企业经营管理中应用十分广泛。运用本量利分析可以预测在盈亏平衡、保利条件下应实现的销售量或销售额；与风险分析相结合，可以为企业提供降低经营风险的方法和手段，使企业实现既定目标；与决策分析相联系，可以用于企业进行有关的生产决策、定价决策和投资项目的可行性分析，为全面预算、成本控制、责任会计应用等提供理论准备。

2）本量利分析的基本假设

在本量利分析中，成本、业务量和利润之间的数量关系是建立在一系列假设基础上的。这些假设一方面有助于建立简单数学模型来反映成本、业务量和利润之间的关系；另一方面也使得本量利分析方法在实际运用中具有一定的局限性。一般来说，本量利分析主要基于以下四个假设。

（1）总成本由固定成本和变动成本两部分组成。该假设要求企业所发生的全部成本可以按其性态区分为变动成本和固定成本，并且变动成本总额与业务量呈正比例变动，固定成本总额保持不变。在进行本量利分析，通常的是依据业务量来规划目标利润，因为影响利润的诸因素中，除业务量外，销售单价通常受市场供求关系的影响，而成本则是企业内部可以控制的因素。在相关范围内，固定成本总额和单位变动成本通常是与业务量大小无关的。因此，按成本性态划分成本是本量利分析的基本前提条件，否则，便无法判断成本的升降是由于业务量规模变动引起的还是由于成本水平本身升降引起的。

（2）销售收入与业务量呈完全线性关系。该假设要求销售收入必须随业务量的变化而变化，两者之间应保持完全线性关系。因此，当销售量在相关范围内变化时，产品的单价不会发生变化。而在现实中，销售收入是随着销售量的增长而增长的，但是随着销售量的进一步增长，销售收入的增长速度会放慢。这主要是因为扩大销售量，通常需要通过降价才能实现。

（3）产销平衡。假设当期产品的生产量与业务量相一致，不考虑存货变动对利润的影响，即假定每期生产的产品总量总是能在当期全部售出，产销平衡。假设产销平衡，主要是为了在盈亏平衡分析时不考虑存货的影响。盈亏平衡分析是一种短期决策，仅考虑特定时期全部成本的收回，而存货中包含了以前时期的成本，所以不在考虑范围之内。

（4）产品产销结构稳定。假设同时生产销售多种产品的企业，其销售产品的品种结构不变。该假设要求在一个生产与销售多种产品的企业，以价值形式表现的产品的产销总量发生变化时，原来各产品的产销额在全部产品的产销额中所占的比重不会发生变化。这是因为在产销多种产品的情况下，盈亏平衡点会受到多种产品贡献和产销结构的影响，只有在产销结构不变的基础上进行的盈亏平衡分析才是有效的。

3）本量利分析的基本原理

本量利分析所考虑的相关因素主要包括销售量、单价、销售收入、单位变动成本、固定成本、营业利润等，这些因素之间的关系可以用下列基本公式来反映。

利润＝销售收入－总成本
　　　＝销售收入－（变动成本＋固定成本）
　　　＝销售量×单价－销售量×单位变动成本－固定成本

$$=销售量×（单价-单位变动成本）-固定成本$$

以上公式是明确表达本量利之间数量关系的基本关系式。本量利分析的基本原理就是在假设单价、单位变动成本和固定成本为常量以及产销一致的基础上，将利润、销售量分别作为因变量与自变量进行计算。

2. 盈亏平衡分析

盈亏平衡分析也称保本分析，是指分析、测定盈亏平衡点，以及有关因素变动对盈亏平衡点的影响等，是本量利分析的核心内容。盈亏平衡分析的原理是通过计算企业在利润为零、处于盈亏平衡时的业务量，分析项目对市场需求变化的适应能力等。企业的业务量等于盈亏平衡点的业务量时，企业处于盈亏平衡状态；企业的业务量高于盈亏平衡点的业务量时，企业处于盈利状态；企业的业务量低于盈亏平衡点的业务量时，企业处于亏损状态。通常，盈亏平衡分析包括单一产品的盈亏平衡分析和产品组合的盈亏平衡分析。

1）单一产品盈亏平衡分析

（1）盈亏平衡点。盈亏平衡分析的关键是盈亏平衡点的确定。盈亏平衡点又称保本点，是指企业达到盈亏平衡状态的业务量或销售额，即企业一定时期的总收入等于总成本、利润为零时的业务量或销售额。

单一产品的盈亏平衡点有两种表现形式：一种是以实物量表示，称为盈亏平衡点的业务量，也称保本销售量；另一种是以货币单位表示，称为盈亏平衡点的销售额，也称保本销售额。根据本量利分析基本关系式为

$$利润＝销售量×单价-销售量×单位变动成本-固定成本$$

当利润为零时，求出的销售量就是盈亏平衡点的业务量，即

$$盈亏平衡点的业务量＝\frac{固定成本}{单价-单位变动成本}＝\frac{固定成本}{单位边际贡献}$$

若用销售额来表示，则盈亏平衡点的销售额计算公式为

$$盈亏平衡点的销售额＝盈亏平衡点的业务量×单价$$

$$盈亏平衡点的销售额＝\frac{固定成本}{1-变动成本率}$$

$$盈亏平衡点的销售额＝\frac{固定成本}{边际贡献率}$$

盈亏平衡分析的主要作用在于使企业管理者在经营活动发生之前，了解该项经营活动的盈亏临界情况。企业经营管理者总是希望企业的盈亏平衡点越低越好，盈亏平衡点越低，企业的经营风险就越小。从盈亏平衡点的计算公式可以看出，降低盈亏平衡点的途径主要有三个：①降低固定成本总额。在其他因素不变时，盈亏平衡点的降低幅度与固定成本的降低幅度相同。②降低单位变动成本。在其他因素不变时，可以通过降低单位变动成本来降低盈亏平衡点，但两者降低的幅度并不一致。③提高销售单价。在其他因素不变时，可以通过提高单价来降低盈亏平衡点，同降低单位变动成本一样，销售单价与盈亏平衡点的变动幅度也不一致。

【例 2-28】 某企业销售甲产品，单价为 100 元，单位变动成本为 50 元，固定成本为130 000 元，计算甲产品的边际贡献率、盈亏平衡点的业务量及盈亏平衡点的销售额。

【解析】　边际贡献率＝单位边际贡献÷单价×100%＝(100－50)÷100×100%＝50%

盈亏平衡点的业务量＝固定成本÷(单价－单位变动成本)

＝130 000÷(100－50)＝2 600(件)

盈亏平衡点的销售额＝固定成本÷边际贡献率

＝130 000÷50%＝260 000(元)

或

盈亏平衡点的销售额＝盈亏平衡点的业务量×单价＝2 600×100＝260 00(元)

(2) 盈亏平衡作业率。以盈亏平衡点为基础,还可以得到另一个辅助性指标,即盈亏平衡作业率,或称为保本作业率,盈亏平衡作业率是指盈亏平衡点的业务量(或销售额)占正常经营情况的业务量(或销售额)的百分比,或者是盈亏平衡点的业务量(或销售额)占实际或预计业务量(或销售额)的百分比。其计算公式为

$$盈亏平衡作业率＝\frac{盈亏平衡点的业务量}{正常经营业务量(或实际业务量、预计业务量)}×100\%$$

$$＝\frac{盈亏平衡点的销售额}{正常经营销售额(或实际销售额、预计销售额)}×100\%$$

由于企业通常按照正常的销售量安排产品的生产,在库存合理的条件下,产品生产量与正常经营销售量应该大体相同。所以,该指标也可以提供企业在盈亏平衡状态下对生产能力利用程度的要求。

【例2-29】　沿用例2-28的资料及有关计算结果,并假定该企业正常经营条件下的销售量为5 000件。计算该企业的盈亏平衡作业率。

【解析】　盈亏平衡作业率＝2 600÷5 000×100%＝52%

或　盈亏平衡作业率＝260 000÷(5 000×100)×100%＝52%

计算结果表明,该企业盈亏平衡作业率为52%,即正常销售量的52%用于盈亏平衡,即企业的生产能力利用程度必须达到52%,方可达到盈亏平衡。

(3) 本量利关系图。在进行本量利分析时,不仅可以通过数据计算出达到盈亏平衡状态时的销售量与销售额,还可以通过绘制本量利关系图的方法进行分析。在本量利关系图上,可以描绘出影响利润的因素为单价、销售量、单位变动成本、固定成本。借助本量利关系图不仅可以得出达到盈亏平衡状态的销售量和销售额,还可以一目了然地观察到相关因素变动对利润的影响,从而帮助管理者进行各种短期经营决策。根据数据信息的差异和分析目的不同,本量利关系图有多种表现形式,按照数据的特征和目的可以分为传统式、边际贡献式和利量式三种形式。

① 传统式本量利关系图。传统式本量利关系图是最基本、最常见的本量利关系图形。在直角坐标系中,以横轴表示销售量,以纵轴表示销售收入或成本,在纵轴上找出固定成本数值,即以(0,固定成本数值)为起点,绘制一条与横轴平行的固定成本线,以(0,固定成本数值)为起点,以单位变动成本为斜率,绘制总成本线;总成本线和销售收入线的交点就是盈亏平衡点$E(x_0,y_0)$,如图2-11所示。

传统式本量利关系图表达的意义有以下三点。

第一,固定成本与横轴之间的区域为固定成本值,它不因产量增减而变动,总成本线与固定成本线之间的区域为变动成本,与产量呈正比例变化。

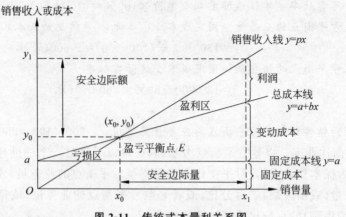

图 2-11　传统式本量利关系图

第二,销售收入线与总成本线的交点是盈亏平衡点,通过图 2-11 可以直观地看出盈亏平衡点的业务量和盈亏平衡点的销售额。

第三,在盈亏平衡点以上的销售收入线与总成本线相夹的区域为盈利区,盈亏平衡点以下的销售收入线与总成本线相夹的区域为亏损区。因此,只要知道销售量和销售收入或成本,就可以在图 2-11 上判明该销售状态下的结果是亏损还是盈利,直观方便,易于理解。

② 边际贡献式本量利关系图。图 2-12 所示为边际贡献式本量利关系图,它主要反映销售收入减去变动成本后形成的边际贡献,而边际贡献在弥补固定成本后形成利润。这种表现形式的优点是可以表示边际贡献的数值。边际贡献随销量增加而扩大,当其达到固定成本值时,即在盈亏平衡点 $E(x_0, y_0)$,企业处于盈亏平衡状态;当其超过固定成本后企业进入盈利状态。

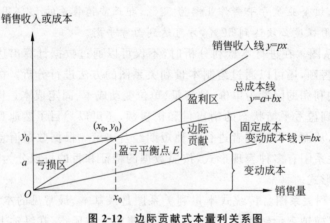

图 2-12　边际贡献式本量利关系图

③ 利量式本量利关系图。图 2-13 所示为利量式本量利关系图,它是反映利润与销售量之间关系的图形。在直角坐标系中,以横轴代表销售量,以纵轴代表利润(或亏损)。在纵轴原点以下部分找到与固定成本总额相等的点(0,固定成本数值),该点表示销售量等于零时,亏损额等于固定成本;从点(0,固定成本数值)出发画出利润线,该线的斜率是单位边际贡献;利润线与横轴的交点即为盈亏平衡点的销售量 x_0。

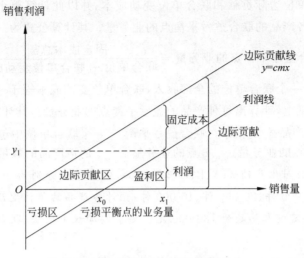

图 2-13 利量式本量利关系图

2）产品组合盈亏平衡分析

大多数企业不会仅生产和经营单一产品，而是同时生产和经营多种产品。由于各种产品的销售单价、单位变动成本、固定成本不同，其边际贡献或边际贡献率也存在差异。因此，产品组合的盈亏平衡分析，应在遵循单一产品的盈亏平衡分析的基础上，根据不同情况采用相应的具体方法来确定。目前，产品组合盈亏平衡分析的方法包括加权平均法、联合单位法、分算法、顺序法、主要产品法等，本节主要介绍加权平均法和联合单位法。

（1）加权平均法。加权平均法是指在掌握单一产品边际贡献率的基础上，按各种产品销售额的比重进行加权平均，计算综合边际贡献率，从而确定产品组合的盈亏平衡点。

采用加权平均法计算产品组合盈亏平衡点的销售额的关键，是根据各种产品的销售单价、单位变动成本和销售数量计算出一个加权平均的边际贡献率，然后根据固定成本总额和加权平均的边际贡献率计算出盈亏平衡点的销售额。其计算公式为

$$某种产品的销售额权重 = 该产品的销售额 \div 各种产品的销售额合计$$
$$盈亏平衡点的销售额 = 固定成本 \div (1 - 综合变动成本率)$$

或

$$盈亏平衡点的销售额 = 固定成本 \div 综合边际贡献率$$

企业销售额高于盈亏平衡点时，企业处于盈利状态；企业销售额低于盈亏平衡点时，企业处于亏损状态。企业通常运用产品组合的盈亏平衡点分析优化产品组合，提高获利水平。

（2）联合单位法。联合单位法是指在事先确定各种产品间产销实物量比例的基础上，将各种产品产销实物量的最小比例作为一个联合单位，确定每一联合单位的单价、单位变动成本，并进行本量利分析的一种分析方法。

联合单位是指固定实物比例构成的一组产品。例如，企业同时生产甲、乙、丙三种产品，且三种产品之间的产销量长期保持固定比例，产销量比为 1∶2∶3。那么，1 件甲产品、2 件乙产品和 3 件丙产品就构成一组产品，称为联合单位。该方法将多种产品盈亏平衡点的计算问题转换为单一产品盈亏平衡点的计算问题。根据稳定的产销量比，可以计算出每

一联合单位的联合单位边际贡献和联合单位变动成本,并以此计算整个企业的联合盈亏平衡点的业务量以及各产品的联合盈亏平衡点的业务量。其计算公式为

$$联合盈亏平衡点的业务量 = \frac{固定成本总额}{联合单价 - 联合单位变动成本}$$

式中,联合单价等于一个联合单位的全部收入,联合单位变动成本等于一个联合单位的全部变动成本。在此基础上,计算出每种产品的盈亏平衡点的业务量。其计算公式为

$$\begin{array}{l}某产品盈亏平衡 \\ 点的业务量\end{array} = \begin{array}{l}联合盈亏平衡 \\ 点的业务量\end{array} \times \begin{array}{l}一个联合单位中包含 \\ 的该产品的数量\end{array}$$

【例 2-30】 某公司生产销售 A、B、C 三种产品,销售单价分别为 20 元、30 元、40 元;预计销售量分别为 30 000 件、20 000 件、10 000 件;预计各产品的单位变动成本分别为 12 元、24 元、28 元;预计固定成本总额为 180 000 元。要求按加权平均法、联合单位法分别进行多种产品的本量利分析。

【解析】 根据本例数据,可求得产品数据资料如表 2-5 所示。

表 2-5 产品数据资料

项 目	销售量/件	单价/元	单位变动成本/元	销售收入/元	各产品的销售比重/%	边际贡献/元	边际贡献率/%
A 产品	30 000	20	12	600 000	37.5	240 000	40
B 产品	20 000	30	24	600 000	37.5	120 000	20
C 产品	10 000	40	28	400 000	25	120 000	30
合 计	60 000	—	—	1 600 000	100	480 000	30

方法一:加权平均法

A、B、C 三种产品边际贡献率分别为 40%、20% 和 30%。

　　A 产品的销售比重 = 600 000÷1 600 000×100% = 37.5%

　　B 产品的销售比重 = 600 000÷1 600 000×100% = 37.5%

　　C 产品的销售比重 = 400 000÷1 600 000×100% = 25%

　　综合边际贡献率 = 40%×37.5%+20%×37.5%+30%×25% = 30%

　　综合盈亏平衡点的销售额 = 180 000÷30% = 600 00(元)

　　A 产品盈亏平衡点的销售额 = 600 000×37.5% = 225 000(元)

　　B 产品盈亏平衡点的销售额 = 600 000×37.5% = 225 000(元)

　　C 产品盈亏平衡点的销售额 = 600 000×25% = 150 000(元)

用每种产品的盈亏平衡点的销售额分别除以该产品的单价,就可以求出它们盈亏平衡点的业务量。

　　A 产品盈亏平衡点的业务量 = 225 000÷20 = 11 250(件)

　　B 产品盈亏平衡点的业务量 = 225 000÷30 = 7 500(件)

　　C 产品盈亏平衡点的业务量 = 150 000÷40 = 3 750(件)

方法二:联合单位法

$$产品销量比＝A：B：C＝3：2：1$$
$$联合单价＝20×3＋30×2＋40×1＝160（元）$$
$$联合单位变动成本＝12×3＋24×2＋28×1＝112（元）$$
$$联合盈亏平衡点的业务量＝180\ 000÷（160－112）＝3\ 750（件）$$

各种产品盈亏平衡点的业务量计算。

$$A\ 产品盈亏平衡点的业务量＝3\ 750×3＝11\ 250（件）$$
$$B\ 产品盈亏平衡点的业务量＝3\ 750×2＝7\ 500（件）$$
$$C\ 产品盈亏平衡点的业务量＝3\ 750×1＝3\ 750（件）$$

各种产品盈亏平衡点的销售额计算。

$$A\ 产品盈亏平衡点的销售额＝11\ 250×20＝225\ 000（元）$$
$$B\ 产品盈亏平衡点的销售额＝7\ 500×30＝225\ 000（元）$$
$$C\ 产品盈亏平衡点的销售额＝3\ 750×40＝150\ 000（元）$$

3. 目标利润分析

盈亏平衡分析是假定企业在盈亏平衡、利润为零的状态下进行的本量利分析。虽然它有助于简化本量利分析的过程，了解企业最低生产条件以及评价企业经营的安全程度，为企业的经营决策提供有用的信息，但盈亏平衡并不是企业经营的最终目的。在市场经济中，企业经营目的是追求利润最大化，在不断盈利中扩大自身规模。因此，企业不会满足于利润为零的盈亏平衡分析，更加注重于盈利条件下的本量利分析。

1）目标利润分析基本原理

目标利润分析是在本量利分析的基础上，计算为达到目标利润所需达到的业务量、收入和成本的一种利润规划方法，该方法应反映市场的变化趋势、企业战略规划目标以及管理层需求等。如果企业在经营活动开始之前，根据有关收支状况确定了目标利润，就可以计算为实现目标利润而必须达到的销售数量和销售金额。计算公式为

$$目标利润＝销售量×（单价－单位变动成本）－固定成本$$
$$实现目标利润业务量＝（固定成本＋目标利润）÷（单价－单位变动成本）$$
$$实现目标利润销售额＝（固定成本＋目标利润）÷边际贡献率$$

或

$$实现目标利润销售额＝实现目标利润业务量×单价$$

【例2-31】　某企业生产和销售单一产品，产品的单价为50元，单位变动成本为25元，固定成本为50 000元。如果将目标利润定为40 000元，求企业实现目标利润的销售量和销售额。

【解析】　实现目标利润的销售量＝（50 000＋40 000）÷（50－25）＝3 600（件）

实现目标利润的销售额＝（50 000＋40 000）÷50％＝180 000（元）

应注意的是，目标利润销售量的公式只能用于单种产品的目标利润管理，而目标利润销售额的公式既可用于单种产品的目标利润管理，又可用于产品组合的目标利润管理。产品组合的目标利润分析通常采用以下方法。

在单一产品的目标利润分析基础上，依据分析结果进行优化调整，寻找最优的产品组合。基本分析公式为

实现目标利润的销售额 ＝（综合目标利润＋固定成本）÷（1－综合变动成本率）

实现目标利润率的销售额 ＝固定成本÷（1－综合变动成本率－综合目标利润率）

企业在应用该工具方法进行产品产量结构的优化分析时，在既定的生产能力基础上，可以提高具有较高边际贡献率的产品的产量。

还应注意的是，上述公式中的目标利润一般是指息税前利润。事实上，以税后利润来进行目标利润的规划和分析，更符合企业营运的需要。如果企业预测的目标利润是税后利润，则上述公式应做如下调整。

由于

$$税后利润 ＝（息税前利润－利息）\times（1－所得税税率）$$

因此

$$实现目标利润的销售量 ＝ \frac{固定成本＋税后目标利润÷（1－所得税税率）＋利息}{单位边际贡献}$$

$$实现目标利润的销售额 ＝ \frac{固定成本＋税后目标利润÷（1－所得税税率）＋利息}{边际贡献率}$$

2）实现目标利润的措施

目标利润是本量利分析的核心要素，它既是企业经营的动力和目标，也是本量利分析的中心。如果企业在经营中根据实际情况规划了目标利润，那么为了保证目标利润的实现，需要对其他因素做出相应调整。通常情况下，企业要实现目标利润，在其他因素不变时，销售数量或销售价格应当提高，而固定成本或单位变动成本则应下降。

【例 2-32】　沿用例 2-31 的资料，现在假定该公司将目标利润定为 58 000 元，那么影响目标利润的四个基本要素该做怎样的调整？

【解析】　调整措施可选择如下方案中的任意一种。

(1) 实现目标利润的销售额 $＝ \dfrac{固定成本＋目标利润}{单位边际贡献}$

$$＝ \frac{50\ 000＋58\ 000}{50－25} ＝ 4\ 320（件）$$

(2) 实现目标利润的单位变动成本 $＝ 单价－\dfrac{固定成本＋目标利润}{销售量}$

$$＝ 50－\frac{50\ 000＋58\ 000}{3\ 600} ＝ 20（元）$$

(3) 实现目标利润的固定成本 ＝边际贡献－目标利润

$$＝（50－25）\times 3\ 600－58\ 000 ＝ 32\ 000（件）$$

(4) 实现目标利润的单价 $＝ 单位变动成本＋\dfrac{固定成本＋目标利润}{销售量}$

$$＝ 25＋\frac{50\ 000＋58\ 000}{3\ 600} ＝ 55（元）$$

计算结果表明，该公司目标利润定为 58 000 元，比原来的目标利润增加 18 000 元。为确保现行目标利润的实现，从单个因素来看：销售数量应上升到 4 320 件，比原来的销售数量增加 720 件；或单位变动成本下降到 20 元，比原来的单位变动成本降低 5 元；或固定成本应下降到 32 000 元，比原来的固定成本降低 18 000 元；或销售单价上升为 55 元，比原来的售价增加 5 元。

本 章 小 结

本章讲述了资金时间价值、风险与收益、成本性态分析和本量利分析等问题,包含以下要点。

(1) 资金的时间价值。资金时间价值,是指在没有风险和没有通货膨胀的情况下,货币经历一定时间的投资和再投资所增加的价值,也称货币的时间价值。用相对数表示的货币时间价值也称纯利率。纯利率是指在没有通货膨胀、无风险情况下资金市场的平均利率。现代财务管理中,一般都用复利方式进行各种资金时间价值的计算。

(2) 风险与收益,包括资产的收益与收益率、资产的风险及其衡量、证券资产组合的风险与收益、资本资产定价模型,揭示了风险同收益之间的关系。

(3) 按照成本性态不同,通常可以把成本区分为固定成本、变动成本和混合成本三类。混合成本兼有固定与变动两种性质,可进一步将其细分为半变动成本、半固定成本、延期变动成本和曲线变动成本。

(4) 本量利分析是指以成本性态分析和变动成本法为基础,运用数学模型和图文,对成本、利润、业务量与单价等因素之间的依存关系进行分析,发现变动的规律性,为企业进行预测、决策、计划和控制等活动提供支持的一种方法。

关键术语中英文对照

资金时间价值(time value of money)

单利(simple interest)

复利(compound interest)

终值(future value)

现值(present value)

年金(annuity)

普通年金(ordinary annuity)

偿债基金(sinking fund)

预付年金(prepaid annuity)

递延年金(deferred annuity)

永续年金(perpetual annuity)

年资本回收额(annual capital recovery)

风险(risk)

收益(return)

系统风险(systematic risk)

非系统风险(unsystematic risk)

无风险收益率(risk-free rate of return)

风险收益率(risk-return ratio)

成本性态分析(cost behavior analysis)

固定成本(fixed cost)

变动成本(variable cost)

混合成本(mixed cost)

本量利分析(cost volume profit analysis)

投资组合的风险收益率(risk-return ratio of a portfolio)

资本资产定价模型(capital assets pricing model,CAPM)

标准差(standard deviation)

期望收益率(expected rate of return)

案例学习

小琳今年大学毕业了,准备自主创业,她想投资 65 万元开一家快餐店,预计快餐店在同一营销策略下可能获得的净利润及概率分布的数据如表 2-6 所示。

表 2-6　快餐店净利润与概率分布

市场情况	概率	净利润/万元
良好	0.3	18
一般	0.5	12
较差	0.2	8

经估算,快餐店的风险价值系数为 0.6,无风险收益率为 8%,请你从风险和收益关系的角度帮小琳分析和评价快餐店的可行性。

(1) 怎样度量资产的风险?

(2) 什么是风险价值?如何理解风险与收益的基本关系?

(3) 资产收益率或投资收益率是指什么?你能区分期望收益率和必要收益率吗?

(4) β 系数的含义是什么?资本资产定价模型揭示的是什么问题?

课后练习

一、单项选择题

1. 普通年金终值系数的倒数是(　　)。

　　A. 偿债基金　　　　　　　　　　B. 偿债基金系数

　　C. 年回收额　　　　　　　　　　D. 投资回收系数

2. 根据资金时间价值理论,在普通年金现值系数的基础上,期数减 1、系数加 1 的计算结果,应当等于(　　)。

　　A. 递延年金现值系数　　　　　　　　B. 普通年金终值系数

　　C. 预付年金现值系数　　　　　　　　D. 预付年金终值系数

　　3. 某企业准备给某学校设立专项奖学金,预计每年应发放 200 000 元,在存款利率为 10% 的情况下,该企业应存入(　　)元,才可以从利息中发放预计的奖学金。

　　A. 900 000　　　　B. 2 000 000　　　　C. 100 000　　　　D. 1 000 000

　　4. 某企业拟建立一项基金,每年初投入 200 000 元,若利率为 10%,五年后该项基金本利和为(　　)元。

　　A. 671 600　　　　B. 564 100　　　　C. 1 343 120　　　　D. 1 021 020

　　5. 当银行利率为 10% 时,一项 6 年后付款 1 600 元的购货,若按单利计息,相当于第一年初一次现金支付的购价为(　　)元。

　　A. 451.6　　　　B. 500　　　　C. 1 000　　　　D. 480

　　6. 距今若干期后发生的每期期末收款或付款的年金称为(　　)。

　　A. 后付年金　　　　B. 先付年金　　　　C. 递延年金　　　　D. 永续年金

　　7. 若干期后本金加利息所得的资金的未来价值叫作(　　)。

　　A. 终值　　　　B. 现值　　　　C. 年金终值　　　　D. 年金现值

　　8. 某方案在 3 年中每年年末付款 500 元,利率 10% 则到第 3 年年末时的终值为(　　)。

　　A. 150　　　　　　　　　　　　　　　B. $50 \times (F/P, 10\%, 3)$

　　C. $500 \times (F/A, 10\%, 3)$　　　　D. $150 \times (1 + 10\%)^3$

　　9. 财务风险是(　　)带来的风险。

　　A. 通货膨胀　　　　B. 高利率　　　　C. 筹资决策　　　　D. 销售决策

　　10. 东方公司有一笔 4 年后到期的借款,数额为 200 万元,年利率为 10%,到期一次还清借款,则每年年末应存入(　　)万元。

　　A. 215.4　　　　B. 21.54　　　　C. 464.1　　　　D. 43.09

　　11. 一定时期内各期期初等额的系列收付款项叫作(　　)。

　　A. 先付年金　　　　B. 后付年金　　　　C. 递延年金　　　　D. 永续年金

　　12. 某公司连续 5 年于每年年初存入 100 万元作为住房基金,利率为 10%,该公司在第 5 年年末能一次取出本利和是(　　)万元。$(F/A, 10\%, 5) = 6.105$,$(F/A, 10\%, 6) = 7.716$

　　A. 671.6　　　　B. 122.1　　　　C. 1 543.2　　　　D. 1 343.2

　　13. 甲公司销售收入 50 万元,边际贡献率 30%,该公司仅设 S 和 W 两个部门,其中 S 部门的变动成本 30 万元,边际贡献率 25%。下列说法中,错误的是(　　)。

　　A. S 部门的变动成本率为 70%　　　　B. S 部门边际贡献为 10 万元

　　C. W 部门边际贡献率为 50%　　　　D. W 部门销售收入为 10 万元

二、多项选择题

　　1. 下列风险中属于市场风险的有(　　)。

　　A. 战争　　　　B. 自然灾害　　　　C. 罢工　　　　D. 利率变化

　　2. 年金终值系数表的用途有(　　)。

　　A. 已知年金求终值　　　　　　　　B. 已知终值求年金

C. 已知现值求终值　　　　　　　　　　D. 已知终值求现值

3. 下列选项中,既有现值又有终值的是( )。

A. 递延年金　　　　　B. 普通年金　　　　C. 先付年金　　　　D. 永续年金

4. 下列表述中,正确的有( )。

A. 复利终值系数和复利现值系数互为倒数

B. 普通年金终值系数和普通年金现值系数互为倒数

C. 普通年金终值系数和偿债基金系数互为倒数

D. 普通年金现值系数和资本回收系数互为倒数

5. 永续年金具有的特点为( )。

A. 没有终值　　　　　　　　　　　　　B. 没有期限

C. 每期不等额支付　　　　　　　　　　D. 每期等额支付

6. 递延年金的特点有( )。

A. 最初若干期没有收付款项　　　　　　B. 后面若干期等额收付款项

C. 其终值计算与普通年金相同　　　　　D. 其现值计算与普通年金相同

7. 甲投资组合由证券 X 和证券 Y 各占 50% 组成。下列说法中,正确的有( )。

A. 甲的 β 系数＝X 的 β 系数×50%＋Y 的 β 系数×50%

B. 甲的期望报酬率＝X 的期望报酬率×50%＋Y 的期望报酬率×50%

C. 甲的期望报酬率的标准差＝X 期望报酬率的标准差×50%＋Y 期望报酬率的标准差×50%

D. 甲的期望报酬率的变异系数＝X 期望报酬率的变异系数×50%＋Y 期望报酬率的变异系数×50%

三、判断题

1. 在经济活动中,风险表现为一种实际的经济损失,而风险报酬则是对这种损失的补偿。
( )

2. 一般来说,资金时间价值是指没有通货膨胀条件下的投资报酬率。 ( )

3. 名义利率指一年内多次复利时给出的年利率,它等于每期利率。 ( )

4. 无论各投资项目报酬率的期望值是否相同,都可以采用标准离差比较其风险程度。
( )

5. 标准离差率是标准离差同期望值之比。 ( )

6. 年金是指每隔一年、金额相等的一系列现金流入或流出量。 ( )

7. 风险报酬率是指投资者因冒风险进行投资而获得的额外报酬率。 ( )

8. 一次性款项的复利现值就是为在未来一定时期获得一定的本利和现在所需的本金。
( )

9. 永续年金既有终值又有现值。 ( )

10. 在实务中,当说到风险时,可能指的是确切意义上的风险,但更可能指的是不确定性,二者不做区分。 ( )

11. 在现值和利率一定的情况下,计算期数越少,则复利终值越大。 ( )

12. 在终值和计算期一定的情况下,贴现率越低,则复利现值越高。 ( )

四、计算题

1. 某企业现借得 10 000 万元的贷款,在 10 年内以年利率 12％等额偿还,则每年应付的金额为多少?（P/A,12％,10)=5.650 2

2. 银行利率为 10％,递延期 $m=3$,即从第 4 期期末开始支付年金 1 000 元,支付 3 次,求该递延年金现值是多少?

（P/A,10％,3)=2.487,（P/A,10％,6)=4.355,（F/A,10％,3)=3.310,（P/F,10％,6)=0.565,（P/F,10％,3)=0.751

3. 甲企业向银行借入 1 000 万元,准备在 10 年内,以年金的方式偿还,若利率 12％,问:(1) 每年年末偿债多少?（2) 每年年初偿债多少?

（P/A,12％,9)=5.328 2,（P/A,12％,10)=5.650 2,（P/A,12％,11)=5.937 7

4. 某公司拟购置一处房产,房主提出两种付款方案。

(1) 从现在起,每年年初支付 20 万元,连续支付 10 次,共 200 万元。

(2) 从第 5 年开始,每年年初支付 25 万元,连续支付 10 次,共 250 万元。

假定该公司的资金成本率(即最低报酬率)为 10％,你认为该公司应选择哪个方案?

5. 某公司生产销售甲、乙、丙三种产品,销售单价分别为 60 元、75 元、80 元;预计销售量分别为 10 000 件、20 000 件、15 000 件;预计各产品的单位变动成本分别为 15 元、20 元、25 元;预计固定成本总额为 250 000 元。要求填写表 2-7,并按加权平均法、联合单位法分别进行多种产品的本量利分析。

表 2-7　产品数据资料

项　　目	销售量/件	单价/元	单位变动成本/元	销售收入/元	各产品的销售比重/％	边际贡献/元	边际贡献率/％
甲产品							
乙产品							
丙产品							
合　计							

第三章

筹资管理

◆ **学习目标** ▮▮▮▮▮▮▮▮▮▮▮

了解筹资的动机；

熟悉筹资的原则；

掌握筹资的分类、渠道和方式；

掌握资金需要量的预测方法；

掌握各种筹资方式的含义和优缺点。

◆ **导入案例** ▮▮▮▮▮▮▮▮▮▮▮▮▮

"三支箭"已离弦　直击融资主渠道

2018年以来，中国人民银行从宏观上营造了一个稳健中性的货币政策环境，使流动性合理充裕。人民银行年内四次降低法定存款准备金率，共释放流动性约4万亿元，对冲部分中期借贷便利后，净释放流动性2.3万亿元。在金融政策方面，人民银行还联合多个部门发文，从货币政策、监管考核、内部管理、财税激励、优化环境等方面提出了具体措施。

截至9月末，普惠口径小微贷款余额7.73万亿元，同比增长18.1%，前3季度新增9 595亿元，增量相当于2017年全年水平的1.6倍。截至8月末小微客户授信1 570万户，比2017年年末增长18.5%。

目前，货币"池子"里的水很多，但需要让资金流到"缺水"的民营企业手里。为此，人民银行会同有关部门，从债券、信贷、股权三个融资主渠道，采取"三支箭"的政策组合，支持民营企业拓宽融资途径。

第一支箭——信贷支持。人民银行对商业银行的宏观审慎评估（MPA）中新增专项指标，鼓励金融机构增加民营企业信贷投放，并通过货币信贷政策工具为金融机构提供长期、成本适度的信贷资金。

2018年以来，人民银行增加再贷款、再贴现额度3 000亿元，是历年来额度增加最多的一年；自三季度起下调了支小再贷款利率0.5个百分点，适当放宽了支小再贷款申请条件。如果将来额度用完，人民银行还可以应市场需求再增加额度。

第二支箭——民营企业债券融资支持工具。10月22日召开的国务院常务会议决定，设立民营企业债券融资支持工具,由人民银行运用再贷款提供部分初始资金,由专业机构进行市场化运作,通过出售信用风险缓释工具、担保增信等多种方式,为经营正常、流动性遇到暂时困难的民营企业发展提供增信支持。

目前,民企债券融资支持工具已经开始试点运作。前不久,浙江荣盛、红狮集团、宁波富邦三家民营企业,通过民企债券融资支持工具募集资金 19 亿元。

三只债券认购倍数均超过 2 倍,远高于今年以来民企发行债券 1.24 倍的平均认购倍数。

下一步,人民银行将进一步扩大民企债券融资支持工具试点,目前已有 30 家民企正抓紧准备债务融资工具的发行工作。

第三支箭——民营企业股权融资支持工具。今年以来,受股票市场持续下跌影响,部分民营上市公司控股股东由于股票质押比例较高,面临平仓风险,有必要对金融市场的非理性预期和行为进行引导。

为此,人民银行正在推动由符合规定的私募基金管理人、证券公司、商业银行金融资产投资公司等机构,发起设立民营企业股权融资支持工具,由人民银行提供初始引导资金,带动金融机构、社会资本共同参与,按照市场化、法治化原则,为出现资金困难的民营企业提供阶段性的股权融资支持。

(资料来源:央行行长易纲:"三支箭"已离弦 直击融资主渠道.https://finance.sina.com.cn/china/2018-11-15/doc-ihmutuec0542243.shtml,2021.4.20)

思考题:了解了人民银行在帮助解决民营企业、小微企业的融资困难方面所做的工作,你认为企业融资可以有哪几种方式?

企业筹资方式的比较与选择

第一节 企业筹资管理概述

一、企业筹资的概念

企业筹资是指企业为了满足其经营活动、投资活动、资本结构调整等需要,运用一定的筹资方式,筹措和获取所需资金的一种行为。资金是企业的血液,是企业设立、生存和发展的物质基础,是企业开展生产经营活动的基本前提。任何一个企业,为了形成生产经营能力、保证生产经营正常运行,必须拥有一定数量的资金。筹资与融资是不同的,融资是指从企业外部筹集资金的方式,包括直接融资和间接融资;筹资除包括从企业外部筹集资金,即融资之外,还包括通过对企业内部资金的合理安排。

筹资活动是企业一项重要的财务活动。如果说企业的财务活动是以现金收支为主的资金流转活动,那么筹资活动则是资金运转的起点。

二、企业筹资的动机

1. 满足经营运转的筹资动机

企业筹资,能够为企业生产经营活动的正常开展提供财务保障。资金筹集作为企业资金周转运动的起点,决定着企业资金运动的规模和生产经营发展的程度。企业新建时,要按照企业战略所确定的生产经营规模核定长期资本和流动资金的需要量。在企业日常生产经营活动运行期间,需要维持一定数额的资金,以满足营业活动的正常波动需求。

2. 满足投资发展的筹资动机

企业在成长时期,往往因扩大生产经营规模或对外投资需要大量资金。企业生产经营规模的扩大有两种形式:一种是新建厂房、增加设备,这是外延式的扩大再生产;另一种是引进技术、改进设备,提高固定资产的生产能力,培训工人,提高劳动生产率,这是内涵式的扩大再生产。不管是外延式的扩大再生产,还是内涵式的扩大再生产,都会发生扩张性的筹资动机。同时,企业由于战略发展和资本经营的需要,还会积极开拓有发展前途的投资领域,以联营投资、股权投资和债权投资等形式对外投资,这也会产生大额的资金需求。

3. 满足偿债需求的筹资动机

偿债筹资动机是企业为了偿还某项债务而形成的借款动机,即"借新债,还旧债"。偿债筹资有两种情况:一种是调整性偿债筹资,即企业虽有足够的能力支付到期旧债,但为了调整现有的资本结构,仍然举债,从而使资本结构更加合理;另一种是恶化性偿债筹资,即企业现有的支付能力已不足以偿付到期旧债,而被迫举借新债,这表明企业的财务状况已经恶化。

4. 混合筹资动机

企业因同时需要扩大经营的长期资金和偿还债务的现金而形成的筹资动机,即混合筹资动机。通过混合筹资,企业既保证了正常生产经营、扩大资产规模,又偿还部分旧债,也就是说,在这种筹资中混合了经营、投资和偿债筹资三种动机。

三、企业筹资的分类

企业筹资可以按不同的标准进行分类。

1. 股权筹资、债务筹资及衍生工具筹资

按企业所取得资金的权益特性不同,企业筹资可分为股权筹资、债务筹资及衍生工具筹资三种类型,这也是最常见的分类方法。

股权筹资是通过吸收直接投资、发行股票、内部积累等方式取得的资金,它可形成股权资本,是企业依法长期拥有、能够自主调配运用的资本。股权资本在企业持续经营期间内,

投资者不得抽回,因而也称为企业的自有资本、主权资本或股东权益资本。股权资本是企业从事生产经营活动和偿还债务的本钱,是表现企业基本资信状况的一个主要指标。股权资本由于一般不用偿还,形成了企业的永久性资本,因而财务风险小,但付出的资本成本相对较高。

债务筹资是企业通过借款、发行债券、融资租赁以及赊销商品或服务等方式取得的资金,它会形成在规定期限内需要清偿的债务。由于债务筹资到期要归还本金和支付利息,对企业的经营状况不承担责任,因而具有较大的财务风险,但付出的资本成本相对较低。从经济意义上来说,债务筹资也是债权人对企业的一种投资,也要依法享有企业使用债务所取得的经济利益,因而也可以称为债权人权益。

衍生工具筹资包括兼具股权与债务特性的混合融资和其他衍生工具融资。目前最常见的混合融资是可转换债券融资,最常见的其他衍生工具融资是认股权证融资。

2. 直接筹资与间接筹资

按筹资活动是否以金融机构为媒介,企业筹资可分为直接筹资和间接筹资两种类型。

直接筹资是企业直接与资金供应者协商融通资本的一种筹资活动。直接筹资方式主要有吸收直接投资、发行股票、发行债券等。直接筹资既可以筹集股权资金,也可以筹集债务资金。按法律规定,公司股票、公司债券等有价证券的发行需要通过证券公司等中介机构进行,但证券公司所起到的只是承销作用,资金拥有者并未向证券公司让渡资金使用权,因此发行股票、债券属于直接向社会筹资。

间接筹资是企业借助银行等金融机构融通资本的筹资活动。在间接筹资方式下,银行等金融机构发挥了中介的作用,预先集聚资金。资金拥有者首先向银行等金融机构让渡资金的使用权,然后由银行等金融机构将资金提供给企业。间接筹资的基本方式是向银行借款,此外还有融资租赁等筹资方式,间接筹资形成的主要是债务资金,主要用于满足企业资金周转的需要。

3. 内部筹资与外部筹资

按资金的来源范围不同,企业筹资可分为内部筹资和外部筹资两种类型。

内部筹资是指企业通过利润留存而形成的筹资来源。内部筹资数额的大小主要取决于企业可分配利润的多少和利润分配政策(股利政策),一般无须花费筹资费用,从而降低了资本成本。

外部筹资是指企业向外部筹措资金而形成的筹资来源。处于初创期的企业,内部筹资的可能性是有限的;处于成长期的企业,内部筹资往往难以满足需要。这就需要企业广泛地开展外部筹资,如发行股票、债券,取得商业信用、向银行借款等。企业向外部筹资大多需要花费一定的筹资费用,从而提高了筹资成本。

因此,企业筹资时应首先利用内部筹资,再考虑外部筹资。

4. 长期筹资与短期筹资

按所筹集资金的使用期限不同,企业筹资可分为长期筹资和短期筹资两种类型。

长期筹资是指企业筹集使用期限在1年以上的资金筹集活动。长期筹资的目的主要在于形成和更新企业的生产和经营能力,或扩大企业的生产经营规模,或为对外投资筹集资金。长期筹资通常采取吸收直接投资、发行股票、发行债券、取得长期借款、融资租赁等方式,所形成的长期资金主要用于购建固定资产、形成无形资产、进行对外长期投资、垫支流动资金、产品和技术研发等。从资金权益性质来看,长期资金可以是股权资金,也可以是债务资金。

短期筹资是指企业筹集使用期限在1年以内的资金筹集活动。短期资金主要用于企业的流动资产和日常资金周转,一般在短期内需要偿还。短期筹资经常利用商业信用、短期借款、保理业务等方式来筹集。

四、企业筹资的渠道

筹资渠道是指企业取得资金的来源或途径。认识筹资渠道的种类及每种渠道的特点,有利于企业充分开拓和正确利用筹资渠道来筹集生产经营所需要的资金。

随着经济体制改革的深入开展和证券市场的建立,我国企业的筹资逐渐由单一渠道逐步向多渠道发展,由纵向渠道为主逐步向横向渠道为主转变。目前,我国企业的筹资渠道主要有以下七种。

1. 国家财政资金

国家对企业的投资是国有企业的主要资金来源。国家财政资金基础坚固、来源充沛,为大中型企业的生产经营活动提供了可靠的保证。各国的经验和长期的实践表明,在现代市场经济条件下,对国有企业的投资选择,应根据不同的国情,采取分类指导、区别对待的办法。一些只能或只便于由国有资本进入的部门或行业中的企业,如国防、航天航空、造币等,应主要采取财政投资的形式。

2. 银行信贷资金

银行一般分为商业性银行和政策性银行。商业性银行为各类企业提供商业性贷款;政策性银行为特定企业提供政策性贷款。银行信贷资金有居民储蓄、单位存款等较稳定的资金来源,贷款方式灵活,能适应各种企业的资金需要,是企业重要的筹资渠道。

3. 非银行金融机构资金

非银行金融机构主要有信托投资公司、保险公司、租赁公司、证券公司、企业集团的财务公司等。非银行金融机构通过一定的途径或方式为企业直接提供部分资金或为企业筹资提供服务。这种筹资渠道的财力比银行信贷资金小,但其资金供应比较灵活方便,并可提供其他方面的服务,因此具有十分广阔的发展前景。

4. 其他法人单位资金

其他法人单位资金是指其他法人单位以其可以支配的资产对企业投资形成的资金。企业在生产经营过程中,往往会形成部分暂时闲置的资金,可以在企业之间相互调剂使用。随着横向经济联合的发展,企业之间会进行相互投资。这种企业之间资金的联合和融通成为企业资金筹集的一个有效渠道。

5. 民间资金

对于企业职工和城乡居民手中暂时不用的资金,企业可以通过发行股票、债券等方式将其集中起来,形成企业的资金,充分利用这一大有潜力的资金来源。

6. 企业自留资金

企业自留资金是指企业通过各种途径和形式积累起来的属于企业自有的资金,主要包括企业通过在提取公积金、未分配利润和计提折旧等形式形成的资金,是企业内部自动生成或转移的资金。

7. 境外资金

境外资金是指外商向我国企业投入的资金,是外商投资企业的重要资金来源。利用外资是弥补资金不足、促进企业不断壮大、推动经济发展的重要手段之一。企业通过吸引外资和我国港、澳、台地区资本投资,不仅可以筹集到必要的资金以满足生产经营的需要,而且能够引进国外先进技术和管理经验,促进企业技术的进步和管理水平的提高。

五、企业筹资的方式

筹资方式是指企业筹集资金所采取的具体形式,体现着资金的属性。对于各种渠道筹集的资金,企业可以采用不同的方式加以筹集。正确认识筹资方式的种类及每种筹资方式的属性,有利于企业选择合适的筹资方式,实现最佳的筹资组合。

企业可以利用的筹资方式主要有以下九种。

1. 吸收直接投资

吸收直接投资是企业以协议等形式吸收国家、其他企业、个人和外商等直接投入的资金,形成企业资本金的一种筹资方式。吸收直接投资不以股票为媒介,是非股份制企业筹措自有资本的一种基本方式。

2. 发行股票

股票是股份有限公司为筹措自有资本而发行的有价证券,是持股人拥有公司股份的凭证。发行股票是股份有限公司筹措自有资本的主要方式。

3. 金融机构贷款

金融机构贷款是指企业向银行或非银行金融机构借入的,按规定期限还本付息的款项,是企业负债经营时所采取的主要筹资方式。

4. 商业信用

商业信用是指企业之间在商品交易中以延期付款或预收货款进行购销活动而形成的借

贷关系,是企业之间由于商品和货币在时间和空间上分离而形成的直接信用行为。它产生于银行信用出现之前,但银行信用出现之后,商业信用仍然得到广泛的发展和运用,成为企业的短期筹资方式之一。

5. 发行债券

发行债券是债务人为筹集借入资金而发行的,约定在一定期限内向债权人还本付息的有价证券。发行债券是企业筹集借入资金的重要方式。

6. 票据贴现

票据贴现是企业将持有的未到期商业汇票交付银行并兑取现金的借贷行为。通过票据贴现,企业可以达到提前使用资金的目的,但企业资金总量不会增加,企业为此支付的代价即银行的支付利息。

7. 租赁

租赁是出租人以收取租金为条件,在契约或合同规定的期限内,将资产租借给承租人使用的一种经济行为。租赁直接涉及的是物而不是钱,但它在实质上具有借贷属性,是现代企业筹集资金的一种特殊方式。

8. 与其他企业联营

企业之间通过联营可以集中多方面的资金,扩大经营范围,建立规模较大的经济联合体,同时还可以进行技术、劳动力、资源等生产要素的联合,发挥各方面的优势,增加企业的活力和竞争能力。因此,联营是企业为扩大生产经营规模而筹集资金的一种重要方式。

9. 企业内部积累

内部积累是指企业在税后利润中按规定比例提取的盈余公积金、公益金和未分配利润等。企业通过内部积累的方式筹集资金,既有利于满足扩大企业生产经营规模的资金需求,又能够减少企业的财务风险。因此,内部积累是各企业长期采用的一种筹资方式。

六、筹资管理的原则

企业筹资管理的基本原则,是在严格遵守国家法律法规的基础上,分析影响筹资的各种因素,权衡资金的性质、数量、成本和风险,合理选择筹资方式,提高筹集效果。

1. 遵循国家法律法规,合法筹措资金

企业的筹资行为和筹资活动必须遵循国家的相关法律法规,依法履行法律法规和投资合同约定的责任,合法合规筹资,依法信息披露,维护各方的合法权益。

2. 分析生产经营情况,正确预测资金需要量

企业筹集资金要合理预测资金的需要量。筹资规模与资金需要量应当匹配一致,既要

避免因筹资不足，影响生产经营的正常进行，又要防止筹资过多，造成资金闲置。

3. 合理安排筹资时间，适时取得资金

企业筹集资金还需要合理预测需要资金的时间。要根据资金需求的具体情况，合理安排资金的筹集时间，适时获取所需资金。筹资与用资应在时间上相衔接，既要避免过早筹集资金形成的资金投放前闲置，又要防止取得资金的时间滞后，错过资金投放的最佳时间。

4. 了解各种筹资渠道，选择资金来源

企业筹集资金都要付出资本成本，不同的筹资渠道和筹资方式所取得的资金，其资本成本存在差异。企业应当在考虑筹资难易程度的基础上，针对不同来源资金的成本进行分析，尽可能选择经济、可行的筹资渠道与方式，降低筹资成本。

5. 研究各种筹资方式，优化资本结构

企业筹资要综合考虑股权资金与债务资金的关系、长期资金与短期资金的关系、内部筹资与外部筹资的关系，合理安排资本结构，保持适当偿债能力，防范企业财务危机，提高筹资效益。

第二节　资金需要量的预测方法

企业在筹资之前，应当采用一定的方法预测资金需要量，从而使筹集的资金既能满足生产经营的需要，又不会造成资金闲置。常用的资金需要量预测方法可分为定性预测法和定量预测法。

一、定性预测法

定性预测法是指利用有关材料，依靠预测者的个人经验，对企业未来资金的需要量做出预测的方法。这种方法一般在企业缺乏完备、准确的历史资料的情况下才使用。它的预测过程是：先由熟悉生产经营情况和财务情况的专家，根据过去积累的经验进行分析判断，提出预测的初步意见，再通过召开座谈会或发出各种征询意见的表格等形式，对上述预测的初步意见进行补充，最后得出预测结果。

定性预测法在企业缺乏基本资料的情况下不失为一种有价值的预测方法，但是它缺乏客观依据，容易受预测人员主观判断的影响，因而预测的准确性较差。

二、定量预测法

定量预测法是根据相关历史资料和市场数据，通过建立数学模型等进行数据分析及成本效益比较，从而找出合理筹资数量和方式的方法。定量预测法可分为因素分析法、销售百分比法和资金习性预测法。

1. 因素分析法

因素分析法又称分析调整法,是以有关项目基期年度的平均资金需要量为基础,根据预测年度的生产经营任务和资金周转加速的要求,进行分析调整,以预测资金需要量的一种方法。这种方法计算简便,容易掌握,但预测结果不太精确。它通常用于品种繁多、规格复杂、资金用量小的项目。因素分析法的计算公式为

资金需要量=(基期资金平均占用额-不合理资金占用额)×(1±预测期销售增减率)
×(1±预测期资金周转速度变动率)

【例 3-1】 甲企业上年度资金平均占用额为 2 200 万元,经分析,其中不合理部分 200 万元,预计本年度销售增长 5%,资金周转加速 2%。计算预测年度资金需要量。

【解析】 预测年度资金需要量=(2 200-200)×(1+5%)×(1-2%)=2 058(万元)

2. 销售百分比法

1)基本原理

销售百分比法是根据销售与资产之间的数量比例关系,预计企业的外部筹资需要量。企业的销售规模扩大时,要相应增加流动资产;如果销售规模增加很多,还必须增加长期资产。这些资金,一部分来自留存收益,另一部分通过外部筹资取得。通常,销售增长率较高时,仅靠留存收益不能满足资金需要,即使获利良好的企业也需外部筹资。因此,企业需要预先知道自己的筹资需求,提前安排筹资计划,否则可能发生资金短缺问题。

2)销售百分比法的基本假定

应用销售百分比法预测资金需要量应满足以下条件。

(1)企业的部分资产和负债与销售额同比例变化,这里的资产和负债指的是经营资产和经营负债。随销售额同比例变化的资产称为敏感资产,随销售额同比例变化的负债称为敏感负债。

(2)企业各项资产、负债与所有者权益结构已达到最优。

3)销售百分比法的步骤

应用销售百分比法预测资金需要量通常需经过以下步骤。

(1)预计销售额增长率。

$$销售额增长率 = \frac{\Delta S}{S_1} \times 100\%$$

式中,S_1 表示基期销售额;ΔS 表示销售的变动额。

(2)确定随销售额变动而变动的资产和负债项目,计算资金总需求。

$$资金总需求 = \frac{\Delta S}{S_1}(A - B)$$

式中,A 表示随销售变化的资产;B 表示随销售变化的负债;S_1 表示基期销售额;ΔS 表示销售的变动额。

(3)计算预计增加的留存收益。

$$预计增加的留存收益 = P \cdot E \cdot S_2$$

式中,S_2 表示预测期销售额;P 表示销售净利率;E 表示盈余的保留比率。

(4) 计算外部筹资数额。

$$外部筹资额 = \frac{\Delta S}{S_1}(A - B) - P \cdot E \cdot S_2$$

【例 3-2】 兴达公司 2020 年 12 月 31 日的资产负债表,如表 3-1 所示。

表 3-1 兴达公司资产负债表

2020 年 12 月 31 日 单位:万元

资　　产		负债与所有者权益	
固定资产	30 000	实收资本	20 000
存货	30 000	保留盈余	10 000
应收账款	15 000	公司债券	10 000
现金	5 000	短期借款	25 000
		应付账款	10 000
		应付费用	5 000
资产合计	80 000	负债与所有者权益合计	80 000

注:此资产负债表的格式是根据预测资金需要量的要求设计的,因而在资产、负债、所有者权益的科目名称排列顺序上与一般的资产负债表不完全一致。

兴达公司 2020 年的销售收入为 100 000 元,现在还有剩余生产能力,即增加收入不需要进行固定资产方面的投资。假定销售净利率为 10%,如果 2021 年的销售收入提高到 120 000 元,公司的利润分配给投资者的比率为 60%,那么要筹集多少资金呢?

【解析】

(1) 预计销售额增长率。

$$销售额增长率 = \frac{\Delta S}{S_1} \times 100\% = \frac{120\,000 - 100\,000}{100\,000} \times 100\% = 20\%$$

(2) 计算确定随销售额变动而变动的资产和负债项目,计算资金总需求。

资产是资金使用的结果,随着销售额的变动,经营性资产项目将占用更多的资金。同时,随着经营性资产的增加,相应的经营性短期债务也会增加,如存货增加会导致应付账款增加,此类债务称为自动性债务,可以为企业提供暂时性资金。经营性资产与经营性负债的差额通常与销售额保持稳定的比例关系。这里,经营性资产项目包括库存现金、应收账款、存货等项目;而经营性负债项目包括应付票据、应付账款等项目,不包括短期借款、短期融资券、长期负债等筹资性负债。

$$A = 30\,000 + 15\,000 + 5\,000 = 50\,000(万元)$$
$$B = 10\,000 + 5\,000 = 15\,000(万元)$$

$$资金总需求 = \frac{\Delta S}{S_1}(A - B)$$
$$= 20\% \times (50\,000 - 15\,000)$$
$$= 7\,000(万元)$$

也可以有另外一种算法。

在兴达公司的实例中,资产方除固定资产外都将随销售的增加而增加,因为较多的销售量需要占用较多的存货,发生较多的应收账款,需要较多的现金。在负债与所有者权益一方,应付账款和应付费用也会随销售的增加而增加,但实收资本、公司债券、短期借款等不会自动增加。公司的盈余如果不全部分配出去,保留盈余也会有适当增加。预计随销售增加而自动增加的项目如表 3-2 所示。在表 3-2 中,不变动是指该项目不随销售的变化而变化。表中的百分率都是用表 3-1 中有关项目数字除以销售收入求得,如存货: $30\ 000 \div 100\ 000 \times 100\% = 30\%$。

表 3-2　兴达公司销售百分率表

资　产	销售百分率/%	负债与所有者权益	销售百分率/%
固定资产	不变动	实收资本	不变动
存货	30	保留盈余	不变动
应收账款	15	公司债券	不变动
现金	5	短期借款	不变动
		应付账款	10
		应付费用	5
合　计	50	合　计	15

$$资金总需求 = \left(\frac{A}{S_1} - \frac{B}{S_1}\right) \times \Delta S$$
$$= (50\% - 15\%) \times 20\ 000$$
$$= 7\ 000(万元)$$

(3) 计算预计增加的留存收益。

$$预计增加的留存收益 = P \cdot E \cdot S_2$$
$$= 10\% \times (1 - 60\%) \times 120\ 000$$
$$= 4\ 800(万元)$$

(4) 计算外部筹资数额。

$$外部筹资额 = \frac{\Delta S}{S_1}(A - B) - P \cdot E \cdot S_2$$
$$= 7\ 000 - 4\ 800$$
$$= 2\ 200(万元)$$

上述预测过程可用公式表示为

$$对外资金需要量 = \frac{A}{S_1} \cdot \Delta S - \frac{B}{S_1} \cdot \Delta S - P \cdot E \cdot S_2$$

$$对外筹资需要量 = \frac{\Delta S}{S_1}(A - B) - P \cdot E \cdot S_2$$

根据兴达公司资料可求得对外界资金的需求量为

$$50\% \times 20\ 000 - 15\% \times 20\ 000 - 10\% \times 40\% \times 120\ 000 = 2\ 200(元)$$

在本例中,如果兴达公司 2021 年的销售收入预计为 110 000 元,即只增长 10%。对外

界资金需求量为

$$50\% \times 10\,000 - 15\% \times 10\,000 - 10\% \times 40\% \times 110\,000 = -900(元)$$

如果兴达公司的销售仅增加 10%，其不仅不需向外界筹资，而且会有 900 元的剩余资金。那么在此情况下，兴达公司的任务不是规划如何筹资，而应是计划去增加股利、偿还债务或寻找较有利可图的投资机会。这一实例也说明了正确预测资金需求量，对于公司合理筹资具有举足轻重的作用。

3. 资金习性预测法

资金习性是指资金的变动同产品产销量变动之间的依存关系。按照资金同产销量之间的这种关系，可以把资金分为不变资金、变动资金和半变动资金。

不变资金是指在一定的产销量范围内，不随产销量的变动而变动的资金，包括为维持营业而占用的最低数额的现金，原材料的保险储备，必要的成品储备和厂房、机器设备等固定资产占用的资金。

变动资金是指随着产销量的变动而成比例变动的资金，一般包括直接构成产品实体的原材料、外购件等占用的资金。

半变动资金是指虽受产销量变化的影响，但并不成比例变动的资金，如一些辅助材料占用的资金。半变动资金可以通过一定的方法分解为不变资金和变动资金两部分。

资金习性预测法，就是对资金习性进行分析，将其划分为变动资金和不变资金两部分，根据资金与产销量之间的数量关系来建立数学模型，再根据历史资料预测资金需要量。二者关系的基本模型为

$$y = a + bx$$

式中，y 表示资金需要量；a 表示不变资金；b 表示单位产销量所需要的变动资金；x 表示产销量。

资金习性预测法包括回归直线法和分项预测法两种。

1）回归直线法

回归直线法是按照企业历史上资金占用总额与产销量的关系，运用最小平方法计算不变资金和单位销售额的变动资金的一种资金习性分析方法。其计算公式为

$$a = \frac{\sum x_i^2 \sum y_i - \sum x_i \sum x_i y_i}{n \sum x_i^2 - \left(\sum x_i\right)^2}$$

$$b = \frac{n \sum x_i y_i - \sum x_i \sum y_i}{n \sum x_i^2 - \left(\sum x_i\right)^2}$$

或

$$b = \frac{\sum y_i - na}{\sum x_i}$$

【例 3-3】 某企业 2016—2020 年的产销量与资金需要量如表 3-3 所示。若 2021 年该企业的预计产销量为 150 万件，试预测 2021 年的资金需要量。

表 3-3   2016—2020 年产销量与资金需要量

年度	产销量 x_i/万件	资金占用量 y_i/万元
2016	120	190
2017	140	200
2018	170	260
2019	190	285
2020	160	230

【解析】   资金需要量的预测过程如下。

（1）根据表 3-3 的资料，计算整理出如表 3-4 所示的数据计算表。

表 3-4   产销量与资金需要量数据计算表

年度	产销量 x_i/万件	资金占用量 y_i/万元	$x_i y_i$/万元	x_i^2/万元
2016	120	190	22 800	14 400
2017	140	200	28 000	19 600
2018	170	260	44 200	28 900
2019	190	285	54 150	36 100
2020	160	230	36 800	25 600
$N=5$	$\sum x_i = 780$	$\sum y_i = 1165$	$\sum x_i y_i = 185\ 950$	$\sum x_i^2 = 124\ 600$

（2）将表 3-4 中的数据代入下列联立方程：

$$a = \frac{\sum x_i^2 \sum y_i - \sum x_i \sum x_i y_i}{n \sum x_i^2 - \left(\sum x_i\right)^2}$$

$$b = \frac{n \sum x_i y_i - \sum x_i \sum y_i}{n \sum x_i^2 - \left(\sum x_i\right)^2}$$

求出 a 和 b 的值，即

$$a \approx 8.079\ 2, \quad b \approx 1.441\ 8$$

（3）将 $a = 8.079\ 2, b = 1.441\ 8$ 代入 $y = a + bx$ 中得到资金需要量与产销量之间的关系式为

$$y = 8.079\ 2 + 1.441\ 8x$$

（4）将 2021 年预计产销量 150 万件代入上式，得到 2021 年企业的资金需要量为

$$y = 8.079\ 2 + 1.441\ 8 \times 150 \approx 224（万元）$$

2）分项预测法

分项预测法又称为高低点法，是根据各资金占用项目（如现金、存货、应收账款、固定资产等）与销售收入之间的关系，把各项目的资金分成变动资金和不变资金两部分，其中 a 表示不变资金，b 表示变动资金，再根据 $y = a + bx$ 预测资金的需要量。

运用高低点法计算出 a、b 的值，计算公式为

$$b = \frac{最高收入期资金占用量 - 最低收入期资金占用量}{最高销售收入 - 最低销售收入}$$

$$a = 最高收入期资金占用量 - b \times 最高销售收入$$

可得模型：

$$y = a + bx$$

式中，y 为现金占用；x 为销售收入。

【例3-4】 某企业 2016—2020 年现金占用与销售收入如表 3-5 所示。若 2021 年该企业的预计销售收入为 3 400 万元，试预测 2021 年的资金需要量。

表 3-5 现金占用与销售收入关系表

年度	销售收入 x_i/万元	现金占用 y_i/万元
2016	2 000	110
2017	2 300	120
2018	2 600	125
2019	2 900	140
2020	3 200	170

【解析】 根据表 3-5 的资料，可计算：

$$b = (170 - 110)/(3\ 200 - 2\ 000) = 0.05$$
$$a = 170 - 0.05 \times 3\ 200 = 10$$

建立预测资金需要量的数学模型：

$$y = 10 + 0.05x$$

将 2021 年预计销售收入 $x = 3\ 400$ 代入式中，可得：

$$y = 10 + 0.05 \times 3\ 400 = 180(万元)$$

使用资金习性预测法时必须注意以下几个问题。

(1) 资金需要量与产销量之间线性关系的假定应符合实际情况。

(2) 确定 a、b 的数值，应该利用预测年度前连续三年以上的历史资料。

(3) 应考虑价格等因素的变化情况。

第三节　权益资金筹集

权益资金又称为权益资本，是企业依法取得长期拥有、自主调配使用的资金。权益资金的筹集主要有吸收直接投资、发行股票和利用留存收益三种形式。

一、吸收直接投资

吸收直接投资是指企业按照"共同投资、共同经营、共担风险、共享收益"的原则，直接吸收国家、法人、个人和外商投入资金的一种筹资方式。吸收直接投资是非股份制企业筹集权益资金的基本方式，采用吸收直接投资的企业，资本不分为等额股份、无须公开发行股票。

1. 吸收直接投资的种类

(1) 国家投资。国家投资是指有权代表国家投资的政府部门或机构,以国有资产投入公司,这种情况下形成的资本叫国有资本。《企业国有资本与财务管理暂行办法》对企业国有资本与财务管理有明确要求,规定了各项管理职责与权限。吸收国家投资一般具有以下特点:①产权归属国家;②资金的运用和处置受国家约束较大;③在国有公司中采用比较广泛。

(2) 法人投资。法人投资是指法人单位以其依法可支配的资产投入公司,这种情况下形成的资本称为法人资本。吸收法人资本一般具有以下特点:①发生在法人单位之间;②以参与公司利润分配或控制为目的;③出资方式灵活多样。

(3) 外商直接投资。企业可以通过合资经营或合作经营的方式吸收外商直接投资,即与其他国家的投资者共同投资,创办中外合资经营企业或者中外合作经营企业共同经营、共担风险、共负盈亏、共享收益。

(4) 社会公众投资。社会公众投资是指社会个人或本公司职工以个人合法财产投入公司,这种情况下形成的资本称为个人资本。吸收社会公众投资一般具有以下特点:①参加投资的人员较多;②每人投资的数额相对较少;③以参与公司利润分配为基本目的。

2. 吸收直接投资的出资方式

(1) 以货币资产出资。以货币资产出资是吸收直接投资中最重要的出资方式。企业有了货币资产,便可以获取其他物质资源,支付各种费用,满足企业的生产经营开支和日常周转需要。

(2) 以实物资产出资。以实物资产出资是指投资者以房屋、建筑物、设备等固定资产和材料、燃料、商品产品等流动资产进行的投资。以实物资产出资应符合以下条件:①适合企业生产、经营、研发等活动的需要;②性能良好;③作价公平合理。实物出资中实物的作价,可以由出自各方协商确定,也可以聘请专业资产评估机构评估确定。国有及国有控股企业接受其他企业的非货币资产出资,需要委托有资格的资产评估机构进行资产评估。

(3) 以土地使用权出资。土地使用权是指土地经营者依法使用国家所有土地的权利。企业吸收土地使用权投资应符合以下条件:①适合企业科研、生产、经营、研发等活动的需要;②地理、交通条件适宜;③作价公平合理。

(4) 以工业产权出资。工业产权通常是指专有技术、商标权、专利权、非专利技术等无形资产。投资者以工业产权出资应符合以下条件:①有助企业研究、开发和生产出新的高科技产品;②有助于企业提高生产效率,改进产品质量;③有助于企业降低材料、能源等各种消耗;④作价公平合理。吸收工业产权等无形资产出资的风险较大。因为以工业产权投资,实际上是把技术转化为资本,使技术的价值固定化。然而,技术具有极强的时效性,会因科学技术的不断发展而导致实际价值不断减少甚至完全丧失。

3. 吸收直接投资的程序

吸收直接投资主要包含以下步骤。

(1) 确定筹资数量。新建企业或企业扩大经营规模时,首先确定资金的需要量。

筹集资金的需要量应根据企业的生产经营规模和供销条件等核定,应确保筹资数量与资金需要量相适应。

(2) 寻找投资单位。企业既要广泛了解有关投资者的资信、财力和投资意向,又要展现本企业的经营能力、财务状况及发展前景,寻找最合适的合作伙伴。

(3) 协商和签署投资协议。找到合适的投资伙伴后,双方进行具体协商,确定出资数额、出资方式和出资时间。协商一致后,双方须签署投资协议或合同,明确双方权利和责任。

(4) 取得所筹集的资金。签署投资协议后,企业应按规定或计划取得资金。如果采取现金投资方式,通常还要编制拨款计划,确定拨款期限、每期数额及划拨方式、拨款用途。如非货币资产投资,还需核实财产,即核实财产数量是否准确,价格有无高估、低估的情况。这关系到投资各方的经济利益,必须认真处理,必要时可聘请专业资产评估机构来评定。

4. 吸收直接投资的筹资特点

1) 吸收直接投资的优点

(1) 能够尽快形成生产能力。吸收直接投资不仅可以取得一部分货币资金,而且能够直接获得所需的先进设备和技术,尽快形成生产经营能力。

(2) 容易进行信息沟通。直接投资的投资者比较单一,甚至有的投资者直接担任企业管理层职务,企业与投资者易于沟通。

(3) 吸收直接投资的手续相对简便,筹资费用较低。

2) 吸收直接投资的缺点

(1) 资本成本较高。当企业经营较好、盈利较多时,投资者往往要求将大部分盈余作为红利分配,由此会形成较高的资本成本。

(2) 企业控制权集中,不利于企业治理。采用吸收直接投资方式筹资,投资者一般都要求获得与投资数额相适应的经营管理权。如果某个投资者的投资额比例较大,则该投资者对企业的经营管理就会有相当大的控制权,容易损害其他投资者的利益。

(3) 不利于产权交易。吸收直接投资由于不以证券为媒介,难以进行产权交易与转让。

二、发行股票

1. 发行普通股股票

普通股股票是股份有限公司为筹集股权资本而发行的有价证券,是公司签发的证明股东持有公司股份的凭证。普通股股票作为一种所有权凭证,代表着股东对发行公司净资产的所有权。

1) 普通股股票的特点

(1) 永久性。公司通过发行股票筹集的资金属于公司的长期自有资金,没有期限,不需归还。换言之,股东在购买股票之后,一般情况下不能要求发行企业退还股金。

(2) 流通性。股票作为一种有价证券,在资本市场上可以自由转让、买卖和流通,也可以继承、赠送或作为抵押品,具有很强的变现能力。

（3）风险性。股票价格的波动性、红利的不确定性、破产清算时股东处于剩余财产分配的最后顺序等，都使股票具有风险性。

（4）参与性。股东作为股票的持有者，是股份公司的所有者，拥有参与企业管理的权利，包括重大决策权、经营者选择权、财务监控权、公司经营的建议和质询权等。此外，股东还有承担有限责任、遵守公司章程等义务。

（5）法定性。股票是经过国家主管部门核准发行的，具有法定性。

（6）收益性。股东作为股票的持有者，有权按公司章程从公司领取股息和分享公司的经营红利，利用股票获取收益。

2）普通股股东的权利

普通股股东按投入公司的股份额，依法享有以下权利，并以其所持股份为限对公司承担责任。

（1）公司管理权。股东对公司的管理权主要体现在重大决策参与权、经营者选择权、财务监控权、公司经营的建议和质询权、股东大会召集权等方面。

（2）收益分享权。股东有权通过股利方式获取公司的税后利润，利润分配方案由董事会提出并经过股东大会批准。

（3）股份转让权。股东有权将其持有的股票出售或转让。

（4）优先认股权。原有股东拥有优先认购本公司增发股票的权利。

（5）剩余财产要求权。当公司解散、清算时，股东有对清偿债务、清偿优先股股东以后的剩余财产进行索取的权利。

3）股票的分类

（1）按股东权利和义务，分为普通股股票和优先股股票。普通股股票简称普通股，是公司发行的代表着股东享有平等的权利、义务，不加特别限制的，股利不固定的股票。普通股是最基本的股票，股份有限公司通常情况只发行普通股。

优先股股票简称优先股，是公司发行的相对于普通股具有一定优先权的股票。其优先权利主要表现在股利分配优先权和分取剩余财产优先权上。优先股股东在股东大会上无表决权，在参与公司经营管理上受到一定限制，仅对涉及优先股权利的问题有表决权。

（2）按票面有无记名，分为记名股票和无记名股票。记名股票是在股票票面上记载有股东姓名或将名称记入公司股东名册的股票，无记名股票不登记股东名称，公司只记载股票数量、编号及发行日期。

我国《公司法》规定，公司向发起人、国家授权投资机构、法人发行的股票，为记名股票；向社会公众发行的股票，可以为记名股票，也可以为无记名股票。

（3）按发行对象和上市地点，分为 A 股、B 股、H 股、N 股和 S 股等。A 股是人民币普通股票，由我国境内公司发行，境内上市交易，它以人民币标明面值，以人民币认购和交易。B 股是人民币特种股票，由我国境内公司发行，境内上市交易，它以人民币标明面值，以外币认购和交易。H 股是注册地在内地、上市在我国香港地区的股票，而注册地在内地，在纽约和新加坡上市的股票，则分别称为 N 股和 S 股。

（4）按股票票面上有无金额，股票分为面值股票和无面值股票。面值股票又称金额股票或面额股票，是指在股票票面上记载一定的金额，如每股人民币 100 元。面值股票给股票定了一个票面价值，可以很容易地确定每一股份在该股份公司中所占的比例。

无面值股票也称比例股票或无面额股票,是指发行时无票面价值记载,仅表明每股占资本总额比例的股票,价值随公司财产的增减而增减。因此,这种股票的内在价值总是处于变动状态。这种股票最大的优点是避免了公司实际资产与票面资产的背离,因为人们关心的不是股票面值,而是股票价格。发行这种股票对公司管理、财务核算、法律责任等方面要求极高,因此只在美国比较流行,而不少国家根本不允许发行,根据我国《公司法》的规定,股票的票面金额属于应记载事项,公司不得发行无面额股票。

4)发行普通股筹资的特点

(1)发行普通股筹资具有以下优点。

① 有利于公司治理。普通股筹资的股东众多,公司的日常经营管理事务主要由公司的董事会和经理层负责。

② 没有固定的股息负担,资本成本较低。公司有盈利,并认为适于分配时才分派股利;公司盈利较少,或者虽有盈利但现金短缺或有更好的投资机会,也可以少支付或不支付股利。相对于吸收直接投资来说,普通股筹资的资本成本较低。

③ 能增强公司的社会声誉。普通股筹资使得股东大众化,可以给公司带来广泛的社会影响。特别是上市公司,其股票的流通性强,有利于市场确认公司的价值。

④ 促进股权流通和转让。普通股筹资以股票作为媒介的方式便于股权的流通和转让,便于吸收新的投资者。

(2)发行普通股筹资具有以下缺点。

① 筹资费用较高,手续复杂。

② 不易尽快形成生产能力。普通股筹资吸收的一般都是货币资金,还需要通过购置和建造形成生产经营能力。

③ 公司控制权分散,容易被经理人控制。同时,流通性强的股票交易,也容易被恶意收购。

2. 发行优先股股票

优先股股票是指由股份有限公司发行的、在分配公司收益和剩余资产方面比普通股股票具有优先权的股票。优先股股东有优先于普通股股东获取公司盈利的权力,但是,优先股股东不可以行使股东表决权。优先股的收益往往是固定的,不随公司盈利变化而变化。因此,优先股事实上具有长期债券的性质。

1)优先股的优先权

一般来说,优先股的优先权有以下四点。

(1)在分配公司利润时可先于普通股且以约定的比率进行分配。

(2)当股份有限公司因解散、破产等原因进行清算时,优先股股东可先于普通股股东分取公司的剩余资产。

(3)优先股股东一般不享有公司管理权,无权过问公司的经营管理,但在涉及优先股股票所保障的股东权益时,优先股股东可发表意见并享有相应的表决权。

(4)优先股股票可由公司赎回。由于股份有限公司需向优先股股东支付固定的股息,优先股股票实际上是股份有限公司的一种举债集资的形式。但优先股股票又不同于公司债券和银行贷款,因为优先股股东分取收益和公司资产的权利只能在公司满足了债权人的要求之后才能行使。优先股股东不能要求退股,却可以依照优先股股票上所附的赎回条款,由股份有限公司予以赎回。大多数优先股股票都附有赎回条款。

2) 优先股的分类

(1) 按照股息是否可以累积,分为累积优先股股票和非累积优先股股票。累积优先股股票是指在上一营业年度内未支付的股息可以累积起来,由以后财会年度的盈利一起付清。非累积优先股股票是指只能按当年盈利分取股息的优先股股票,如果当年公司经营不善而不能分取股息,未分的股息不能予以累积,以后也不能补付。

(2) 按照优先股能否参与剩余利润分配,分为参加分配优先股股票和不参加分配优先股股票。参加分配优先股股票是指其股票持有人不仅可按规定分取当年的定额股息,还有权与普通股股东一同参加利润分配的优先股股票。不参加分配优先股股票,则是只能按规定分取定额股息而不再参加其他形式分红的优先股股票。

(3) 按照优先股是否可以转换成普通股,分为可转换优先股股票和不可转换优先股股票。可转换优先股股票是指股票持有人可以在特定条件下按公司条款把优先股股票转换成普通股股票或公司债券的股票,而不可转换优先股股票是指不具有转换为其他金融工具功能的优先股股票。

(4) 按照是否可以赎回,分为可赎回优先股股票和不可赎回优先股股票。可赎回优先股股票是指股份有限公司可以一定价格收回的优先股股票,又称可收回优先股股票,而不可赎回优先股股票则不附加有赎回条件。

3) 优先股的特点

(1) 优先股具有以下优点。

① 财务负担轻。由于优先股股票股利不是发行公司必须偿付的一项法定债务,如果公司财务状况恶化,这种股利可以不付,从而减轻了企业的财务负担。

② 财务上灵活机动。由于优先股股票没有规定最终到期日,它实质上是一种永续性借款。优先股股票的收回由企业决定,企业可在有利条件下收回优先股股票,具有较大的灵活性。

③ 财务风险小。从债权人的角度来看,优先股股票属于公司股本,能够提高公司的举债能力,财务风险小。

④ 不减少普通股股票收益和控制权。与普通股股票相比,优先股股票每股收益是固定的,只要企业净资产收益率高于优先股股票成本率,普通股股票每股收益就会上升;另外,优先股股票无表决权,因此,不影响普通股股东对企业的控制权。

(2) 优先股具有以下缺点。

① 资金成本高。由于优先股股票股利不能抵减所得税,因此其成本高于债务成本。这是优先股股票筹资的最大不利因素。

② 股利支付的固定性。虽然公司可以不按规定支付股利,但这会影响企业形象,进而对普通股股票市价产生不利影响,损害到普通股股东的权益。另外,如企业想更多地留用利润来扩大经营,优先股股利的固定支付便成为一项财务负担,影响企业的扩大再生产。

三、利用留存收益

1. 留存收益的性质

企业通过合法有效的经营所实现的税后净利润,都归属于企业的所有者。企业将本年度的利润部分甚至全部留存下来的原因很多,主要包括:①收益的确认和计量是建立在权责发生制基础上的,企业有利润,但不一定有相应的净现金流量增加,因而企业不一定有足够的现金将利润全部或部分派给所有者。②法律法规从保护债权人利益和要求企业可持续发展等角度出发,限制企业将利润全部分配出去。《公司法》规定,企业每年的税后利润,必须提取10%的法定盈余公积金。③企业基于自身扩大再生产和筹资的需求,也会将一部分利润留存下来。

2. 留存收益的筹资途径

(1) 盈余公积金。盈余公积金是指有指定用途的留存净利润。盈余公积金是从当期企业净利润中提取的积累资金,其提取基数是本年度的净利润,而不是税后利润,这是因为税后利润属于纳税申报时计算的利润,包含纳税调整因素。盈余公积金主要用于企业未来的经营发展,经投资者审议后也可以用于转增股本(实收资本)和弥补以前年度经营亏损,但不得用于以后年度的对外利润分配。

(2) 未分配利润。未分配利润是指未限定用途的留存净利润。未分配利润有两层含义:①这部分净利润本年没有分配给公司的股东投资者;②这部分净利润未指定用途,可以用于企业未来的经营发展、转增资本(实收资本)、弥补以前年度的经营亏损及以后年度的利润分配。

3. 留存收益筹资的特点

1) 留存收益筹资的优点

(1) 不用发生筹资费用。与普通股筹资相比较,留存收益筹资不需要发生筹资费用,资本成本较低。

(2) 维持公司的控制权分布。利用留存收益筹资,不用对外发行新股或吸收新投资者,由此增加的权益资本不会改变公司的股权结构,不会稀释原有股东的控制权。

2) 留存收益筹资的缺点

留存收益筹资的缺点是筹资数额有限。留存收益的最大数额是企业到期的净利润和以前年度未分配利润之和,无法一次性筹集大量资金。如果企业发生亏损,那么当年就没有利润留存。另外,股东和投资者从自身期望出发,往往希望企业每年发放一定的利润,保持一定的利润分配比例,这也会减少留存收益。

四、股权筹资的优缺点

1. 股权筹资的优点

(1) 股权筹资是企业稳定的资本基础。股权资本没有固定的到期日,无须偿还,是企业的永久性资本,只有在企业清算时才有可能予以偿还。这对于保障企业对资本的最低需求,促进企业长期持续稳定经营具有重要意义。

(2)股权筹资是企业良好的信誉基础。股权资本作为企业最基本的资本,代表了公司的资本实力,是企业与其他单位组织开展经营业务,进行业务活动的信誉基础。股权资本也是其他方式筹资的基础,可为债务筹资,包括银行借款、发行公司债券等,提供信用保障。

(3)企业财务风险较小。股权资本不用在企业正常运营期内偿还,不存在还本付息的财务风险。相对于债务资本,股权资本筹资限制少,资本使用上也无特别限制。另外,企业可以根据其经营状况和业绩的好坏,决定向投资者支付报酬的多少,资本成本负担比较灵活。

2. 股权筹资的缺点

(1)资本成本负担较重。尽管股权资本的资本成本负担比较灵活,但一般而言,股权筹资的资本成本要高于债务筹资。这主要是由于投资者投资于股权特别是投资于股票的风险较高,投资者或股东相应要求得到较高的报酬率。企业长期不派发利润和股利,将会影响企业的市场价值。从企业成本开支的角度来看,股利、红利从税后利润中支付,而使用债务资本的资本成本允许税前扣除。此外,普通股在发行、上市等方面的费用也十分庞大。

(2)容易分散企业的控制权。除了留存收益以外,其他的股权筹资由于引进了新的投资者或出售了新的股票,必然会导致企业控制权结构的改变,分散了企业的控制权。控制权的频繁迭变,势必要影响企业管理层的人事变动和决策效率,影响企业的正常经营。

(3)信息沟通与披露成本较大。投资者或股东作为企业的所有者,有了解企业经营业务、财务状况、经营成果等的权利。企业需要通过各种渠道和方式加强与投资者的关系管理,保障投资者的权益。

第四节　债务资金筹集

债务筹资是指企业按约定代价和用途取得且需要按期还本付息的一种筹资方式,包括银行借款、发行债券、融资租赁和商业信用,是债务筹资的基本形式。

一、银行借款

银行借款是指企业向银行或其他非银行金融机构借入的、需要还本付息的款项,包括偿还期限超过1年的长期借款和不足1年的短期借款,主要用于企业购建固定资产和满足流动资金周转的需要。

1. 银行借款的种类

(1)按提供贷款的机构划分,银行借款分为政策性银行贷款、商业性银行贷款和其他金融机构贷款。

政策性银行贷款是指执行国家政策性贷款业务的银行向企业发放的贷款,通常为长期贷款。如国家开发银行贷款,主要满足企业承建国家重点建设项目的资金需要;中国进出口信贷银行贷款,主要为大型设备的进出口提供的买方信贷或卖方信贷;中国农业发展银行贷款,主要用于确保国家对粮、棉、油等政策性收购资金的供应。

商业性银行贷款是指由各商业银行,如中国工商银行、中国建设银行、中国农业银行、中国银行等,向工商企业提供的贷款,用以满足企业生产经营的资金需要。

其他金融机构贷款,如从信托投资公司取得实物或货币形式的信托投资贷款,从财务公司取得的各种中长期贷款,从保险公司取得的贷款等。其他金融机构的贷款一般贷款期限较长,利率较高,对借款企业的信用要求和担保的选择比较严格。

(2)按机构对贷款有无担保要求划分,分为信用贷款和担保贷款。

信用贷款是指以借款人的信誉或保证人的信用为依据而获得的贷款。企业取得这种贷款,无须以财产作抵押。这种贷款的风险较高,银行通常要收取更高的利息,往往还附加一定的限制条件。

担保贷款是指由借款人或第三方依法提供担保而获得的贷款。担保包括保证责任、财务抵押、财产质押,相应的,担保贷款包括保证贷款、抵押贷款和质押贷款。

(3)按企业取得贷款的用途划分,分为基本建设贷款、专项贷款和流动资金贷款。

基本建设贷款是指企业因从事新建、改建、扩建等基本建设项目需要资金而向银行申请借入的款项。

专项贷款是指企业因为专门用途而向银行申请借入的款项,包括更新改造措施贷款、技术改造贷款、大修理贷款、研发和新产品研制贷款、小型技术措施贷款、出口专项贷款、引进技术转让费周转金贷款、进口设备外汇贷款、进口设备人民币贷款及国内配套设备贷款等。

流动资金贷款是指企业为满足流动资金的需求而向银行申请借入的款项,包括流动基金借款、生产周转借款、临时借款、结算借款和卖方信贷。

2. 银行借款的程序与保护性条款

1)银行借款的程序

(1)提出申请。企业根据筹资需求向银行提出书面申请,按银行要求填报借款申请书。

(2)银行审批。银行按照有关政策和贷款条件,对借款企业进行信用审查,依据审批权限,核准公司申请的借款金额和用款计划。银行审查的主要内容是:公司的财务状况;信用情况;盈利的稳定性;发展前景;借款投资项目的可行性;抵押品和担保情况。

(3)签订合同。借款申请获批准后,银行与企业进一步协商贷款的具体条件,签订正式的借款合同,规定贷款的数额、利率、期限和一些约束性条款。

(4)取得借款。签订借款合同后,企业在核定的贷款指标范围内,根据用款计划和实际需要,一次或分次将贷款转入公司的存款结算账户,以便使用。

2)长期借款的保护性条款

由于银行等金融机构提供的长期贷款金额高、期限长、风险大,除借款合同中规定的基本条款之外,债权人通常还在借款合同中附加各种保护性条款,以确保企业按要求使用借款和按时足额偿还借款。保护性条款一般有以下三类。

(1)例行性保护条款。这类条款作为例行常规,在大多数借款合同中都会出现。主要包括:①要求定期向提供贷款的金融机构提交财务报表,以使债权人随时掌握公司的财务状况和经营成果。②不准在正常情况下出售较多的非产成品存货,以保持企业正常生产经营能力。③如期清偿应缴纳税金和其他到期债务,以防被罚款而造成不必要的现金流失。④不准以资产作其他承诺的担保或抵押。⑤不准贴现应收票据或出售应收账款,以避免或有负债等。

(2) 一般性保护条款。一般性保护条款是对企业资产的流动性及偿债能力等方面的要求条款,这类条款应用于大多数借款合同,主要包括:①保持企业的资产流动性,要求企业需持有一定最低限度的货币资金及其他流动资产,以保持企业资产的流动性和偿债能力,一般规定了企业必须保持的最低营运资金数额和最低流动比率数值。②限制企业非经营性支出,如限制支付现金股利、购入股票和职工加薪的数额规模,以减少企业资金的过度外流。③限制企业资本支出的规模,控制企业资产结构中的长期性资产的比例,以减少公司日后不得不变卖固定资产以偿还贷款的可能性。④限制公司再举债规模,以防止其他债权人取得对公司资产的优先索偿权。⑤限制公司的长期投资,如规定公司不准投资于短期内不能收回资金的项目,不能未经银行等债权人同意而与其他公司合并等。

(3) 特殊性保护条款。这类条款是针对某些特殊情况而出现在部分借款合同中的条款,只有在特殊情况下才能生效。主要包括:①要求公司的主要领导人购买人身保险;②借款的用途不得改变;③违约惩罚条款等。

上述各项条款结合使用,有利于全面保护银行等债权人的权益。但借款合同是经双方充分协商后决定的,其最终结果取决于双方谈判能力的大小,而不是完全取决于银行等债权人的主观愿望。

3. 银行借款的信用条件

按照国际惯例,银行发放贷款时往往有一些信用条件,主要包括以下几个方面。

(1) 信贷额度。信贷额度也称贷款限额,是指借款人与银行签订协议,规定的借入款项的最高限额。如借款人超过限额继续借款,银行将停止办理。此外,如果企业信誉恶化,银行也有权停止借款。对信贷额度,银行不承担法律责任,没有强制义务。

(2) 周转信贷协定。周转信贷协定是指银行具有法律义务地承诺提供不超过某一最高限额外的贷款协定。在协定的有效期内,银行必须满足企业在任何时候提出的借款要求。企业享用周转信贷协定必须对贷款限额的未使用部分向银行付一笔承诺费。银行对周转信贷协议负有法律义务。

【例 3-5】 某企业与银行协定的信贷限额是 2 000 万元,承诺费率为 0.5%,借款企业年度内使用了 1 400 万元,余额为 600 万元,那么,企业应向银行支付承诺费是多少?

【解析】 企业应向银行支付承诺费＝600×0.5%＝3(万元)

(3) 补偿性余额。补偿性余额是指银行要求借款人在银行中保留借款限额或实际借用额的一定百分比计算的最低存款余额。企业在使用资金的过程中,始终保持一定的补偿性余额在银行存款账户上。这实际上增加了借款企业的利息,提高了借款的实际利率,加重了企业的财务负担。

【例 3-6】 某企业按利率 8% 向银行借款 100 万元,银行要求保留 20% 的补偿性余额。问该项借款的实际利率为多少?

【解析】 补偿性余额贷款实际利率＝名义利率/(1－补偿性余额比率)

$$=8\%/(1-20\%)$$
$$=10\%$$

或

$$补偿性余额贷款实际利率＝利息/实际可使用借款额$$
$$=(100\times8\%)/(100-100\times20\%)$$
$$=10\%$$

（4）借款抵押。除信用借款以外，银行向财务风险大、信誉不好的企业发放贷款，往往需要抵押贷款，即企业以抵押品作为贷款的担保，以减少蒙受损失的风险。借款的抵押品通常是借款企业的应收账款、存货、股票、债券及房屋等。银行接受抵押品后，将根据抵押品账面价值决定贷款金额，一般为抵押品账面价值的$30\%\sim50\%$。企业接受抵押贷款后，其抵押财产的使用及将来的借款能力会受到限制。

（5）偿还条件。无论何种贷款，一般都会规定还款的期限。贷款到期后仍无力偿还的，视为逾期贷款，银行要照章加收逾期罚息。贷款的偿还有到期一次还清和在贷款期内定期等额偿还两种方式，企业一般不希望采取后一种方式，因为这样会提高贷款的实际利率。

（6）以实际交易为贷款条件。当企业发生经营性临时资金需求，企业可以向银行贷款以求解决，银行以企业的实际交易为贷款基础、单独立项、单独审批，最后做出决定并确定贷款的相应条件和信用保证。对这种一次性借款，银行要对借款人的信用状况、经营情况进行个别评价，才能确定贷款的利息率、期限和数量。

除上述所说的信用条件外，银行有时还要求企业为取得借款而作出其他承诺，如及时提供财务报表、保持适当资产流动性等。如企业违背承诺，银行可要求企业立即偿还全部贷款。

4. 银行借款利息的支付方式

（1）利随本清法。利随本清法又称收款法，即在短期借款到期时向银行一次性支付利息和本金。采用这种方法，借款的实际利率等于名义利率。

（2）贴现法。贴现法是银行向企业发放贷款时，先从本金中扣除利息部分，而借款到期时企业再偿还全部本金的方法。采用这种方法，贷款的实际利率高于名义利率。

【例3-7】　某企业从银行取得借款200万元，期限一年，名义利率10%，利息20万元。按照贴现法支付利息，企业实际可动用的贷款为180万元，该项贷款的实际利率为多少？

【解析】　贴现贷款的实际利率＝利息/（贷款金额－利息）＝$20/(200-20)\approx11.11\%$

或

$$贴现贷款的实际利率＝名义利率/（1-名义利率）＝10\%/(1-10\%)\approx11.11\%$$

5. 银行借款的筹资特点

1）银行借款筹资的优点

（1）筹资速度快。与发行债券、融资租赁等债权筹资方式相比，银行借款的程序相对简单，所需时间较短，公司可以迅速获得所需资金。

（2）资本成本较低。银行借款筹资比发行债券和融资租赁的利息负担低，并且无须支付证券发行费用、租赁手续费用等筹资费用。

（3）筹资弹性较大。在借款之前，公司可根据资本需求直接与银行等贷款机构商定贷款的时间、数量和条件。在借款期间，若公司的财务状况发生变化，也可与债权人再次协商，变更借款数量、时间和条件，或提前偿还本息。因此，采用银行借款筹资，公司具有较大的灵活性。

2）银行借款的缺点

（1）限制条款多。与债券筹资相比较，银行借款合同对借款用途有明确规定，相关保护性条款对公司资本支出额度、再筹资、股利支付等行为有严格的约束，公司的生产经营活动和财务政策会因此受到影响。

（2）筹资数额有限。银行借款的数额往往受到贷款机构资本实力的制约，无法像发行债券、股票，一次筹集到大笔资金，有时难以满足公司大规模筹资的需要。

（3）财务风险较大。企业举债银行借款，必须定期还本付息，在经营不利的情况下，可能产生不能偿付的风险，甚至导致破产。

二、发行债券

债券是债务人依照法定程序发行的、约定在一定期限内还本付息的有价证券。债券是持有人拥有债权的书面债务凭证，它代表持券人同发债人之间的债权债务关系。

1. 发行债券的种类

（1）按发行主体不同，债券分为政府债券、金融债券和公司债券。

政府债券由各国中央政府或地方政府发行。政府债券风险小，流动性强，是最受投资者欢迎的债券之一。

金融债券是银行或其他金融机构发行的。金融债券风险不大，流动性较好，报酬也比较高。

公司债券又称企业债券，由股份公司等各类企业发行，与政府债券相比，公司债券的风险较大，因而利率也比较高。

（2）按是否记名，债券分为记名债券和无记名债券。

记名债券是企业债券上登记有债券持有人的姓名或者名称，投资者领取利息时要凭印章或其他有效的身份证明，转让时要在债券上签名，同时还要到发行公司登记。由于记载了债券持有人的姓名或者名称，记名债券能够有效地保障债券持有人对债券的所有权，当记名债券被盗、遗失，债券持有人可以依照《中华人民共和国民事诉讼法》规定的公示催告程序，请求人民法院宣告失效，依法进行补救。

无记名债券是指券面上不记载公司债券持有人的姓名或者名称的债券。无记名债券与记名债券相反，它不利于保障债券持有人对债券的所有权。当无记名债券被盗、遗失时，债券持有人不能进行补救。

（3）按是否能够转换成公司股权，债券分为可转换债券与不可转换债券。

可转换债券是指债券持有者可以在规定的时间内按规定的价格转换为发债公司的股票。这种债券在发行时，对债券转换为股票的价格和比率等都做了详细规定。《公司法》规定，可转换债券的发行主体是股份有限公司中的上市公司。

不可转换债券是指不能转换为发债公司股票的债券,大多数公司债券属于这种类型。

(4) 按有无特定财产担保,债券分为担保债券和信用债券。

担保债券是指以抵押方式担保发行人按期还本付息的债券,主要是指抵押债券。抵押债券按其抵押品的不同,又分为不动产抵押债券、动产抵押债券和证券信托抵押债券。

信用债券是无担保债券,是仅凭公司自身的信用发行的、没有抵押品作抵押担保的债券。在公司清算时,信用债券的持有人因无特定的资产作担保品,只能作为一般债权人参与剩余财产的分配。

2. 债券的发行方式

(1) 公募发行。公募发行以非特定的多数投资者为募集对象,其优点是:①向众多的投资者发行债券,可筹集较多的资金;②可以提高发行者在债券市场上的知名度;③与私募发行相比,债券的利息率较低;④可以公开上市交易,有比较好的流动性。其缺点是:①发行费用较高;②需要的发行时间较长。

(2) 私募发行。私募发行以特定的少数投资者为发行对象,其优点是:①节约发行费用;②发行时间短;③限制条件少。其缺点是:①需要向投资者提供高于公募债券的利率;②一般不能上市交易,缺乏流动性;③债务集中于少数债权人,发行者的经营管理容易受到干预。

3. 债券发行价格的确定

多数情况下,企业债券是按票面价值发行,亦称等价发行。但也有按高于票面价值或低于票面价值,即溢价发行或折价发行的情况。这是因为,债券利率是参照市场利率制定的,一经印制,便固定不变。而从印制到债券发行,市场利率可能会发生变化,如果发生变化,则应根据市场利率变化情况调整发行价格,以保证投资者获得与当时市场利率相当的收益率。

在按期付息到期一次还本,且不考虑发行费用的情况下,债券发行价格的计算公式为

$$债券发行价格 = \frac{票面金额}{(1+市场利率)^n} + \sum_{t=1}^{n} \frac{票面金额 \times 票面利率}{1+市场利率}$$

或

$$债券发行价格 = 票面金额 \times (P/F, i_1, n) + 票面金额 \times i_2 \times (P/A, i_1, n)$$

式中,n 表示债券期限;t 表示计息期数;i_1 表示市场利率;i_2 表示票面利率。

【例 3-8】 华北公司发行面值 1 000 元的 10 年期债券,票面利率为 10%,每年付利息一次,分别计算发行时市场利率为 10%、15%、5% 时的债券发行价格。

【解析】

(1) 市场利率为 10%,与票面利率相等,则

$$1\ 000 \times (P/F, 10\%, 10) + 1\ 000 \times 10\% \times (P/A, 10\%, 10) \approx 1\ 000(元)$$

此时,发行价格与面值相同,为等价发行。

(2) 市场利率为 15%,高于票面利率,则

$$1\ 000 \times (P/F, 15\%, 10) + 1\ 000 \times 10\% \times (P/A, 15\%, 10) \approx 749(元)$$

此时,发行价格低于面值,为折价发行。

(3) 市场利率为 5%，低于票面利率，则

$$1\,000 \times (P/F,5\%,10) + 1\,000 \times 10\% \times (P/A,5\%,10) \approx 1\,386(元)$$

此时，发行价格高于面值，为溢价发行。

4. 债券筹资的特点

1) 优点

(1) 债券的发行费用低，并且利息在税前支付，比股票筹资成本低。

(2) 能够保证控制权，债券持有人无权干涉企业的经营管理事务。

(3) 只支付固定的利息，企业盈利多时，可留更多收益给股东或用于企业扩大经营。

2) 缺点

(1) 筹资风险高，债券有固定到期日，定期支付利息，无论企业经营情况如何都要偿还。

(2) 限制条件多，债券发行契约书上的限制条款比优先股和短期债务严格得多，可能会影响企业日后的发展或筹资能力。

(3) 相对于银行借款，发行债券的利息负担和筹资费用都比较高。

三、融资租赁

1. 租赁的含义及特征

1) 租赁的含义

租赁是指通过签订资产出让合同的方式，使用资产的一方(承租方)通过支付租金，向出让资产的一方(出租方)取得资产使用权的一种交易行为。在这项交易中，承租方通过得到所需资产的使用权，完成了筹集资金的行为。

2) 租赁的基本特征

(1) 所有权与使用权相分离。租赁资产的所有权与使用权分离是租赁的主要特点之一。银行信用虽然也是所有权与使用权相分离，但载体是货币资金，租赁则是资金与实物相结合基础上的分离。

(2) 融资与融物相结合。租赁是以商品形态与货币形态相结合提供的信用活动，出租人在向企业出租资产的同时，解决了企业的资金需求，具有信用和贸易双重性质。它不同于一般的借钱还钱、借物还物的信用形式，而是借物还钱，并以分期支付租金的方式来体现。租赁的这一特点把银行信贷和财产租赁融合在一起，成为企业融资的一种新形式。

(3) 租金的分期回流。在租金的偿还方式上，租金与银行信用到期还本付息不一样，采取了分期回流的方式。出租方的资金一次投入，分期收回。承租方通过租赁可以提前获得资产的使用价值，分期支付租金便于分期规划未来的现金流出量。

2. 租赁的分类

租赁分为经营租赁和融资租赁。

1) 经营租赁

经营租赁是由租赁公司向承租单位在短期内提供设备，并提供维修、保养、人员培训等

的一种服务性业务,又称服务性租赁。

经营租赁的特点主要包括以下几点。

(1) 出租的设备一般由租赁公司根据市场需要选定。

(2) 租赁期较短,短于资产的有效使用期,在合理的限制条件内承租企业可以中途解约。

(3) 租赁设备的维修、保养由租赁公司负责。

(4) 租赁期满或合同中止以后,出租资产由租赁公司收回。经营租赁比较适用于租用技术过时较快的生产设备。

2) 融资租赁

融资租赁是由租赁公司按承租单位要求出资购买设备,在较长的合同期内提供给承租单位使用的融资信用业务,它是以融通资金为主要目的的租赁。

融资租赁的特点主要包括以下几点。

(1) 出租的设备按承租企业的要求购买,或者由承租企业直接从制造商或销售商处选定。

(2) 租赁期较长,接近于资产的有效使用期,在租赁期间双方无权取消合同。

(3) 由承租企业负责设备的维修、保养。

(4) 租赁期满,按事先约定的方法处理设备,包括退还租赁公司、继续租赁、企业留购。通常采用企业留购办法,以很少的名义价格,即设备残值购买设备。

3. 融资租赁的基本程序与形式

1) 融资租赁的基本程序

(1) 选择租赁公司,提出委托申请。当企业决定采用融资租赁方式获取某项设备时,需要了解各个租赁公司的资信情况、融资条件和租赁费率等,分析比较后,选定一家作为出租单位,向租赁公司申请办理融资租赁。

(2) 签订购货协议。由承租企业和租赁公司中的一方或双方,与选定的设备供应厂商进行购买设备的技术谈判和商务谈判,在此基础上与设备供应厂商签订购货协议。

(3) 签订租赁合同。承租企业与租赁公司签订租赁设备的合同,如需要进口设备,还应办理设备进口手续。租赁合同是租赁业务的重要文件,具有法律效力。融资租赁合同的内容可分为一般条款和特殊条款两部分。

(4) 交货验收。设备供应厂商将设备发运到指定地点,承租企业要办理验收手续。验收合格后签发交货及验收证书,交给租赁公司,作为其支付货款的依据。

(5) 定期交付租金。承租企业按租赁合同规定,分期交纳租金,即承租企业对所筹资金的分期还款。

(6) 合同期满处理设备。承租企业根据合同约定,对设备续租、退租或留购。

2) 融资租赁的基本形式

(1) 直接租赁。直接租赁是融资租赁的主要形式,是指承租方提出租赁申请时,出租方按照承租方的要求选购,再出租给承租方。

(2) 售后回租。售后回租是指承租方由于急需资金等原因,将资产出售给出租方,然后以租赁的形式从出租方租回资产的使用权。在这种租赁合同中,除资产所有者的名义改变,其余情况均无变化。

（3）杠杆租赁。杠杆租赁是指涉及承租人、出租人和资金出借人三方的融资租赁业务。一般来说，当所涉及的资产价值昂贵时，出租方自己只投入部分资金，通常为资产价值的20％～40％，其余资金则通过将该资产抵押担保的方式，向第三方（通常为银行）申请贷款解决。租赁公司将购进的设备出租给承租方，用收取的租金偿还贷款，该资产的所有权属于出租方。出租人既是债权人也是债务人，如果出租人到期不能按期偿还借款，则资产所有权转移给资金的出借者。

4. 融资租赁租金的计算

1）租金的构成

融资租赁每期租金的多少，取决于以下几项因素：①设备原价及预计残值，包括设备买价、运输费、安装调试费、保险费等，以及该设备租赁期满后，出售可得的市价；②利息，指租赁公司为承租企业购置设备垫付资金所应支付的利息；③租赁手续费，指租赁公司承办租赁设备所发生的业务费用和必要的利润。

2）租金的支付方式

租金的支付有以下几种方式：①按支付间隔期长短，分为年付、半年付、季付和月付等方式；②按在期初和期末支付，分为先付和后付；③按每次支付额，分为等额支付和不等额支付。实务中，承租企业与租赁公司商定的租金支付方式，大多为后付等额年金。

3）租金的计算

融资租赁实务中，租金的计算多采用等额年金法。采用等额年金法，通常要根据利率和租赁手续费率确定一个租费率，作为折现率。租金的计算公式可以参考第二章讲过的年金现值公式，即为年金现值的逆运算。

【例 3-9】 某企业于 2020 年 1 月 1 日从租赁公司租入一套设备，价值 60 万元，租期 6 年，租赁期满时预计残值 5 万元，归租赁公司。年利率 10％。

（1）每年年末支付租金多少钱？

（2）每年年初支付租金多少钱？

【解析】 每年年末租金＝[600 000－50 000×(P/F，10％，6)]/(P/A，10％，6)

≈ 131 283(元)

每年年初租金＝[600 000－50 000×(P/F，10％，6)]/[(P/A，10％，5)＋1]

≈ 119 349(元)

5. 融资租赁的筹资特点

（1）在资金缺乏情况下，能迅速获得所需资产。融资租赁使企业有机会在资金短缺的情况下引进设备。针对中小企业、新创企业而言，融资租赁是一条重要的融资途径。

（2）财务风险小，财务优势明显。融资租赁能够避免一次性支付的负担，且租金支出是分期的，企业无须一次筹集大量资金。还款时，租金可以通过项目本身产生的收益来支付，是一种基于未来的"借鸡生蛋、卖蛋还钱"的筹资方式。

（3）融资租赁筹资的限制条件较少。企业运用股票、债券、长期借款等筹资方式，都会受到较多资格条件的限制，如足够的抵押品、银行贷款的信用标准、发行债券的政府管制等。

相比之下,租赁筹资的限制条件很少。

（4）租赁能延长资金融通的期限。通常,为设备而贷款的借款期限比该资产的物理寿命要短得多,而租赁的融资期限却可接近其使用寿命,并且金额随设备价款金额而定,无融资额度的限制。

（5）免遭设备陈旧过时的风险。随着科学技术的不断进步,设备陈旧过时的风险很高,而多数租赁协议规定此种风险由出租人承担,承租企业可免受这种风险。

（6）资本成本高。融资租赁的租金通常比举借银行借款或发行债券的利息高得多,租金总额通常要高于设备价值的 30%。尽管与借款方式比,融资租赁能够避免到期一次性集中偿还的财务压力,但高额的固定租金也给各期的经营带来了负担。

四、商业信用

1. 商业信用的含义和特征

商业信用是指在商品交易过程中,由于延期付款和延期交货而形成的借贷关系,它是自然性的筹资形式。商业信用有以下特点:①债权债务人都是企业经营者;②贷出的资本是商品资本;③信用规模与商品流通规模成正比。

2. 商业信用的条件

1）应付账款的信用条件

（1）没有规定现金折扣,购货方必须在法定期限内付款,法定期限很短,利用价值不大。

（2）规定有现金折扣,享受现金折扣,购货方必须在折扣期限内付款,一般情况下,现金折扣平均在 2%～3%,折扣期一般为 10～20 天。

（3）规定有现金折扣,不享受现金折扣,购货方必须在规定的信用期内付款,逾期属于拖欠行为。如规定"3/10,n/60",其中"3"表示现金折扣,"10"表示折扣期限,"60"表示信用期限。

2）预收货款的信用条件

在商品交易中,销货方要求购货方预付货款是出于以下原因。

（1）对购货方信誉一无所知或了解到购货方以往有拖欠行为。

（2）销货方的货物属于紧俏商品。

（3）销货方生产周期较长,出于资金周转需要,要求购货方先行垫支。

3. 商业信用的成本

多数情况下,商业信用不发生成本。因为在不提供现金折扣情况下使用商业信用,不涉及成本问题;而在提供现金折扣情况下,购货方享受了这一折扣,同样也不花费成本。但如果提供了现金折扣,而购货方不享受,则会产生明显的使用信用的机会成本。则放弃使用现金折扣的成本率计算公式为

$$放弃现金折扣的成本率 = \frac{CD}{1-CD} \times \frac{360}{N} \times 100\%$$

式中，CD 表示现金折扣；N 表示延期付款天数，即信用期与折扣期之差。

【例 3-10】 永达公司购进一批货物，价款为 240 000 元，销货方的信用条件是"3/10，n/30"。计算现金折扣是多少？放弃现金折扣的成本率有多大？

【解析】 现金折扣 $= 240\,000 \times 3\% = 7\,200$（元）

即 10 天内付款可以少付 7 200 元。

$$\text{放弃现金折扣的成本率} = \frac{3\%}{1 - 3\%} \times \frac{360}{20} \times 100\% = 55.67\%$$

10～30 天付款的信用成本，即资金成本率为 55.67%，是非常高的。

4. 商业信用的特点

(1) 筹资方便。商业信用是伴随着商品交易自然产生的借贷行为，使用简便。

(2) 限制条件少。与银行借款相比，商业信用限制条件较少，容易取得。

(3) 筹资成本低。当商业信用为免费信用时，不发生信用成本。

(4) 筹资期限短。商业信用筹资属于短期筹资方式，不能用于长期资产占有。

(5) 筹资风险大。各种应付款项发生次数频繁，需要企业随时进行资金调度。

(6) 放弃现金折扣成本高。如果企业没有在折扣期内付款，则无法享受到现金折扣，放弃现金折扣的成本非常高。

五、债务筹资的优缺点

1. 债务筹资的优点

(1) 筹资速度较快。与股权筹资比，债务筹资不需要经过复杂的审批手续和证券发行程序，可以迅速地获得资金。

(2) 筹资弹性大。利用债务筹资，可以根据企业的经营情况和财务状况，灵活商定债务条件，控制筹资数量，安排取得资金的时间。

(3) 资本成本负担较轻。一般来说，债务筹资的资本成本要低于股权筹资。其原因一是取得资金的手续费等筹资费用较低；二是利息、租金等用资费用比股权资本要低；三是利息等资本成本可以在税前支付。

(4) 可以利用财务杠杆。债务筹资不改变公司的控制权，因而股东不会出于控制权稀释原因反对负债。债权人只能从企业获得固定的利息或租金，不能参加公司剩余收益的分配。当企业的资本报酬率高于债务利率时，普通股股东的每股收益增加，净资产报酬率提高，企业价值提升。

(5) 稳定公司的控制权。债权人无权参加企业的经营管理，利用债务筹资不会改变和分散股东对公司的控制权。

2. 债务筹资的缺点

(1) 不能形成企业稳定的资本基础。债务资本有固定的到期日，到期需要偿还，只能作为企业的补充性资本来源。债务融资方式往往需要进行信用评级，没有信用基础的企业和新创企业,往往难以取得足够的债务资本。现有债务资本在企业的资本结构中达到一定比例后,往往由于财务风险升高而不容易再取得新的债务资金。

(2) 财务风险较大。债务资本有固定的到期日,有固定的利息负担,抵押、质押等担保方式取得的债务,资本使用上可能会有特别的限制。这些都要求企业必须有一定的偿债能力,要保持资产流动性及其资产报酬水平,作为债务清偿的保障,否则会给企业带来财务危机,甚至导致企业破产。

(3) 筹资数额有限。债务筹资的数额往往受到贷款机构资本实力的制约,所筹集到的资金可能无法满足公司大规模筹资的需要。

本 章 小 结

本章讲述了筹资的概述、资金需要量的预测、权益资金筹集方式、债务资金筹集方式等问题,包含以下要点。

(1) 企业筹资是指企业为了满足其经营活动、投资活动、资本结构调整等需要,运用一定的筹资方式,筹措和获取所需资金的一种行为。

(2) 筹资渠道是指企业取得资金的来源或途径,主要包括国家财政资金、银行信贷资金、非银行金融机构资金、其他法人单位资金、民间资金、企业自留资金、境外资金。

(3) 企业可以利用的筹资方式主要有吸收直接投资、发行股票、金融机构贷款、商业信用、发行债券、票据贴现、租赁、与其他企业联营、企业内部积累。

(4) 资金需要量的预测有定性预测法和定量预测法。其中定量预测法又包括因素分析法、销售百分比法和资金习性预测法。

(5) 权益筹资方式有吸收直接投资、发行股票、留存收益;负债筹资方式有银行借款、发行债券、融资租赁和商业信用。

关键术语中英文对照

决策人(decision maker)

投资人(investor)

股东(shareholder)

债权人(creditor)

固定资产(plant assets or fixed assets)

流动资产(current assets)

流动负债(current liabilities)

长期负债(long-term liabilities)

投入资本(contributed capital)

留存收益(retained earning)

应收账款(account receivable)

应收票据(note receivable)

债券面值(face value，par value)

债券折价(discount on bonds)

债券溢价(premium on bonds)

票面利率(contract interest rate，stated rate)

市场利率(market interest ratio，effective rate)

普通股(common stock)

优先股(preferred stock)

经营租赁(operating lease)

融资租赁(capital lease)

无形资产(intangible assets)

商誉(goodwill)

累积优先股(cumulative preferred stock)

非累积优先股(noncumulative preferred stock)

完全参加优先股(fully participating preferred stock)

部分参加优先股(partially participating preferred stock)

可转换公司债券(convertible bonds)

可赎回公司债券(callable bonds)

可要求公司债券(redeemable bonds)

记名公司债券(registered bonds)

无记名公司债券(coupon bonds)

案 例 学 习

"一带一路"基建项目融资情况

以六个与公共交通相关的典型基础设施项目为主体,介绍各自的融资来源,探究"一带一路"基建项目融资的现状和问题。

1. 印度共和国中央邦农村互通项目

项目由印度中央邦政府(GOMP)和中央邦农村道路发展局(MPRRDA)联合组织实施,起止时间为 2018 年 5 月 15 日—2022 年 12 月 31 日,项目由四个部分组成:一是道路升级、建设和维护;二是制度建设;三是道路安全管理能力的发展;四是设计、实施和管理支持。项目预计耗资 5.02 亿美元,融资计划包括三部分:一是由中央邦政府投入 1.52 亿美元(30%);二是从亚投行获得 1.4 亿美元主权贷款(28%),贷款最终期限为 25 年,包括 5 年宽限期,支付与银行标准利率有关的国家主权贷款标准利率;三是从世界银行(国际复兴开发银行)获得 2.1 亿美元主权贷款(42%),期限为 25 年,包括五年宽限期。该项目融资的金融机构分别为亚投行和世界银行,融资模式为发放贷款。

2. 阿曼苏丹国港口商业码头和运营区开发项目

项目由阿曼苏丹国经济特区管理局和杜古姆特别经济区管理局联合组织实施,目标是帮助杜古姆港口捕捉其全部经济潜力,通过提高运输效率、加强物流服务,促进矿产出口,降低供应链交货时间和成本。项目为商业码头建设所需的基础设施,包括港口通道、货物储存、终端建筑和操作区设施建筑,起止时间为 2017 年 1 月 1 日—12 月 31 日。项目成本为3.53 亿美元,由亚投行提供 2.65 亿美元贷款(75%),贷款期限为 25 年,包括 5 年宽限期,以该银行标准利率为基础,杜古姆经济特区管理局出资 0.88 亿美元(25%)。该项目涉及的融资金融机构为亚投行,融资模式是发放贷款。

3. 印度—班加罗尔地铁轨道工程

项目由印度政府和卡纳塔克邦首府联合组织实施,目标是提供高效率和高容量,计划如下:①建造 7.5 公里高架桥和 6 个高架站;②建造 14.5 公里地下隧道和 12 个地铁站;③建设仓库;④隧道通风系统和环境控制系统。起始时间为 2017 年 9 月 1 日—2021 年 12 月31 日。项目成本为 17.85 亿美元,由印度政府投资 2.55 亿美元(14%),卡纳塔克邦政府投资 6.12 亿美元(34%),亚投行提供 3.35 亿美元(19%)主权担保贷款,欧洲投资银行提供两笔主权担保贷款,A 笔为 3.5 亿美元(20%),B 笔为 2.33 亿美元(13%)。该项目涉及的融资金融机构为亚投行和欧洲投资银行,融资模式为发放贷款。

4. 格鲁吉亚巴统双车道公路项目

项目由格鲁吉亚交通部和区域发展和基础设施部门联合组织实施,目标是改善格鲁吉亚东西向公路沿线的区域互联互通和道路交通效率。项目将建设一条约 14.3 公里长的新双车道公路,位于一条贯穿港口城市巴统的东西高速公路的关键路段。起止时间为 2017 年7 月—2022 年 12 月。项目所需总成本为 3.152 亿美元,由格鲁吉亚政府投资 0.872 亿美元(28%),亚投行和亚洲开发银行各提供 1.14 亿美元(36%)主权贷款。该项目涉及的融资金融机构为亚投行和亚洲开发银行,融资模式为发放贷款。

5. 其他项目

巴基斯坦国家高速公路 M-4 项目:实施部门为巴基斯坦伊斯兰共和国和巴基斯坦国家公路管理局,目标是为确保巴基斯坦各部分之间互联互通,起止时间 2016 年 6 月—2020 年6 月。项目预计总成本为 2.73 亿美元,融资来源包括从亚投行和亚洲发展银行各获得 1 亿美元(36.6%)主权贷款,国际发展部(英国)拨款 0.34 亿美元(12.5%),巴基斯坦政府投资0.39 亿美元(14.3%)。该项目涉及的融资金融机构为亚投行、亚洲发展银行和国际发展部(英国),融资模式为发放贷款。

塔吉克斯坦杜尚别—乌兹别克斯坦边境道路改善项目:实施部门为塔吉克斯坦共和国及其交通部,目标是加强亚洲公路网络和中亚区域经济合作走廊的塔吉克斯坦部分的连接和流动性,将修复和升级位于阿维肯纳环路和杜尚别—乌兹别克斯坦边境公路西门之间5 公里的路段,起止时间为 2016 年 12 月—2020 年 12 月。项目总成本为 1.059 亿美元,融资来源包括亚投行提供 0.275 亿美元(26%)主权贷款,欧洲复兴开发银行提供 0.625 亿美元(59%)主权贷款,政府提供 0.159 亿美元(15%)资金,该项目涉及的融资金融机构为亚投行和欧洲复兴开发银行,融资模式为发放贷款。

(资料来源:"一带一路"项目融资现状与融资模式探析.https://www.xzbu.com/2/view-14882920.htm,2021-3-5)

思考题:

1. 如何构建多层次投融资体系?

2. 如何推动金融机构金融创新,增强风险管控能力?

课 后 练 习

一、单项选择题

1. 商业信用条件中"2/10"是指(　　)。
   A. 享受 2/10 的现金折扣
   B. 享受 20% 的现金折扣
   C. 10 天之内付款,享受 2% 现金折扣
   D. 2 天之内付款,享受 10% 现金折扣

2. 下列筹资方式中,常用于筹借短期资金的是(　　)。
   A. 商业信用　　　B. 发行股票　　　C. 发行债券　　　D. 融资租赁

3. 相对于利用银行借款购买设备而言,通过融资租赁方式取得设备的主要缺点是(　　)。
   A. 限制条款多
   B. 筹资速度慢
   C. 资金成本高
   D. 财务风险大

4. 企业利用留存收益方式筹集到的资金是(　　)。
   A. 非银行金融机构资金
   B. 国家财政资金
   C. 其他企业资金
   D. 企业自留资金

5. 下列筹资方式按一般而言,企业所承担的财务风险由大到小排列为(　　)。
   A. 融资租赁、发行股票、发行债券
   B. 融资租赁、发行债券、发行股票
   C. 发行债券、融资租赁、发行股票
   D. 发行债券、发行股票、融资租赁

6. 某企业按"2/10,$n/45$"的条件购进商品一批,若该企业放弃现金折扣优惠,而在信用期满时付款,则放弃现金折扣的机会成本为(　　)。
   A. 20.99%　　　B. 28.82%　　　C. 25.31%　　　D. 16.33%

7. 投票权属于普通股股东对公司的(　　)。
   A. 分配权　　　B. 管理权　　　C. 转让权　　　D. 认股权

二、多项选择题

1. 普通股与优先股的共同特征主要有(　　)。
   A. 需支付固定股息
   B. 股利从净利润中支付
   C. 同属公司股本
   D. 有决策权

2. 吸收直接投资的种类有(　　)。
   A. 吸收农民投资
   B. 吸收个人投资
   C. 吸收法人投资
   D. 吸收国家投资

3. 普通股筹资的优点是(　　)。
   A. 没有固定利息负担
   B. 不用偿还
   C. 筹资风险小
   D. 不分散控制权

4. 企业银行借款筹资的优点是(　　)。
   A. 限制条款较少
   B. 筹资速度快

C. 筹资成本低　　　　　　　　　　　　D. 借款弹性好

5. 预测资金需要量常用的方法有（　　　）。

A. 定性预测法　　　　　　　　　　　　B. 比率预测法

C. 资金习性预测法　　　　　　　　　　D. 四点法

6. 吸收直接投资的缺点是（　　　）。

A. 资金成本较高　　　　　　　　　　　B. 筹资风险高

C. 控制权容易分散　　　　　　　　　　D. 企业信誉降低

7. 企业负债资金的筹集方式有（　　　）。

A. 银行借款　　　　　　　　　　　　　B. 融资租赁

C. 发行债券　　　　　　　　　　　　　D. 发行优先股

8. 企业权益资金的筹集方式有（　　　）。

A. 银行借款　　　　　　　　　　　　　B. 发行债券

C. 发行普通股　　　　　　　　　　　　D. 吸收直接投资

9. 下列各项中,属于吸收直接投资与发行普通股筹资方式所共有的缺点是（　　　）。

A. 限制条件多　　　　　　　　　　　　B. 财务风险大

C. 分散控制权　　　　　　　　　　　　D. 资金成本高

三、判断题

1. 通过发行股票筹资,可以不付利息,因此其成本比借款筹资的成本低。　　　　（　　　）

2. 应付票据和预收账款可以被当作自然性融资的形式。　　　　　　　　　　　（　　　）

3. 企业发行债券筹资时,其利息在税前支付,可以享受免税优惠。　　　　　　（　　　）

4. 一旦企业与银行签订周转信贷协议,则在协定的有效期内,只要企业的借款总数额不超过最高限额,银行必须满足企业任何时候任何用途的借款要求。　　　　　　　（　　　）

5. 长期资金可以通过采用商业信用的方式来筹集。　　　　　　　　　　　　　（　　　）

6. 筹资是企业为了满足投资和用资的需要,筹措和集中所需资金的过程。　　　（　　　）

7. 经营租赁主要解决企业对资产的短期需要。　　　　　　　　　　　　　　　（　　　）

8. 留存收益由企业利润形成,不需要对外筹集,所以没有资金成本。　　　　　（　　　）

四、计算分析题

1. 某企业拟发行每张面值 2 000 元,票面利率 10%,每年付息一次,到期还本,期限为 5 年的债券一批。分别计算市场利率为 8%、10%、12% 时的发行价格。

$(P/A,8\%,5)=3.9927$;$(P/A,10\%,5)=3.7908$;$(P/A,12\%,5)=3.6048$;

$(P/F,8\%,5)=0.6806$;$(P/F,10\%,5)=0.6209$;$(P/F,12\%,5)=0.5674$

2. 某企业采用融资租赁的方式于 2015 年 1 月 1 日融资租入一台设备,设备价款为 60 000 元,租期为 10 年,到期后设备归企业所有,租赁双方商定采用的折现率为 20%。

要求:

（1）计算每年年末等额支付的租金额。

（2）计算每年年初等额支付的租金额。

第四章

资金成本与资本结构

◆ **学习目标** ▍▎▍▎▍▎▍▎▍▎▍▎

了解资金成本的概念及其在筹资决策、投资决策中的作用；

理解综合资金成本和杠杆效应的含义，掌握综合资金成本、经营杠杆、财务杠杆、复合杠杆的含义及计算方法；

掌握最优资金结构的确定方法。

◆ **导入案例** ▍▎▍▎▍▎▍▎▍▎▍▎▍▎

"杠杆"之于秦池，倒戈卸甲源于"广告"

秦池酒厂前身是 1940 年成立的山东临朐县酒厂，县级小型国有企业，年产量万吨左右，1992 年亏损额达数百万，濒临倒闭。年末，王卓临危受命，担任厂长。1993 年，秦池酒厂避实就虚，在白酒品牌竞争尚存空隙的东北，利用广告投入成功打开沈阳市场，1994 年进入东北市场，1995 年进入西安、兰州、长沙等重点市场，销售额连续三年翻番，年末组建秦池集团，注册资金 1.4 亿元，职工增至 5 600 人。1995 年秦池酒厂赴京参加第一届"标王"竞标，以 6 666 万元的价格夺得央视黄金时段的广告权，从此秦池酒厂一夜成名，秦池酒身价倍增。中标后一个多月，秦池酒厂签订销售合同 4 亿元，两个月就实现销售收入 2.18 亿元，实现利税 6 800 万元，相当于秦池酒厂前 55 年的总和。至 6 月底，订单就排到了年底。1996 年，秦池酒厂继续争夺央视广告的"标王"，并在 11 月 8 日以 3.2 亿元的天价中标。

两度成为标王，使秦池酒厂的知名度大幅提高，秦池酒在中国的白酒市场上成为名牌，全国各地商家纷纷找上门，在很短时间内，其销售网络布及全国，销售额一路飙升至 9.5 亿元。

巨额的广告投入确实带来了惊天动地的收益。

然而，就在秦池人还沉醉在"每天开出一辆桑塔纳，开回一辆奥迪"的广告带来的巨大收益中时，危机在悄然来临。

销售订单随着广告效应增加，可秦池酒厂的生产能力却没有增加，致使产量跟不上销量，只好进行白酒勾兑，产品质量堪忧，即使如此，秦池酒厂还在继续做广告。1997 年，秦池酒厂本应该在"标王"竞争中急流勇退，把资金投向生产领域进行设备更新、新技术改造等,可是它却又奔向了广告。

结果,新华社 1998 年 6 月 25 日报道:秦池酒厂陷入生产经营困境,亏损已成定局。

(资料来源:秦池——不可承受之盛宴.https://wenku.baidu.com/view/489fdf6acaaedd3383c4d327,2020-11-20)

思考题:你觉得秦池酒厂失败的原因是什么?

基于经营杠杆的虚拟仿真教学模型设计与应用

第一节 资 金 成 本

一、资金成本的含义

企业进行生产经营所需要的资金可以从多种渠道、采用多种方式筹集,但是不论从何种渠道、以何种方式筹集到的资金,企业在筹集和使用这些资金时必然会付出一定的代价。资金成本便是指企业为筹集和使用资金而付出的代价。

资金成本具有一般产品成本的基本属性,又有不同于一般产品成本的某些特性。产品成本是资金耗费,也是补偿价值。资金成本是企业的资金耗费,企业要为此付出代价、支出费用,而这种代价最终要作为企业收益的扣除额得到补偿。但是资金成本不同于产品成本,资金成本率只是一个预测值,而不是精确的计算值。因为据以测定资金成本的各项因素都不是按过去实现的数字确定的,而是根据现在和未来的情况确定的,今后可能发生变动。其中一部分计入产品成本,另一部分则仅作为利润的分配额而不直接表现为生产性耗费。

资金成本同资金时间价值既有联系,又有区别。资本成本的基础是资金的时间价值,但两者在数量上是不一致的。资金成本既包括资金的时间价值,又包括投资风险价值。

二、资金成本的构成

资金成本由筹资费用和用资费用两部分构成。

1. 筹资费用

筹资费用是指企业在筹措资金过程中为获得资金而付出的代价,如向银行借款支付的借款手续费,因发行股票、债券而支付的发行费用等。筹资费用通常在资本筹集时一次性发生,在资本使用过程中不再发生。

2. 用资费用

用资费用是指企业在生产经营、投资过程中因使用资金而付出的代价,如企业向债权人支付的利息、向股东支付的股利等,这是资金成本的主要内容。

三、资金成本的作用

在财务管理中,资金成本是一个非常重要的概念,它是许多财务决策必须考虑的关键因素之一。

1. 资金成本是比较筹资方式、选择筹资方案的依据

在评价各种筹资方式时,一般会考虑的因素包括对企业控制权的影响、对投资者吸引力的大小、融资的难易和风险、资本成本的高低等,资金成本是其中的重要因素。在其他条件相同时,企业筹资应选择资金成本最低的方式。

2. 平均资金成本是衡量资本结构是否合理的依据

计算现值时采用的贴现率通常会选择企业的平均资金成本,当平均资金成本率最小时,企业价值最大,此时的资金结构是企业理想的最佳资金结构。

3. 资金成本是评价投资项目可行性的主要标准

资金成本通常用相对数表示,它是企业对投入资金所要求的报酬率或收益率,即最低必要报酬率。任何投资项目,如果它预期的投资报酬率超过该项目使用资金的资本成本率,则该项目在经济上就是可行的。因此,资本成本率是企业用以确定项目要求达到的投资报酬率的最低标准。

4. 资金成本是评价企业整体业绩的重要依据

一定时期企业资金成本率的高低,不仅可以反映企业筹资管理的水平,还可以作为评价企业整体经营业绩的标准。企业的生产经营活动,实际上就是所筹集资本经过投放后形成的资产营运活动,企业的总资产报酬率高于其平均资金成本率,才能带来剩余收益。

四、资金成本的计算

资金成本可以用绝对数表示,也可以用相对数表示。为了便于比较和分析,一般用相对数表示,即资金成本率。资金成本率是每年的用资费用与筹资净额的比值,资金成本率通常简称为资金成本。其基本计算公式为

$$资金成本率 = \frac{每年用资费用}{筹资净额} \times 100\% = \frac{每年用资费用}{筹资总额 - 筹资费用} \times 100\%$$

$$= \frac{每年用资费用}{筹资总额 \times (1 - 筹资费用率)} \times 100\%$$

　　资金成本的计算包括个别资金成本的计算、综合资金成本的计算和边际资金成本的计算三部分内容。

1. 个别资金成本的计算

　　个别资金成本是指各单一融资方式的资金成本。由于企业筹集的短期资金大部分不需要付出过多的代价,因此,在计算资金成本时,通常不计算短期资金的资金成本,而只计算长期资金的成本,长期资金的资金成本也称资本成本。

　　长期资金的资金成本主要包括银行借款成本、债券成本、优先股成本、普通股成本、留存收益成本等。前两者统称为负债资金成本,后三者统称为权益资金成本。现分别说明其计算方法。

　　1) 银行借款资金成本的计算

　　企业采用银行借款方式筹资的资金,其用资费用为企业每年负担的利息,由于利息可以在计算企业所得税前扣除,从而降低了企业承担的利息费用。所以,企业实际承担的每年的用资费用＝年利息×(1−所得税税率)。银行借款资金成本的计算用公式为

$$银行借款资金成本率 = \frac{年利息×(1−所得税税率)}{贷款金额×(1−筹资费用率)}×100\%$$

$$= \frac{贷款金额×年利率×(1−所得税税率)}{贷款金额×(1−筹资费用率)}×100\%$$

$$= \frac{年利率×(1−所得税税率)}{1−筹资费用率}×100\%$$

用字母表示为

$$K_l = \frac{I·(1−T)}{L·(1−f)}×100\% = \frac{L·i·(1−T)}{L·(1−f)}×100\%$$

$$= \frac{i·(1−T)}{1−f}×100\%$$

式中,K_l 表示银行借款资金成本率;I 表示年利息;i 表示年利率;L 表示贷款金额;T 表示所得税税率;f 表示筹资费用率。

　　银行借款的年利息通常是用筹资总额(即贷款金额)乘以年利率来计算,而银行借款的筹资费用较低,有时可以忽略不计。因此,银行借款成本的计算可以简化为

$$银行借款资金成本率 = 年利率×(1−所得税税率)×100\%$$

$$= i·(1−T)×100\%$$

　　【例 4-1】　某企业取得 5 年期的长期借款 200 000 元,年利率为 10%,每年付息一次,到期一次还本。这笔借款的筹资费用率为 0.2%,企业所得税税率为 20%,计算该笔银行借款的资金成本率。

　　【解析】　$$银行借款资金成本率 = \frac{L·i·(1−T)}{L·(1−f)}×100\%$$

$$= \frac{200\ 000×10\%×(1−20\%)}{200\ 000×(1−0.2\%)}×100\%$$

$$= \frac{10\%×(1−20\%)}{1−0.2\%}×100\% ≈ 8.016\%$$

【例 4-2】 某企业取得两年期借款 1 000 000 元,年利率为 6%,每年付息一次,到期一次还本。这笔借款的筹资费用忽略不计,企业所得税税率为 25%,计算该笔借款资金成本率。

【解析】

$$银行借款资金成本率=年利率×(1-所得税税率)×100\%$$
$$=6\%×(1-25\%)×100\%=4.5\%$$

2) 债券资金成本的计算

企业采用发行债券的方式筹集资金,其用资费用为企业每年负担的利息,利息在税前列支,筹资费用一般较高。债券的发行价格有平价、溢价、折价三种,债券利息由面额和票面利率确定,但债券的筹资额应按发行价格基数计算,债券资金成本的计算公式为

$$债券资金成本率=\frac{债券年利息×(1-所得税税率)}{债券发行价格×(1-筹资费用率)}×100\%$$

用字母表示为

$$K_b=\frac{I·(1-T)}{P·(1-f)}×100\%$$
$$=\frac{B·i·(1-T)}{P·(1-f)}×100\%$$

式中,K_b 表示债券资金成本率;I 表示年利息;i 表示年利率;B 表示债券面值;P 表示债券发行价格;T 表示所得税税率;f 表示筹资费用率。

【例 4-3】 某企业发行面值为 8 000 元的债券,期限为 5 年,以 10 000 元的价格发行,票面利率为 8%,发行费用占发行价格的 5%,公司所得税税率为 25%。计算该债券资金成本率。

【解析】

$$债券资金成本率=\frac{债券面值×年利率×(1-所得税税率)}{债券发行价格×(1-筹资费用率)}×100\%$$
$$=\frac{8\ 000×8\%×(1-25\%)}{10\ 000×(1-5\%)}×100\%≈5.05\%$$

当公司债券按面值发行时,发行价格等于债券面值,债券资金成本的计算可简化为

$$债券资金成本率=\frac{年利率×(1-所得税税率)}{1-筹资费用率}×100\%$$
$$=\frac{i·(1-T)}{1-f}×100\%$$

【例 4-4】 某企业发行期限为 10 年、面值为 5 000 元的债券,以面值发行,票面利率为 8%,发行费用占发行价格的 5%,公司所得税税率为 25%。计算该债券资金成本率。

【解析】

$$债券资金成本率=\frac{年利率×(1-所得税税率)}{1-筹资费用率}×100\%$$
$$=\frac{8\%×(1-25\%)}{1-5\%}×100\%=6.32\%$$

3) 优先股资金成本的计算

优先股股票是一种介于债券和普股股票之间的一种证券,企业支付给优先股股东的股利通常是按股票面值的一定比率来计算,这一点与债券相同;企业发行优先股股票筹集的资金不用归还,可供企业长期使用,企业支付给优先股股东的股利在税后支付,这两个方面

与普通股股票相同。

企业支付给优先股股东的股利不具有抵税的作用,因此,企业因发行优先股而每年负担的用资费用=优先股股票面值×股利支付率。

优先股资金成本的计算公式为

$$优先股资金成本率=\frac{优先股年股利}{筹资总额×(1-筹资费用率)}×100\%$$

$$=\frac{优先股面值×股利支付率}{优先股发行价格×(1-筹资费用率)}×100\%$$

用字母表示为

$$K_p=\frac{D}{P_0·(1-f)}×100\%=\frac{B·r}{P_0·(1-f)}×100\%$$

式中,K_p 表示优先股资金成本率;D 表示优先股年股利;P_0 表示优先股发行价格;B 表示优先股面值;r 表示股利支付率;f 表示优先股筹资费用率。

【例4-5】 某企业发行优先股总面额为 4 000 000,发行总价为 5 250 000 元,筹资费用率为 6%,每年支付 10% 的股利,计算优先股资金成本率。

【解析】 $$优先股资金成本率=\frac{优先股面值×股利支付率}{优先股发行价格×(1-筹资费用率)}×100\%$$

$$=\frac{4\ 000\ 000×10\%}{5\ 250\ 000×(1-6\%)}×100\%≈8.1\%$$

优先股资金成本通常要高于债券的资金成本。其原因主要有两个方面:①企业破产时,优先股股东的求偿权排在债券持有人之后,优先股股东承担的风险高于债券持有人,因而优先股的股利率一般高于债券的利息率;②优先股股利从税后净利润中支付,企业支付给优先股股东的股利不具有抵税的作用。

4)普通股资金成本的计算

普通股资金成本主要是向股东支付的各期股利。由于各期股利不固定,随企业各期收益波动,因此普通股的资本成本只能按贴现模式计算,并假定各期股利的变化具有一定的规律性。如果是上市公司普通股,其资金成本还可以根据该公司股票收益率与市场收益率的相关性,按资本资产定价模型法估计。普通股资金的用资费用通常不固定,其资金成本的计算相对复杂。为了便于理解和计算,可以换个角度来考虑,企业支付给普通股股东的股利对企业而言是资金成本,对于投资者而言则是投资收益,企业承担的资金成本率就是普通股股东的投资收益率。因此,只要能测算出普通股股东的投资收益率,也就能计算出普通股的资金成本率。测算普通股股东投资收益率的方法一般有三种:股利折现模型、资本资产定价模型和无风险利率加风险溢价法。

(1)股利折现模型。按照收益现值法,如果投资者长期持有股票,股票现在的价格就应该等于该股票在未来期间给投资者带来的收益按一定收益率折算的现值,其计算公式为

$$P_0=P×(1-f)=\sum_{t=1}^{n}\frac{D_t}{(1+K_c)^t}$$

式中,P_0 表示普通股筹资净额,即发行价格减去筹资费用后的余额;P 表示普通股筹资总额,即普通股发行价格;f 表示筹资费用率;D_t 表示企业在第 t 年支付给普通股股东的股利;K_c 表示普通股投资必要收益率,即普通股资金成本率。

运用上面的模型测算普通股资金成本率,通常因公司采用的股利政策不同而有所不同。

① 如果公司采用固定股利政策,即公司每年支付给普通股股东的股利固定不变,设公司每年分派的现金股利为 D 元,则普通股资金成本率可按下式测算。

因为

$$P_0 = P \times (1-f) = \frac{D}{K_c} \left(永续年金现值 \, P = \frac{A}{i} \right)$$

所以

$$K_c = \frac{D}{P_0} \times 100\% = \frac{D}{P \times (1-f)} \times 100\%$$

即

$$普通股资金成本率 = \frac{每年固定的股利}{普通股筹资净额} \times 100\%$$

$$= \frac{每年固定的股利}{普通股筹资总额 \times (1-筹资费用率)} \times 100\%$$

【例 4-6】 某企业准备发行一批普通股股票,每股发行价格为 15 元,预定每年每股固定发放 2 元的股利,筹资费用率为 5%。计算其资金成本率。

【解析】 $普通股资金成本率 = \dfrac{每年固定的股利}{普通股筹资总额 \times (1-筹资费用率)} \times 100\%$

$$= \frac{2}{15 \times (1-5\%)} \times 100\%$$

$$\approx 14.04\%$$

② 如果公司采用固定股利增长率的政策,设股利固定增长率为 g,则普通股资金成本率计算公式为

$$K_c = \frac{D_1}{P_0} \times 100\% + g$$

$$= \frac{D_1}{P \times (1-f)} \times 100\% + g$$

$$= \frac{D_0 \times (1+g)}{P \times (1-f)} \times 100\% + g$$

式中,K_c 表示普通股投资必要收益率,即普通股资金成本率;D_1 表示普通股第 1 年的股利;D_0 表示普通股上一年的股利;P_0 表示普通股筹资净额,即发行价格减去筹资费用后的余额;P 表示普通股筹资总额,即普通股发行价格;f 表示筹资费用率;g 表示股利固定增长率。

【例 4-7】 某股份有限公司准备增发普通股,每股发行价格 9 元,筹资费率为 8%。预定第 1 年分派现金股利每股 1.5 元,以后每年的股利固定增长 4%。计算其资金成本率。

【解析】 $K_c = \dfrac{D_1}{P \times (1-f)} \times 100\% + g = \dfrac{1.5}{9 \times (1-8\%)} \times 100\% + 4\%$

$$\approx 22.12\%$$

(2) 资本资产定价模型。资本资产定价模型给出了普通股期望收益率 K_c 与它的市场

风险 β 之间的关系,计算公式为

$$K_c = R_f + \beta(R_m - R_f)$$

式中,K_c 表示普通股资金成本率;R_m 表示市场投资组合的期望收益率;R_f 表示无风险收益率;β 表示某公司股票收益率相对于市场投资组合期望收益率的变动幅度。

当整个证券市场投资组合的收益率为 1% 时,若公司股票的收益率增加 3%,则该公司股票的 β 值为 3;若公司股票的收益率增加 0.65%,则该公司股票的 β 值为 0.65。

【例 4-8】 利达公司普通股 β 值为 1.5,一年期国债利率为 5%,市场投资组合的期望收益率为 15%,按资本资产定价模型计算该公司的普通股的资金成本率。

【解析】 $\qquad K_c = 5\% + 1.5 \times (15\% - 5\%) = 20\%$

(3) 无风险利率加风险溢价法。由于普通股的索赔权在债权及优先股之后,因此持有普通股股票的风险相对较高,股票持有者必然要求获得一定的风险补偿。一般情况下,通过一段时间的统计数据,可以测算出某公司普通股股票期望收益率超出无风险利率的大小,即风险溢价 R_p。无风险利率 R_f,一般用同期国库券收益率表示,这是证券市场最基础的数据。因此,用无风险利率加风险溢价法计算普通股股票筹资的资金成本公式为

$$K_c = R_f + R_P$$

【例 4-9】 某公司普通股的风险溢价估计为 10%,而无风险利率为 5%,计算该公司普通股股票筹资的资金成本率。

【解析】 $\qquad K_c = 5\% + 10\% = 15\%$

在各种资金来源中,普通股的成本最高,其原因是:①企业破产后,普通股股东的求偿权位于最后,与其他投资者相比,普通股股东所承担的风险最大,所获得的报酬最高,企业相应付出的代价也最大;②企业支付给普通股股东的股利在税后支付,不具有抵税的作用。

5) 留存收益资金成本的计算

鉴于国家法律的规定及企业发展的需要,企业不会把全部收益以股利的形式分给股东,有一部分收益被留存在企业内部,这部分资金包括盈余公积和未分配利润。所以,留存收益也是企业资金的一种重要来源。留存收益是由企业税后净利润形成的,是一种所有者权益,其实质是所有者向企业的追加投资。企业利用留存收益筹资无须发生筹资费用。如果企业将留存收益用于再投资,所获得的收益率低于股东自己进行一项风险相似的投资项目的收益率,企业就应该将其分配给股东。留存收益的资本成本率,表现为股东追加投资要求的报酬率,其计算与普通股成本相同,也可采用股利增长模型法和资本资产定价模型法,不同点在于留存收益资本成本率不考虑筹资费用。

(1) 如果公司采用固定股利政策,其计算公式为

$$留存收益资金成本率 = \frac{每年固定的股利}{利用留存收益的金额} \times 100\%$$

(2) 如果公司采用固定股利增长率的政策,其计算公式为

$$留存收益资金成本率 = \frac{预期第1年的股利额}{利用留存收益的金额} \times 100\% + 普通股股利每年增长率$$

【例 4-10】 某公司留存收益资金金额为 250 000 元,预期每年的股利固定为 25 000 元,计算该公司留存收益的资金成本率。

【解析】 $$留存收益资金成本率=\frac{每年固定的股利}{利用留存收益的金额}\times100\%$$

$$=\frac{25\ 000}{250\ 000}\times100\%=10\%$$

【例 4-11】 某公司留存收益资金金额为 1 500 000 元,预期第一年的股利额为 150 000 元,普通股股利每年增长率为 6%,计算该公司留存收益的资金成本率。

【解析】 $$留存收益资金成本率=\frac{预期第1年的股利额}{利用留存收益的金额}\times100\%+普通股股利每年增长率$$

$$=\frac{150\ 000}{1\ 500\ 000}\times100\%+6\%=16\%$$

2. 综合资金成本的计算

企业可以从多种渠道、用多种方式来筹集资金,而各种方式的筹资成本往往不同。为了正确进行筹资和投资决策,必须计算企业的综合资金成本。综合资金成本也称加权平均资金成本,是指在计算个别资金成本的基础上,以各种资金占全部资金的比重为权数计算出来的加权平均资金成本。

综合资金成本率是由个别资金成本率和资金结构这两个因素决定的。其计算公式为

$$综合资金成本率=\sum_{j=1}^{n}K_jW_j$$

式中,K_j 表示第 j 种资金的个别资金成本;W_j 表示第 j 种资金在资金总额中所占比重。

【例 4-12】 某企业共有资金为 1 000 万元,其中长期借款为 100 万元,债券为 200 万元,优先股为 100 万元,普通股为 400 万元,留存收益为 200 万元,各种资金的个别资金成本分别为 5%、6%、12%、16% 和 15%。试计算该企业的综合资金成本。

【解析】 $$长期借款占资金总额的比重(W_1)=\frac{100}{1\ 000}\times100\%=10\%$$

$$债券占资金总额的比重(W_2)=\frac{200}{1\ 000}\times100\%=20\%$$

$$优先股占资金总额的比重(W_3)=\frac{100}{1\ 000}\times100\%=10\%$$

$$普通股占资金总额的比重(W_4)=\frac{400}{1\ 000}\times100\%=40\%$$

$$留存收益占资金总额的比重(W_5)=\frac{200}{1\ 000}\times100\%=20\%$$

$$综合资金成本率=\sum K_jW_j$$
$$=5\%\times10\%+6\%\times20\%+12\%\times10\%$$
$$+16\%\times40\%+15\%\times20\%$$
$$=12.3\%$$

个别资金占全部资金的比重,通常由按账面价值确定的,其资料容易取得。但当资金的账面价值与市场价值差别较大时,如股票、债券的市场价格发生较大变动,计算结果会与资

本市场现行实际筹资成本有较大差距。为了克服这一缺陷,个别资金占全部资金比重可以按市场价值或目标价值来确定,所得结果分别称为市场价值权数、目标价值权数。市场价值权数是指债券、股票按市场价格确定的权数,能反映企业目前的实际情况,但会因证券市场频繁变动而存在不便。目标价值权数是指债券、股票按照未来预计的目标市场价值确定的权数,能体现期望的资金结构,而不像账面价值权数和市场价值权数只反映过去和现在的资金结构,因而其计算结果更适用于企业筹措新资金。然而,企业很难客观合理地确定证券的目标价值,又使目标价值权数不易推广。

3. 边际资金成本的计算

企业无法以某一固定的资金成本来筹措无限的资金,当其筹集的资金额超过一定限度时,原来的资金成本就会增加。在企业追加筹资时,需要知道筹资额与资金成本的变动情况。

边际资金成本是指资金每增加一个单位量的资本而形成的追加资本成本。边际资金成本也是按权平均法计算的,是追加筹资时所使用的加权平均资金成本,具体计算方法如下。

1) 计算筹资突破点

因为花费一定的资金成本只能筹集到一定限度的资金,超过这一限度则会引起原资金成本的变化。在保持某资金成本的条件下可以筹集到的资金总限度称为现有资金结构下的筹资突破点,在筹资突破点范围内筹资,原来的资金成本不会改变;一旦筹资额超过筹资突破点,即使维持现有的资金结构,其资金成本也会增加。

筹资突破点的计算公式为

$$筹资突破点 = \frac{可用某一特定成本筹集到的某种资金额}{该种资金在资金结构中所占的比重}$$

2) 计算边际资本成本

任何项目的边际成本是该项目增加一个产出量相应增加的成本。例如目前平均人工成本为每人 10 元;如果增加 10 个人,人工的边际成本可能是每人 15 元;如果增加 100 个人,人工的边际成本是每人 20 元。这种现象可能是由于比较难找到愿意从事该项工作的工人所导致的。同样的观念用于筹集资本,企业想筹措更多的资金时每 1 元的成本也会上升。边际资金成本就是取得 1 元新资金的成本,筹措的资金增加时边际资金成本会上升。

在每个筹资额度内,用其个别资金成本标准下的资金结构称为比重,分别乘以对应的个别资金成本,再相加求和,即可得到每个筹资额度内的加权平均资金成本,这就是不同筹资额度的边际资本成本。

【例 4-13】　某企业拥有长期资金为 4 000 000 元,其中长期借款为 600 000 元,资金成本为 3%;长期债券为 1 000 000 元,资金成本为 10%;普通股为 2 400 000 元,资金成本为 13%。平均资金成本为 10.75%。由于扩大经营规模的需要,拟筹集新资金。经分析,认为筹集新资金后仍应保持目前的资金结构,即长期借款占 15%,长期债券占 25%,普通股占

60%,并测算出了随筹资的增加各种资金成本的变化,如表4-1所示。计算该企业新筹集资金的最大规模。

表 4-1 随筹资增加各种资金成本的变化情况

资金种类	目标资本结构	新 筹 资 额	资金成本
长期借款	15%	45 000 元以内	3%
		45 000~90 000 元	5%
		90 000 元以上	7%
长期债券	25%	200 000 元以内	10%
		200 000~400 000 元	11%
		400 000 元以上	12%
普通股	60%	300 000 元以内	13%
		300 000~600 000 元	14%
		600 000 元以上	15%

【解析】 在花费 3% 资金成本时,取得的长期借款筹资限额为 45 000 元,其筹资突破点为

$$\frac{45\ 000}{15\%} = 300\ 000(元)$$

而在花费 5% 资金成本时,取得的长期借款筹资限额为 90 000 元,其筹资突破点为

$$\frac{90\ 000}{15\%} = 600\ 000(元)$$

按此方法,资料中各种情况下的筹资突破点的计算结果如表4-2所示。

表 4-2 筹资突破点的计算结果

资金种类	资金结构	资金成本	新 筹 资 额	筹资突破点
长期借款	15%	3%	45 000 元以内	300 000 元
		5%	45 000~90 000 元	600 000 元
		7%	90 000 元以上	
长期债券	25%	10%	200 000 元以内	800 000 元
		11%	200 000~400 000 元	1 600 000 元
		12%	400 000 元以上	
普通股	60%	13%	300 000 元以内	500 000 元
		14%	300 000~600 000 元	1 000 000 元
		15%	600 000 元以上	

根据上一步计算出的筹资突破点,可以得到7组筹资总额范围:30万元以内、30万~50万元、50万~60万元、60万~80万元、80万~100万元、100万~160万元、160万元以上。对以上7组筹资总额范围分别计算加权平均资本成本,即可得到各种筹资总额范围的边际资金成本。计算结果如表4-3所示。

表 4-3 各种筹资总额范围的边际资金成本计算结果

筹资总额范围	资金种类	资金结构	资金成本	加权平均资金成本
300 000 元以内	长期借款	15%	3%	3%×15%=0.45%
	长期债券	25%	10%	10%×25%=2.5%
	普通股	60%	13%	13%×60%=7.8%
				10.75%
300 000~500 000 元	长期借款	15%	5%	5%×15%=0.75%
	长期债券	25%	10%	10%×25%=2.5%
	普通股	60%	13%	13%×60%=7.8%
				11.05%
500 000~600 000 元	长期借款	15%	5%	5%×15%=0.75%
	长期债券	25%	10%	10%×25%=2.5%
	普通股	60%	14%	14%×60%=8.4%
				11.65%
600 000~800 000 元	长期借款	15%	7%	7%×15%=1.05%
	长期债券	25%	10%	10%×25%=2.5%
	普通股	60%	14%	14%×60%=8.4%
				11.95%
800 000~1 000 000 元	长期借款	15%	7%	7%×15%=1.05%
	长期债券	25%	11%	11%×25%=2.75%
	普通股	60%	14%	14%×60%=8.4%
				12.2%
1 000 000~1 600 000 元	长期借款	15%	7%	7%×15%=1.05%
	长期债券	25%	11%	11%×25%=2.75%
	普通股	60%	15%	15%×60%=9%
				12.8%
1 600 000 元以上	长期借款	15%	7%	7%×15%=1.05%
	长期债券	25%	12%	12%×25%=3%
	普通股	60%	15%	15%×60%=9%
				13.05%

第二节 杠杆效应

财务管理中存在着类似于物理学中的杠杆效应,表现为:由于特定固定支出或费用的存在,导致当某一财务变量以较小幅度变动时,另一相关变量会以较大幅度变动。财务管理中的杠杆效应,包括经营杠杆、财务杠杆和复合杠杆三种形式。杠杆效应既可以产生杠杆利益,也可能带来杠杆风险。

一、经营杠杆效应

1. 经营杠杆的含义

经营杠杆是指由于固定性经营成本的存在,而使得企业息税前利润变动率大于业务量变动率的现象。经营杠杆反映了资产报酬的波动性,用以评价企业的经营风险。用息税前利润(EBIT)表示资产总报酬,则有计算公式

息税前利润 = 收入 − 总成本

$\qquad$ = 收入 −(固定成本 + 变动成本)

$\qquad$ = 产品的销售单价 × 产销量 −(固定成本 + 单位产品的变动成本 × 产销量)

$\qquad$ =(产品的销售单价 − 单位产品的变动成本)× 产销量 − 固定成本

$\qquad$ = 单位边际贡献 × 产销量 − 固定成本

$\qquad$ = 边际贡献总额 − 固定成本

用字母表示为

$$\text{EBIT} = px - (a + bx) = px - bx - a = (p - b)x - a = mx - a = M - a$$

式中,EBIT 表示息税前利润;a 表示固定成本;p 表示产品的销售单价;x 表示产销量;b 表示单位产品的变动成本;m 表示单位边际贡献;M 表示边际贡献总额。

显然,无论利息费用的习性如何,它都不会出现在计算息税前利润的公式之中,即在上式的固定成本和变动成本中不应包括利息费用因素。影响 EBIT 的因素包括产品售价、产品需求、产品成本等因素。当产品成本中存在固定成本时,如果其他条件不变,产销业务量的增加虽然不会改变固定成本总额,但会降低单位产品分摊的固定成本,从而提高单位产品利润,使息税前利润的增长率大于产销业务量的增长率,进而产生经营杠杆效应。当不存在固定性经营成本时,所有成本都是变动性经营成本,边际贡献等于息税前利润,此时息税前利润变动率与产销业务量的变动率完全一致。

2. 经营杠杆系数

只要企业存在固定性经营成本,就存在经营杠杆效应。但不同的产销业务量,其经营杠杆效应的大小是不一致的。测算经营杠杆效应程度,常用指标为经营杠杆系数(DOL),即息税前利润变动率与产销业务量变动率的比。经营杠杆系数计算公式为

$$经营杠杆系数 = \frac{息税前利润变动率}{产销量变动率}$$

用字母表示为

$$\text{DOL} = \frac{\Delta \text{EBIT}/\text{EBIT}}{\Delta x / x} = \frac{\Delta \text{EBIT}/\text{EBIT}}{\Delta(px)/px}$$

式中,DOL 表示经营杠杆系数;EBIT 表示变动前的息税前利润;ΔEBIT 表示息税前利润的变动额;px 表示变动前的销售收入;$\Delta(px)$ 表示销售收入的变动额;x 表示变动前的产销量;Δx 表示产销量的变动数。

【例 4-14】 某公司有关经营资料如表 4-4 所示,计算其经营杠杆系数。

表 4-4　某公司经营资料　　　　　　　　　金额单位：万元

项　目	2019 年	2020 年	变动额	变动率
销售额	1 000	1 500	500	50%
变动成本	600	900	300	50%
边际贡献	400	600	200	50%
固定成本	200	200	0	0
息税前利润	200	400	200	100%

【解析】　　　　经营杠杆系数$(\text{DOL}) = \dfrac{200/200}{500/1\,000} = \dfrac{100\%}{50\%} = 2$

　　上述公式是根据经营杠杆系数的定义进行计算的，计算时必须已知销售额（或销售量）及息税前利润变动前后的相关资料，即需要变动前后两期的资料才能进行计算。这样计算比较麻烦，而且无法预测未来的经营杠杆系数。可以把上述计算公式进行化简，方法如下。

$$\text{EBIT} = (p - b)x - a$$

$$\Delta\text{EBIT} = (p - b)\Delta x$$

$$\Delta\text{EBIT}/\text{EBIT} = \frac{(p - b)\Delta x}{(p - b)x - a}$$

$$\text{DOL} = \frac{\Delta\text{EBIT}/\text{EBIT}}{\Delta x/x} = \frac{(p-b)\Delta x}{(p-b)x-a} \times \frac{x}{\Delta x} = \frac{(p-b)x}{(p-b)x-a} = \frac{M}{M-a} = \frac{M}{\text{EBIT}}$$

即

$$\text{经营杠杆系数}(\text{DOL}) = \frac{\text{基期边际贡献}}{\text{基期边际贡献} - \text{基期固定成本}} = \frac{\text{基期边际贡献}}{\text{基期息税前利润}}$$

【例 4-15】　依据例 4-14 资料，计算该公司 2020 年的经营杠杆系数。

【解析】　　　　　　　　经营杠杆系数 $= \dfrac{400}{200} = 2$

3. 经营杠杆与经营风险

　　引起企业经营风险的主要原因，是市场需求和成本等因素的不确定性，经营杠杆并非利润不稳定的根源。但是，产销业务量增加时，息税前利润以 DOL 倍数的幅度增加；而产销业务量减少时，息税前利润以 DOL 倍数的幅度减少。可见，经营杠杆扩大了市场和生产等不确定因素对利润变动的影响，且经营杠杆系数越高，利润变动幅度越大，企业的经营风险越大。于是，企业经营风险的大小和经营杠杆有重要关系，其关系可表示为

$$\begin{aligned}\text{经营杠杆系数} &= \frac{\text{基期边际贡献}}{\text{基期边际贡献} - \text{基期固定成本}}\\ &= \frac{(\text{基期销售单价} - \text{基期单位变动成本}) \times \text{基期产销量}}{(\text{基期销售单价} - \text{基期单位变动成本}) \times \text{基期产销量} - \text{基期固定成本}}\end{aligned}$$

　　上述公式表明，影响经营杠杆系数的因素包括产品销售数量（即市场供求情况）、产品销售价格、单位变动成本和固定成本总额等因素。经营杠杆系数将随固定成本的变化呈同方

向变化,即在其他因素一定的情况下,固定成本越高,经营杠杆系数越大。固定成本越高,企业经营风险也越大;如果固定成本为 0,则经营杠杆系数等于 1。

【例 4-16】 A、B 两家企业的有关资料如表 4-5 所示,比较两家企业风险的大小。

表 4-5 A、B 两家企业经营资料

企业名称	经济情况	概率	销售量/件	单价/万元	销售额/万元	单位变动成本/万元	变动成本总额/万元	边际贡献/万元	固定成本/万元	息税前利润/万元
A	好	0.20	120	10	1 200	6	720	480	200	280
	中	0.60	100	10	1 000	6	600	400	200	200
	差	0.20	80	10	800	6	480	320	200	120
B	好	0.20	120	10	1 200	4	480	720	400	320
	中	0.60	100	10	1 000	4	400	600	400	200
	差	0.20	80	10	800	4	320	480	400	80

【解析】 A 企业的期望边际贡献为

$$\overline{M}_A = 480 \times 0.20 + 400 \times 0.60 + 320 \times 0.20 = 400(万元)$$

A 企业的期望息税前利润为

$$\overline{EBIT}_A = 280 \times 0.20 + 200 \times 0.60 + 120 \times 0.20 = 200(万元)$$

A 企业最有可能的经营杠杆系数为

$$DOL_A = \frac{\overline{M}_A}{\overline{EBIT}_A} = \frac{400}{200} = 2$$

B 企业的期望边际贡献为

$$\overline{M}_B = 720 \times 0.20 + 600 \times 0.60 + 480 \times 0.20 = 600(万元)$$

B 企业的期望息税前利润为

$$\overline{EBIT}_B = 320 \times 0.20 + 200 \times 0.60 + 80 \times 0.20 = 200(万元)$$

B 企业最有可能的经营杠杆系数为

$$DOL_B = \frac{\overline{M}_B}{\overline{EBIT}_B} = \frac{600}{200} = 3$$

从上述计算可知,B 企业的经营杠杆系数比 A 企业大。为了说明经营杠杆对风险程度的影响,根据表 4-5 的相关资料,可计算两家企业息税前利润的标准离差。

A 企业息税前利润的标准离差 $= \sqrt{(280-200)^2 \times 0.2 + (200-200)^2 \times 0.6 + (120-200)^2 \times 0.2}$
$= 50.6$

B 企业息税前利润的标准离差 $= \sqrt{(320-200)^2 \times 0.2 + (200-200)^2 \times 0.6 + (80-200)^2 \times 0.2}$
$= 75.9$

计算表明,虽然 A、B 两家企业的期望息税前利润相同,但 B 企业的标准离差大,说明 B 企业的经营风险大。由此可知,固定成本高,经营杠杆系数大,则经营风险大。

二、财务杠杆效应

1. 财务杠杆的含义

财务杠杆是指由于固定财务费用的存在而导致的每股利润变动率大于息税前利润变动率的杠杆效应。

【例 4-17】　甲、乙两家公司的相关资料如表 4-6 所示,比较两家公司的财务杠杆效应大小。

表 4-6　甲、乙公司的结构与普通股利润表

时　间	项　目	甲公司	乙公司	备　注
2019 年	普通股发行在外股数/万股	5 000	2 000	(1)已知
	普通股股本/万元	500 000	200 000	(2)已知
	债务(年利率 8%)/万元	0	300 000	(3)已知
	资金总额/万元	500 000	500 000	(4)=(2)+(3)
	息税前利润/万元	50 000	50 000	(5)已知
	债务利息/万元	0	24 000	(6)=(3)×8%
	利润总额/万元	50 000	26 000	(7)=(5)−(6)
	所得税(税率 25%)/万元	12 500	6 500	(8)=(7)×25%
	净利润/万元	37 500	19 500	(9)=(7)−(8)
	每股利润/(元/股)	7.5	9.75	(10)=(9)/(1)
2020 年	息税前利润增长率	20%	20%	(11)=已知
	增长后的息税前利润/万元	60 000	60 000	(12)=(5)×[1+(11)]
	债务利息/万元	0	24 000	(13)=(6)
	利润总额/万元	60 000	36 000	(14)=(12)−(13)
	所得税(税率 25%)/万元	15 000	9 000	(15)=(14)×25%
	净利润/万元	45 000	27 000	(16)=(14)−(15)
	每股利润/万元	9	13.5	(17)=(16)/(1)
	每股利润增加额/万元	1.5	3.75	(18)=(17)−(10)
	普通股利润增长率	20%	38.46%	(19)=(18)/(10)

【解析】　在表 4-6 中,甲、乙两家公司的资金总额相等,息税前利润相等,息税前利润的增长率也相同,不同的只是资金结构。甲公司的全部资金都是普通股,乙公司的资金中普通股占 40%、债券占 60%。在甲、乙两家公司息税前利润均增长 20% 的情况下,甲公司每股利润增长 20%,而乙公司却增长了 38.46%,这就是财务杠杆效应。如果息税前利润下降,乙公司每股利润的下降幅度则大于甲公司每股利润的下降幅度。

2. 财务杠杆系数

只要在企业的筹资方式中有固定财务费用支出的债务和优先股,就会存在财务杠杆效应,但不同企业财务杠杆的作用程度是不同,需要对财务杠杆进行计量。对财务杠杆进行计量最常用的指标是财务杠杆系数,即普通股每股利润的变动率相当于息税前利润变动率的倍数。其计算公式为

$$财务杠杆系数 = \frac{普通股每股利润变动率}{息税前利润变动率}$$

或

$$DFL = \frac{\Delta EPS / EPS}{\Delta EBIT / EBIT}$$

式中,DFL 表示财务杠杆系数;ΔEPS 表示普通股每股利润变动额;EPS 表示基期每股利润。

【例 4-18】 以表 4-6 中所列甲、乙两家公司为例,将有关资料代入上述公式,计算甲、乙两家公司 2020 年的财务杠杆系数。

【解析】 $$甲公司财务杠杆系数 = \frac{20\%}{20\%} = 1$$

$$乙公司财务杠杆系数 = \frac{38.46\%}{20\%} = 1.923$$

3. 财务杠杆与财务风险

财务风险是指企业为取得财务杠杆利益而利用负债资金时,增加了破产机会或普通股利润大幅度变动的机会所带来的风险。企业为取得财务杠杆利益,就要增加负债,一旦企业息税前利润下降,不足以补偿固定利息支出,企业的每股利润就会快速下降。

【例 4-19】 丙、丁两家公司的资本总额完全相同,但资金结构存在差异,下面通过计算比较不同资金结构对其获利水平产生的影响,详细资料如表 4-7 所示。

表 4-7 丙、丁公司资金结构及获利水平　　　　　　　　　　单位:万元

项　目	丙公司	丁公司	备　注
普通股股本	20 000	10 000	(1)已知
公司债券(年利率 8%)	0	10 000	(2)已知
资金总额	20 000	20 000	(3)=(1)+(2)
计划息税前利润	2 000	2 000	(4)已知
实际息税前利润	600	600	(5)已知
借款利息	0	800	(6)=(2)×8%
利润总额	600	−200	(7)=(5)−(6)

下面,结合每股利润标准离差和标准离差率的计算,说明财务杠杆与财务风险的关系。

【例 4-20】 B、C、D 三家企业的资金构成情况如表 4-8 所示,其他有关情况三家企业完全一致。试计算每股利润、财务杠杆系数、每股利润的标准离差和标准离差率。

表 4-8　B、C、D 三家企业的资金构成情况　　　　　　　单位：万元

项　　目	B 企业	C 企业	D 企业
资金总额	2 000	2 000	2 000
普通股①	2 000	1 000	1 000
负债②	0	1 000	1 000
负债利息	0	60	120

注：① 普通股面值均为 10 元/股，B 企业发行在外 200 万股，C、D 企业各发行在外 100 万股。

　② C 企业负债的年利率为 6%，D 企业负债的年利率为 12%。

【解析】　根据以上资料，可通过表 4-9 计算每股利润等资料。

表 4-9　指标计算表

企业名称	经济情况	概率	息税前利润/万元	利息/万元	利润总额/万元	所得税(20%)/万元	净利润/万元	普通股股数/万股	每股利润/元
B	好	0.20	320	0	320	64	256	200	1.28
	中	0.60	200	0	200	40	160	200	0.8
	差	0.20	80	0	80	16	64	200	0.32
C	好	0.20	320	60	260	52	208	100	2.08
	中	0.60	200	60	140	28	112	100	1.12
	差	0.20	80	60	20	4	16	100	0.16
D	好	0.20	320	120	200	40	160	100	1.6
	中	0.60	200	120	80	16	64	100	0.64
	差	0.20	80	120	−40		−40	100	−0.4

根据表 4-9 资料计算的 3 家企业的期望每股利润、每股利润的标准离差、标准离差率和财务杠杆系数如下。

(1) 计算三家企业的期望每股利润。

B 企业的期望每股利润 $=0.2\times1.28+0.60\times0.8+0.20\times0.32=0.8$（元）

C 企业的期望每股利润 $=0.2\times2.08+0.60\times1.12+0.20\times0.16=1.12$（元）

D 企业的期望每股利润 $=0.2\times1.6+0.60\times0.64+0.20\times(-0.4)=0.624$（元）

(2) 计算三家企业每股利润的标准离差。

B 企业每股利润的标准离差 $=\sqrt{(1.28-0.8)^2\times0.2+(0.8-0.8)^2\times0.6+(0.32-0.8)^2\times0.2}$

　　　　　　≈0.304

C 企业每股利润的标准离差 $=\sqrt{(2.08-1.12)^2\times0.2+(1.12-1.12)^2\times0.6+(0.16-1.12)^2\times0.2}$

　　　　　　≈0.607

D 企业每股利润的标准离差 $=\sqrt{(1.6-0.624)^2\times0.2+(0.64-0.624)^2\times0.6+(-0.4-0.624)^2\times0.2}$

　　　　　　≈0.409

（3）计算三家企业每股利润的标准离差率。

$$B 企业每股利润的标准离差率 = \frac{0.304}{0.8} = 0.38 = 38\%$$

$$C 企业每股利润的标准离差率 = \frac{0.607}{1.12} \approx 0.542 = 54.2\%$$

$$D 企业每股利润的标准离差率 = \frac{0.409}{0.624} \approx 0.655 = 65.5\%$$

（4）计算三家企业的财务杠杆系数。

B、C、D 3 家企业的期望息税前利润均为

$$期望息税前利润 = 0.20 \times 320 + 0.60 \times 200 + 0.20 \times 80 = 200（万元）$$

$$B 企业财务杠杆系数 = \frac{200}{200 - 0} = 1$$

$$C 企业财务杠杆系数 = \frac{200}{200 - 60} \approx 1.43$$

$$D 企业财务杠杆系数 = \frac{200}{200 - 120} = 2.5$$

从以上分析可知，B 企业全部靠自有资金经营，其期望每股利润为 0.8 元，财务杠杆系数为 1，标准离差率为 0.38。C 企业利用了利息率为 6% 的负债 1 000 万元，自有资金与负债资金的比率为 1∶1，负债比率为 50%，则 C 企业的期望每股利润上升到 1.12 元，财务杠杆系数上升到 1.43，标准离差率上升到 0.542。企业期望每股利润上升，说明应用财务杠杆取得了比较好的效益，当然，随之也加大了财务风险。D 企业利用了利息率为 12% 的负债 1 000 万元，负债比率也为 50%，但 D 企业的期望每股利润却下降到 0.624 元，财务杠杆系数上升到 2.5，标准离差率为 0.655。说明此时利用财务杠杆只能加大企业财务风险，而不能取得财务杠杆利益。

三、复合杠杆效应

1. 复合杠杆的含义

如前所述，由于存在固定成本而产生的经营杠杆效应使息税前利润的变动率大于产销量的变动率，由于存在固定财务费用而产生的财务杠杆效应使企业每股利润的变动率大于息税前利润的变动率。如果两种杠杆共同起作用，那么销售额稍有变动就会使每股收益产生更大的变动。这种由于固定成本和固定财务费用的共同存在而导致的每股利润变动率大于产销量变动率的杠杆效应，称为复合杠杆效应。

2. 复合杠杆系数

只要企业同时存在固定成本和固定财务费用等财务支出，就会产生复合杠杆效应。但不同企业，复合杠杆作用的程度不同，需要对复合杠杆作用的程度进行计量。对复合杠杆进行计量的最常用指标是复合杠杆系数，即每股利润变动率相当于产销量变动率的倍数。其计算公式为

$$复合杠杆系数(DCL) = \frac{普通股每股利润变动率}{产销量变动率(或销售额变动率)}$$

$$= 经营杠杆系数 \times 财务杠杆系数$$

或

$$DCL = \frac{\Delta EPS/EPS}{\Delta x/x} = \frac{\Delta EPS/EPS}{\Delta (px)/px} = DOL \cdot DFL$$

式中,DCL 表示复合杠杆系数;EPS 表示普通股每股利润;ΔEPS 表示普通股每股利润变动额;x 表示产销量;Δx 表示产销量变动数;px 表示销售额;$\Delta(px)$ 表示为销售额变动数;DOL 表示经营杠杆系数;DFL 表示财务杠杆系数。

若企业没有融资租赁,也没有发行优先股,其复合杠杆系数的计算公式也可写为

$$复合杠杆系数 = \frac{边际贡献}{息税前利润 - 利息} = \frac{边际贡献}{边际贡献 - 固定成本 - 利息}$$

或

$$DCL = \frac{M}{EBIT - I} = \frac{(p-b)x}{(p-b)x - a - I}$$

式中,M 表示边际贡献;EBIT 表示息税前利润;I 表示利息。

【例4-21】 某企业有关经营资料如表 4-10 所示,试分析复合杠杆效应并计算复合杠杆系数。

表 4-10 某企业有关经营资料

项　　目	2019 年	2020 年	变动率
销售收入/元(单位售价 10 元)	1 000 000	1 200 000	+20%
变动成本/元(单位变动成本 4 元)	400 000	480 000	+20%
边际贡献/元	600 000	720 000	+20%
固定成本/元	400 000	400 000	0
息税前利润(EBIT)/元	200 000	320 000	+60%
利息/元	80 000	80 000	
利润总额/元	120 000	240 000	+100%
所得税/元(所得税税率 25%)	30 000	60 000	+100%
净利润/元	90 000	180 000	+100%
普通股发行在外股数/股	100 000	100 000	0
每股利润(EPS)/(元/股)	0.9	1.8	+100%

【解析】 由表 4-10 可知,在复合杠杆的作用下,业务量增加 20%,每股利润便增长 100%。当然,如果业务量下降 20%,企业的每股利润也会下降 100%。

方法一:根据表 4-10 中的有关数据可求出 2020 年的复合杠杆系数

$$DCL = \frac{0.9/0.9}{200\ 000/1\ 000\ 000} = \frac{100\%}{20\%} = 5$$

方法二: 　　　　$$经营杠杆系数(DOL) = \frac{\Delta EBIT/EBIT}{\Delta x/x} = \frac{60\%}{20\%} = 3$$

$$财务杠杆系数(DFL) = \frac{\Delta EPS/EPS}{\Delta EBIT/EBIT} = \frac{100\%}{60\%} = \frac{5}{3}$$

$$复合杠杆系数(DCL) = DOL \cdot DFL = 3 \times \frac{5}{3} = 5$$

方法三：
$$DCL = \frac{M}{EBIT - I} = \frac{600\,000}{200\,000 - 80\,000} = 5$$

3. 复合杠杆与公司风险

公司风险包括企业的经营风险和财务风险。复合杠杆系数反映了经营杠杆和财务杠杆之间的关系，用以评价企业的整体风险水平。在复合杠杆系数一定的情况下，经营杠杆系数与财务杠杆系数成反比。复合杠杆效应的意义在于：①说明产销业务量变动对普通股收益的影响，据以预测未来的每股收益水平；②揭示了财务管理的风险管理策略，即若要保持一定的风险水平，便需要维持一定的总杠杆系数。

【例4-22】 A、B、C三家企业的有关经营资料如表4-11所示，试计算三家企业的期望复合杠杆、期望每股利润、每股利润的标准离差和标准离差率。

表4-11　三家企业有关经营资料

企业名称	经济情况	概率	销售量/万件	单价/元	销售额/万元	单位变动成本/万元	变动成本总额/万元	边际贡献/万元	固定成本/万元	息税前利润/万元	利息/万元	利润总额/万元	所得税/万元	净利润/万元	普通股股数/万股	每股利润/元
A	好	0.20	120	10	1 200	8	960	240	0	240	0	240	48	192	200	0.96
	中	0.60	100	10	1 000	8	800	200	0	200	0	200	40	160	200	0.80
	差	0.20	80	10	800	8	640	160	0	160	0	160	32	128	200	0.64
B	好	0.20	120	10	1 200	4	480	720	400	320	0	320	64	256	200	1.28
	中	0.60	100	10	1 000	4	400	600	400	200	0	200	40	160	200	0.80
	差	0.20	80	10	800	4	320	480	400	80	0	80	16	64	200	0.32
C	好	0.20	120	10	1 200	4	480	720	400	320	60	260	52	208	100	2.08
	中	0.60	100	10	1 000	4	400	600	400	200	60	140	28	112	100	1.12
	差	0.20	80	10	800	4	320	480	400	80	60	20	4	16	100	0.16

说明：①三家企业适用的所得税税率均为20%。②三家企业的资金总额均为2 000万元。A、B两家企业没有负债，发行普通股200万股，每股面值10元；C企业利用了年利率为6%的负债1 000万元，利用普通股筹资1 000万元，普通股股数为100万股。

【解析】 （1）计算三家企业的期望复合杠杆。

三家企业期望销售量均为
$$0.20 \times 120 + 0.60 \times 100 + 0.20 \times 80 = 100(件)$$

根据有关资料，计算三家企业的复合杠杆系数。

$$A企业复合杠杆系数 = \frac{(10-8) \times 100}{(10-8) \times 100 - 0 - 0} = \frac{200}{200-0} = 1$$

$$B企业复合杠杆系数 = \frac{(10-4) \times 100}{(10-4) \times 100 - 400 - 0} = \frac{600}{200-0} = 3$$

$$C 企业复合杠杆系数 = \frac{(10-4) \times 100}{(10-4) \times 100 - 400 - 60} = \frac{600}{200-60} = 4.3$$

（2）计算 3 家企业的期望每股利润。

A 企业的期望每股利润 $= 0.20 \times 0.96 + 0.60 \times 0.8 + 0.20 \times 0.64 = 0.8(元)$

B 企业的期望每股利润 $= 0.20 \times 1.28 + 0.60 \times 0.8 + 0.20 \times 0.32 = 0.8(元)$

C 企业的期望每股利润 $= 0.20 \times 2.08 + 0.60 \times 1.12 + 0.20 \times 0.16 = 1.12(元)$

（3）计算三家企业每股利润的标准离差。

$$A 企业的每股利润的标准离差 = \sqrt{(0.96-0.8)^2 \times 0.20 + (0.8-0.8)^2 \times 0.60 + (0.64-0.8)^2 \times 0.20}$$
$$= 0.101$$

$$B 企业的每股利润的标准离差 = \sqrt{(1.28-0.8)^2 \times 0.20 + (0.8-0.8)^2 \times 0.60 + (0.32-0.8)^2 \times 0.20}$$
$$= 0.304$$

$$C 企业的每股利润的标准离差 = \sqrt{(2.08-1.12)^2 \times 0.20 + (1.12-1.12)^2 \times 0.60 + (0.16-1.12)^2 \times 0.20}$$
$$= 0.607$$

（4）计算三家企业每股利润的标准离差率。

$$A 企业每股利润的标准离差率 = \frac{0.101}{0.8} \approx 0.126$$

$$B 企业每股利润的标准离差率 = \frac{0.304}{0.8} = 0.38$$

$$C 企业每股利润的标准离差率 = \frac{0.607}{1.12} \approx 0.542$$

由以上计算可知，复合杠杆系数越大，每股利润的标准离差率越高，企业风险越大。

第三节　资 本 结 构

一、资本结构的含义

资本结构是指企业各种资金的构成及其比例关系。它是企业筹资决策的核心问题。企业应综合考虑有关影响因素，运用适当的方法确定最佳资本结构，并在追加筹资中继续保持。企业现有资本结构不合理，应通过筹资活动进行调整，使其趋于合理化。

在企业筹资管理活动中，资本结构有广义和狭义之分。广义的资本结构是指企业全部资本价值的构成及其比例关系，不仅包括长期资本，还包括短期资本。狭义的资本结构是指企业各种长期资本价值的构成及其比例关系，尤其是指长期的股权资本与债权资本的构成及其比例关系，短期债权资本则作为营运资本来管理。本章所指资本结构是狭义的资本结构。

企业资本结构是由企业采用的各种筹资方式筹集资金而形成的。企业筹资方式有很多，总体而言分为负债资本和权益资本两类，资本结构问题总的来说是负债资本的比例问题,即负债在企业全部资本中所占的比重。

二、影响资本结构的因素

1. 企业财务状况

企业获利能力越强、财务状况越好、变现能力越强,越有能力负担财务上的风险,其举债筹资越有吸引力。衡量企业财务状况的指标主要有流动比率、利息周转倍数、固定费用周转倍数、投资收益率等。

2. 企业资产结构

(1) 拥有大量固定资产的企业,主要通过长期负债和发行股票筹集资金。
(2) 拥有较多流动资产的企业,更多依赖流动负债筹集资金。
(3) 资产适用于抵押贷款的公司举债额较多。
(4) 以研发为主的公司则负债很少。

3. 企业产品销售情况

如果企业的产品销售情况比较稳定,其获利能力也相对稳定,则企业负担固定财务费用的能力相对较强;如果企业产品销售具有较强的周期性,则企业将冒较大的财务风险。

4. 投资者和管理人员的态度

若企业股权较分散,企业所有者不担心控制权旁落,因而会更多地采用发行股票的方式来筹集资金。反之,若企业被少数股东所控制,为了保证少数股东的绝对控制权,多采用优先股或负债方式筹集资金。喜欢冒险的财务管理人员可能会安排比较高的负债比例;一些持稳健态度的财务人员则举借较少的债务。

5. 贷款人和信用评级机构的影响

一般而言,大部分贷款人都不希望企业的负债比例太大。同样,如果企业债务太多,信用评级机构可能会降低企业的信用等级,从而影响企业的筹资能力。

6. 行业因素

不同行业,资本结构有很大差别。财务经理必须考虑本企业所属行业,以确定最佳的资本结构。

7. 所得税税率的高低

企业利用负债可以获得减税利益,所得税税率越高,负债的好处越多。

8. 利率水平的变动趋势

如果财务管理人员认为利息率暂时较低,但不久的将来有可能上升,则会大量发行长期债券,从而在若干年内把利率固定在较低的水平上。

三、资本结构优化决策

利用负债资金具有双重作用,适当利用负债,可以降低企业资金成本,但当企业负债比率太高时,则会带来较大的财务风险。为此,企业必须权衡财务风险和资金成本的关系,确定最佳资本结构。最佳资本结构是指在一定条件下使企业加权平均资金成本最低、企业价值最大的资本结构。

确定最佳资本结构的方法有每股收益无差别点法、比较资金成本法和公司价值分析法。

1. 每股收益无差别点法

每股收益无差别点法又称每股利润无差别点或息税前利润—每股收益分析法,或EBIT—EPS 分析法,是指通过分析每股收益的变化来衡量资本结构的优劣,能提高每股收益则资本结构合理。

每股收益无差别点处息税前利润的计算公式为

$$\frac{(\overline{EBIT}-I_1)\cdot(1-T)}{N_1}=\frac{(\overline{EBIT}-I_2)\cdot(1-T)}{N_2}$$

$$\overline{EBIT}=\frac{N_2\cdot I_1\cdot(1-T)-N_1\cdot I_2\cdot(1-T)}{(N_2-N_1)\cdot(1-T)}$$

可简化为

$$\overline{EBIT}=\frac{N_2\cdot I_1-N_1\cdot I_2}{(N_2-N_1)}$$

式中,EBIT 表示每股收益无差别点处的息税前利润;I_1、I_2 表示两种筹资方式下的年利息;N_1、N_2 表示两种筹资方式下的流通在外的普通股股数;T 表示所得税税率。

根据每股收益无差别点,可以分析判断在什么样的销售水平下,适于采用何种资本结构。每股收益无差别点可以用销售量、销售额、息税前利润来表示,还可以用边际贡献来表示。如果已知每股收益相等时的销售水平,也可以计算出有关的成本水平。

进行每股收益分析时,当息税前利润大于每股无差别点的息税前利润时,运用负债筹资可获得较高的每股收益;反之,运用权益筹资可获得较高的每股收益。每股收益越大,风险也越大,如果每股收益的增长不足以补偿风险增加所需要的报酬,尽管每股收益增加,股价仍会下降。

应当说明的是,这种分析方法只考虑了资本结构对每股收益的影响,并假定每股收益最大,股票价格也最高。但是,其缺陷是把资本结构对风险的影响置于视野之外,不够全面。因为随着负债的增加,投资者的风险加大,股票价格和企业价值也会有下降的趋势,所以,单纯利用 EBIT—EPS 分析法有时会做出错误的决策。但在资金市场不完善的时候,投资人主要根据每股收益的多少来做出投资决策,每股收益的增加也的确有利于股票价格的上升。

每股收益无差别点法的原理比较容易理解,测算过程较为简单。它以普通股每股收益最高为决策标准,也没有考虑财务风险因素,其决策目标实际上是每股收益最大化而不是公司价值最大化,可用于资本规模不大、资本结构不太复杂的股份有限公司。

【例 4-23】 某公司 2020 年年初的负债及所有者权益总额为 9 000 万元,其中,公司债券为 1 000 万元(按面值发行,票面年利率为 8%,每年年末付息,三年后到期);普通股股本为 4 000 万元(面值 1 元,4 000 万股);资本公积为 2 000 万元;其余为留存收益。

2020 年该公司为扩大生产规模,需要再筹集 1 000 万元资金,有以下两个筹资方案可供选择。

方案一:增加发行普通股,预计每股发行价格为 5 元。

方案二:增加发行同类公司债券,按面值发行,票面年利率为 8%。

预计 2020 年可实现息税前利润 2 000 万元,适用的企业所得税税率为 25%。

(1)计算方案一:2020 年增发普通股股份数及全年债券利息。

(2)计算方案二:2020 年全年债券利息。

(3)计算每股收益的无差别点,并据此进行筹资决策。

【解析】

(1)　　　　　2020 年增发股份数 = 1 000/5 = 200(万股)

　　　　　　 2020 年全年债券利息 = 1 000 × 8% = 80 (万元)

(2)　　　　　2020 年全年债券利息 = 2 000 × 8% = 160(万元)

(3)　每股无差别点的息税前利润 $= \dfrac{160 \times 4\,200 - 80 \times 4\,000}{4\,200 - 4\,000} = 1\,760$(万元)

因为预计 2020 年实现的息税前利润 2 000 万元大于每股收益无差别点的息税前利润 1 760 万元,所以应采用方案二,负债筹资。

2. 资金成本比较法

资金成本比较法的基本思路是在决策前拟订若干个备选方案,分别计算各方案的加权平均资金成本,并根据加权平均资金成本的高低来确定资本结构。

该方法通俗易懂,计算过程也不是十分复杂,是确定资本结构的一种常用方法。但因所拟定的方案数量有限,故有把最优方案漏掉的可能。资金成本比较法一般适用于资本规模较小、资本结构较为简单的非股份制企业。

3. 公司价值分析法

公司价值分析法是在充分反映公司财务风险的前提下,以公司价值的大小为标准,经过测算确定公司最佳资本结构的方法。与比较资金成本法和每股收益无差别点法相比,公司价值比较法充分考虑了公司的财务风险和资金成本等因素的影响,进行资本结构的决策以公司价值最大为标准,更符合公司价值最大化的财务目标。但其测算原理及测算过程较为复杂,通常用于资本规模较大的上市公司。

关于公司价值的内容和测算基础与方法,目前主要有以下两种认识。

(1)公司价值等于其未来净收益或现金流量按照一定的折现率折现的价值,即公司未来净收益或现金流量的折现值。这种测算方法的原理有其合理性,但因其中所含的不易确定的因素很多,难以在实践中加以应用。

(2)公司价值是其股票的现行市场价值。公司股票的现行市场价值可按其现行市场价格来计算,有其客观合理性,但一方面,股票的价格经常处于波动之中,很难确定按哪个交易日的市场价格计算;另一方面,只考虑股票的价值而忽略长期债务的价值不符合实际情况。

四、资本结构的调整

当企业现有资本结构与目标资本结构存在较大差异时,企业需要进行资本结构的调整。企业调整资本结构的方法有以下几种。

1. 存量调整

在不改变现有资产规模的基础上,根据目标资本结构要求,对现有资本结构进行调整。存量调整的方法有:债转股、股转债;增发新股偿还债务;调整现有负债结构,如与债权人协商将长、短期负债转换;调整权益资本结构,如以资本公积转增股本。

2. 增量调整

通过追加筹资量,以增加总资产的方式来调整资本结构。其主要途径是从外部取得增量资本,如发行新债、举借新贷款、进行融资租赁、发行新股票等。

3. 减量调整

通过减少资产总额的方式来调整资本结构。其主要途径包括:提前归还借款、收回发行在外的可提前收回债券、股票回购、进行企业分立等。

本 章 小 结

本章讲述了资金成本、杠杆效应、资本结构等问题,包含以下要点。

(1) 资金成本是筹资管理中的重点。

① 各种个别资金成本的测算公式既有共同点又有差别点,在深入理解的基础上进行对比和掌握,会有事半功倍的效果。

② 综合资金成本即各种资金的加权平均成本,其中各种资金权数的确定有账面价值、市场价值和目标价值三种方式。

③ 边际资金成本则是拟新增的一种资金的成本或多种资金的加权平均成本,因此,测算原理与个别资金成本或综合资金成本类似。当追加筹资的金额未定时,需要对不同筹资范围内的边际资金成本进行规划。

(2) 除资金成本外,筹资管理中需要关注的另一个重要问题是风险问题。对风险的考虑可以通过杠杆分析进行。杠杆作用就是一种加乘效应,或者说是放大效应。经营杠杆是息税前利润变动相对于营业收入变动的加乘;财务杠杆是普通股每股利润变动相对于息税前利润变动的加乘;复合杠杆则是前两者的综合,即每股利润变动相对于营业收入变动的加乘。杠杆作用的原理在于固定成本的存在,经营杠杆是由于固定经营成本的存在,财务杠杆则是由于固定利息费用和优先股股利的存在。

(3) 资本结构始终是筹资管理中的一个核心问题。实现并保持最佳的资本结构是企业筹资管理的一个重要目标。影响企业资本结构安排的因素很多,企业应综合权衡,做出适当的资本结构决策。有三种重要的资本结构决策方法,分别是资金成本比较法、每股收益无差别点法和企业价值分析法。

关键术语中英文对照

资金成本(cost of capital)

综合资金成本(wighted avrage cost of capia,AC)

经营杠杆(operating leverage)

财务杠杆(financial leverage)

复合杠杆(total/combined leverage)

资本结构(capital structure)

案 例 学 习

营收稳增杠杆连降,美的置业年报藏惊喜

2020 年,国内房地产销售规模恢复较为迅速,全年销售额突破 17 万亿元,但是区域间差异明显,市场冷热不均加剧企业成长性竞争格局分化。"五道红线"倒逼房企平衡财务杠杆、提升运营效率加速现金回流,未来现金充足、财务稳健的房企将获得更多发展机遇。

在这种行业背景下,美的置业逆市破局,全面取得了稳健优质的业绩。据美的置业发布的年度业绩公告显示,2020 年集团取得收入为约人民币 524.84 亿元,同比上升 27.6%。核心净利润约 48.05 亿元,同比增加 15.0%。每股盈利 3.52 元,末期股息每股 0.80 港元。

1. 区域深耕城市升维,经营组合拳提质增效

2020 年,美的置业抓住城市及行业分化发展下的结构性机会,集团全年全口径销售额同比增速处于行业第一梯队,通过做强经营杠杆,驱动自身有品质成长。集团聚焦城市深耕,进一步提高区域和单城市产能,升级产品战略,通过 AI 智慧大脑和维 G 健康社区打造产品核心竞争力,"一主两翼"升级为"四大主航道"战略组合,包括住宅、大服务、产业和商业协同发展。

2020 年内美的置业实现合约销售额约人民币 1 261.6 亿元,同比增长 24.6%,其中 5 月至 12 月连续八个月合约销售额超 100 亿元;合约销售面积约 1 111.4 万平方米,同比增长 10.9%。受益于布局城市的等级提升,销售均价同比增长 12.4%,达人民币 11 351 元/平方米。

2020 年一季度受疫情影响,房地产行业销售普遍受到影响,不过美的置业及时调整销售策略,令二季度之后的销售强劲增长。长期战略方面,集团继续发力城市能级和产品力升维,深耕核心区域,助力销售均价提升,实现逆市破局。

土地储备方面,期内不断向中心城市和核心一二线城市靠拢。截至 2020 年 12 月 31 日,

土储总建筑面积达到 5 398 万平方米,涉及 63 个城市的 321 个物业开发项目。

在经营层面上,美的置业通过综合举措,不断提升经营效率。通过全面数字化提升运营力,2020 年数字化运营系统上线超过 40 个、模块超过 800 个,伴随着数字化系统的全面深度打通,组织管理提效 50%。同时,产品力和服务力再升级,5M 智慧健康社区价值体系升级,AI 社区大脑、AI 家庭大脑、维 G 健康社区创新落地。

2. 销售收入逆市高增,净负债率四连降

2020 年全年,美的置业销售面积和销售收入逆市增长,分业务看,物业开发及销售确认收入约 515 亿元,同比增长 27.4%,主要是因为确认销售面积 607.6 万平方米,同比增长 33.2%。物业管理服务收入约 7.8 亿元,同比增长 59.9%,是因为合约管理建筑面积增加所致。毛利润 116.6 亿元,由于疫情使得毛利有一定承压,但是由于集团提升管理效率,营销开支、行政开支减少,使得期内净利润 43.3 亿元,同比微增 0.5%。核心净利润约 48.05 亿元,同比增加 15.0%。

由于疫情影响,对于房地产销售端而言产生短期影响,但是成本端较为稳定,导致利润空间短期承压。随着复工复产进行,短期压制因素将会释放。但是集团对于费用管理能力的提升可以延续下去,长期来看,对于公司的净利润增长将产生显著促进效果。

凭借集团稳定的 AAA 信用评级,长期以来不仅取得较高的授信额度,而且借贷利率也比较低。年内,集团借款总额加权平均实际利率进一步降低为 5.33%,其中新增借款加权平均实际利率为 4.91%,低成本融资优势进一步凸显。

值得一提的是,该净负债率水平在同行业中并不算高,且集团还在通过各种措施进行降杠杆,优化债务结构。一方面通过加快销售回款,提升造血能力,实现净负债率连续四年下降。另一方面通过新增长期借款归还存量短期借款,期末集团银行借款和债务融资占比 83%,一年内到期的有息负债占比 21%,进一步纾解短期债务压力。

纵观美的置业发展历程,仅用 4 年便实现了百亿元规模到千亿元规模的跨越,如今进入向两千亿元规模进发的新阶段。在经历了 2020 年的历练之后,营收增速、营收质量和财务结构更加均衡稳健,未来的表现更加值得期待。

(资料来源:营收稳增杠杆连降,美的置业年报藏惊喜. http://hk.jrj.com.cn/2021/03/29091132238861.shtml)

思考题:依据美的置业的企业战略与宏观环境,分析美的置业经营杠杆、财务杠杆、资金结构的变化。

课 后 练 习

一、单项选择题

1. (　　)是指企业为筹集和使用资金而付出的代价。

　　A. 资金耗费　　　　B. 资金成本　　　　C. 筹资费用　　　　D. 用资费用

2. (　　)是指企业因经营上的原因而导致利润变动的风险。

　　A. 经营风险　　　　B. 企业亏损　　　　C. 企业利润　　　　D. 财务风险

3.（　　）是指销售收入减去变动成本以后的差额。

A. 利润　　　　　　　　　　　　　B. 息税前利润

C. 税后利润　　　　　　　　　　　D. 边际贡献

4. 某公司的息税前利润为 6 000 万元,本期实际利息为 1 000 万元,则公司的财务杠杆系数为(　　)。

A. 6　　　　　　B. 1.2　　　　　　C. 0.83　　　　　　D. 2

5. 下列筹资方式中,资金成本最高的是(　　)。

A. 银行借款　　　　B. 商业信用　　　　C. 普通股票　　　　D. 债券

二、多项选择题

1. 影响资金成本的因素有(　　)。

A. 宏观经济环境　　　　　　　　　B. 证券市场条件

C. 企业内部的经营和融资状况　　　D. 融资规模

2. 按成本习性可把全部成本划分为(　　)。

A. 固定成本　　　　B. 变动成本　　　　C. 混合成本　　　　D. 总成本

3. 最优资金结构是指在一定条件下使企业(　　)的资金结构。

A. 利润最大　　　　　　　　　　　B. 每股收益最大

C. 企业价值最大　　　　　　　　　D. 综合资金成本最低

4. 当企业现有资金结构与目标资金结构存在较大差异时,企业需要进行资金结构的调整。资金结构调整的方法有(　　)。

A. 存量调整　　　B. 增量调整　　　C. 减量调整　　　D. 变量调整

5. 在采用无差别点确定筹资方式时,下列说法正确的是(　　)。

A. 当企业的盈利能力大于无差别点的息税前利润时,应采用负债筹资方式

B. 当企业的盈利能力小于无差别点的息税前利润时,应采用负债筹资方式

C. 当企业的盈利能力大于无差别点的息税前利润时,应采用发行股票的筹资方式

D. 当企业的盈利能力小于无差别点的息税前利润时,应采用发行股票的筹资方式

三、判断题

1. 优先股资金成本通常高于债券的资金成本。　　　　　　　　　　　　　(　　)

2. 负债在资本总额中所占的比重越大,财务风险越低。　　　　　　　　　(　　)

3. 固定成本是指不随业务量的变动而变动的那部分成本。　　　　　　　　(　　)

4. 只要企业存在固定成本,就存在经营杠杆效应,所以不同企业或同一企业在不同产销量基础上的经营杠杆效应的大小是一致的。　　　　　　　　　　　　　　　(　　)

5. 一般来说,在其他因素不变的情况下,固定成本越高,经营杠杆系数越大,经营风险越大。　　　　　　　　　　　　　　　　　　　　　　　　　　　　　　(　　)

第五章

项目投资管理

◆ **学习目标** ▐▐▐▐▐▐▐▐▐▐▐

了解项目投资的类型和项目投资决策的程序;

理解项目投资评价指标的含义和计算方法,明确每一个评价指标的判断标准;

掌握净现金流量的计算方法,并会运用相关指标进行投资决策。

◆ **导入案例** ▐▐▐▐▐▐▐▐▐▐▐▐▐

珠河葡萄酒厂的投资决策

珠河葡萄酒厂是生产葡萄酒的中型企业,该厂生产的葡萄酒酒香纯正,价格合理,长期供不应求。为了扩大生产能力,该厂准备增加新的生产线。

徐某是该厂的助理会计师,主要负责筹资和投资工作。总会计师王某要求他搜集建立新生产线的相关资料,并进行财务分析,以供领导进行项目决策。

经过一个月的调查研究,徐某得到以下有关资料。

(1) 投入新的生产线,需要一次性投入 1 000 万元,建设期 1 年,预计可使用 10 年;按税法要求按照 10 年计提折旧,使用直线法计提折旧,残值率为 10%。

(2) 购置设备所用资金通过银行借款筹资。借款期限 5 年,每年年末支付 80 万元利息,第 5 年年末用税后利润偿还本金。

(3) 该生产线投入使用后,预计可使该工厂第 1~5 年销售收入每年增长 1 000 万元,第 6~10 年销售收入每年增长 800 万元,耗用人工等原材料成本约占收入 60%。

(4) 生产线建设期满后,还需垫付流动资金 200 万元。

(5) 企业所得税率为 25%。

(6) 银行借款资金成本为 8%。

思考题:为了完成总会计师交给的任务,请你帮助徐某完成下列任务。

1. 预测新生产线投入使用后,该工厂未来 10 年增加的净利润。

2. 预测该项目各年的净现金流量。

3. 计算项目净现值,以评价该项目是否可行。

企业投资项目决策分析与过程管理探讨

第一节　项目投资概述

一、投资的概念和类型

1. 投资的概念

投资是指特定经济主体(包括国家、企业和个人)为了在未来可预见的时期内获得收益或使资金增值,在一定时期向一定领域的标的物投放足够数额的资金或实物等货币等价物的经济行为。对企业而言,投资就是企业为获取收益而向一定对象投放资金的经济行为。

2. 投资的类型

(1) 按照投资行为的介入程度,投资可以分为直接投资和间接投资。

直接投资是指不借助金融工具,由投资人直接将资金转移交付给被投资对象使用的投资,包括企业内部直接投资和对外直接投资,前者形成企业内部直接用于生产经营的各项资产,如各种货币资金、实物资产、无形资产等,后者形成企业持有的各种股权性资产,如持有子公司或联营公司股份等。间接投资是指通过购买被投资对象发行的金融工具而将资金间接转移交付给被投资对象使用的投资,如企业购买特定投资对象发行的股票、债券、基金等。

(2) 按照投入的领域不同,投资可以分为生产性投资和非生产性投资。

生产性投资是指将资金投入生产、建设等物质生产领域中,并能够形成生产能力或可以产出生产资料的一种投资,又称为生产资料投资。这种投资的最终成果将形成各种生产性资产,包括形成固定资产的投资、形成无形资产的投资、形成其他资产的投资和流动资金投资。其中,前三项属于垫支资本投资,后者属于周转资本投资。非生产性投资是指将资金投入非物质生产领域中,不能形成生产能力,但能形成社会消费或服务能力,满足人民的物质文化生活需要。这种投资的最终成果是形成各种非生产性资产。

(3) 按照投资的方向不同,投资可以分为对内投资和对外投资。

从企业的角度看,对内投资就是项目投资,是指企业将资金投放为取得供本企业生产经营使用的固定资产、无形资产、其他资产和垫支流动资金而形成的一种投资。对外投资是指企业为购买国家及其他企业发行的有价证券或其他金融产品(包括期货与期权、信托、保险),或以货币资金、实物资产、无形资产向其他企业(如联营企业、子公司等)注入资金而发生的投资。

(4) 按照投资的内容不同,投资分为固定资产投资、无形资产投资、流动资金投资、房地产投资、有价证券投资、期货与期权投资、信托投资和保险投资等多种形式。

本章所讨论的投资,是指属于直接投资范畴的企业内部投资,即项目投资。

二、项目投资的概念及特点

项目投资是指以特定建设项目为投资对象的一种长期投资行为。

与其他形式的投资相比,项目投资具有投资内容独特(每个项目都至少涉及一项形成固定资产的投资)、投资数额大、影响时间长(至少一年或一个营业周期以上)、发生频率低、变现能力差和投资风险高的特点。

三、项目投资的意义

从宏观角度看,项目投资有以下两方面积极意义。

(1) 项目投资是实现社会资本积累功能的主要途径,也是扩大社会再生产的重要手段,有助于促进社会经济的长期可持续发展。

(2) 增加项目投资,能够为社会提供更多的就业机会,提高社会总供给量,不仅可以满足社会需求的不断增长,而且可以拉动社会消费的增长。

从微观角度看,项目投资有以下三个方面积极意义。

(1) 增强投资者经济实力。投资者通过项目投资,扩大其资本积累规模,提高其收益能力,增强其抵御风险的能力。

(2) 提高投资者创新能力。投资者实施投资项目,自主研发和购买知识产权,获得技术创新,有助于实现科技成果的商品化和产业化,为科技转化为生产力提供更好的业务操作平台。

(3) 提升投资者市场竞争能力。市场竞争不仅是人才的竞争、产品的竞争,而且是投资项目的竞争。

四、项目投资决策的程序

1. 投资项目的提出

公司的各级领导都可提出新的投资项目。一般而言,公司的高层领导提出的投资项目,多数是大规模的战略性投资,其方案一般由生产、市场、财务等各方面专家组成的专门小组制定。中层或基层人员提出的,主要是战术性投资项目,其方案由主管部门组织人员拟订。

2. 投资项目的评价

投资项目的评价主要涉及如下几项工作:①对提出的投资项目进行分类,为分析评价做好准备;②计算有关项目的预计收入和成本,预测投资项目的现金流量;③运用各种投资评价指标,把各项投资按优劣顺序排队;④形成评价报告,请上级批准。

3. 投资项目的决策

投资项目的评价完成后,公司领导者做出最后决策。对于投资额较小的项目,有时中层人员就有决策权;对于投资额特别大的投资项目,要由董事会甚至股东大会投票表决。无论由谁最后决策,结果一般都可分为以下三种:一是接受这个项目,可以进行投资;二是拒绝这个项目,不能进行投资;三是返回给项目的提出部门,重新调查后再进行处理。

4. 投资项目的执行

决定对某项目进行投资后,要积极筹措资金,实施投资。在投资项目的执行过程中,要对工程进度、工程质量、施工成本进行控制,以便使投资项目按预算规定如期保质完成。

5. 投资项目的评价

在投资项目的执行过程中,应注意投资决策是否合理正确。一旦出现新的情况,就要随时根据变化的情况作出新的评价。如果情况发生重大变化,原来投资决策已变得不合理,那么,就要对投资决策是否中途停止做出决策,以避免造成更大的损失。

五、投资决策及其影响因素

投资决策是指特定投资主体根据其经营战略和方针,由相关管理人员做出的有关投资目标、拟投资方向、投资领域和投资实施方案的选择和确定过程。

一般而言,项目投资决策主要考虑以下因素。

1. 需求因素

需求情况可以通过考察投资项目建成投产后预计产品的各年营业收入的水平来反映。如果项目的产品不适销对路,或质量不符合要求,或产能不足,都会直接影响其未来的市场销量和价格的水平。其中,产品是否符合市场需求、质量应达到什么标准,取决于对未来市场的需求分析和工艺技术所达到水平的分析;而产能情况则直接取决于对工厂布局、原材料供应、生产能力和运输能力的分析。

2. 时期和时间价值因素

1) 时期因素

时期因素是由项目计算期的构成情况决定的。项目计算期是指投资项目从投资建设开始到最终清理结束的全部时间,包括建设期和运营期。其中建设期是指项目资金从正式投入到项目建成投产为止所需要的时间,建设期第一年的年初称为建设起点,建设期最后一年的年末称为投产日。在实践中,通常应参照项目建设的合理工期或项目的建设进度计划合理确定建设期。项目计算期最后一年的年末称为终结点,假定项目最终报废或清理均发生在终结点(但更新改造除外)。从投产日到终结点之间的时间间隔称为运营期,又包括试产期和达产期(完全达到设计生产能力期)两个阶段。试产期是指项目投入生产,但生产能力尚未完全达到设计能力时的过渡阶段。达产期是指生产运营达到设计预期水平后的时间。

运营期一般根据项目主要设备的经济使用寿命期确定。

项目计算期、建设期和运营期之间存在以下关系。

$$项目计算期(n)＝建设期(s)＋运营期(p)$$

项目计算期的构成如图 5-1 所示。

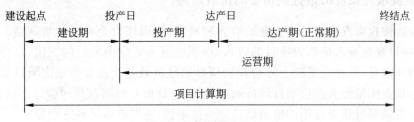

图 5-1 项目计算期的构成

【例 5-1】 某企业拟投资新建一个项目,在建设起点开始投资,两年后投产,试产期为 1 年,主要固定资产的预计使用寿命为 10 年。根据上述资料,估算该项目各项时期因素指标。

【解析】 建设期为 2 年,运营期为 10 年。

$$达产期＝10－1＝9(年)$$
$$项目计算期＝2＋10＝12(年)$$

2) 时间价值因素

时间价值因素是指根据项目计算期不同时点上的价值数据,按照一定的折现率对其进行折算,从而计算出相关的动态项目评价指标。科学地选择适当的折现率,对于正确开展投资决策至关重要。

第二节 项目投资现金流量分析

一、现金流量的含义

现金流量是指投资项目计算期内由于资本循环引起的各项现金流入和现金流出的总称。项目投资决策中所称的现金,不仅包括各种货币现金,而且包括项目需要投入公司现有的非货币资源的变现价值或重置成本,如土地使用权的变现价值就是评价在现有土地上建厂房这一项目时应考虑的一项现金流出。

二、项目投资现金流量分析的意义

1. 现金流量分析是进行投资决策分析的基础

现金流量的预测涉及许多变量,需要多个部门人员的参与。例如,销售量和销售价格的预测通常由市场营销部门的人员根据他们对产品价格、广告影响、竞争者实力及其应对措施,以及消费者偏好等问题的认识而做出的;与新产品相关的初始资本支出通常是由工程技术部门和产品生产部门的人员共同指定的,其营运成本则是由会计人员、生产专家、人事部门以及采购部门参与制定。许多实例证明,如果一项投资的现金流量预测不够准确,那么无论使用多么精确的投资决策分析方法,都将导致错误的决策。

2. 现金流量为投资决策提供重要的价值信息

财务会计按权责发生制计算企业的收入和成本,进而评价企业的经济利益。在长期投资决策中,应以现金流入量作为项目的收入,以现金流出量作为项目的支出,以净现金流量作为项目的净收益,并在此基础上评价投资项目的经济效益。投资决策之所以要以收付实现制计算的现金流量作为评价项目经济效益的基础,最重要的原因是同会计利润相比,现金流量能为投资决策提供更有用的价值信息。具体来讲,主要有以下两方面原因。

(1)采用现金流量有利于科学地考虑时间价值因素。科学的投资决策必须认真考虑资金的时间价值,这就要求在决策时一定要厘清每笔预期现金收支款项的具体时间,因为不同时间的资金具有不同的价值。而利润的计算,并不考虑资金收付的时间。例如,购置固定资产付出大量现金时不计入成本;将固定资产的价值以折旧形式逐期计入成本时,却不需要付出现金。由此可见,要在投资决策中考虑时间价值的因素,就不能利用利润来衡量项目的优劣,而必须采用现金流量。

(2)采用现金流量才能使投资决策更符合客观实际情况。因为利润的计算更具有主观随意性,如存货估价、折旧计提的不同会计政策等,作为决策的主要依据不是十分可靠,而且利润反映的是某一会计期间应计的现金流量,而不是实际的现金流量,容易高估投资项目的经济效益,因而存在不科学的成分。

三、现金流量的构成

现金流量主要包括现金流入量、现金流出量和净现金流量。

1. 现金流入量

现金流入量是指能够使投资方案的现实货币增加的项目,简称现金流入。它主要包括以下内容。

1)营业收入

营业收入是指项目投产后每年增加的营业收入。它是经营期主要的现金流入项目。

2)回收的固定资产余值

回收的固定资产余值是指投资项目的固定资产在终结点报废清理或中途变价转让处理时所收回的价值,即处理固定资产的净收入。

3)回收的流动资金

回收的流动资金主要是指项目计算期完全终止时,因不再发生新的替代投资而回收的原垫支的全部流动资金数额。回收的固定资产余值和回收的流动资金统称为回收额。

2. 现金流出量

现金流出量是指能够使投资方案的现实货币减少或需要动用现金的项目,简称为现金流出。它主要包括以下几个方面。

1）建设投资

建设投资（含更改投资）是指建设期内按一定生产经营规模和建设内容进行的固定资产、无形资产投资和开办费等项目投资的总和，包含基建投资和更改投资。其中固定资产投资可能与计算折旧的固定资产原值之间产生差异，原因在于固定资产原值可能包括建设期资本化了的利息。

2）垫支的流动资金

垫支的流动资金是指在投资项目中发生的用于生产经营周转的营运资金的投资，例如存货上的投资。垫支的流动资金与建设投资合称为原始总投资，再加上建设期资本化利息，便构成项目投资总额。但建设期资本化利息不属于现金流出的范畴。

3）经营成本

经营成本是指在经营期内为满足正常生产经营而动用现实货币资金支付的成本费用，也被称为付现的营运成本或简称付现成本，它是经营期主要的现金流出项目。

4）各项税款

各项税款是指项目投产后依法缴纳的、单独列示的各项税款。

5）其他的现金流量

其他的现金流量是指不包括在以上内容中的现金流量。

3. 净现金流量

净现金流量是指项目计算期内由每年现金流入量与同年现金流出量的差额所形成的净额。它是计算项目投资决策评价指标的重要依据。其计算公式为：

$$某年净现金流量 = 该年现金流入量 - 该年现金流出量$$

或

$$NCF_t = CI_t - CO_t, \quad t = 0,1,2,\cdots,n$$

式中，NCF_t 表示任意第 t 年的净现金流量；CI_t 表示第 t 年的现金流入量；CO_t 表示第 t 年的现金流出量。

当现金流入量大于现金流出量时，净现金流量为正值；反之，当现金流入量小于现金流出量时，净现金流量为负值。

由于项目计算期不仅包括经营期，还包括建设期，因此不论是在经营期还是在建设期都存在净现金流量。同时，由于现金流出、流入在项目计算期内的不同阶段的内容不同，使得各个阶段的现金流量表现出不同的特点，如在建设期内，净现金流量一般小于或等于零；在经营期内，净现金流量一般大于零。

净现金流量又包括所得税前净现金流量和所得税后净现金流量两种形式。其中所得税前净现金流量不受融资方案和所得税政策变化的影响，是全面反映项目投资方案本身财务获利能力的基础数据。所得税后净现金流量则是将所得税视为现金流出量，可用于在考虑融资条件下项目投资对企业价值所做的贡献，可以在所得税前现金流量的基础上，直接扣除调整所得税求得。

为了简化计算,本书假定只有完整工业项目投资和单纯固定资产投资考虑所得税前、后净现金流量的两种形式,更新改造项目只考虑所得税后净现金流量一种形式。

四、现金流量的假设

1. 投资项目的类型假设

假设投资项目只包括单纯固定资产投资项目、完整工业投资项目和更新改造投资项目三种类型,这些项目又可进一步分为不考虑所得税因素和考虑所得税因素的项目。

2. 财务可行性分析假设

假设投资决策是从公司投资者的立场出发,投资决策者确定现金流量是为了进行项目财务可行性研究,该项目已经具备国民经济可行性和技术可行性。

3. 全投资假设

假设在确定项目的现金流量时,只考虑全部投资的运动情况,而不具体区分自有资金和借入资金等具体形式的现金流量,即使实际存在借入资金也将其作为自有资金对待。

4. 建设期投入全部资金假设

无论项目的原始总投资是一次投入还是分次投入,除个别情况外,假设它们都是在建设期内投入的。

5. 经营期与折旧年限一致假设

假设项目主要固定资产的折旧年限或使用年限与经营期相同。

6. 时点指标假设

为便于利用资金时间价值,无论现金流量设计的价值指标实际上是时点指标还是时期指标,均假设按照年初或年末的时点指标处理。其中,建设投资在建设期内有关年度的年初或年末发生,流动资金投资者在经营期初期发生;经营期内各年的收入、成本、折旧、摊销、利润、税金等项目的确认均在年末发生;项目最终报废或清理均在终结点发生,但更新改造项目除外。

7. 确定性假设

假设与项目现金流量有关的价格、产销量、成本水平、公司所得税税率等因素均为已知常数。

8. 产销平衡假设

假定运营期同一年的产量等于该年的销售量,假定按成本项目计算的当年成本费用等于按要素计算的成本费用。

五、现金流量的计算

不同类型的投资项目,其现金流量的具体内容不同。以下分三种情况介绍净现金流量的计算方法。

1. 单纯固定资产投资项目的现金流量

1) 现金流入量

单纯固定资产投资项目的现金流入量包括增加的营业收入和回收的固定资产余值等内容。

2) 现金流出量

单纯固定资产投资项目的现金流出量包括固定资产投资、新增营业成本和增加的各项税款等内容。

3) 净现金流量的简算公式

(1) 建设期净现金流量的简算公式。若固定资产投资均在建设期内投入,则建设期的净现金流量可按下式计算。

$$建设期某年净现金流量 = -该年固定资产投资额$$

或

$$NCF_t = -I_t, \quad t = 0, 1, 2, \cdots, t; t \geqslant 0$$

式中,I_t 表示第 t 年的固定资产投资额;t 表示建设期年数。

可见,当建设期不为 0 时,建设期净现金流量(NCF_t)的数量特征取决于其投资方式是分次进行还是一次进行。若建设投资是在建设期一次全部投入的,上述公式的投资额即为固定资产投资额;若建设投资是在建设期分次投入的,上述公式的投资额为该年的投资额。

(2) 经营期(包括终结点)净现金流量的简化公式。确定经营期净现金流量应考虑所得税的影响,若项目经营期内不再追加投资,则投资项目的经营期净现金流量可按以下简化公式计算。

$$经营期某年净现金流量 = 营业收入 - 付现成本 - 所得税 + 回收额$$
$$= 营业收入 - (总成本 - 年折旧) - 所得税 + 固定资产残值$$
$$= 营业利润 + 年折旧 - 所得税 + 固定资产残值$$
$$= 净利润 + 年折旧 + 固定资产残值$$

【例 5-2】 某公司建设一栋厂房,在建设起点一次投入全部资金 1 000 万元,按直线法计提折旧,使用寿命 10 年,期末有残值 100 万元。建设期 1 年,发生资本化利息 100 万元。预计投产后每年可获得净利 100 万元。用简化方法计算该项目每年的税后净现金流量。

【解析】 固定资产原值 = 固定资产投资 + 建设期资本化利息

$$= 1 000 + 100 = 1 100(万元)$$

$$年折旧 = \frac{固定资产原值 - 净残值}{固定资产使用年限} = \frac{1 100 - 100}{10} = 100(万元)$$

$$项目计算期 = 建设期 + 运营期 = 1 + 10 = 11(年)$$

$$建设期某年净现金流量 = -原始投资额$$

$$NCF_0 = -1\ 000$$

$$NCF_1 = 0$$

运营期某年净现金流量＝净利润＋年折旧＋固定资产残值

$$NCF_{2\sim10} = 100 + 100 = 200(万元)$$

$$NCF_{11} = 100 + 100 + 100 = 300(万元)$$

2. 完整工业投资项目的现金流量

1) 现金流入量

完整工业投资项目的现金流入量包括以下内容。

(1) 营业收入。营业收入是经营期最主要的现金流入量,应按照项目在经营期内有关产品的预计单价和预计销量进行估算。

(2) 补贴收入。补贴收入是指与经营期收益有关的政府补贴,可根据按政策退还的增值税、按销量或工作量分别计算的定额补贴和财政补贴等内容进行估算。

(3) 回收的固定资产余值和回收的流动资金等内容。在终结点上一次回收的流动资金等于各年垫支的流动资金的合计数。回收的固定资产余值和回收的流动资金统称回收额,计算中假定新建项目的回收额都发生在终结点。

2) 现金流出量

完整工业投资项目的现金流出量包括以下内容。

(1) 建设投资。固定资产投资是所有类型的项目投资在建设期必然会发生的现金流出量,应按项目规模和投资计划所确定的各项建筑工程费用、设备购置费用、安装工程费用和其他费用来估算。在估算构成固定资产原值的资本化利息时,可根据长期借款本金、建设期年数和借款利率按复利计算,并且假定资本化利息只计入固定资产的原值。无形资产投资和其他资产投资,应根据需要和可能逐项按有关的资产评估方法和计价标准进行估算。

(2) 流动资金投资。在项目投资决策中,流动资金投资是指在运营期内长期占用并周转使用的营运资金。其估算公式为

某年流动资金投资额＝本年流动资金需要数－截至上年流动资金投资额

其中

本年流动资金需要数＝该年流动资产需用数－该年流动负债可用数

上式中的流动资产只考虑存货、现实货币资金、应收账款和预付账款等内容,流动负债只考虑应付账款和预收账款。

由于流动资金属于垫付周转,因此在理论上,投产第 1 年所需的流动资金应该在投产前安排,即最晚发生在建设期末。为简化计算,我国有关建设项目评估制度假定流动资金投资可从投产第 1 年开始安排。

【例 5-3】 利达公司欲建一完整工业投资项目,第 1 年流动资产需用额为 35 万元,流动负债可用额为 20 万元,假定该项投资发生在建设期末;投产第 2 年流动资产需用额为 50 万元,流动负债可用额为 30 万元,假定该项投资发生在投产后第 1 年年末。根据以上资料计算每次发生的流动资金投资额和终结点回收的流动资金。

【解析】   投产第 1 年流动资金需用额＝35－20＝15(万元)

第 1 次流动资金投资额＝15－0＝15(万元)

投产第 2 年流动资金需用额 $=50-30=20$（万元）

第 2 次流动资金投资额 $=20-15=5$（万元）

终结点回收的流动资金 $=15+5=20$（万元）

（3）新增营业成本。营业成本又称付现的运营成本，简称付现成本，指在运营期内为满足正常生产经营而动用现实货币资金支付的成本费用。经营成本是所有类型投资项目在运营阶段都会发生的主要现金流出量，它与融资方案无关，其估算公式为

$$某年经营成本 = 该年外购原材料燃料和动力费 + 该年工资及福利费$$
$$+ 该年修理费 + 该年其他费用$$

或

$$某年经营成本 = 该年不包括财务费用的总成本费用 - 该年折旧费$$
$$- 该年无形资产和开办费的摊销额$$

式中，其他费用是指从制造费用、管理费用和营业费用中扣除了折旧费、材料费、修理费、工资以及福利费的剩余部分。

【例 5-4】 利达公司的完整工业项目投产后第 1～5 年每年预计的外购原材料、燃料和动力费为 50 万元，工资及福利费为 20 万元，其他费用为 10 万元，每年折旧费为 15 万元，无形资产摊销费为 5 万元，第 6～10 年每年不包括财务费用的总成本为 150 万元，其中，每年预计的外购原材料、燃料和动力费为 80 万元，折旧费为 20 万元，其他费用为 10 万元，无形资产摊销为 0 元。请计算投产后各年的经营成本；投产后第 1～5 年每年不包括财务费用的总成本费用。

【解析】 投产后第 1～5 年的经营成本 $=50+20+10=80$（万元）

投产后第 6～10 年的经营成本 $=150-20-0=130$（万元）

投产后第 1～5 年每年不包括财务费用的总成本费用 $=80+15+5=100$（万元）。

（4）税金及附加。在项目投资决策中，应按营运期内应缴的税金及附加进行估算。

（5）所得税。

3）完整工业投资项目的净现金流量

若完整工业投资项目的全部原始投资均在建设期投入，则计算建设期净现金流量的简化公式为

$$建设期某年净现金流量 = -该年原始投资额 = -I_t, \quad t=0,1,\cdots,t,t \geqslant 0$$

式中，I_t 表示第 t 年的原始投资额；t 表示建设期年数。

由上式可见，当建设期 t 不为 0 时，建设期净现金流量的特征取决于其投资方式是一次投入还是分次投入。

如果项目在运营期内不增加流动资金投资，则完整工业项目投资的税前及税后净现金流量可分别按以下简化公式计算。

$$运营期某年所得税前净现金流量 = 该年息税前利润 + 该年折旧 + 该年摊销$$
$$+ 该年回收额 - 该年维持运营投资$$

$$运营期某年所得税后净现金流量 = 该年息税前利润 \times (1 - 所得税税率)$$
$$+ 该年折旧 + 该年摊销 + 该年回收额$$
$$- 该年维持运营投资$$
$$= 该年自由现金流量$$

运营期自由现金流量是指可以用于作为偿还借款利息、本金、分配利润、对外投资等财务活动资金来源的净现金流量。

【例 5-5】 某工业项目需要原始投资 1 200 万元,其中固定资产投资为 1 000 万元,开办费为 50 万元,流动资金投资为 150 万元。建设期为 1 年,假设其发生的与购置固定资产有关的资本化利息为 100 万元。固定资产投资和开办费投资于建设期初一次投入,流动资金于项目建设完工时一次投入。该项目寿命为 10 年,固定资产按直线法计提折旧,期满有残值 100 万元。开办费于投产当年一次摊销完毕;流动资金于终结点一次回收。投产后每年可获得息税前利润分别为:100 万元、200 万元、250 万元、300 万元、350 万元、310 万元、330 万元、360 万元、380 万元和 400 万元。

按简化公式计算该项目各年的税前净现金流量和税后净现金流量。

【解析】 有关指标计算如下。

$$项目计算期 = 1 + 10 = 11(年)$$

$$固定资产原值 = 1\,000 + 100 = 1\,100(万元)$$

$$固定资产年折旧 = 100\ 万元$$

建设期净现金流量:

$$NCF_0 = -(1\,000 + 50) = -1\,050(万元)$$

$$NCF_1 = -150\ 万元$$

运营期所得税前净现金流量:

$$NCF_2 = 100 + 100 + 50 + 0 = 250(万元)$$

$$NCF_3 = 200 + 100 + 0 + 0 = 300(万元)$$

$$NCF_4 = 250 + 100 + 0 + 0 = 350(万元)$$

$$NCF_5 = 300 + 100 + 0 + 0 = 400(万元)$$

$$NCF_6 = 350 + 100 + 0 + 0 = 450(万元)$$

$$NCF_7 = 310 + 100 + 0 + 0 = 410(万元)$$

$$NCF_8 = 330 + 100 + 0 + 0 = 430(万元)$$

$$NCF_9 = 360 + 100 + 0 + 0 = 460(万元)$$

$$NCF_{10} = 380 + 100 + 0 + 0 = 480(万元)$$

$$NCF_{11} = 400 + 100 + 0 + (150 + 100) = 750(万元)$$

运营期所得税后净现金流量:

$$NCF_2 = 100 \times (1 - 25\%) + 100 + 50 + 0 = 225(万元)$$

$$NCF_3 = 200 \times (1 - 25\%) + 100 + 0 + 0 = 250(万元)$$

$$NCF_4 = 250 \times (1 - 25\%) + 100 + 0 + 0 = 287.5(万元)$$

$$NCF_5 = 300 \times (1 - 25\%) + 100 + 0 + 0 = 325(万元)$$

$$NCF_6 = 350 \times (1 - 25\%) + 100 + 0 + 0 = 362.5(万元)$$

$$NCF_7 = 310 \times (1 - 25\%) + 100 + 0 + 0 = 332.5(万元)$$

$$NCF_8 = 330 \times (1 - 25\%) + 100 + 0 + 0 = 347.5(万元)$$

$$NCF_9 = 360 \times (1 - 25\%) + 100 + 0 + 0 = 370(万元)$$

$$NCF_{10} = 380 \times (1 - 25\%) + 100 + 0 + 0 = 385(万元)$$

$$NCF_{11} = 400 \times (1 - 25\%) + 100 + 0 + (150 + 100) = 650(万元)$$

3. 更新改造投资项目的现金流量

更新改造投资项目是用新的固定资产更新技术上或经济上不宜继续使用的旧固定资产，或用先进的技术对原有设备进行局部技术改造。更新改造投资项目可分为以恢复固定资产生产效率为目的的更新项目和以改善经营条件为目的的改造项目两大类型。

1）现金流入量

固定资产更新改造投资项目的现金流入量主要包括因使用新固定资产而增加的营业收入、处置旧固定资产的变现净收入等内容。

2）现金流出量

固定资产更新改造投资项目的现金流出量主要包括：购置新固定资产的投资、因使用新固定资产而增加的经营成本、因使用新固定资产而增加的流动资产投资和增加的税款等。其中，因固定资产提前发生所产生的清理净损失而发生的抵减当期所得税税额用负值表示。

3）净现金流量

更新改造投资项目的净现金流量计算通常采用差量分析法。建设期净现金流量的计算公式为

建设期某年净现金流量 ＝ －(该年发生的新固定资产投资 － 旧固定资产的变价净收入)

建设期期末的净现金流量 ＝ 因固定资产提前报废发生净损失而抵减的所得税额

如果建设期为零，则运营期所得税后净现金流量计算公式可简化为

$$\begin{aligned}运营期第一年所得 \\ 税后净现金流量\end{aligned} = \begin{aligned}该年因更新改造而 \\ 增加的税后利润\end{aligned} + \begin{aligned}该年因更新改造 \\ 而增加的折旧\end{aligned}$$

$$+ \begin{aligned}因固定资产提前报废发生 \\ 而净损失抵减的所得税额\end{aligned}$$

$$\begin{aligned}运营期其他各年所得 \\ 税后净现金流量\end{aligned} = \begin{aligned}该年因更新改造而 \\ 增加的税后利润\end{aligned} + \begin{aligned}该年因更新改造 \\ 而增加的折旧\end{aligned}$$

$$+ \begin{aligned}该年回收新固定资产净残值超过假定 \\ 继续使用旧固定资产净残值的差额\end{aligned}$$

在计算运营期第 1 年所得税后净现金流量的公式中，该年"因更新改造而增加的息税前利润"不应该包括"因旧固定资产提前报废发生净损失"。之所以要单独计算因固定资产提前报废发生净损失而抵减的所得税额，是因为更新改造不仅会影响该项目本身，还会影响本企业总体的所得税水平，从而形成了"抵税效应"。如果将"因旧固定资产提前报废发生净损失"计入"因更新改造而增加的息税前利润"，就会歪曲这种效应的计量结果。

【例 5-6】　已知利达公司打算购买一套新设备替换尚可使用的旧设备，取得新设备的投资额为 160 000 元，旧设备的折余款项为 96 520 元，其变价净收入为 80 000 元，预计到第 5 年年末新设备与继续使用旧设备的净残值相等，新旧设备的替换将在当年内完成。使用新设备可使企业在第 1 年增加收入 50 000 元，增加经营成本 30 000 元；第 2～5 年内每年增

加营业收入 60 000 元,增加经营成本 35 000 元。设备采用直线法计提折旧,设公司所得税税率为 25%,与处理旧设备相关的税金忽略不计。

计算该更新设备项目的计算期内各年的差量现金流量。

【解析】 (1)更新设备比继续使用旧设备增加的投资额

＝新设备的投资－旧设备的变价收入

＝160 000－80 000

＝80 000(元)

(2)运营期 1~5 年每年因更新改造增加的折旧

＝更新设备比继续使用旧设备增加的投资额/预计使用年限

＝80 000/5＝16 000(元)

(3)运营期第 1 年不包括财务费用的总成本费用的变动额

＝该年增加的经营成本＋该年增加的折旧

＝30 000＋16 000＝46 000(元)

(4)运营期第 2~5 年不包括财务费用的总成本费用的变动额

＝该年增加的经营成本＋该年增加的折旧

＝35 000＋16 000＝51 000(元)

(5)因旧设备提前报废发生的处理固定资产净损失

＝固定资产折余现值－变价收入

＝96 520－80 000＝16 520(元)

(6)因旧设备提前报废发生的处理固定资产净损失而抵减的所得税额

＝因旧设备提前报废发生的处理固定资产净损失×所得税税率

＝16 520×25%＝4 130(元)

(7)经营期第 1 年营业利润的变动额

＝50 000－46 000＝4 000(元)

(8)经营期第 2~5 年营业利润的变动额

＝60 000－51 000＝9 000(元)

按简化公式计算的建设期差量净现金流量:

$$NCF＝－(160\ 000－80\ 000)＝－80\ 000(元)$$

按简化公式计算的经营期差量净现金流量为:

$$NCF_1＝4\ 000×(1－25\%)＋16\ 000＋4\ 130＝23\ 130(元)$$

$$NCF_{2~5}＝9\ 000×(1－25\%)＋16\ 000＝22\ 750(元)$$

第三节 项目投资决策评价指标及其计算

项目投资的金额大、周期长、风险高,一旦发生就难以改变,因此,投资前必须先进行科学分析和评价,并在此基础上进行决策。项目投资决策评价指标是衡量和比较投资项目可行性并据此进行方案决策的定量化标准与尺度,由一系列综合反映投资效益、投入产出关系的量化指标构成。

项目投资决策评价指标可分为两类:①静态评价指标,或称为非贴现指标,即不按货币时间价值进行统一换算,而直接按投资项目形成的现金流量进行计算的指标,包括投资利润率、投资回收期(静态)等;②动态评价指标,或称为贴现指标,即在对投资项目形成的现金流量按货币时间价值进行统一换算的基础上进行计算的各项指标,包括净现值、净现值率、获利指数、内部收益率等。

一、静态评价指标的计算

1. 总投资收益率

总投资收益率(ROI)又称投资报酬率,是指达产期正常年份的年息税前利润或运营期年均息税前利润占项目总投资的百分比。只有总投资收益率不低于无风险项目的投资收益率,所评价的投资项目才具有财务上的可行性。其计算公式为

$$总投资收益率(ROI) = \frac{年息税前利润或年均息税前利润}{项目总投资} \times 100\%$$

总投资收益率的优点是计算简单,缺点是没有考虑资金时间价值因素,不能真正反映投资报酬率的高低。

2. 静态投资回收期

静态投资回收期(简称回收期)是指以投资项目经营净现金流量抵偿原始总投资所需要的全部时间。只有静态投资回收期指标小于或等于基准投资回收期,投资项目才具有财务可行性。静态投资回收期有"包括建设期的投资回收期(PP)"和"不包括建设期的投资回收期(PP′)"两种形式。

确定静态投资回收期指标可采取公式法和列表法。

1) 公式法

公式法又称简化方法。如果某一项目运营期内前若干年[假定为$(s+1) \sim (s+m)$年,共 m 年]每年净现金流量相等,且这些年内的净现金流量之和应大于或等于建设期发生的原始投资合计,可按以下简化公式直接求出投资回收期:

$$不包括建设期的投资回收期(PP′) = \frac{建设期发生的原始投资合计}{运营期内前若干年每年相等的净现金流量}$$

$$= \frac{\sum_{t=0}^{n} I_t}{NCF_{(s+1) \sim (s+m)}}$$

包括建设期的投资回收期(PP) = 不包括建设期的回收期 + 建设期 = PP′ + s

式中,I_t 为建设期第 t 年发生的原始投资;s 为建设期;NCF 为净现金流量。

如果全部流动资金投资均不发生在建设期内,则上式分子应调整为建设投资合计。

【例5-7】 某投资项目的所得税前净现金流量如下:NCF_0 为 $-1\,000$ 万元,NCF_1 为 0 万元,$NCF_{2 \sim 10}$ 为 200 万元,NCF_{11} 为 300 万元。根据上述资料,计算静态回收期。

【解析】 建设期 $s = 1$ 年,投产后 $2 \sim 10$ 年净现金流量相等,$m = 9$ 年

运营期前 9 年每年净现金流量 $NCF_{2\sim10} = 200$ 万元

建设发生的原始投资合计 $\sum_{t=0}^{n} I_t = 1\,000$ 万元

因为 $m \times$ 运营期前 m 年每年相等的净现金流量 $= 9 \times 200 = 1\,800 >$ 原始投资额 $= 1\,000$(万元)

所以可以使用简化公式计算静态回收期不包括建设期的投资回收期(所得税前):

$$PP' = \frac{1\,000}{200} = 5(\text{年})$$

包括建设期的投资回收期(所得税前):

$$PP = PP' + s = 5 + 1 = 6(\text{年})$$

应用公式法计算静态投资回收期应满足一定要求,包括项目运营期内前若干年内每年的净现金流量必须相等,这些年内的净现金流量之和应大于或等于建设期发生的原始投资合计。如果不能满足上述条件,就无法采用这种方法,必须采用列表法。

2)列表法

列表法是指通过列表计算"累计净现金流量"的方式来确定包括建设期的投资回收期,进而推算出不包括建设期的投资回收期的方法。因为不论在什么情况下,都可以通过这种方法来确定静态投资回收期,所以此法又称一般方法。

按照投资回收期的定义,包括建设期的投资回收期 PP 满足以下关系式

$$\sum_{t=0}^{PP} NCF_t = 0$$

上式表明,在财务现金流量表的"累计净现金流量"一栏中,包括建设期的投资回收期 PP 恰好是累计净现金流量为零的年限。

【例 5-8】 仍以例 5-7 的数据计算静态回收期。

【解析】 按列表法编制的表格如表 5-1 所示。

表 5-1 某固定资产投资项目现金流量表(项目投资)　　　　　单位:万元

项目计算期 (第 t 年)	建设期		经　营　期								合计
	0	1	2	3	4	5	6	…	10	11	
…	…	…	…	…	…	…	…	…	…	…	…
所得税前净现金流量	−1 000	0	200	200	200	200	200		200	300	1 100
累计所得税前净现金流量	−1 000	−1 000	−800	−600	−400	−200	0		+800	+1 100	—

因为第 6 年的累计净现金流量为零,所以

$$PP = 6 \text{ 年}$$
$$PP' = 6 - 1 = 5(\text{年})$$

本例表明,按列表法计算的结果与按公式法计算的结果相同。

如果无法在"累计净现金流量"栏中找到零,则必须按下式计算包括建设期的投资回收期 PP:

$$PP = 累计净现金流量开始出现正值的年份数 - 1 + \frac{上一年累积净现金流量的绝对值}{该年净现金流量}$$

【例5-9】　表5-2是某企业生产线项目现金流量表。根据表中数据以列表法确定该投资项目的静态投资回收期。

表5-2　某企业生产线项目现金流量表（项目投资）　　　　单位：万元

项目计算期 （第 t 年）	0	1	2	3	4	5	6	7	8	…	22	合　计
所得税前 净现金流量	−100	−300	−83	97.62	97.62	97.62	97.62	97.62	156.43	…	216.43	2 411.55
累计所得税前 净现金流量	−100	−400	−483	−385.38	−287.76	−190.14	−92.52	5.10	161.53	…	2 411.55	—
所得税后 现金流量	−100	−300	−83	78.96	79.46	79.46	79.46	79.46	122.32	…	182.32	1 808.60
累计所得税后 净现金流量	−100	−400	−483	−404.04	−324.58	−245.12	−165.66	−86.20	36.12	…	1 808.60	—

【解析】　由表中数据可知：第6年的累计所得税前净现金流量小于零，第7年的累计所得税前净现金流量大于零。

包括建设期的投资回收期（所得税前）：

$$PP = 6 + \frac{|-92.52|}{97.62} \approx 6.95（年）$$

不包括建设期的投资回收期（所得税前）：

$$PP' = 6.95 - 2 = 4.95（年）$$

同理，可计算出所得税后的投资回收期指标分别为7.70年和5.70年。

静态投资回收期的优点是能够直观地反映原始投资的返本期限，便于理解，计算比较容易，可以直接利用回收期之前的净现金流量信息。缺点是没有考虑资金时间价值因素和回收期满后继续发生的净现金流量，不能正确反映不同投资方式对项目的影响，而且忽视了投资方案的获利能力。

二、动态评价指标的计算

在财务可行性评价中，折现率（i_c）是计算动态评价指标所依据的一个重要参数，财务可行性评价中的折现率可以按以下方法确定。

（1）以拟投资项目所在行业（而不是单个投资项目）的权益资本必要收益率作为折现率，适用于资金来源单一的项目。

（2）以拟投资项目所在行业（而不是单个投资项目）的加权平均资金成本作为折现率，适用于相关数据齐备的行业。

（3）以社会的投资机会成本作为折现率，适用于已经持有投资所需资金的项目。

（4）以国家或行业主管部门定期发布的行业基准资金收益率作为折现率，适用于投资项目的财务可行性研究和建设项目评估中的净现值和净现值率指标的计算。

（5）完全人为主观确定折现率，适用于按逐次测试法计算内部收益率指标。

1. 净现值

净现值（NPV）是指在项目计算期内，按行业基准收益率或设定的折现率计算的各年净现金流量现值的代数和。当投资项目的净现值大于或等于零时，该项目具有财务可行性。其基本计算公式为

$$NPV = \sum_{t=0}^{n} NCF_t(P/F, i_c, t)$$

式中，i_c 表示该项目的行业基准收益率或设定的贴现率；n 表示项目计算期，包括建设期和经营期；NCF_t 表示第 t 年的净现金流量；$(P/F, i_c, t)$ 表示第 t 年、贴现率为 i_c 的复利现值系数。

1）净现值计算的一般方法

净现值计算的一般方法为公式法，即利用上述基本计算公式，根据净现金流量的特征计算净现值，若每年的净现金流量不同，可用定义式进行计算，若净现金流量符合年金的特征，可利用年金现值的方法进行计算。

【例 5-10】 使用例 5-7 的数据，假定该投资项目的基准折现率为 10%。计算该项目净现值。

【解析】 NPV = −1 100 × 1 − 0 × 0.909 1 + 200 × 0.826 4 + 200 × 0.751 3
$\qquad$ + 200 × 0.683 0 + 200 × 0.620 9 + 200 × 0.564 5 + 200 × 0.513 2
$\qquad$ + 200 × 0.466 5 + 200 × 0.424 1 + 200 × 0.385 5 + 300 × 0.350 5
$\qquad$ = 52.23（万元）

2）净现值计算的特殊方法

净现值计算的特殊方法是指在一定条件下，当项目投产后净现金流量表现为普通年金或递延年金时，可以利用计算年金现值或递延年金现值的技巧直接计算出项目净现值的方法，又称简化方法。

由于项目各年的净现金流量 $NCF_t(t=0,1,\cdots,n)$ 属于系列款项，所以当项目的全部原始投资均于建设期投入，运营期不再追加投资，投产后的净现金流量表现为普通年金或递延年金的形式时，就可根据不同情况以不同的简化公式计算净现值。

（1）当建设期为零，投产后的净现金流量表现为普通年金形式时，净现值计算公式为
$$NPV = NCF_0 + NCF_{1\sim n} \cdot (P/A, i_c, n)$$

【例 5-11】 某投资项目的所得税前净现金流量如下：NCF_0 为 −100 万元，$NCF_{1\sim 10}$ 为 20 万元；假定该项目的基准折现率为 10%。以简化方法计算该项目的净现值（所得税前）。

【解析】 NPV = −100 + 20 × (P/A, 10%, 10) = 22.891 4 ≈ 22.89（万元）

（2）当建设期为零，运营期第 1～n 每年不含回收额的净现金流量相等，但终结点第 n 年有回收额 R_n（如残值）时，可按两种方法求净现值。

① 将运营期 1～(n−1) 年每年相等的不含回收额的净现金流量视为普通年金，第 n 年净现金流量视为第 n 年终值。计算公式为
$$NPV = NCF_0 + NCF_{1\sim(n-1)} \cdot (P/A, i_c, n-1) + NCF_n \cdot (P/F, i_c, n)$$

② 将运营期 $1 \sim n$ 年每年相等的不含回收额的净现金流量按普通年金处理,第 n 年发生的回收额单独作为该年终值。计算公式为

$$NPV = NCF_0 + NCF_{1 \sim n} \cdot (P/A, i_c, n) + R_n \cdot (P/F, i_c, n)$$

【例 5-12】 某投资项目的所得税前净现金流量如下:NCF_0 为 -100 万元,$NCF_{1 \sim 9}$ 为 19 万元,NCF_{10} 为 29 万元;假定该项目的基准折现率为 10%。以简化方法计算该项目的净现值(所得税前)。

【解析】 $\quad NPV = -100 + 19 \times (P/A, 10\%, 9) + 29 \times (P/F, 10\%, 10)$
$$= 20.600\ 5 \approx 20.60 (万元)$$

或

$$NPV = -100 + 19 \times (P/A, 10\%, 10) + 10 \times (P/F, 10\%, 10)$$
$$= 20.606\ 2 \approx 20.60 (万元)$$

(3) 当建设期不为零,全部投资在建设起点一次投入,运营期每年净现金流量为递延年金形式时,计算公式为

$$NPV = NCF_0 + NCF_{(s+1) \sim n} \cdot [(P/A, i_c, n) - (P/A, i_c, s)]$$

或

$$NPV = NCF_0 + NCF_{(s+1) \sim n} \cdot (P/A, i_c, n-s) \cdot (P/F, i_c, s)$$

【例 5-13】 某项目的所得税前净现金流量数据如下:NCF_0 为 -100 万元,NCF_1 为 0,$NCF_{2 \sim 11}$ 为 20 万元;假定该项目的基准折现率为 10%。以简化方法计算该项目净现值(所得税前)。

【解析】 $\quad NPV = -100 + 20 \times [(P/A, 10\%, 11) - (P/A, 10\%, 1)]$
$$\approx 11.72 (万元)$$

或

$$NPV = -100 + 20 \times (P/A, 10\%, 10) \times (P/F, 10\%, 1) \approx 11.72 (万元)$$

(4) 当建设期不为零,全部投资在建设起点分次投入,投产后每年净现金流量为递延年金形式时,计算公式为

$$NPV = NCF_0 + NCF_1 \cdot (P/F, i_c, 1) + \cdots + NCF_s \cdot (P/F, i_c, s)$$
$$+ NCF_{(s+1) \sim n} \cdot [(P/A, i_c, n) - (P/A, i_c, s)]$$

【例 5-14】 某项目的所得税前净现金流量数据如下:$NCF_{0 \sim 1}$ 为 -50 万元,NCF 为 20 万元。

假定该项目的基准折现率为 10%。以简化方法计算该项目净现值(所得税前)。

【解析】 $\quad NPV = -50 - 50 \times (P/F, 10\%, 1) + 20$
$$\times [(P/A, 10\%, 11) - (P/A, 10\%, 1)]$$
$$\approx 16.26 (万元)$$

净现值是一个折现的绝对量正指标,是投资决策中最重要的评价指标之一,其计算形式与净现值率、内部收益率的计算有关。其优点是既充分考虑了资金时间价值,又能够利用项目计算期内的全部净现金流量信息。其缺点在于净现值作为绝对量指标无法反映投资项目的实际收益率水平。

2. 净现值率

净现值率(NPVR)是指项目的净现值占原始投资现值总和的百分比,反映单位原始投

资的现值所创造的净现值。当投资项目净现值率大于或等于零时,该项目具有财务可行性。这个指标可以使不同方案具有共同的可比基础,因而有较广泛的适用性。其计算公式为

$$NPVR = \frac{NPV}{\left| \sum_{t=0}^{s} NCF_t \cdot (P/F, i_c, t) \right|}$$

式中,s 为建设期;i_c 为该项目的行业基准收益率或设定的贴现率;$(P/F, i_c, t)$ 为第 t 年,贴现率为 i_c 的复利现值系数;NCF_t 为第 t 年的净现金流量。

【例 5-15】 根据例 5-10 的资料,计算的该项目净现值率。

【解析】 $\qquad NPVR = 52.23/1\ 100 \approx 0.05$

净现值率的优点是可以从动态的角度反映项目投资的资金投入与净产出之间的关系,计算过程比较简单;缺点是无法直接反映投资项目的实际收益率。

3. 获利指数

获利指数(PI)又被称为现值指数,是指投产后按行业基准折现率或设定折现率计算的各年净现金流量的现值合计与原始投资的现值合计之比。当投资项目获利指数大于或等于 1 时,该项目具有财务可行性。其计算公式为

$$PI = \frac{\sum_{t=s+1}^{n} NCF_t \cdot (P/F, i_c, t)}{\left| \sum_{t=0}^{s} NCF_t \cdot (P/F, i_c, t) \right|}$$

式中,s 为建设期;n 为项目计算期;NCF_t 为第 t 年的净现金流量;$(P/F, i_c, t)$ 为第 t 年;贴现率为 i_c 的复利现值系数。

当原始投资在建设期内全部投入时,获利指数与净现值指数有如下关系:

$$PI = 1 + NPVR$$

【例 5-16】 根据例 5-10 的资料,计算的该项目获利指数。

【解析】 $PI = (200 \times 0.826\ 4 + 200 \times 0.751\ 3 + 200 \times 0.683\ 0 + 200 \times 0.620\ 9$
$\qquad + 200 \times 0.564\ 5 + 200 \times 0.513\ 2 + 200 \times 0.466\ 5 + 200 \times 0.424\ 1$
$\qquad + 200 \times 0.385\ 5 + 300 \times 0.350\ 5)/1\ 100 \approx 1.05$

或

$$PI = 1 + NPVR = 1 + 0.05 = 1.05$$

获利指数是一个折现的相对量正指标,其优点是可以从动态的角度反映项目投资的资金投入与总产出之间的关系;其缺点是无法直接反映投资项目的实际收益水平。在实务中通常并不要求直接计算获利指数,如果需要考核这个指标,可在求得净现值率的基础上推算出来。

4. 内部收益率

净现值、净现值率的计算虽然考虑了货币时间价值,但其共同的缺点是不能直接反映投资方案的实际投资收益率。内部收益率又称为内含报酬率(IRR),是投资方案在建设和生产经营年限内,各年净现金流量的现值累计等于零时的折现率,即投资方案的净现值等于零

时的折现率。当内部收益率大于或等于设定的基准收益率或资金成本率时,投资项目具有财务可行性。IRR 满足等式:

$$\sum_{t=1}^{n} \mathrm{NCF}_t \times (P/F, \mathrm{IRR}, t) = 0$$

从上式可知:

当 $\sum_{t=1}^{n} \mathrm{NCF}_t = \mathrm{NCF}_0$,则 $\mathrm{IRR} = 0$,此时投资方案未来的净现金流量的总和刚好同原来投资额相等,没有带来任何盈利,说明所做的投资没有取得相应的效益。

当 $\sum_{t=1}^{n} \mathrm{NCF}_t < \mathrm{NCF}_0$,则 $\mathrm{IRR} < 0$,此时投资方案不仅没有盈利,而且使原投资额亏损了一部分。

当 $\sum_{t=1}^{n} \mathrm{NCF}_t > \mathrm{NCF}_0$,则 $\mathrm{IRR} > 0$,此时的投资方案除收回原投资额外,还取得了一定的收益,取得的盈利越多,IRR 越大;同样的收益额,取得的时间越早,IRR 越大,取得的时间越迟,IRR 越小。

由此可见,投资方案未来的净现金流量的数量和时间都可通过 IRR 的变动显示出来,这正是投资方案经济效果的综合表现。内部收益率之所以被认为是分析、评价投资效益的一个重要工具,其主要原因即在于此。

1) 内部收益率计算的特殊方法

内部收益率计算的特殊方法是指当项目投产后的净现金流量为普通年金的形式时,可直接利用年金现值系数计算内部收益率,又称简便算法。若所有的投资均在建设起点一次投入,且无建设期,经营期的各年净现金流量均相等,即投产后年现金流量为普通年金形式,则内部收益率计算公式为

$$(P/A, \mathrm{IRR}, n) = \frac{I}{\mathrm{NCF}}$$

式中,I 表示在建设起点一次发生的原始投资;$(P/A, \mathrm{IRR}, n)$ 表示 n 期、设定折现率为 IRR 的年金现值系数;NCF 表示投产后每年相等的净现金流量。

该方法的具体程序如下。

(1) 按上式计算 $(P/A, \mathrm{IRR}, n)$ 的值,设为 c。

(2) 根据 c 值,查 n 期的年金现值系数表。

(3) 若 n 期的年金现值系数表中恰好能找到 c 值,则其对应的折现率即为所求的内部收益率 IRR。

(4) 若在系数表上找不到对应的 c 值,则需要在年金系数表上找到同期略大于和略小于 c 值的两个临界值 c_m 和 c_{m+1} 及其分别对应的折现率 r_m 和 r_{m+1},然后利用内插法计算出近似的内部收益率,即:

$$\mathrm{IRR} = r_m + \frac{c_m - c}{c_m - c_{m+1}} \cdot (r_{m+1} - r_m)$$

为缩小误差,r_{m+1} 与 r_m 之间的差不得大于 5%。

【例 5-17】 某投资项目在建设起点一次性投资 254 580 元,当年完工并投产,投产后每年可获净现金流量 50 000 元,运营期为 15 年。

根据上述资料,用特殊方法计算该项目的内部收益率。

【解析】 $NCF_0 = -254\ 580$,$NCF_{1\sim15} = 50\ 000$,此题可采用特殊方法:

$$(P/A, IRR, 15) = \frac{254\ 580}{50\ 000} = 5.091\ 6$$

查 15 年的年金现值系数表 $(P/A, 18\%, 15) = 5.091\ 6$,则 $IRR = 18\%$。

【例 5-18】 某投资项目的所得税前净现金流量如下:NCF_0 为 -100 万元,$NCF_{1\sim10}$ 为 20 万元。根据上述资料,用特殊方法计算内部收益率。

【解析】 $(P/A, IRR, 10) = \frac{100}{20} = 5.000\ 0$,查 10 年的年金现值系数表:

$$(P/A, 14\%, 10) = 5.216\ 1 > 5.000\ 0$$

$$(P/A, 16\%, 10) = 4.833\ 2 < 5.000\ 0$$

$$IRR = 14\% + \frac{5.216\ 1 - 5.000\ 0}{5.216\ 1 - 4.833\ 2} \times (16\% - 14\%) \approx 15.13\%$$

2) 内部收益率计算的一般方法——逐次测试法

如项目不符合直接应用简便算法的条件,可用逐次测试法计算内部收益率。使用该方法,需要先估算一个折现率将未来各年的净现金流量统一换算为"现值",再将其相加,然后把它同原投资额相比较,如差额为正,说明该投资方案可达到的内部收益率比所用的折现率大;如差额为负,则说明该投资方案可达到的内部收益率比所用的折现率小。通过逐次测算,可以得到正负两个相邻的折现率,最后用内插求得其近似的内部收益率。具体计算步骤如下。

(1) 先自行设定一个折现率 r_1,代入计算净现值的公式,求出按 r_1 为折现率时计算的净现值 NPV_1。

(2) 进行如下判断:若净现值 $NPV_1 = 0$,则内部收益率 $IRR = r_1$,计算结束。若净现值 $NPV_1 > 0$,则内部收益率 $IRR > r_1$,应重新设 $r_2 > r_1$,再将 r_2 带入有关计算净现值的公式,求出净现值 NPV_2,继续进行下一轮的判断;若净现值 $NPV_1 < 0$,则 $IRR < r_1$,应重新设定 $r_2 < r_1$,再将 r_2 带入有关计算净现值的公式,求出折现率为 r_2 时的净现值 NPV_2,继续进行下一轮的判断。

(3) 逐次测试,每一轮判断的原则相同。若设 r_j 为第 j 次测试的折现率,NPV_j 为按 r_j 计算的净现值,则当 $NPV_j > 0$ 时,$IRR > r_j$,继续测试;当 $NPV_j < 0$ 时,$IRR < r_j$,继续测试;当 $NPV_j = 0$ 时,$IRR = r_j$,测试结束。

(4) 若经过有限次测试,已无法继续利用资金时间价值系数表,仍没得到 IRR,则可利用最为接近零的两个净现值正负临界值 NPV_m 和 NPV_{m+1} 及其相对应的折现率 r_m 和 r_{m+1},应用内插法近似计算出内部收益率 IRR。

【例 5-19】 某投资项目只能用一般方法计算内部收益率。按照逐次测试法的要求,自行设定折现率并计算净现值,据此判断调整折现率。经过 5 次测试,得到表 5-3 所示的数据。

表 5-3 逐次测试逼近法数据资料 单位：万元

测试次数 j	设定折现率 r_j	净现值 NPV_j（按 r_j 计算）
1	10%	+918.383 9
2	30%	−192.799 1
3	20%	+217.312 8
4	24%	39.317 7
5	26%	−30.190 7

【解析】 计算该项目的内部收益率。

$$NPV_m = +39.317\ 7, \quad NPV_{m+1} = -30.190\ 7$$
$$r_m = 24\%, \quad r_{m+1} = 26\%$$
$$26\% - 24\% = 2\% < 5\%, \quad 24\% < IRR < 26\%$$

应用内插法：

$$IRR = 24\% + \frac{39.317\ 7 - 0}{39.317\ 7 - (-30.190\ 7)} \times (26\% - 24\%) \approx 25.13\%$$

内部收益率指标的优点是既可以从动态角度直接反映项目本身的实际收益水平，又不受基准收益率的影响，比较客观其缺点是除了计算复杂以外，对于非常规方案，根据上述程序进行计算，可能出现多个内部收益率，无法判别其真实的内部收益率，为这一指标的实际应用带来困难。常规方案是在建设和生产经营年限内各年的净现金流量在开始年份出现负值，之后各年出现正值，正、负符号只改变 1 次的投资方案。而非常规方案是指在建设和生产经营年限内各年的净现金流量在开始年份出现负值，之后各年有时为正值、有时为负值，正、负符号的改变超过 1 次以上的投资方案。

三、动态指标之间的关系

净现值（NPV）、净现值率（NPVR）、现值指数（PI）、内涵报酬率（IRR）之间存在如下数量关系。

当 $NPV > 0$ 时，$NPVR > 0$，$PI > 1$，$IRR > i_c$。

当 $NPV = 0$ 时，$NPVR = 0$，$PI = 1$，$IRR = i_c$。

当 $NPV < 0$ 时，$NPVR < 0$，$PI < 1$，$IRR < i_c$。

此外，净现值率 NPVR 的计算需要在已知净现值 NPV 的基础上才能进行，内部收益率 IRR 的计算也需要利用净现值 NPV。这些指标都会受到建设期的长短、投资方式及各年净现金流量特征的影响。不同的是，NPV 为绝对量指标，其余为相对数指标，计算净现值 NPV 和净现值率 NPVR 所依据的折现率都是已知的 i_c，而内部收益率 IRR 的计算与 i_c 无关。

四、运用相关指标评价投资项目的财务可行性

财务可行性评价指标的首要功能便是评价某个具体的投资项目是否具有财务可行性。

在投资决策的实践中,必须对所有已经具备技术可行性的投资备选方案进行财务可行性评价。不能全面掌握某一具体方案的各项评价指标,或者所掌握的评价指标质量失真,都无法完成投资决策的任务。

1. 判断方案完全具备财务可行性的条件

如果某一投资方案的所有评价指标均处于可行区间,即同时满足以下条件,则可以断定该投资方案无论从哪个方面看都具备财务可行性,或完全具备可行性。

(1) 净现值 NPV$\geqslant$0。

(2) 净现值率 NPVR$\geqslant$0。

(3) 内部收益率 IRR$\geqslant$基准折现率 i_c。

(4) 包括建设期的静态投资回收期 PP$\leqslant \dfrac{n}{2}$(即项目计算期的一半)。

(5) 不包括建设期的静态投资回收期 PP$'\leqslant \dfrac{p}{2}$(即运营期的一半)。

(6) 总投资收益率 ROI$\geqslant$基准总投资收益率 i。

2. 判断方案是否完全不具备财务可行性的条件

如果某一投资项目的评价指标均处于不可行区间,即同时满足以下条件时,则可以断定该投资项目无论从哪个方面看都不具备财务可行性,或完全不具备可行性,应当彻底放弃该投资方案。

(1) NPV$<$0。

(2) NPVR$<$0。

(3) IRR$<i_c$。

(4) PP$> \dfrac{n}{2}$。

(5) PP$'> \dfrac{p}{2}$。

(6) ROI$<i$。

3. 判断方案是否基本具备财务可行性的条件

如果在评价过程中发现某项目的主要指标处于可行区间(如 NPV$\geqslant$0,NPVR$\geqslant$0,IRR$\geqslant i_c$),但次要或辅助指标处于不可行区间$\left(\text{如 PP}> \dfrac{n}{2},\text{PP}'> \dfrac{p}{2}\text{或 ROI}<i\right)$,则可以断定该项目基本具有财务可行性。

4. 判断方案是否基本不具备财务可行性的条件

如果在评价过程中发现某项目的主要指标处于不可行区间(如 NPV$<$0、NPVR$<$0、IRR$<i_c$),即使次要或辅助指标处于可行区间$\left(\text{如 PP}\leqslant \dfrac{n}{2},\text{PP}'\leqslant \dfrac{p}{2}\text{或 ROI}\geqslant i\right)$,也可断定该项目基本上不具有财务可行性。

5. 其他应当注意的问题

在对投资方案进行财务可行性评价过程中,除了要熟练掌握和运用上述判定条件外,还必须明确以下两点。

(1) 主要评价指标在评价财务可行性的过程中起主导作用。

在对独立项目进行财务可行性评价和投资决策的过程中,当静态投资回收期(次要指标)或总投资收益率(辅助指标)的评价结论与净现值等主要指标的评价结论发生矛盾时,应当以主要指标的结论为准。

(2) 利用不同动态指标对同一个投资项目进行评价和决策,会得出完全相同的结论。

在对同一个投资项目进行财务可行性评价时,净现值、净现值率和内部收益率指标的评价结论是一致的。

【例5-20】 某投资项目只有一个备选方案,求得财务可行性评价指标如下:ROI为10%,PP为6年,PP′为5年,NPV为162.65万元,NPVR为0.170 4,PI为1.170 4,IRR为12.73%。项目计算期为11年(其中生产运营期为10年),基准总投资利润率为9.5%,基准折现率为10%。根据上述资料,评价该项目财务可行性。

【解析】 $\text{ROI}=10\%>i=9.5\%,\text{PP}'=5\text{ 年}=\dfrac{P}{2},\text{NPV}=162.65\text{ 万元}>0$

$$\text{NPVR}=17.04\%>0,\text{IRR}=12.73\%>i_c=10\%$$

该方案基本上具有财务可行性$\left(\text{尽管 PP}=6\text{ 年}>\dfrac{n}{2}=5.5\text{ 年},\text{超过基准回收期}\right)$。

评价结论:因为该方案各项主要评价指标均达到或超过相应标准,所以基本上具有财务可行性,只是包括建设期的投资回收期较长,有一定风险。如果条件允许,可实施投资。

第四节　项目投资决策方法及应用

一、投资方案及其类型

同一个投资项目完全可以采取不同的技术路线和运作手段来实现。如新建一个投资项目,其投资规模可大可小,建设期有长有短,建设方式可分别采取自营方式和出包方式。这些具体的选择最终会通过规划不同的投资方案体现。投资方案就是基于投资项目要达到的目标而形成的有关具体投资的设想与时间安排,或者说是未来投资行动的预案。一个投资项目可以只安排一个投资方案,也可以设计多个可供选择的方案。

根据方案之间的关系,可以分为独立方案、互斥方案和组合或排队方案。

1. 独立方案

独立方案是指一组互相分离、互不排斥的方案或单一的方案。

在独立方案中,选择某一方案并不排斥选择另一方案。就一组完全独立的方案而言,其存在的前提条件是：①投资资金来源无限制；②投资资金无优先使用的排列；③各投资方案所需的人力、物力均能得到满足；④不考虑地区、行业之间的相互关系及其影响；⑤每一投资方案是否可行，仅取决于本方案的经济效益，与其他方案无关。

符合上述前提条件的方案即为独立方案。例如，某企业拟进行几项投资活动，这一组投资方案有：扩建某生产车间；购置一辆运输汽车；新建办公楼等。这一组投资方案中的各个方案之间没有关联，互相独立，不存在相互比较和选择的问题。企业既可以全部不接受，也可以接受其中一个、接受多个或全部接受。

2. 互斥方案

互斥方案是指互相关联、互相排斥的方案，即一组方案中的各个方案彼此可以相互代替，采纳方案组中的某一方案，就会自动排斥这组方案中的其他方案。互斥方案具有排他性。例如，某企业拟投资增加一条生产线（设备购置），既可以自行生产制造，也可以向国内其他厂家订购，还可以向某外商订货，这一组设备购置方案即为互斥方案，因为在这三个方案中，只能选择其中一个方案。

二、财务可行性评价与项目投资决策的关系

财务可行性评价是围绕某一个投资方案而开展的评价工作，其结果是作出该方案是否具备（完全具备、基本具备、完全不具备或基本不具备）财务可行性的结论。而投资决策是通过比较，从可供选择的备选方案中选择一个或一组最优方案的过程，其结果是从多个方案中做出了最终的选择。因此，在时间顺序上，可行性评价在先，投资决策在后。这种关系在不同类型的方案之间表现不完全一致。

1. 评价每个方案的财务可行性是开展互斥方案投资决策的前提

对互斥方案而言，评价每一方案的财务可行性，不等于最终的投资决策，但它是进一步开展各方案之间比较决策的重要前提，因为只有完全具备或基本具备财务可行性的方案，才有资格进入最终决策；完全不具备或基本不具备财务可行性的方案，不能进入下一轮比较选择。已经具备财务可行性，并进入最终决策程序的互斥方案也不能保证在多方案比较决策中被最终选定，因为还要进行下一轮淘汰筛选。

2. 独立方案的可行性评价与其投资决策是完全一致的行为

对独立方案而言，评价其财务可行性也就是对其作出最终决策的过程，这往往造成人们错误地将财务可行性评价完全等同于投资决策的看法。

事实上，独立方案也存在"先评价可行性，后比较选择决策"的问题，因为每个单一的独立方案，也存在"接受"或"拒绝"的选择。只有完全具备或基本具备财务可行性的方案，才可以被接受；完全不具备或基本不具备财务可行性的方案，只能选择"拒绝"，从而"拒绝"本身也是一种方案，一般称为零方案。任何一个独立方案都要与零方案进行比较决策。

三、项目投资决策的主要方法

投资决策方法是指利用特定财务可行性指标作为决策标准或依据,对多个互斥方案作出最终决策的方法。许多人将财务可行性评价指标的计算方法等同于投资决策的方法,这是完全错误的。

投资决策的主要方法包括净现值法、净现值率法、差额投资内部收益率法、年等额净回收额法、计算期统一法和多方案组合排队法等。

1. 净现值法

净现值法是指通过比较所有已具备财务可行性投资方案的净现值指标来选择最优方案的方法。该方法适用于原始投资相同且项目计算期相等的多方案比较决策。

使用此方法时,净现值最大的方案为优。

【例 5-21】 某投资项目需要原始投资 1 000 万元,有 A 和 B 两个互相排斥,但项目计算期相同的备选方案可供选择,各方案的净现值指标分别为 228.91 万元和 206.02 万元。根据上述资料,按净现值法做出决策。

【解析】 (1)评价各备选方案的财务可行性

∵ A、B 两个备选方案的 NPV 均大于零

∴ 这两个方案均具有财务可行性

(2)按净现值法进行比较决策

∵ 228.91>206.02

∴ A 方案优于 B 方案

2. 净现值率法

净现值率法是指通过比较所有已具备财务可行性投资方案的净现值率指标来选择最优方案的方法。该方法适用于项目计算期相等且原始投资相同的多个互斥方案的比较决策。

使用此方法时,净现值率最大的方案为优。

在投资额相同的互斥方案比较决策中,采用净现值率法会与净现值法得到完全相同的结论,但投资额不相同时,情况就可能不同。

【例 5-22】 A 项目与 B 项目为互斥方案,它们的项目计算期相同。A 项目原始投资的现值为 150 万元,净现值为 29.97 万元;B 项目原始投资的现值为 100 万元,净现值为 24 万元。

根据上述资料,计算两个项目净现值率并按净现值和净现值率做出决策。

【解析】 (1)计算净现值率

$$A \text{ 项目的净现值率} = \frac{29.97}{150} \approx 0.20$$

$$B \text{ 项目的净现值率} = \frac{24}{100} = 0.24$$

（2）在净现值法下：

∵ 29.97＞24

∴ A 项目优于 B 项目

在净现值率法下：

∵ 0.24＞0.20

∴ B 项目优于 A 项目

两个项目的原始投资额不相同，所以两种方法的决策结论相互矛盾。

3. 差额投资内部收益率法

差额投资内部收益率法是指在两个原始投资额不同方案的差量净现金流量（ΔNCF）的基础上，计算出差额内部收益率（ΔIRR），并与基准折现率进行比较，进而作出项目投资决策的方法。该法适用于两个原始投资不相同，但项目计算期相同的多方案比较决策。

当差额内部收益率指标大于或等于基准收益率或设定折现率时，原始投资额大的方案较优；反之，则投资少的方案为优。

差额投资内部收益率 ΔIRR 的计算过程和计算技巧同内部收益率 IRR 完全一样，只是所依据的是 ΔNCF。

【例 5-23】 A 项目与 B 项目为互斥方案，它们的项目计算期相同。A 项目原始投资的现值为 150 万元，项目计算期第 1～10 年的净现金流量为 29.29 万元；B 项目的原始投资额为 100 万元，项目计算期第 1～10 年的净现金流量为 20.18 万元。假定基准折现率为 10%。根据上述资料，按差额投资内部收益率法进行投资决策。

【解析】 （1）计算差量净现金流量

$$\Delta NCF_0 = -150 - (-100) = -50（万元）$$
$$\Delta NCF_{1\sim10} = 29.29 - 20.18 = 9.11（万元）$$

（2）计算差额内部收益率 ΔIRR

$$(\Delta PA/A, \Delta IRR, 10) = 5.488\ 5$$
$$(PA/A, 12\%, 10) = 5.650\ 2 > 5.488\ 5$$
$$(PA/A, 14\%, 10) = 5.216\ 1 < 5.488\ 5$$

$12\% < \Delta IRR < 14\%$，应用内插法：

$$\Delta IRR = 12\% + \frac{5.650\ 2 - 5.488\ 5}{5.650\ 2 - 5.216\ 1} \times (14\% - 12\%) \approx 12.74\%$$

（3）做出决策

∵ $\Delta IRR = 12.74\% > i_c = 10\%$

∴ 应当投资 A 项目

4. 年等额净回收额法

年等额净回收额法是指通过比较所有投资方案的年等额净回收额（NA）来选择最优方案的决策方法。该方法适用于原始投资不相同、特别是项目计算期不同的多方案比较决策。

使用此方法，年等额净回收额最大的方案为优。

某方案的年等额净回收额的计算公式为

$$某方案年等额净回收额 = 该方案净现值 \times 回收系数$$

$$= 该方案净现值 \times \frac{1}{年金现值系数}$$

【例5-24】 某企业拟投资建设一条新生产线。现有三个方案可供选择：A方案的原始投资为1 250万元，项目计算期为11年，净现值为958.7万元；B方案的原始投资为1 100万元，项目计算期为10年，净现值为920万元；C方案的净现值为—12.5万元。行业基准折现率为10%。根据上述资料，按年等额净回收额法做出项目投资决策。

【解析】 (1) 判断各方案的财务可行性：

∵ A方案和B方案的净现值大于零

∴ 这两个方案具有财务可行性

∵ C方案的净现值小于零

∴ 该方案不具有财务可行性

(2) 计算各个具有财务可行性方案的年等额净回收额

$$A方案的年等额净回收额 = A方案的净现值 \times \frac{1}{(P/A,10\%,11)}$$

$$= 958.7 \times \frac{1}{6.495\ 1} \approx 147.60（万元）$$

$$B方案的年等额净回收额 = B方案的净现值 \times \frac{1}{(P/A,10\%,10)}$$

$$= 920 \times \frac{1}{6.144\ 6} \approx 149.72（万元）$$

(3) 比较各方案的年等额净回收额，做出决策

∵ 149.72＞147.60

∴ B方案优于A方案

5. 计算期统一法

计算期统一法是指通过对计算期不相等的多个互斥方案选定一个共同的计算分析期，以满足时间可比性的要求，进而根据调整后的评价指标来选择最优方案的方法。

该方法包括方案重复法和最短计算期法两种具体处理方法。

1) 方案重复法

方案重复法也称计算期最小公倍数法，是将各方案计算期的最小公倍数作为比较方案的计算期，进而调整有关指标，并据此进行多方案比较决策的一种方法。应用此法，可采取以下两种方式。

(1) 首先，将各方案计算期的各年净现金流量或费用流量进行重复计算，直到与最小公倍数计算期相等；其次，计算净现值、净现值率、差额内部收益率或费用现值等评价指标；最后根据调整后的评价指标进行方案的比较决策。

(2) 直接计算每个方案项目原计算期内的评价指标（主要指净现值），再按照最小公倍数原理分别对其折现，并求代数和，最后根据调整后的净现值指标进行方案的比较决策。

本节主要介绍第二种方式。

【例 5-25】 A 和 B 两个方案均在建设期年末投资,它们的计算期分别是 10 年和 15 年,有关资料如表 5-4 所示,假定基准折现率为 12%。

表 5-4 净现金流量资料 单位:万元

项目	年 份							净现值
	1	2	3	4~9	10	11~14	15	
A	−700	−700	480	480	600			756.48
B	−1 500	−1 700	−800	900	900	900	1 400	795.54

根据上述资料,按计算期统一法中的方案重复法(第二种方式)作出最终投资决策。

【解析】 确定 A 和 B 两个方案项目计算期的最小公倍数:计算结果为 30 年。

计算在 30 年内各个方案重复的次数:A 方案重复两次($30 \div 10 - 1$),而 B 方案只重复一次($30 \div 15 - 1$)。分别计算各方案调整后的净现值指标:

$$\text{NPV}'_A = 756.48 + 756.48 \times (P/F, 12\%, 10) + 756.48 \times (P/F, 12\%, 20)$$
$$\approx 1\ 078.51(\text{万元})$$
$$\text{NPV}'_B = 795.54 + 795.54 \times (P/F, 12\%, 15)$$
$$\approx 940.89(\text{万元})$$
$$\text{NPV}'_A \approx 1\ 078.51\ \text{万元} > \text{NPV}'_B \approx 940.89\ \text{万元}$$

A 方案优于 B 方案。

由于有些方案的计算期相差很大,按最小公倍数确定的计算期很长,例如有四个互斥方案的计算期分别为 15 年、25 年、30 年和 50 年,那么它们的最小公倍数就是 150 年,显然考虑这么长时间内的重复计算既复杂又没必要。为了克服方案重复法的缺点,人们设计了最短计算期法。

2) 最短计算期法

最短计算期法又称最短寿命期法,是指在将所有方案的净现值均还原为等额年回收额的基础上,再以最短计算期计算出相应净现值,进而根据调整后的净现值指标进行多方案比较决策的一种方法。

【例 5-26】 以例 5-25 的资料,按最小计算期法作出最终投资决策。

【解析】 确定 A 和 B 两方案中最短的计算期为 A 方案的 10 年,计算调整后的净现值指标:

$$\text{NPV}''_A = \text{NPV}_A = 756.48\ \text{万元}$$
$$\text{NPV}''_B = \text{NPV}_B \times \frac{1}{(P/A, 12\%, 15)} \times (P/A, 12\%, 10)$$
$$= 795.54 \times \frac{(P/A, 12\%, 10)}{(P/A, 12\%, 15)} \approx 659.97(\text{万元})$$
$$\text{NPV}''_A = 756.48\ \text{万元} > \text{NPV}''_B \approx 659.97\ \text{万元}$$

A 方案优于 B 方案。

6. 多方案组合排队法

如果一组方案既相互独立,又不相互排斥,而是可以实现任意组合或排队,则这些方案被称作组合或排队方案,包括先决方案、互补方案和不完全互斥等形式。在这种方案决策中,除了要求首先评价所有方案的财务可行性,淘汰不具备财务可行性的方案外,在接下来的决策中需要衡量不同组合条件下的有关评价指标,从而作出最终决策。

这类决策涉及的多个项目之间不是相互排斥的关系,它们之间可以实现任意组合,可具体分为以下两种情况。

(1) 在资金总量不受限制的情况下,可按每一项的净现值(NPV)大小排队,确定优先考虑的项目顺序。

(2) 在资金总量受到限制时,则需按净现值率(NPVR)或获利指数(PI)的大小,结合净现值(NPV)进行各种组合排队,从中选出能使 $\sum$ NPV 最大的最优组合。

使用该方法进行决策的具体程序如下。

(1) 以各方案的净现值率高低为序,逐项计算累计投资额,并与限定投资总额进行比较。

(2) 当截至某项投资项目(假定为第 j 项)的累计投资额恰好达到限定的投资总额时,则第 1 项至第 j 项的项目组合为最优的投资组合。

(3) 若在排序过程中未能直接找到最优组合,必须按下列方法进行必要的修正。

① 当排序中发现第 j 项的累计投资额首次超过限定投资额,而删除该项后,按顺延的项目计算的累计投资额却小于或等于限定投资额时,可将第 j 项与第 $(j+1)$ 项交换位置,继续计算累计投资额。这种交换可连续进行。

② 当排列中发现第 j 项的累计投资额首次超过限定投资额,又无法与下一项进行交换,第 $(j-1)$ 项的原始投资大于第 j 项原始投资时,可将第 j 项与第 $(j-1)$ 项交换位置,继续计算累计投资额。这种交换亦可连续进行。

③ 若经过反复交换,已不能再进行交换,仍未找到能使累计投资额恰好等于限定投资额的项目组合时,可按最后一次交换后的项目组合作为最优组合。

总之,在主要考虑投资效益的条件下,多方案比较决策的主要依据,就是能否保证在充分利用资金的前提下,获得尽可能多的净现值总量。

【例 5-27】 A、B、C、D、E 五个投资项目为非互斥方案,有关原始投资额、净现值、净现值率和内部收益率数据如表 5-5 所示。

表 5-5 原始投资额、净现值、净现值率和内部收益率数据

项目	原始投资/万元	净现值/万元	净现值率/%	内部收益率/%
A	300	120	0.4	18
B	200	40	0.2	21
C	200	100	0.5	40
D	100	22	0.22	19
E	100	30	0.3	35

分别就以下不相关情况作出多方案组合决策。

(1) 投资总额不受限制。

(2) 投资总额受到限制,分别为 200 万元、300 万元、400 万元、450 万元、500 万元、600 万元、700 万元、800 万元和 900 万元。

【解析】 按各方案净现值率的大小排序,并计算累计原始投资和累计净现值数据,其结果如表 5-6 所示。

表 5-6 累计原始投资和累计净现值数据　　　　　单位:万元

顺序	项目	原始投资	累计原始投资	净现值	累计净现值
1	C	200	200	100	100
2	A	300	500	120	220
3	E	100	600	30	250
4	D	100	700	22	272
5	B	200	900	40	312

根据表 5-6 的数据,按投资组合决策原则作如下决策。

(1) 当投资总额不受限制或限额大于或等于 900 万元时,表 5-6 所列的投资组合方案最优。

(2) 当限定投资总额为 200 万元时,只能选择 C 项目,可获 100 万元净现值,高于另一组合 E+D 的净现值合计 52 万元。

(3) 当限定投资总额为 300 万元时,最优投资组合为 C+E,净现值为 130 万元,大于其他组合(A、C+D、E+B、D+B)。

(4) 当限定投资总额为 400 万元时,最优投资组合为 C+E+D(这里 A 与 E、D 分别交换一次)。在这一组合下可获净现值 152 万元,大于其他组合(A+E、A+D、C+B、E+D+B)。

(5) 当限定投资总额分别为:500 万元、600 万元和 700 万元时,最优的投资组合分别为:C+A、C+A+E、C+A+E+D。

(6) 当限定投资总额为 800 万元时,最优的投资组合为 C+A+E+B(这里 D 与 B 交换一次),获得净现值 290 万元,大于 C+A+E+D 组合的净现值 272 万元。

(7) 当限定投资总额为 450 万元时,最优组合仍为 C+E+D,此时累计投资总额为 200+100+100=400(万元)<450 万元,但实现的净现值仍比所有其他组合的净现值多。

本 章 小 结

本章讲述了投资管理的概述、项目投资的现金流量分析、项目投资决策评价指标及其计算、项目投资决策方法及应用等问题,包含以下要点。

(1) 投资是指特定经济主体(包括国家、企业和个人)为了在未来可预见的时期内获得收益或使资金增值,在一定时期向一定领域的标的物投放足够数额的资金或实物等货币等价物的经济行为。项目投资,是指以特定建设项目为投资对象的一种长期投资行为。

(2) 现金流量是指投资项目计算期内由于资本循环引起的各项现金流入和现金流出的总称。现金流量包括现金流入量、现金流出量和净现金流量等具体内容。净现金流量是指项目计算期内由每年现金流入量与同年现金流出量的差额所形成的净额。净现金流量又包括所得税前净现金流量和所得税后净现金流量两种形式。分别计算了完整工业项目投资、单纯固定资产投资、更新改造项目的现金流量。

（3）项目投资决策评价指标可分为两类：一类是静态指标或称非贴现指标，即不按货币时间价值进行统一换算，而直接按投资项目形成的现金流量进行计算的指标，包括投资利润率、投资回收期（静态）等；另一类是动态指标或称贴现指标，即对投资项目形成的现金流量按货币时间价值进行统一换算的基础上进行计算的各项指标，包括净现值、净现值率、获利指数、内部收益率等。

（4）根据投资项目中投资方案的数量，可将投资方案分为单一方案和多个方案；根据方案之间的关系，可以分为独立方案、互斥方案和组合或排队方案。投资决策方法是指利用特定财务可行性指标作为决策标准或依据，对多个互斥方案作出最终决策的方法。投资决策的主要方法包括净现值法、净现值率法、差额投资内部收益率法、年等额净回收额法、计算期统一法和多方案组合排队法等。

关键术语中英文对照

项目投资（project investment）

净现值（net present value，NPV）

净现值率（net present value rate，NPVR）

内含报酬率（internal rate of return，IRR）

获利指数（profitability index，PI）

投资回收期（payback period，PP）

平均报酬率（average rate of return，ARR）

投资利润率（return on investment，ROI）

长期投资（long-term investment）

长期股票投资（investment on stocks）

长期债券投资（investment on bonds）

现金流量（cash flow）

净现金流量（net cash flow）

现金流入量（cash inflow）

现金流出量（cash outflow）

所得税（income tax）

营业收入（business income）

净利润（net profit）

投资决策（investment decision）

案例学习

个人投资者投资心理因素对投资行为影响分析

改革开放 40 余年来,中国经济高速发展,跃居世界第二大经济体,发展成果有目共睹。伴随经济发展,随之而来的是人民群众生活水平日益提高,受教育程度提升,消费观念、投资理财观念发生变化。人们除了解决基本的日常生活需要之外,手上的闲钱变得越来越多,投资需求也越发多样化。然而,在品种繁多的投资产品中,应当怎样选择适合自身需求的投资品种,仍然困扰着人们。虽然监管部门不断要求金融机构要做好投资者风险承受能力调查,把适当的产品推荐给适当的客户,但作为投资者个人来说,也应对自己的资金负责任,让资产保值、增值。因此,从投资者个人的角度分析投资心理,选择真正适合自己的投资产品,在投资行为过程中采取适当的决策,才能最终实现投资目标。

1. 参与储蓄、债券、银行理财产品类投资品种的个人投资者心理分析

我国是人口大国,长久以来,人们的传统观念就是省吃俭用,把节省下来的钱存进银行,获取银行的储蓄存款利息以实现"钱生钱"的目的。因此,我国的储蓄率长期处于高位,储蓄存款一直是多数人理财的首选。

随着改革开放,伴随经济发展的需要,出现了供个人投资者选择的国债、企业债等债券类投资品种。债券类投资品种相比储蓄存款,利率高一些,但期限固定,不如储蓄方便灵活。经济条件得到改善的投资者可以选择将资金一部分用于储蓄,另一部分用于期限固定但收益率更高的债券进行投资。

近年出现的银行理财产品,在一定程度上弥补了债券类投资产品在期限上的不足。银行理财产品期限分短、中、长期,投资者可以灵活地选择各种适合自己的理财产品,同时银行理财产品在利率上相比债券也有一定的优势。

2. 参与基金、保险类投资品种的个人投资者心理分析

随着经济发展需要,资本市场逐步建立健全,基金公司、保险公司应运而生,品种繁多的基金产品和保险产品层出不穷。

基金、保险类的投资品种相比储蓄、债券、银行理财产品风险要高一些,由于有专业投资团队运作,投资收益要高一些,相对于证券、期货类的投资品种风险又要低很多,而且不需要特别多的专业知识,但存在本金亏损的可能。这会吸引一部分保守型投资者将储蓄、债券、银行理财产品中的部分资金转向投入基金、保险类的投资产品以获取较高的投资收益。这部分投资者的先行者在投资获利后,会产生羊群效应,带动更多的投资者进入这个市场投资。

3. 参与证券、期货类投资品种的个人投资者心理分析

证券、期货类的投资品种不同于基金和保险类产品,在专业能力上对投资者要求较高。由于是独立做决策操盘,个人投资者要具备专业的分析、判断能力,要有敏锐的观察能力和灵敏的嗅觉,能够时刻关注到各种有可能影响投资标的价格因素的信息。价格波动大是这类投资品种的特点,投资这类产品,即使可能将本金损失殆尽,投资者也愿意承担较高风险博取快速高额的回报。

4. 参与 P2P 网贷投资类投资品种的个人投资者心理分析

P2P 网贷是互联网金融发展起来后产生的新型投资品种,借款人和出借人之间通过互联网平台产生的无抵押贷款。在网贷平台投资,能够获取高于银行、债券、基金、保险等投资品种的利率。但由于是新兴行业,目前国内的 P2P 平台鱼龙混杂,普通的个人投资者对于这种新型市场的了解认识不足,如果片面追求利益最大化,听取市场上混乱的各种信息,最终做出非理性的投资决策,会导致投资损失,甚至血本无归。

改革开放以来,我国经济呈现快速发展态势,广大人民群众享受到改革开放带来的红利,生活水平得到显著提升,可支配收入逐年增长。与此同时,个人对投资显得越发需要。随着人们专业知识能力的提升,投资期望的目标变高,传统的投资品种已不能满足人们的投资需求。在实现投资目标过程中,选择合适的投资标的,采取适合的操作方式,克服心理因素影响投资决策,是摆在投资者面前的考验。

(资料来源:个人投资者投资心理因素对投资行为影响分析. https://www.xzbu.com/2/view-15260043.htm,2020-12-10)

思考题:

1. 从文章中可以看出各种投资品种的风险由大到小是如何排序的?

2. 你可以接受什么样的风险类型?你喜欢哪种投资方式?

课 后 练 习

一、单项选择题

1. 下列各项中,属于长期投资决策静态评价指标的是(　　)。

　　A. 获利指数　　　　B. 投资收益率　　　C. 净现值　　　　D. 内部收益率

2. 某公司有一投资方案,该方案的年销售收入为 90 万元,总成本为 65 万元,其中折旧为 10 万元,所得税税率为 33%,则此方案的年净现金流量为(　　)万元。

　　A. 20　　　　　　　B. 23.4　　　　　　C. 26.75　　　　　D. 35.1

3. 当某方案的净现值大于零时,其净现值率(　　)。

　　A. 可能大于零　　　B. 一定大于零　　　C. 一定小于零　　　D. 可能等于零

4. 下列表述不正确的是(　　)。

　　A. 净现值是未来报酬的总现值与原始投资现值之差

　　B. 当净现值等于零时,贴现率为内部报酬率

　　C. 当净现值大于零时,获利指数小于 1

　　D. 当净现值大于零时,该投资方案可行

5. 下列不属于投资收益率优点的是(　　)。

　　A. 简明　　　　　　　　　　　　　　　B. 易算

　　C. 易懂　　　　　　　　　　　　　　　D. 考虑了资金的时间价值

6. 投资决策评价方法中,动态评价指标是(　　)。

    A. 净现值法   B. 投资回收期法

    C. 投资利润率法   D. 平均报酬率法

7. 某企业欲购入一套新设备，要支付 500 万元，该设备使用寿命为 4 年，无残值，采用直线法提取折旧。预计每年可产生税前净利 140 万元，如果所得税率为 40%，则回收期为（   ）年。

    A. 1.9   B. 2.39   C. 2.2   D. 3.2

8. 某投资项目原始投资为 10 万元，当年完工投产，有效期 3 年，每年可获得净现金流量 4.6 万元，折现率 10%，则该项目净现值为（   ）。

    A. 0   B. 1.03   C. 8.68   D. 1.44

9. 当一项长期投资方案的净现值大于零时，下列说法不正确的是（   ）。

    A. 该方案不可投资

    B. 该方案获利指数大于 1

    C. 该方案未来报酬总现值大于原始投资的现值

    D. 该方案的内部报酬率大于其资本成本

10. 下列项目中不属于现金流量范畴的是（   ）。

    A. 固定资产折旧   B. 固定资产残值收入

    C. 垫支流动资金的收回   D. 营业现金流量

二、多项选择题

1. 完整工业投资项目的现金流入主要包括（   ）。

    A. 营业收入   B. 回收固定资产变价净值

    C. 固定资产折旧   D. 回收流动资金

2. 净现值法的优点有（   ）。

    A. 考虑了资金时间价值   B. 考虑了项目计算期的全部净现金流量

    C. 考虑了投资风险   D. 可以动态反映项目的实际收益率

3. 下列属于现金流出量的项目有（   ）。

    A. 固定资产投资   B. 无形资产投资   C. 固定资产余值   D. 营运资金垫支

4. 在下列指标中，属于贴现现金流量的指标有（   ）。

    A. 净现值   B. 内部报酬率   C. 获利指数   D. 平均报酬率

5. 当一项长期投资方案的净现值大于零，则说明（   ）。

    A. 该方案可以投资

    B. 该方案不能投资

    C. 该方案未来报酬率大于其资本成本

    D. 该方案未来报酬总现值大于原始投资的现值

6. 在完整的工业投资项目中，经营期期末发生的回收额可能包括（   ）。

    A. 原始投资   B. 回收流动资金

    C. 折旧与摊销额   D. 回收固定资产余值

7. 非贴现现金流量指标有（   ）。

    A. 投资回收期   B. 投资收益率   C. 风险报酬率   D. 内部报酬率

8. 现金流量按发生的时间来表述,可分为( )。

A. 初始现金流量　　　　　　　B. 投资现金流量

C. 营业现金流量　　　　　　　D. 终结现金流量

9. 下列属于新建项目的投资有( )。

A. 固定资产大修理投资　　　　B. 购买外单位股票

C. 购建厂房　　　　　　　　　D. 购买无形资产

10. 评价投资方案的投资回收期指标的主要缺点是( )。

A. 不能衡量企业的投资风险　　B. 没有考虑资金时间价值

C. 没有考虑回收期后的现金流量　D. 不能衡量投资方案投资报酬率的高低

三、判断题

1. 项目计算期包括建设期和运营期。　　　　　　　　　　　　　　　( )

2. 投资收益率是反映投资项目达产期正常年度利润或年均利润与投资总额的比率。

( )

3. 某贴现率可以使某投资方案的净现值等于零,则该贴现率可以称为该方案的内部收益率。

( )

4. 投资回收期既考虑了资金的时间价值,又考虑了回收期满后的现金流量情况。

( )

5. 获利指数和投资利润率都没有考虑资金的时间价值。　　　　　　　( )

6. 静态投资回收期是指投资项目经营净现金流量抵偿原始总投资所需要的全部时间。

( )

7. 一般情况下,经营期每年净现金流量既等于每年营业收入与付现成本和所得税之差,又等于净利润与折旧之和。　　　　　　　　　　　　　　　　　　　　( )

8. 不考虑时间价值的前提下,投资回收期越长,投资获利能力越强。　( )

9. 在进行长期投资决策时,如果某一备选方案净现值小于零,那么该方案也是可行的。

( )

10. 净现值法考虑了资金的时间价值,能够反映各种投资方案的净收益,但是不能揭示各方案本身可能达到的投资收益水平。　　　　　　　　　　　　　　　( )

四、计算分析题

1. 某企业两个投资方案的现金流量如表 5-7 所示,该企业的资本成本为 10%。

表 5-7　投资项目现金流量计算表　　　　　　　　单位:万元

方　案	年　份					
	0	1	2	3	4	5
甲方案						
固定资产投资	−60					
营业现金流量		20	20	20	20	20
现金流量合计	−60	20	20	20	20	20

方　案	年　份					
	0	1	2	3	4	5
乙方案						
固定资产投资	−80					
垫支营运资金	−20					
营业现金流量		28	25	22	39	16
固定资产残值						10
营运资金回收						20
现金流量合计	−100	28	25	22	39	46

要求：

(1) 分别计算两个方案的投资回收期。

(2) 分别计算两个方案的投资收益率。

(3) 分别计算两个方案的净现值。

(4) 分别计算两个方案的获利指数。

2. 某公司拟购置一台设备,价款为 42 000 元,使用 5 年,期满净残值 2 000 元,直线法计提折旧。使用该设备每年为公司带来税后净利 16 000 元。若公司的资金成本率为 14%。

要求：

(1) 计算各年的净现金流量。

(2) 计算该项目的净现值。

(3) 计算该项目的获利指数。

(4) 评价该投资项目的财务可行性。

3. 某公司准备购入一设备以扩充生产能力,现有甲乙两个方案可供选择,甲方案需投资40 000 元,使用寿命 5 年,直线法计提折旧,设备无残值,5 年中每年销售收入为 25 000 元,每年经营成本为 10 000 元。乙方案需投资 36 000 元,使用寿命 5 年,直线法计提折旧,设备有残值 6 000 元,5 年中每年销售收入为 20 000 元,每年经营成本为 9 000 元,另需流动资金3 000 元,于建设起点投入。两个方案企业所得税率 30%,资金成本率为 10%。

要求：

(1) 计算两个方案的净现金流量。

(2) 计算两个方案的净现值。

(3) 计算两个方案的静态投资回收期。

第六章

证券投资管理

◆ 学习目标 ▌▌▌▌▌▌▌▌▌▌

　　了解证券投资的含义、种类；

　　理解投资风险及其种类；

　　理解基金的分类与区别；

　　熟悉证券投资组合的含义和方法；

　　掌握债券和股票的分类与区别。

◆ 导入案例 ▌▌▌▌▌▌▌▌▌▌

　　北京证监局〔2020〕11号行政处罚决定书显示，案件当事人是北京知可行科技有限公司及其员工陈立锋、吕长顺等人。经查明：

　　2017年8月，兴业证券股份有限公司与浙江同花顺云软件有限公司签订了在同花顺旗下财经社区开展线上投顾业务合作的协议。经同花顺工作人员陈某介绍，吕长顺、陈立锋与兴业证券杭州清泰街营业部合作在同花顺旗下财经社区开展线上投顾业务，形式为付费订阅研究报告。2017年11月3日，北京知可行科技有限公司将原为吕长顺控制的"凯恩斯V"账户的备注信息变更为兴业证券投资顾问，并备注了兴业证券杭州清泰街营业部员工陈某丽的证书编号S019******0035。

　　2018年3月至2018年9月，北京知可行与兴业证券杭州清泰街营业部合作，通过"凯恩斯V"账户在同花顺旗下财经社区出售付费服务包，该付费服务包含内容为一篇疫苗行业研究报告《重磅品种陆续上市大暴发，疫苗迎来新时代——疫苗行业的发展前景分析》（以下简称《疫苗前景分析》），销售单价为99元，署名为陈某丽及凯恩斯团队。凯恩斯团队包括北京知可行实际控制人、监事陈立锋和北京知可行员工吕长顺。北京知可行、陈立锋及吕长顺均未取得证券投资咨询业务许可。《疫苗前景分析》由吕长顺和陈立锋通过公开渠道收集相关资料整理而成，陈某丽负责《疫苗前景分析》在兴业证券内部的审核流程。《疫苗前景分析》共售出238份，扣除相关费用后北京知可行银行账户共收到款项22 218元。

　　根据当事人违法行为的事实、性质、情节与社会危害程度，根据《中华人民共和国证券法》（以下简称《证券法》）第一百九十七条的规定，北京证监局决定：没收北京知可行违法所得22 218元，并处以40万元罚款；对陈立锋、吕长顺给予警告，并处以各6万元罚款。

本案中,北京知可行违反了《证券法》第一百二十二条关于"未经国务院证券监督管理机构批准,任何单位和个人不得经营证券业务"规定,构成《证券法》第一百九十七条所述的"未经批准,擅自设立证券公司或者非法经营证券业务"的行为。在案件的审理、申诉过程中,北京知可行及陈立锋、吕长顺方面认为其所发布的电子报告并非真正的证券投资咨询报告,而是网络上常见的"科普文章",试图将自己的证券投资咨询行为与网络上常见的知识科普混为一谈。事实上,行政处罚决定书指出,知可行方面发布的研究报告,既有对疫苗行业的研究分析,又有对四家疫苗行业上市公司的评价,符合《发布证券研究报告暂行规定》第二条对于证券研究报告的定义。

投资者在日常生活中可能会收到各种与股市有关的消息,有些是相关人员分享、记录自己的投资行为、投资逻辑,或是持有资质的专业机构通过正规、公开渠道进行的投资者教育和发布相关信息,但也有未取得资质的人员试图将流量变现的情况,投资者一定要学会分辨。

(资料来源:财经博主违法提供付费服务. https://xueqiu.com/5124430882/163572689,2020-11-18)

股票?债券?超宽松货币环境下,投资哪种资产更值得?

第一节　证券投资概述

一、证券及其种类

1. 证券的含义

广义的证券是指用于证明证券持有人享有某种特定权益的凭证,如股票、债券、本票、汇票、支票、保险单、存款单、借据、提货单等各种票证单据都是证券;而狭义的证券通常是指能够表明证券持有人或第三者有权取得该证券拥有的特定权益的有价证券。我们通常所说的证券主要是指狭义的证券。

2. 证券的种类

(1) 按投资期限的不同,证券可分为长期证券和短期证券。

长期证券是指到期日大于一年的证券。短期证券是指到期日在一年以内的证券。

(2) 按投资主体的不同,证券可分为政府证券、金融证券和企业证券。

政府证券是指中央或地方政府发行的证券。金融证券是指银行或其他金融机构发行的证券。企业证券又称公司证券,是指公司性质的企业为筹集资金而发行的证券。

(3) 按所体现的经济内容不同,证券可分为债券、股票和投资基金等。

债券是债务人为筹集资金而向债权人出具的承诺按一定利率支付利息,并偿还本金的凭证,反映了债权债务关系。股票是股份有限公司为筹集股权资本而发行的有价证券,是持有人拥有公司股份的凭证。投资基金是由基金发起人以发行收益凭证的形式汇集一定数量的具有共同投资目的的投资者的资金,委托由投资专家组成的专门投资机构进行运作的金融工具。

(4) 按收益的不同,证券可分为固定收益证券和变动收益证券。

债券一般是固定收益证券,在规定的时间可以取得固定的收益。股票和投资基金一般为变动收益证券,其收益的高低取决于证券发行者经营业绩的好坏等多种因素。

二、证券投资的含义

证券投资是指投资者购进并保有某种证券,以期获取长期稳定收益的活动,又称间接投资。其投资对象主要是股票、债券,也包括商业票据、可转换定期存单等。

三、证券投资的目的

1. 利用闲置资金,形成现金储备

由于经营收支的不平衡性或大规模筹资,有时企业会有一些资金处于闲置状态。企业投资流动性强、收益稳定的证券,一方面可以利用闲置资金,增加投资收益;另一方面可以形成现金储备,当企业急需现金时,通过出售证券及时补充现金缺口。

2. 满足偿还长期债务的需要

如果企业在未来有一笔债务需要偿还,可以投资收益稳定的债券,于债务到期时,用债券投资的本息一并归还债务。

3. 多元化经营,降低企业风险

一个企业如果经营领域单一,可能会承担较大的经营风险,一旦市场发生变化,会给企业造成重大的经济损失。在这种情况下,企业可以考虑将部分资产投放于企业外部,投资于证券,以优化投资组合,降低经营风险。

4. 获得对相关企业的控制权

由于战略发展的要求,企业往往需要控制其上游企业、下游企业或其他企业,以便获取稳定的材料供应,保证稳定的销售渠道或增强自身的实力。这种目的可以通过股票投资实现,即购买目标企业有控制权的或有重大影响的股份,通过行使股东的权利实现控制相关企业的目的。

四、证券投资的种类

金融证券多种多样,与此相联系,企业证券投资的种类也是多种多样的,常见的投资种类有股票投资、债券投资、基金投资和组合投资。

1. 股票投资

股票投资是通过购买其他股份公司发行的股票获取盈利或控制权的行为。股票投资具有高风险、高回报的特点。高风险是指股票投资的收益具有很大的不确定性。股利收益的高低取决于发行公司收益水平和股利政策，而买卖股票获取的资本利得更是受多种因素的影响。股票投资者承受了较大的投资风险，相应会得到较高的投资回报。从世界各国投资收益的长期趋势看，股票的投资收益明显高于债券的投资收益。

2. 债券投资

债券投资是公司通过购买政府、金融机构或公司发行的债券获取收益的行为。与股票投资相比，债券投资具有收益稳定、风险小的特点。收益稳定是指债券一般有固定的利息率和付息日，投资者可在规定的时间收到固定的利息。风险小是指债券有固定的到期日，债券价格的波动通常小于股票，且债券的求偿权在股票之前。

3. 基金投资

基金投资是一种利益共享、风险共担的集合投资方式，即专业投资机构通过发行基金股份或受益凭证等有价证券吸收众多投资者出资并进行运作，以规避投资风险并谋取投资收益的证券投资工具。由于基金投资具有资金的规模优势和专家理财优势，能进行充分的投资组合，从而可以降低风险，提高收益水平。

4. 组合投资

组合投资是指投资者通过购买股票、债券等多种证券获取收益的投资行为。组合投资具有风险分散、收益稳定的特点。通过证券组合投资，可以有效地降低证券的非系统性风险，从而起到稳定收益的目的。

五、证券投资的一般程序

1. 合理选择投资对象

合理选择投资对象是证券投资成败的关键，企业应根据一定的投资原则，认真分析投资对象的收益水平和风险程度，合理选择低风险、高收益的投资对象。

2. 委托买卖

委托买卖是指投资者无法直接进场交易，需委托证券商代理买卖证券业务。企业可通过电话委托、计算机终端委托、递单委托等方式委托券商代为买卖有关证券。

3. 成交

证券买卖双方通过中介券商的场内交易员分别出价委托，若买卖双方的价位与数量合适，交易即可达成，这个过程为成交。

4. 清算交割

清算交割是指证券买卖双方在证券交易所进行证券买卖成交以后,通过证券交易所将证券商之间的证券买卖数量和金额分别予以轧抵,其差额由证券商确认后,在事先约定的时间内进行证券和价款的收付了结行为。

5. 办理证券过户

证券过户只限于记名证券的买卖业务。当企业委托买卖某种记名证券成交后,必须办理证券持有人的姓名变更手续。

六、证券投资的风险

证券投资风险是指投资过程中由与证券有关的各种因素的变动引起的证券预期收益变动的可能性及变动幅度。

1. 证券投资风险的识别

1) 证券投资风险成因分析

证券投资风险主要来源于证券本质、证券市场运作的复杂性和证券市场的投机行为,三者共同导致了证券市场的高风险。

(1) 证券的本质决定了证券价格的不稳定性。证券是市场对资本未来预期收益的货币折现,而预期收益受制于国内外的经济政治形势,受利率、汇率、经营者能力、社会心理等因素的影响,难以准确估计,导致了证券价格的不稳定性。

(2) 证券市场复杂性导致了证券价格的波动性。证券市场是市场供需平衡和不平衡转换的复杂场所,证券市场的供求主体及决定供求变化的因素、机制更加复杂,导致价格难以捉摸,甚至暴涨、暴跌。

(3) 证券市场的投机行为加剧了证券价格的不稳定性。证券市场发生投机行为,会打乱证券市场资金保有量的平衡,从而造成证券价格波动。衡量一个市场行为是否过度投机,有三个客观标准:①市盈率高低。我国证券市场的市盈率通常在 40 倍以上,远高于国外成熟股市 20 倍以下的市盈率。②股票换手率。国际成熟市场的年换手率为 30%~50%,甚至更低,即平均持股时间在 3 年以上。③股价指数波动幅度。国外成熟市场股指波动幅度一般很小;我国则很大。这些都说明,我国证券市场是一个投机性很强的市场。

2) 证券投资风险的类别

(1) 系统性风险。证券的系统性风险是由于外部经济环境因素变化引起整个证券市场不确定性加强,从而对市场上所有证券都产生影响的共同性风险,包括利率风险、政策风险和购买力风险。系统性风险会影响市场上的所有证券,无法通过投资多样化的证券组合加以避免,因此也被称为不可分散风险。

① 利率风险。由于利率变动而引起证券价格的波动、投资者收益的不确定性称为利率风险。证券的价格随利率的波动而变化,通常情况下,利率上涨,有价证券的价格将下跌;利率下降,有价证券的价格将上涨,尤其是固定利率的有价证券,如债券等,受利率的影响更大。

② 政策风险。政府的经济政策和管理措施可能会造成证券收益的损失,这在新兴股市表现得尤为突出。经济政策的变化可以影响公司利润、债券收益;证券交易政策的变化可以直接影响证券的价格。而一些看似无关的政策变化,如对于私人购房的政策,也可能影响证券市场的资金供求关系。因此,每一项经济政策、法规出台或调整,对证券市场都会有一定的影响,有的甚至会产生很大的影响,从而引起市场整体的较大波动。

③ 购买力风险。购买力风险是因通货膨胀使货币购买力下降的可能性。在持续而剧烈的物价波动环境下,货币性资产会产生购买力损益:当物价持续上涨时,货币性资产会遭受购买力损失;当物价持续下跌时,货币性资产会带来购买力收益;在物价上涨和下跌交替进行时,购买力损失与购买力收益可能会相互抵消。

(2) 非系统性风险。非系统性风险是指只对某个行业或个别公司的证券产生影响的风险,通常是由某一特殊的因素引起,与整个证券市场的价格不存在系统、全面的联系,而只对个别或少数证券的收益产生影响,因而也被称为特质风险。非系统性风险包括违约风险、变现风险和破产风险。

① 违约风险。证券发行者由于自身的经营风险、财务风险或其他原因,可能在证券到期日或付息日无法履行协议,形成对投资者的违约风险。或证券发行者主观上恶意违约,在有支付能力的情况下拒绝履约,也会使投资者承受违约风险。违约风险的大小与证券发行者的经营环境、经营能力、理财能力、管理水平和道德水准有密切的关系。投资者要降低违约风险,必须对投资对象给予密切关注,选择经营稳定、信誉好、管理水平高的企业进行投资。一般而言,政府证券的违约风险最小,金融证券次之,公司证券的违约风险最大。

② 变现风险。变现风险是证券持有者无法在市场上以正常的价格平仓出货的可能性。持有证券的投资者可能会在证券持有期限内出售现有证券,但在短期内找不到愿意出合理价格的买主,投资者就会丧失新的投资机会或面临降价出售的损失。在同一证券市场上,各种有价证券的变现力是不同的,交易越频繁的证券,其变现能力越强。

③ 破产风险。破产风险是在证券发行者破产清算时投资者无法收回应得权益的可能性。当证券发行者由于经营管理不善而持续亏损、现金周转不畅而无力清偿债务或其他原因导致难以持续经营时,可能会申请破产保护。破产保护会导致债务清偿的豁免、有限责任的退资,使得投资者无法取得应得的投资收益,甚至无法收回投资的本金。

2. 证券投资风险的控制

证券投资风险的控制是一项系统工程,既要从国家、机构和个人的行为规范入手,又要将立法、执法和风险教育相结合,更需要投资者树立正确的风险意识和投资理念。有效的风险控制措施有以下几个方面。

1) 立法、执法和风险教育相结合

要规范证券投资风险,必须建立一套完整的、严格的监管法规,以规范上市公司,监督过度投机,以及保护中小投资者的合法利益。

(1) 法律体系要健全,各法之间的衔接性要强,且奖惩分明。

(2) 突出保护中小投资者的利益。

(3) 针对性强,突出对上市公司、证券公司、证券交易所和证券服务机构等进行行业监管的原则。

（4）证券法规的形成应超前于证券市场的形成，才能防患于未然。

（5）法规的内容既要保持相对稳定性，又要增强其适应性。

2）上市公司和中介公司的监管和自律

由于我国证券法规不完善、监督力度不够，造成不少公司为了上市不惜弄虚作假，因此要加强政府监控，确保市场上信息披露充分和上市公司自律。

3）科学合理地进行资本配置

资本配置决策是对整个资产组合中各资产比例的选择，即对投放在安全但是收益率低的货币市场证券的资产比例的选择与放在有风险但收益率高的证券的资产比例的选择。其中涉及风险资产与无风险资产之间的资本配置和风险资产之间的资本配置。

另外，还应正确衡量证券投资风险，制定科学的证券投资决策；制定有效的证券投资组合，控制证券投资风险；适时采用科学的投资方法调整证券投资组合，控制证券投资风险；运用灵活的投资策略，控制证券投资风险。采取多元的手段与方法有效进行证券投资风险的控制。

七、证券投资的收益

1. 证券投资收益的内容

证券投资的收益一般来源于两个方面：一方面是证券发行公司支付的利息或分配的股利；另一方面是投资者买卖证券的价差，即资本利得。证券投资收益有绝对表示形式和相对表示形式两种，其中利息、股利和利润为绝对表示形式，投资收益率为相对表示形式。

2. 证券投资收益的类型

1）必要报酬

必要报酬是和投资风险相匹配的投资者要求的最低报酬，如投资项目的预期收益水平能达到这一标准，从盈利方面判断，投资项目是可行的；反之，则投资项目不可行。必要报酬等于无风险报酬、风险报酬与通货膨胀贴补率之和。

2）预期报酬

预期报酬是在对投资项目进行预测的基础上确定的投资项目可能达到的报酬，是以概率为权数对各种可能报酬加权平均的结果。

3）实际报酬

实际报酬是投资项目实际获取的股利、利息或资本利得等收益。

第二节　债　券　投　资

一、债券概述

1. 债券的含义

债券投资是指债券购买人（债权人）以购买债券的形式投放资本，到期向债券发行人（债务人)收取固定的利息并收回本金的一种投资方式。债券的主要投资人有保险公司、商业银行、投资公司或投资银行、各种基金组织。此外,企业以及个人也可以将闲置资金投放于债券,债权人以相当于债券票面价格的货币购买债券,按照一定的利率收取利息,取得收益,在规定的时间收回本金。

2. 债券的种类

根据不同的分类标准,可对债券进行不同的分类。

(1) 按发行主体的不同,债券可分为公债券、金融债券、公司债券等。

(2) 按偿还期限的长短,债券可分为短期债券、中期债券、长期债券和永久债券。

(3) 按利息的不同支付方式,债券一般可分为附息债券和贴息债券。

(4) 按债券的发行方式,即是否公开发行,债券可分为公募债券和私募债券。

(5) 按有无抵押担保,债券可分为信用债券、抵押债券和担保债券等。

二、债券投资的特点及原则

1. 债券投资及其特点

债券投资是指企业通过证券市场购买各种债券进行的投资,如购买国库券、金融债券、公司债券及短期融资券等。相对于股票投资而言,债券投资一般具有以下特点。

1) 债券投资属于债权性投资

虽然债券投资、股票投资都属于证券投资,但投资的性质不同。债券投资属于债权性投资,债券持有人作为发行公司的债权人,定期获取利息并到期收回本金,但无权参与公司经营管理;股票投资属于权益性投资,股票持有人作为发行公司的股东,有权参与公司的经营管理。因此,债券体现债权债务关系,股票体现所有权关系。

2) 债券投资的风险较小

债券具有规定的还本付息日,其求偿权位于股东之前,因此债券投资到期一般能够收回本金(或部分本金),其风险较股票投资小。特别是政府发行的债券,由于有国家财力作后盾,其本金的安全性非常高,通常视为无风险证券。

3) 债券投资的收益较稳定

债券投资的收益是按票面金额和票面利率计算的利息收入及债券转让的价差,与发行公司的经营状况无关,因而其投资的收益比较稳定。

4) 债券价格的波动性较小

债券的市场价格尽管有一定的波动性,但由于前述原因,债券的价格不会大幅偏离其价值,波动性较小。

5) 市场流动性好

许多债券如政府及大企业发行的债券,一般都可在金融市场上迅速出售,具有较好的流动性。

2. 债券投资原则

1）债券投资期限梯形化原则

期限梯形化是指投资者将自己的资金分散投资在不同期限的债券上,投资者手中经常保持短期、中期、长期的债券。

2）债券投资种类分散化原则

种类分散化是指投资者将自己的资金分别投资于多种债券,如公债券、企业债券、金融债券等,即进行组合投资。各种债券的收益和风险不同,如果将资金集中投资于某一种债券,可能会产生种种不利后果,而投资种类分散化的做法可以达到分散风险、稳定收益的目的。

3）收益与风险匹配原则

收益与风险匹配原则是指投资过程中不能盲目追求高收益,因为高收益意味着高风险。真正的收益应该是考虑风险因素后的收益,也就是风险调整收益。

三、债券估价模型

企业要进行债券投资,必须进行债券投资的收益评价,评价债券收益水平的两个主要指标为债券价值和债券收益率。

债券投资能否获利,取决于投资者对债券能否正确估价。债券估价包括两个方面:一是根据债券的票面利息、期限、计息方式和市场利率情况,对目前债券价值进行合理估计;二是根据影响证券的各因素的发展变化趋势及其对市场利率的影响,对债券未来的价格走势进行合理估价。估价与债券市场价值的差异,是决定是否进行债券投资的重要依据。

债券估价可以采用未来现金流量现值法,即债券价值等于其未来现金流量按市场利率计算的现值。

1. 债券价值计算的基本模型

债券价值的基本模型主要是指按复利方式计算的每年定期付息、到期一次还本情况下的债券估价公式。其一般计算公式为

$$V = \sum_{i=1}^{n} \frac{i \times F}{(1+K)^i} + \frac{F}{(1+K)^n}$$
$$= i \cdot F \cdot (P/A, K, n) + F \cdot (P/F, K, n)$$
$$= I \cdot (P/A, K, n) + F \cdot (P/F, K, n)$$

式中,V 表示债券价值;i 表示债券票面利息率;I 表示每年利息;F 表示债券面值;K 表示市场利率或投资者要求的必要收益率;n 表示付息总期数;$(P/A, K, n)$ 表示年金现值系数;$(P/F, K, n)$ 表示复利现值系数。

【例 6-1】　利达公司债券面值为 1 000 元,票面利率为 8%,期限为 6 年,某企业要对这种债券进行投资,当前的市场利率为 10%,债券价格为多少时才能进行投资?

【解析】　　　　$V = 1\ 000 \times 8\% \times (P/A, 10\%, 6) + 1\ 000 \times (P/F, 10\%, 6)$
　　　　　　　　　$= 80 \times 4.355 + 1\ 000 \times 0.565$
　　　　　　　　　$= 913.40$（元）

则该债券的价格必须低于 913.40 元才能进行投资。

【例 6-2】 利达公司债券面值 100 元,期限 10 年,以市场利率作为评估债券价值的折现率,票面利率为 10%,如果目前的市场利率分别为 8%、10% 和 12%,那么这三种情况下债券的价值分别是多少?

【解析】
$$V_1 = 100 \times 10\%(P/A, 8\%, 10) + 100 \times (P/F, 8\%, 10)$$
$$= 10 \times 6.710\,1 + 100 \times 0.463\,2$$
$$\approx 113.42(元)$$
$$V_2 = 100 \times 10\%(P/A, 10\%, 10) + 100 \times (P/F, 10\%, 10)$$
$$= 10 \times 6.144\,6 + 100 \times 0.385\,5$$
$$= 99.99(元)$$
$$V_3 = 100 \times 10\%(P/A, 12\%, 10) + 100 \times (P/F, 12\%, 10)$$
$$= 10 \times 5.650\,2 + 100 \times 0.322$$
$$\approx 88.70(元)$$

由例 6-2 可知,在其他条件不变的情况下,债券价值随市场利率变化而变化,市场利率的上升会导致债券价值的下降,市场利率的下降会导致债券价值的上升。

2. 到期一次还本付息的单利债券价值估价模型

在我国很多债券属于一次还本付息、单利计算的存单式债券,其估价模型为

$$V = F(1 + i \cdot n)/(1 + K)^n$$
$$= F(1 + i \cdot n) \cdot (P/F, K, n)$$

式中符号含义同前式。

【例 6-3】 利达公司拟购买一种利随本清的企业债券,该债券面值 800 元,期限 6 年,票面利率 8%,单利计息,当前市场利率为 10%,该债券发行价格为多少时企业才能购买?

【解析】
$$V = 800 \times (1 + 8\% \times 6) \times (P/F, 10\%, 6)$$
$$= 800 \times (1 + 8\% \times 6) \times 0.564\,5$$
$$\approx 668.37(元)$$

该债券的价格必须低于 668.37 元时才适宜购买。

3. 零息债券的价值模型

零息债券的价值模型是指到期只能按面值收回,期内不计息债券的估价模型。

$$P = F/(1 + K)^n = F \times (P/F, K, n)$$

式中符号含义同前式。

【例 6-4】 某债券面值 1 000 元,期限 6 年,期内不计息,到期按面值偿还,市场利率 6%,该债券价格为多少时,作为投资者才能购买?

【解析】 $V = 1\,000 \times (P/F, 6\%, 6) = 1\,000 \times 0.705 = 705(元)$

只有该债券的价格低于 705 元时,企业才能购买。

四、债券投资收益率

债券投资收益率是指按当前市场价格购买债券并持有至到期日或转让日所产生的报酬率。

债券投资收益率是进行债券投资时选购债券的重要标准,如果债券投资收益率高于投资人要求的必要报酬率,则可购进债券,反之则应放弃此项投资。

1. 债券投资收益率的计算

1）短期债券收益率的计算

短期债券由于期限较短,一般不考虑货币时间价值因素,只考虑债券价差及利息,将其与投资额相比,即可求出短期债券收益率。其基本计算公式为

$$K = \frac{S_1 + S_0 + I}{S_0} \times 100\%$$

式中,S_0 表示债券购买价格;S_1 表示债券出售价格;I 表示债券利息;K 表示债券投资收益率。

【例 6-5】 某企业于 2020 年 4 月 9 日以 940 元购进单位面值为 1 000 元,票面利率 5%,每年付息一次的债券,并于 2021 年 4 月 9 日以 990 元的市价出售,问该债券的投资收益率是多少?

【解析】 $\quad K = (990 - 940 + 50)/940 \times 100\% \approx 10.64\%$

该债券的投资收益率为 10.64%。

2）长期债券收益率的计算

长期债券期限较长,需要考虑货币时间价值,其投资收益率一般是指购进债券后一直持有至到期日可获得的收益率,它是使债券利息的年金现值和债券到期收回本金的复利现值之和等于债券购买价格时的折现率。

（1）分期还本付息债券收益率的计算

债券的价值模型为

$$V = I \cdot (P/A, K, n) + F \cdot (P/F, K, n)$$

式中,V 表示债券的购买价格;I 表示每年获得的固定利息;F 表示债券到期收回的本金或中途出售收回的资金;K 表示债券的投资收益率;n 表示投资期限。

【例 6-6】 某公司 2021 年 1 月 1 日以平价购买单位面值为 1 000 元的债券,其票面利率为 8%,每年 1 月 1 日计算并支付一次利息,该债券于 2026 年 1 月 1 日到期,按面值收回本金。①计算该债券到期收益率。②若该公司购买该债券的价格为 1 100 元,计算该债券收益率。

【解析】 ① $\qquad\qquad I = 1\,000 \times 8\% = 80(元)$

$$F = 1\,000\,元$$

设收益率 $i = 8\%$,则

$$V = 80 \times (P/A, 8\%, 5) + 1\,000 \times (P/F, 8\%, 5)$$

$$\approx 1\,000(元)$$

用 8% 计算出来的债券价值正好等于债券买价,所以该债券的收益率为 8%。可见,平价发行的每年复利计息一次的债券,其到期收益率等于票面利率。

② 如该公司购买该债券的价格为 1 100 元,即高于面值,要求出收益率,必须使下式成立:

$$1 100 = 80 \times (P/A, i, 5) + 1 000 \times (P/F, i, 5)$$

通过前面计算已知,$i = 8\%$ 时,上式右边为 1 000 元。由于折现率与现值呈负相关关系,即现值越大,折现率越小。而债券买价为 1 100 元,收益率一定低于 8%,降低折现率进一步试算。

用 $i_1 = 6\%$ 试算:

$$
\begin{aligned}
V_1 &= 80 \times (P/A, 6\%, 5) + 1 000 \times (P/F, 6\%, 5) \\
&= 80 \times 4.212\ 4 + 1 000 \times 0.747\ 3 \\
&\approx 1\ 084.29(元)
\end{aligned}
$$

由于折现结果仍小于 1 100 元,还应进一步降低折现率试算。

用 $i_2 = 5\%$ 试算:

$$
\begin{aligned}
V_2 &= 80 \times (P/A, 5\%, 5) + 1 000 \times (P/F, 5\%, 5) \\
&= 80 \times 4.329\ 5 + 1 000 \times 0.783\ 5 \\
&= 1\ 129.86(元)
\end{aligned}
$$

用内插法计算:

$$i = 6.66\%$$

所以,债券的购买价格为 1 100 元时,债券的收益率为 6.66%。

(2) 一次还本付息的单利债券收益率的计算

【例 6-7】 某公司 2021 年 1 月 1 日以 1 020.9 元购买单位面值为 1 000 元,票面利率为 10%,单利计息的债券,该债券期限 5 年,到期一次还本付息,计算其到期收益率。

【解析】 一次还本付息的单利债券价值模型为:

$$
\begin{aligned}
V &= F(1 + i \cdot n) \cdot (P/F, K, n) \\
1\ 020.9 &= 1 000 \times (1 + 5 \times 10\%) \times (P/F, K, 5) \\
(P/F, K, 5) &= 1\ 020.9 \div 1\ 500 = 0.680\ 6
\end{aligned}
$$

查复利现值表,5 年期的复利现值系数等于 0.680 6 时,$K = 8\%$。

如此时查表无法直接求得收益率,则可用内插法计算。

2. 影响债券投资收益的因素

1) 债券的票面利率

债券票面利率越高,债券利息收入就越高,债券收益也越高。债券的票面利率取决于债券发行时的市场利率、债券期限、发行者信用水平、债券的流动性水平等因素。发行时市场利率越高,则票面利率越高;债券期限越长,则票面利率越高;发行者信用水平越高,则票面利率越低;债券的流动性越高,则票面利率越低。

2) 市场利率与债券价格

由债券收益率的计算公式可知,市场利率的变动与债券价格的变动呈负相关关系,即当市场利率升高时债券价格下降,市场利率降低时债券价格上升。市场利率的变动引起债券价格的变动,从而给债券的买卖带来差价。市场利率升高,债券买卖差价为正数,债券的投资收益增加;市场利率降低,债券买卖差价为负数,债券的投资收益减少。随着市场利率的升降,投资者如果能适时地买进卖出债券,就可获取更大的债券投资收益。当然,如果投资者债券买卖的时机不当,也会使债券的投资收益减少。与债券面值和票面利率相联系,当债券价格高于其面值时,债券收益率低于票面利率。反之,则高于票面利率。

3) 债券的投资成本

债券投资成本是指企业在进行债券投资的过程中发生的全部现金流出。

债券投资的成本可分为购买成本、交易成本和税收成本三部分。购买成本是投资人买入债券所支付的金额(购买债券的数量与债券价格的乘积,即本金);交易成本包括经纪人佣金、成交手续费和过户手续费等。国债的利息收入是免税的,但企业债的利息收入还需要缴税,税收也是影响债券实际投资收益的重要因素。债券的投资成本越高,其投资收益也就越低。因此,债券投资成本是投资者在比较选择债券时所必须考虑的因素,也是在计算债券的实际收益率时必须扣除的。

4) 市场供求、货币政策和财政政策

市场供求、货币政策和财政政策会对债券价格产生影响,从而影响到投资者购买债券的成本,因此市场供求、货币政策和财政政策也是我们考虑投资收益时不可忽略的因素。

债券的投资收益虽然受到诸多因素的影响,但是债券本质上是一种固定收益工具,其价格变动不会像股票一样出现太大的波动,因此其收益是相对固定的,投资风险也较小,适合于想获取固定收入的投资者。

第三节 股票投资

一、股票投资概述

1. 股票投资的目的

企业进行股票投资的根本目的是获取盈利,提高企业价值,降低企业风险,股票持有者拥有对股份公司的重大决策权、盈利分配要求权、剩余财产求索权和股份转让权。企业进行股票投资又可分为两种情况:一种是以获取股票股利和买卖价差为目的的情况,即选择有较高股利回报的股票进行投资或选择股票价格有较大获利空间的品种进行操作;另一种是通过购买股票达到控制或影响被投资企业的目的。通过控制或影响这些被投资企业,企业可以扩大经营范围,降低经营风险,或使被投资企业成为企业价值链的有效组成部分。

2. 股票投资的优缺点

1) 股票投资的优点

(1) 投资收益较高。股票价格频繁变动,投资风险大,但从长期看,优质股票价格总是上涨居多,只要选择得当,就能取得优厚的投资收益。

(2) 购买力风险较低。与固定收益的债券相比,普通股能有效降低购买力风险。因为通货膨胀率较高时,物价普遍上涨,股份公司盈利增加,股利也会随之增加。

（3）拥有经营控制权。普通股股票的投资者是被投资企业的股东，拥有一定的经营控制权。

2）股票投资的缺点

（1）收益不稳定。普通股股利的有无、多少，视被投资企业经营状况而定，很不稳定。

（2）价格不稳定。股票价格受众多因素影响，极不稳定。

（3）求偿权居后。企业破产时，普通股投资者对被投资企业的资产求偿权居于最后，其投资有可能得不到全额补偿。

二、股票估价模型

股票估价方法和债券估价方法一样，一般可采用未来现金流量现值法，即估计股票投资引起的未来现金流量，并将其按市场利率折成现值。

1. 短期持有、未来准备出售的股票估价模型

对短期持有、未来准备出售的股票，未来现金流量是持有期的股利和持有结束股票的转让收入。

$$V = \sum_{t=1}^{n} \frac{d_t}{(1+K)^t} + \frac{V_n}{(1+K)^n}$$

式中，V 表示股票价值；d_t 表示第 t 期的预期股利；K 表示投资人要求的必要资金收益率；V_n 表示未来出售时预计的股票价格；n 表示预计持有股票的期数。

股票价值的基本估价模型要求无限期预计历年的股利，如果持有期未知，上述模型实际上很难计算。因此，一般应用假设股利零增长或固定比例增长的估价模型。

2. 长期持有、股利稳定不变的股票估价模型

若普通股股利零增长、长期持有，或优先股每期在固定的时点上支付相等的股利，并且没有到期日，则其股票估价模型可简化为

$$V = \frac{D}{K}$$

式中，V 表示股票价值；D 表示每年固定股利；K 表示投资人要求的资金收益率。

【例 6-8】 利达公司计划投资购买并长期持有永新公司股票，该股票每年分配每股股利 2 元，必要收益率为 10%，该股票每股价格为多少时适合购买？

【解析】
$$V = D \div K = 2 \div 10\% = 20（元）$$

股票价格低于 20 元时才适合购买。

3. 长期持有、股利以固定比例增长的股票估价模型

$$V = D_0(1+g)/(K-g)$$
$$= D_1/(K-g)$$

式中，V 表示股票价值；D_0 表示上年股利；D_1 表示第一年预期股利；K 表示投资人要求的资金收益率；g 表示每年股利增长率。

假定一个经营稳定的公司每年的股利发放率都相等,每年的净资产报酬率也相等,则每年盈余的留存部分用于再投资,也能取得与净资产报酬率一致的收益率。因此:

股利增长率 $g =$(1－股利发放率)×净资产报酬率

式中,净资产报酬率指标所指的期末净资产,是指本期利润未留存之前的净资产。

【例 6-9】　利达公司计划投资伟达公司股票,该股票上年每股股利为 2 元,预计年增长率为 2%,必要投资报酬率为 7%,该股票每股价格为多少可以投资?

【解析】
$$V = D_0(1+g)/(K-g)$$
$$= 2 \times (1+2\%)/(7\%-2\%)$$
$$= 40.8(元)$$

该股票价格低于 40.8 元时才可以投资。

三、股票投资的收益率

1. 本期股票收益率的计算

本期股票收益率是指股份公司以现金派发股利与本期股票价格的比率。其基本公式为

$$本期收益率 = \frac{年现金股利}{本期股票价格} \times 100\%$$

式中,本期股票价格是指证券市场上的该股票的当日收盘价;年现金股利是指上一年每一股票获得的股利;本期收益率表明以现行价格购买股票的预期收益。

2. 持有期股票收益率的计算

1) 短期持有股票收益率的计算

如果企业购买的股票在一年内出售,其投资收益主要包括股票投资价差及股利两部分,无须考虑货币时间价值。收益率计算公式为

$$K = \left(\frac{S_1 - S_0}{n} + d\right) \div S_0 \times 100\%$$

式中,K 表示短期股票收益率;S_1 表示股票出售价格;S_0 表示股票购买价格;n 表示持有年限;d 表示年现金股利。

【例 6-10】　2020 年 2 月 1 日,利达公司购买甲公司每股市价为 20 元的股票,2021 年 1 月,利达公司每股获现金股利 1 元。2021 年 2 月 1 日,利达公司将该股票以每股 22 元的价格出售,求(1)投资收益率应为多少?(2)若企业持有股票时间为半年,其他条件不变,则投资收益率应为多少?

【解析】　(1) $K = (22-20+1)/20 \times 100\% = 15\%$

该股票的收益率为 15%。

(2) $K = [(22-20)/0.5+1]/20 \times 100\% = 25\%$

2) 股票长期持有的收益率的计算

如果企业购买的股票持有期超过一年,其投资收益率的计算须考虑货币时间价值,股票投资的收益率是使各期股利及股票售价的复利现值等于股票买价时的折现率,此时可利用

股票价值的基本估价模型,使用逐步测试法和内插法进行计算,即

$$V = \sum_{t=1}^{n} \frac{d_t}{(1+K)^t} + \frac{V_n}{(1+K)^n}$$

【例 6-11】 某公司于 2018 年 2 月 1 日投资 600 万元购买某种股票 100 万股,在 2019 年、2020 年和 2021 年的 1 月 31 日分得每股现金股利分别为 0.6 元、0.8 元和 0.9 元,并于 2021 年 1 月 31 日以每股 8 元的价格将股票全部出售,试计算该项投资的收益率。

【解析】 用逐步测试法计算,先用 20% 的收益率进行测算:

$$V = 60/(1+20\%) + 80/(1+20\%)^2 + (8 \times 100 + 90)/(1+20\%)^3$$
$$\approx 620.60 (万元)$$

由于 620.60 万元大于 600 万元,再用 24% 测算:

$$V = 60/(1+24\%) + 80/(1+24\%)^2 + 890/(1+24\%)^3$$
$$\approx 567.21 (万元)$$

567.21 万元小于 600 万元,可用内插法计算如下:

$$K = 20\% + (620.60 - 600)/(620.60 - 567.21) \times (24\% - 20\%)$$
$$\approx 21.54\%$$

四、股票投资的成本与收益

1. 成本

股票投资的成本由机会成本与直接成本两部分构成。

1)机会成本

股票投资的机会成本是指当投资者打算进行投资时面临着多种选择,如选择了股票投资,就必然放弃其他投资,即放弃了从其他投资中获取收益的机会。

2)直接成本

直接成本是指股票投资者花费在股票投资方面的资金支出,它由股票价款、交易费用、税金和信息情报费四部分构成。

(1)股票价款。

股票价款=委托买入成交价格×成交股数

(2)交易费用。交易费用是指投资者在股票交易中需交纳的费用,包括委托买卖佣金、委托买卖手续费、记名证券过户费、实物交割手续费。

(3)税金。根据现行税务规定,在股票交易中对买卖当事人双方各按股票市值付印花税,对股份公司股东领取的股息红利超过一年期储蓄存款利息部分收取个人收入调节税。

(4)信息情报费。信息情报费开支包括为分析股票市场行情、股票上市公司经营及财务状况,广泛收集有关信息、情况资料所发生的费用开支,以及为收集、储存、分析股票行情信息所添置的通信设备等所花费的资金。

2. 收益

股票投资的收益由收入收益和资本利得两部分构成。

1）收入收益

收入收益是指股票投资者以股东身份，按照持股的份额，在公司盈利分配中得到的股息和红利的收益。

2）资本利得

资本利得是指投资者在股票价格的变化中所得到的收益，即将股票低价买进、高价卖出所得到的差价收益。

五、股票投资风险控制基本原则

股票投资风险是股票投资者购进股票后遭遇股价下跌损失的可能性，一般可理解为卖出价格低于预期价格或实获股息未能达到预定的标准。股票投资具有高风险、高收益的特点，其控制风险可以遵循以下四大原则。

1. 回避风险

回避风险是指事先预测风险发生的可能性，分析和判断风险产生的条件和因素，在经济活动中设法避开或改变行为的方向。在股票投资中的具体做法是：放弃对风险性较大的股票的投资，转而投资其他金融资产或不动产，或改变直接参与股票投资的做法，求助于共同基金，间接进入市场等。相对来说，回避风险是一种比较消极和保守的控制风险的原则。

2. 减少风险

减少风险是指人们在从事经济活动的过程中，不因风险的存在而放弃既定的目标，而是采取各种措施和手段设法降低风险发生的概率，减轻可能承受的经济损失。在股票投资过程中，投资者在已经了解到投资于股票有风险的前提下，一方面，不放弃股票投资动机；另一方面，运用各种技术手段，努力抑制风险发生的可能性，削弱风险带来的消极影响，从而获得较丰厚的风险投资收益。对于大多数投资者来说，这是一种进取性的、积极的风险控制原则。

3. 留置风险

留置风险是指在风险已经发生或已经知道风险无法避免和转移的情况下，正视现实，从长远利益和总体利益出发，将风险承受下来，并设法把风险损失减少到最低程度。在股票投资中，投资者在自己力所能及的范围内，在股价下跌、自己已经亏损的情况下，果断"割肉斩仓""停损"，自我调整。

4. 共担风险

共担风险是指投资者借助于各种形式的投资群体合伙参与股票投资，以共同分担投资风险。这是一种比较保守的风险控制原则。它使投资者承受风险的压力减弱了，但获得高收益的机会也少了，遵循这种原则的投资者一般只能得到平均收益。

六、股票投资过程

理性的股票投资过程,应该包括确定投资政策、股票投资分析、确立投资组合、评估投资业绩、修正投资策略五个步骤。股票投资分析作为其中一环,是成功进行股票投资的重要基础。

1. 确定投资策略

股票投资是一种高风险的投资。投资者在涉足股票投资的时候,必须结合个人的实际状况,制定可行的投资政策。这实质上是确定个人资产的投资组合的问题,投资者应掌握好以下两个原则。

(1) 风险分散原则。投资者在支配个人财产时,要牢记"不要把鸡蛋放在一个篮子里"。与房产、珠宝首饰、古董字画相比,股票流动性好,变现能力强;与银行储蓄、债券相比,股价波幅大。各种投资渠道都有自己的优缺点,尽可能地回避风险和实现收益最大化,是个人理财的两大目标。

(2) 量力而行原则。股价变动较大,投资者不能只想盈利,还要有赔钱的心理准备和实际承受能力。投资者必须结合个人的财力和心理承受能力,拟定合理的投资政策。

2. 股票投资分析

受市场供求、政策倾向、利率变动、汇率变动、公司经营状况变动等多种因素影响,股价呈现波动性、风险性的特征。何时介入股票市场,购买何种股票对投资者的收益有直接影响。股票投资分析成为股票投资步骤中很重要的一个环节。股票投资分析可以分为基本分析法和技术分析法,其目的在于预测价格趋势和价值发现,从而为投资者提供介入时机和介入品种决策的依据。

3. 确立投资组合

在进行股票投资时,投资者一方面希望收益最大化,另一方面又要求风险最小,两者的平衡点在可接受的风险水平之内,实现收益量大化的投资方案,构成最佳的投资组合。

根据个人财务状况、心理状况和承受能力,投资者具有低风险倾向或高风险倾向。低风险倾向者宜组建稳健型投资组合,投资于常年收益稳定、低市盈率、派息率较高的股票,如公用事业股。高风险倾向者可组建激进型投资组合,着眼于上市公司的成长性,多选择一些涉足高科技领域或有资产重组题材的"黑马"型上市公司。

4. 评估投资业绩

定期评估投资业债,测算投资收益率,检讨决策中的成败得失,在股票投资中有承上启下的作用。

5. 修正投资策略

随着时间的推移,市场、政策等各种因素发生变化,投资者对股票的评价,对收益的预期也相应发生变化。在评估前一段业债的基础上,重新修正投资策略非常必要。

第四节 基金投资

一、基金概述

1. 基金的含义

基金投资是一种利益共享、风险共担的集合投资方式,是通过发行基金股份或受益凭证等有价证券聚集众多的不确定投资者的出资,交由专业投资机构经营运作,以规避投资风险并谋取投资收益的证券投资工作。

2. 基金的种类

1) 根据组织形态划分

根据组织形态的不同,可分为契约型基金和公司型基金。

(1) 契约型基金。契约型基金又称单位信托基金,是指把受益人(投资者)、管理人、托管人三者作为基金的当事人,由管理人与信托人通过签订信托契约的形式发行受益凭证而设立的一种基金。契约型基金是基于基金契约原理而组织起来的代理投资行为。受益人通过信托契约来规范三方当事人的行为:基金管理人负责基金的管理操作;基金托管人作为基金资产的名义持有人,负责基金资产的保管和处置,对基金管理人的运作实行监督。

(2) 公司型基金。公司型基金是指投资者为了共同目标而组成的以盈利为目的的股份制投资公司并将形成的公司资产投资于有价证券的证券投资基金。基金公司以发行股份的方式募集资金,一般投资者购买该公司的股份即为认购基金,也就成为该公司的股东,凭其持有的基金份额依法享有投资收益。公司型基金的特点,一是基金公司的设立程序类似于一般股份公司,基金公司本身依法注册为法人。但不同于一般股份公司的是,它是委托专业的基金管理公司来经营与管理。二是基金公司的组织结构与一般股份公司类似,设有董事会和基金持有人大会,基金资产由公司所有,投资者则是这家公司的股东,承担风险并通过基金持有人大会行使权利。

2) 根据变现方式划分

根据变现方式不同,可分为封闭式基金和开放式基金。

(1) 封闭式基金。封闭式基金是指基金的发起人在设立基金时,限定了基金单位的发行总额,筹集到这个总额后,基金即宣告成立,并进行封闭,在一定时期内不再接受新的投资。基金单位的流通采取在交易所上市的办法,投资者以后要买卖基金单位都必须经过证券经纪商,在二级市场上进行竞价交易。封闭式基金的期限是指基金的存续期,即基金从成立之日起到结束之日止的整个时间。

(2) 开放式基金。开放式基金是指基金发起人在设立基金时,基金单位的总数是不固定的,可视经营策略和发展需要追加发行。投资者也可根据市场状况和各自的投资决策,要求发行机构按现期净资产值扣除手续费后赎回股份或受益凭证,或者再买入股份或受益凭证,增加基金单位份额的持有比例。

3）根据投资标的划分

根据投资标的不同,基金可分为股票基金、债券基金、货币基金、期货基金、期权基金等。

（1）股票基金。股票基金是所有基金品种中最为流行的一种类型,它是指投资于股票的投资基金,其投资对象通常包括普通股和优先股,其风险程度较个人投资股票市场要低得多,且具有较强的变现性和流动性。

（2）债券基金。债券基金是指基金管理公司为稳健型投资者设计的,投资于政府债券、市政公债、企业债券等各类债券品种的投资基金。债券基金一般情况下定期派息,其风险和收益水平通常比股票基金低。

（3）货币基金。货币基金是指由货币存款构成投资组合,协助投资者参与外汇市场投资,赚取较高利息的投资基金。其投资工具包括银行短期存款、国库券、政府公债、公司债券、银行承兑票据及商业票据等。这类基金的投资风险小,投资成本低,安全性和流动性较高,属于低风险的安全基金。

（4）期货基金。期货基金是指投资于期货市场以获取较高投资回报的投资基金。期货是一种合约,只需一定的保证金（一般为 5%～10%）即可买进。期货市场具有高风险和高回报的特点,如果投资期货基金预测准确,能够获得很高的投资回报;如果预测不准,遭受的损失也很大。因此,期货基金也是一种高风险的基金。

（5）期权基金。期权基金就是以期权作为主要投资对象的基金。期权是一种选择权,是买卖期货合约的选择权利。如果市场价格变动对投资者履约有利,投资者便可行使这种买入和卖出的权利,即行使期权;反之,投资者也可放弃期权而听任合同过期作废。期权基金的风险较小,适合于收入稳定的投资者。

3. 基金企业设立的条件

（1）名称应符合《企业名称登记管理规定》,允许达到规模的投资企业名称使用"投资基金"字样。

（2）名称中的行业用语可以使用"风险投资基金、创业投资基金、股权投资基金、投资基金"等字样。"北京"作为行政区划分允许在商号与行业用语之间使用。

（3）基金型:投资基金公司"注册资本（出资数额）不低于 5 亿元,全部为货币形式出资,设立时实收资本（实际缴付的出资额）不低于 1 亿元;5 年内注册资本按照公司章程（合伙协议书）承诺全部到位"。

（4）单个投资者的投资额不低于 1 000 万元（有限合伙企业中的普通合伙人不在本限制条款内）。

（5）至少 3 名高管具备股权投资基金管理运作经验或相关业务经验。

二、基金的价值与单位价值

1. 基金的价值

基金也是一种证券,其内涵价值是指在基金投资上所能带来的现金净流量。但是,基金内涵价值的确定与股票、债券等其他证券又有很大区别。

债券的价值取决于债券投资所带来的利息收入和所收回的本金,股票的价值取决于股份公司净利润的稳定性和增长性。这些利息和股利都是在未来收取的,也就是说,未来的而不是现在的现金流量决定着债券和股票的价值。基金的价值取决于目前能给投资者带来的现金流量,这种目前的现金流量用基金的净资产价值来表达。

基金的价值取决于基金净资产的现在价值,其原因在于:股票的未来收益在一定程度上是可以预测的,而基金投资的未来收益是不可预测的。由于投资基金不断变换投资组合对象,加之资本利得是基金投资收益的主要来源,变幻莫测的证券价格,使得投资者难以预测未来收益因而只能把握基金资产的现有市场价值。

2. 基金的单位净值

基金的单位净值也称单位净资产值或单位资产净值。基金的价值取决于基金净资产的现在价值,因此基金单位净值是评价基金业绩最基本和最直观的指标,也是开放型基金申购价格、赎回价格以及封闭型基金上市交易价格确定的重要依据。

基金单位净值是在某一时点每一基金单位(或基金股份)所具有的市场价值。其计算公式为

$$基金单位净值 = \frac{基金净资产价值总额}{基金单位总份额}$$

$$基金净资产价值总额 = 基金资产总额 - 基金负债总额$$

在基金净资产价值的计算中,基金的负债除了以基金名义对外的融资借款以外,还包括应付投资者的分红、基金应付给基金经理公司的首次认购费、经理费用等各项基金费用。相对而言,基金的负债金额是固定的,基金净资产的价值主要取决于基金总资产的价值。其中,基金总资产的价值并不是指资产总额的账面价值,而是指资产总额的市场价值。

3. 基金的报价

理论上,基金的价值决定了基金的价格,基金的交易价格是以基金单位净值为基础的,基金单位净值高,基金的交易价格也高。封闭型基金在二级市场上竞价交易,其交易价格由供求关系和基金业绩决定,围绕着基金单位净值上下波动。开放型基金的柜台交易价格则完全以基金单位净值为基础,通常采用两种报价形式:认购价(卖出价)和赎回价(买入价)。

开放型基金柜台交易价格的计算公式为

$$基金认购价 = 基金单位净值 + 首次认购费$$

$$基金赎回价 = 基金单位净值 - 基金赎回费$$

基金认购价是基金经理公司的卖出价,卖出价中的首次认购费是支付给基金经理公司的发行佣金。基金赎回价是基金经理公司的买入价,赎回价低于基金单位净值是由于抵扣了基金赎回费,以此提高赎回成本,减少投资者的赎回,保持基金资产的稳定性。

三、基金收益率

基金收益率可以反映基金增值的情况,通过基金净资产的价值变化来衡量。计算公

式为

$$基金收益率 = \frac{年末持有份数 \times 年末基金单位净值 - 年初持有份数 \times 年初基金单位净值}{年初持有份数 \times 年初基金单位净值}$$

式中,持有份数是指基金单位的持有份数。如果年末和年初基金单位的持有份数相同,基金收益率便简化为基金单位净值在本年年内的变化幅度。年初的基金单位净值相当于购买基金的本金投资,基金收益率相当于一种简便的投资报酬率。

四、基金投资的优缺点

1. 基金投资的优点

基金投资的最大优点是能够在不承担太大风险的情况下获得较高收益。其原因有以下两个方面。

(1) 投资基金具有专家理财优势,其管理人都是投资方面的专家,他们在投资前都要进行多种研究,这能够降低风险,提高收益。

(2) 投资基金具有资金规模优势。我国的基金投资一般拥有资金 20 亿元以上,有些开放式基金的资金规模可达到 100 多亿元,这种资金优势有利于进行充分的投资组合,降低风险,提高收益。

2. 基金投资的缺点

(1) 无法获得很高的投资收益。投资基金在投资组合过程中,降低了风险,也降低了获得巨大收益的机会。

(2) 在证券市场整体不景气的情况下,进行基金投资也可能会有损失。

五、基金投资的风险

1. 系统性风险

尽管基金本身有一定的风险防御能力,但仍难以完全避免证券市场的系统性风险。这类风险主要包括以下内容。

(1) 政策风险。政策风险主要是指因财政政策、货币政策、产业政策、地区发展政策等国家宏观政策发生明显变化,导致基金市场大幅波动,影响基金收益而产生的风险。

(2) 经济周期风险。经济周期风险是指随着经济运行的周期性变化,证券市场的收益水平呈周期性变化,基金投资的收益水平也会随之变化。

(3) 利率风险。金融市场利率的波动会导致证券市场价格和收益率的变动。基金投资于债券和股票,其收益水平会受到利率变化的影响。

(4) 通货膨胀风险。如果发生通货膨胀,基金投资于证券所获得的收益可能会被通货膨胀抵消,从而影响基金资产的保值增值。

(5) 流动性风险。基金投资组合中的股票和债券会因各种原因面临较高的流动性风险,使证券交易的执行难度提高,买入成本或变现成本增加。

2. 非系统性风险

非系统性风险主要包括以下内容。

（1）上市公司经营风险。如果基金公司所投资的上市公司经营不善，其股票价格可能下跌，或者能够用于分配的利润减少，使基金投资收益下降。

（2）操作风险和技术风险。基金的相关当事人在各业务环节的操作过程中，可能因内部控制不到位或者人为因素造成操作失误或违反操作规程而引发风险。此外，在开放式基金的后台运作中，可能因为系统的技术故障或者差错而影响交易的正常进行甚至导致基金份额持有人利益受到影响。

（3）基金未知价的风险。投资者购买基金后，如果正值证券市场的阶段性调整行情，由于投资者对价格变动的难以预测性，投资者将会面临购买基金被套牢的风险。

（4）管理和运作风险。基金管理人的专业技能、研究能力及投资管理水平直接影响到其对信息的占有、分析和对经济形势、证券价格走势的判断，进而影响基金的投资收益水平。

（5）信用风险。即基金在交易过程中可能发生交收违约或者所投资债券的发行人违约、拒绝支付到期本息等情况，从而导致基金资产损失。

本 章 小 结

本章讲述了证券投资、债券投资、股票投资、基金投资等问题，包含以下要点。

（1）证券投资概述，介绍了证券的基本概念，证券投资的含义及目的、证券投资的种类、证券投资的一般程序、证券投资的风险和收益。

（2）债券投资，介绍了债券的特点、债券股价模型，重点论述债券投资收益的计算方法。

（3）股票投资，首先对股票价值的含义进行界定，对股票估价模型和股票投资收益率进行了详细的讲解，最终阐述股票投资的优缺点及如何对股票投资进行风险控制。

（4）基金投资，介绍基金的价值与单位价值、基金收益率的计算方法、投资基金的种类、基金投资的优缺点、基金投资的风险。

关键术语中英文对照

证券投资（investment in securities）

股票投资（stock investment）

债券投资（bond investment）

通货膨胀（currency inflation）

利息率（the interest rate）

短期债券收益率（short-term bond yields）

长期债券收益率（long-term bond yields）

票面利率（nominal interest rate）

市场利率(market interest rates)

债券价格(bond prices)

现金股利(cash dividends)

基金(fund)

案 例 学 习

2020 年国际金融大事件

1. 中国进一步开放证券市场

5 月 7 日,中国人民银行、国家外汇管理局宣布,取消合格境外机构投资者(QFII/RQFII)的境内证券投资额度管理要求,实施本外币一体化管理;简化其境内证券投资收益的汇出手续;允许单家合格投资者委托多家境内托管人;完善其境内证券投资外汇风险及投资风险管理要求,以进一步便利境外投资者参与中国金融市场,提升人民币资产吸引力,推动人民币国际化发展。

2. 中国国债被纳入多个国际指数

自 2 月 28 日起,中国政府债券被纳入摩根大通"全球新兴市场政府债券指数"。9 月25 日富时罗素(FTSE Russell)宣布,中国国债自 2021 年 10 月起将被正式纳入其"全球政府债券指数",2021 年 3 月最终确认。这将为全球投资于主权债券的数万亿美元资金配置铺平道路。11 月 5 日,中国政府债券和政策性银行债券被全面纳入彭博巴克莱的"全球综合指数",同时彭博巴克莱推出"中国高流动性信用债指数",有助于中国信用债市场的开放。

3. 美国推出无上限量化宽松货币政策

受新冠肺炎疫情影响,3 月中上旬美股大跌,10 天内 4 次熔断,市场流动性极度紧缺。美联储推出一系列紧急政策,包括两次降息,先后推出 7 000 亿美元和无上限量化宽松,除购买国债和机构抵押支持证券之外还购买商业票据;将存款准备金率降至零及扩大货币市场流动性便利规模。4 月,美联储公布了总额为 2.3 万亿美元的信贷救助计划。8 月,美联储宣布新的货币政策框架,采取平均通胀目标方法,允许通胀率超过 2% 而不会触发更高的利率,且持续每月购买至少 800 亿美元国债和 400 亿美元抵押债券。

4. 欧洲央行出台系列紧急抗疫措施

3 月,欧洲央行在原有每月 200 亿欧元的常规资产购买计划之外,又启动一项 7 500 亿欧元的临时资产购买计划,6 月和 12 月分别将该计划规模扩大至 1.35 万亿欧元和 1.85 万亿欧元,持续至 2022 年 3 月底,并将公司部门购买计划下的合格资产范围扩大到非金融商业票据,以及放宽抵押品标准。4 月底,欧洲央行推出紧急长期再融资操作,为欧元区金融体系提供流动性支持至 2021 年 9 月。6 月,欧洲央行出台第三轮定向长期再融资操作,贷款利率为 −0.5%~1%,优惠期延长至 2022 年 6 月,以加强对银行贷款的支持。7 月,欧盟委员会推出 7 500 亿欧元的"复苏基金"。各国政府还推出贷款担保计划,以激励银行向实体经济贷款。

5. 日本强化支付服务监管

6 月 5 日,日本国会通过了《支付服务法》修正案,改革了资金转账服务商的许可、注册制度,引入每笔汇款额分别为无上限、最高 100 万日元和 5 万日元三类资金转账服务商制度,要求各类资金转账服务商提供不同金额的保证金(绩效安全存款)以保障客户,并强化了限制资金转账服务商持有用户资金的规定。此外,修正案也强化了预付工具发行人有关发行额和适当经营的法规,以保障客户。

6. "巴塞尔协议Ⅲ"延期落实

为应对新冠肺炎疫情对全球银行体系的冲击,3 月 27 日巴塞尔委员会宣布,于 2017 年 12 月最终确定的"巴塞尔协议Ⅲ"的实施日期推迟一年至 2023 年 1 月 1 日。有关限制银行使用其内部模型来衡量资本要求的过渡安排也延长一年至 2028 年 1 月 1 日,以便为各国银行和监管当局提供额外运作空间,确保银行体系在财务和营运方面具有弹性。

7. 多国央行合作研究发行数字货币的框架

10 月 9 日,加拿大、英国、日本、美国、瑞典和瑞士的中央银行和欧洲央行及国际清算银行联合发布报告,评估央行发行数字货币的可行性。其三个关键原则是,在灵活创新的支付系统中与现金等货币共存,支持更广泛的政策目标且不损害货币和金融稳定,促进创新和效率。国际货币基金组织指出,各国央行需要通过有针对性的法律改革以完善法律基础,防止数字货币的发行给央行带来法律、财务和声誉风险。中国自 5 月起开始在 4 个城市测试数字货币,11 月末更增加至 28 个试点省市(区域),走在全球央行数字货币研究和发行的前列。

(资料来源:2020 年国际金融大事件. https://kns.cnki.net/KXReader/Detail? TIMESTAMP = 637582683181386719&DBCODE = CJFD&TABLEName = CJFDLAST2021&FileName = XXJR202101003 &RESULT=1&SIGN=zrmLEtGtoZx5vJ4ojBAFL2mXwqQ%3d,2021-1-7)

思考题:比较不同国家证券市场的异同。

课后练习

一、单项选择题

1. 证券的系统性风险是指由于政治、经济及社会环境的变化而对证券市场上所有证券都产生影响的共同性风险,主要包括(　　)及自然因素导致的社会风险。

　　A. 价格风险　　　　B. 变现风险　　　　C. 破产风险　　　　D. 履约风险

2. 证券持有者无法在市场上以正常的价格平仓出货的风险是(　　)。

　　A. 变现风险　　　　B. 期限性风险　　　　C. 违约风险　　　　D. 购买力风险

3. 长期固定利率债券价格的下降幅度在市场利率上升时(　　)短期债券的下降幅度。

　　A. 小于　　　　　　B. 大于　　　　　　C. 等于　　　　　　D. 不确定

4. 下列证券中,能够更好地避免证券投资购买力风险的是(　　)。

　　A. 普通股　　　　　B. 优先股　　　　　C. 公司债券　　　　D. 国库券

5. 一般而言,下列已上市流通的证券中,流动性风险相对较小的是(　　)。

　　A. 可转换债券　　　B. 普通股股票　　　C. 公司债券　　　　D. 国库券

6. 有一笔国债,5 年期,平价 100 元发行,票面利率 6.22%,单利计息,到期一次还本付息,企业持有一年后以 115 元出售,其收益率为(　　)。

　　A. 9%　　　　　　　B. 15%　　　　　　　C. 21.22%　　　　　D. 25%

二、多项选择题

1. 债券投资与股票投资相比( )。
   A. 收益稳定性强,收益较高　　　　　　B. 投资风险较小
   C. 购买力风险低　　　　　　　　　　　D. 没有经营控制权
2. 会影响债券投资收益率的因素有( )。
   A. 票面价值与票面利率　　　　　　　　B. 企业信誉
   C. 持有期限　　　　　　　　　　　　　D. 购买价格
3. 对外证券投资的风险主要有( )。
   A. 履约风险　　　B. 价格风险　　　C. 购买力风险　　　D. 变现风险
4. 下列各项中,能够影响债券价值的因素有( )。
   A. 债券到期前的年数　　　　　　　　　B. 债券的计息方式
   C. 市场利率　　　　　　　　　　　　　D. 票面利率
5. 债券投资的优点主要有( )。
   A. 本金安全性高　　　　　　　　　　　B. 收入稳定性强
   C. 投资收益高　　　　　　　　　　　　D. 市场流动性高
6. 下列各项中,( )属于企业证券投资。
   A. 采购原材料　　　B. 销售商品　　　C. 购买国库券　　　D. 购买股票

三、判断题

1. 发放股票股利会引起每股利润的下降,每股市价也有可能下跌,因而每位股东所持股票的市场总价值也将下降。　　　　　　　　　　　　　　　　　　　　　( )
2. 证券投资是指把资金用于购买股票、债券、机器设备、厂房等资产。　　　　( )
3. 如果不考虑影响股价的其他因素,股利恒定的股票的价值与市场利率成反比,与预期股利成正比。　　　　　　　　　　　　　　　　　　　　　　　　　　　( )
4. 一般而言,利率下降,证券价格下降,利率上升,证券价格上升。　　　　　( )
5. 按证券收益状况不同分为:所有权证券和债券证券。　　　　　　　　　　( )
6. 违约风险是指借款人无法按时支付债券利息或偿还本金的风险。　　　　　( )
7. 购买力风险是指由于通货膨胀而使货币购买力上升的风险。　　　　　　　( )
8. 流动性风险是指证券期限长而给投资人带来的风险。　　　　　　　　　　( )
9. 债券的收益率大于股票投资者的收益率。　　　　　　　　　　　　　　　( )

第七章

营运资金管理

◆ **学习目标** ||||||||||||||

理解营运资金管理的含义及内容；

熟悉现金持有动机和现金成本内容、应收账款信用政策；

掌握最佳现金持有量、存货相关总成本、应收账款成本等计算方法。

◆ **导入案例** ||||||||||||||

存货管理经历的三次变革

在美国新经济神话破灭的时候，美国经济界第一个想到的事是国内的有效需求，第二个关心的就是企业的存货。有效需求与民众对经济的信心相关，这属于企业不可控的外部因素。存货理论上则属于企业可以控制的内部因素，但是事实上，对企业来说，存货管理一直是一个挑战，它的自我膨胀往往是企业自身难以控制的。

1. 存货管理的第一次变革

1953 年，日本丰田公司的副总裁大野耐一创造了一种高质量、低库存的生产方式——即时生产(just in time,JIT)。JIT 技术是存货管理的第一次革命，其基本思想是"只在需要的时候，按需要的量，生产所需的产品"，也就是追求一种无库存或库存量达到最小的生产系统。事实上，JIT 技术是日本汽车工业竞争优势的一个重要来源，而丰田公司也因此成为全球在 JIT 技术上最为领先的公司之一。

2. 存货管理的第二次变革

存货管理的第二次变革的动力来自数控和传感技术、精密机床以及计算机等技术在工厂里的广泛应用，这些技术使得工厂的整备时间从数小时缩短到几分钟。在计算机的帮助下，机器很快从一种预设的工模具状态切换到另一种工模具状态，而无须到遥远的工具室或经人工处理之后再进行试车和调整，整备工作的加快使愈机时间结构性发生了关键的变化，围绕着传统工厂的在制品库存和间接成本也随之减少。仍然是丰田公司在 20 世纪 70 年代率先进行了这方面的开拓。

3. 存货管理的第三次变革

20 世纪 90 年代信息技术和互联网技术兴起之后，存货管理发生了第三次革命。通过信息技术在企业中的运用(如 ERP、MRP Ⅱ 等)，可以使企业的生产计划与市场销售的信息充分共享,计划、采购、生产和销售等各部门之间也可以更好地协同。而通过互联网技术可以使生产预测较以前更准确可靠。戴尔公司是这次革命的成功实践者,它充分运用信息技术和互联网技术展开网上直销,根据顾客的要求定制产品。戴尔提出了"摒弃库存、不断聆听顾客意见、绝不进行间接销售"三项黄金律。

　　存货管理经过三次革命性的创新之后,仍然没有解决一个问题,即供应商与制造商上下游之间的信息共享。如果没有企业间的信息共享,那么并不能从根本上消除整个产业链上的存货,只是把存货从一个产业层面转移到另一个产业层面,从一个企业移到了另一个企业。因此,有人批评戴尔不过是把它的存货转移到它的供应商的仓库里去了。从 2000 年年底美国经济开始出现萧条,而欧美企业在信息技术和互联网的帮助之下,及时地控制了存货,但是他们并没有把这个信息传递给其亚洲的供应商,因而造成了这些供应商的存货从 2001 年年初开始急剧膨胀。这种情况不仅发生在那些亚洲的本土公司身上,而且许多跨国公司的在亚洲的子公司也同样未能幸免。

　　通过对存货的分析,我们不难理解为什么我国的许多的著名企业如海尔、长虹等要积极推行其互联网战略,并且明知道 ERP 对企业来说是一次"危险的手术"却仍要购买 ERP 软件,进而推行 ERP。在 21 世纪,信息技术必将成为保证企业不被淘汰出局的必备品,而如果能比别人更快地实现信息化、网络化转型,更紧密地贴近市场,提高企业的运营效率,使生产更具柔性,便能够获得竞争优势。

　　(资料来源:https://www.docin.com/p-1573192737.html)

家电企业如何做好营运资金管理

第一节　营运资金概述

一、营运资金的概念

　　营运资金是指流动资产减去流动负债后的余额。营运资金的管理既包括流动资产的管理,也包括流动负债的管理。营运资金的计算公式为

$$营运资金总额 = 流动资产总额 - 流动负债总额$$

二、营运资金的特点

　　营运资金的特点体现在流动资产和流动负债两方面。

1. 流动资产的特点

流动资产是指可以在一年或超过一年的一个营业周期内变现或耗用的资产,根据其占用形态的不同,可主要分为现金、短期投资、应收账款、存货等。与固定资产相比具有以下特点。

(1)投资回收期短。投资在流动资产上的资金,一般在一年或一个营业周期内可收回,因此对企业的影响时间也较短。根据这一特点,流动资产投资所需资金通常可用商业信用及银行借款等短期融资方式加以解决。

(2)流动性强。流动资产相对固定资产等长期资产来说具有较强的变现能力,在企业出现资金周转不灵、现金短缺等意外情况时,可通过迅速变卖流动资产来套取现金,解决一时之需。这对于财务上满足临时性资金需要具有重要意义。

(3)具有并存性与继起性。流动资产在循环周转过程中,在空间上具有并存性,在时间上具有继起性。例如一个生产加工企业可能同时存在现金、材料、在产品、产成品以及应收账款等不同形态的流动资产,而每一次的资金循环又要依次重复上面各种流动资产的不同形态。因此,合理地配置流动资产的各项目比例,就成为保证流动资产得以顺利周转的必要条件。

(4)具有占用数量上的波动性。占用在流动资产上的资金数量受企业内外部环境条件影响往往波动很大,季节性企业如此,非季节性企业也如此。为防止其影响企业正常的生产经营活动,财务人员应有效地预测和控制这种波动。

2. 流动负债的特点

流动负债是指在一年或超过一年的一个营业周期内需要清偿的债务,主要包括短期借款、交易性金融负债、应付票据、应付账款、预收款项、应计费用等。与长期负债筹资相比具有以下特点。

(1)筹资速度快。申请长期负债,贷款人面临的风险较大,为规避风险,通常会提出一些约束性条款。而短期负债筹资,贷款人相对风险较小,所以申请短期借款往往比申请长期借款更容易、更便捷,通常在较短的时间内即可获得。

(2)财务弹性高。与长期债务相比,短期负债使企业具有更大的灵活性。为了使风险降至最低,长期债务的债权人经常在债务合同中对债务人的行为加以限制,使债务人丧失某些经营决策权。而短期借款在实际使用中的灵活机动性则更强些。

(3)筹资成本低。在正常情况下,短期负债筹资所发生的利息支出低于长期负债筹资的利息支出。在实际中,对于应付账款等某些具有"自然融资"特征的流动负债,则根本没有实际的筹资成本。

(4)偿债风险大。尽管短期债务成本低于长期债务成本,但其风险却大大高于长期债务。这是因为短期借款的借款利率会随市场利率的变化而变化,呈现不稳定性,且如果企业过多筹措短期债务资金,当债务到期时,企业不得不在短期内筹措大量资金还债,这极易导致企业财务状况恶化,甚至会因无法及时还债而破产。

三、营运资金的管理原则

企业的营运资金在全部资金中占有相当大的比重,而且周转期短,形态多变,是企业财务管理工作的一项重要内容。企业进行营运资金管理,应遵循以下原则。

1. 保证合理的资金需求

企业应认真分析生产经营状况,合理确定营运资金的需要数量。企业营运资金的需求数量与企业生产经营活动有直接关系。一般情况下,当企业产销两旺时,流动资产会不断增加,流动负债也会相应增加;而当企业产销量不断减少时,流动资产和流动负债也会相应减少。营运资金的管理必须把满足正常合理的资金需求作为首要任务。

2. 提高资金使用效率

加速资金周转是提高资金使用效率的主要手段之一。提高营运资金使用效率的关键就是采取得力措施,缩短营业周期,加速变现过程,加快营运资金周转。因此,企业应加速存货、应收账款等流动资产的周转,以便用有限的资金服务于更大的产业规模,为企业取得更好的经济效益提供条件。

3. 节约资金使用成本

在营运资金管理中,必须正确处理保证生产经营需要和节约资金使用成本二者之间的关系,要在保证生产经营需要的前提下,遵守勤俭节约的原则,降低资金使用成本。对此,一方面,要挖掘资金潜力,盘活全部资金,精打细算地使用资金;另一方面,要积极拓展融资渠道,合理配置资源,筹措低成本资金,服务于生产经营。

4. 保持足够的短期偿债能力

偿债能力的高低是企业财务风险高低的标志之一。合理安排流动资产与流动负债的比例关系,保持流动资产结构与流动负债结构的适配性,保证企业有足够的短期偿债能力是营运资金管理的重要原则之一。流动资产、流动负债以及二者之间的关系能较好地反映企业的短期偿债能力。如果一个企业的流动资产比较多,流动负债比较少,说明企业的短期偿债能力较强;反之,则说明短期偿债能力较弱。但如果企业的流动资产太多,流动负债太少,也不是正常现象,这可能是因流动资产闲置或流动负债利用不足所致。

四、营运资金的管理战略

企业必须建立一个框架以评估营运资金管理中的风险与收益的平衡,包括营运资金的投资和融资战略,这些战略反映企业的需要以及对风险承担的态度。实际上,财务管理中必须做两个决策:一是需要拥有多少营运资金;二是如何为营运资金融资。

1. 流动资产的投资战略

企业必须选择与其业务需要和管理风格相符合的流动资产投资战略。如果企业管理政策趋于保守,就会选择较高的流动资产水平,保证更高的流动性(安全性),但盈利能力也更低。

1) 紧缩的流动资产投资战略

在紧缩的流动资产投资战略下,企业维持低水平的流动资产与销售收入比率。利用JIT存货管理技术,原材料等存货投资将尽可能紧缩。另外,尚未结清的应收账款和现金余额将保持在最低水平。

2) 宽松的流动资产投资战略

在宽松的流动资产投资战略下,企业通常会维持高水平的流动资产与销售收入比率,即保持高水平的现金、高水平的应收账款(通常来自宽松的信用政策)和高水平的存货(通常源于补给原材料或不愿意因为产成品存货不足而失去销售)。对流动资产的高投资可能导致较低的投资收益率,但由于较高的流动性,企业的营运风险较小。

2. 流动资产的融资战略

融资战略决策主要取决于管理者的风险导向,此外它还受到利率在短期、中期、长期负债之间的差异的影响。

1) 期限匹配融资战略

在期限匹配融资战略中,永久性流动资产和固定资产以长期融资方式(负债或权益)来融通,波动性流动资产用短期来源融通。这意味着,在给定的时间,企业的融资数量反映了当时的波动性流动资产的数量。当波动性资产扩张时,信贷额度也会增加以便支持企业的扩张;当资产收缩时,它们的投资将会释放出资金,这些资金将会用于弥补信贷额度的下降。

2) 保守融资战略

在保守融资战略中,长期融资支持固定资产、永久性流动资产和某部分波动性流动资产。企业通常以长期融资为波动性流动资产的平均水平融资,短期融资仅用于融通剩余的波动性流动资产,这种战略通常最小限度地使用短期融资,因为这种战略在需要时将会使用成本更高的长期负债,所以往往比其他途径具有较高的融资成本。

3) 激进融资战略

在激进融资战略中,企业以长期负债和权益为所有的固定资产融资,仅对一部分永久性流动资产使用长期融资方式融资。短期融资方式支持剩下的永久性流动资产和所有的临时性流动资产,这种战略比其他战略使用更多的短期融资。短期融资方式通常比长期融资方式具有更低的成本,但会导致较低的流动比率和更高的流动性风险。

第二节 现金管理

现金是指在生产过程中暂时停留在货币形态的资金,包括库存现金、银行存款、银行汇票和银行本票等。现金是流动性最强的非盈利性资产,为了保证企业经营活动现金的需要,同时降低企业闲置的现金数量,提高资金收益率。现金管理的过程就是在现金的流动性与收益性之间进行必要的权衡选择。

一、持有现金的动机

持有现金一般有以下几种动机。

1. 交易性动机

交易性动机是指持有一定量的现金以满足正常生产经营的需要。在日常经营业务中,现金收入与支出很难完全同步,企业持有一定量现金可以使经营业务顺利进行,避免现金支出额超过收入额,保持企业经营的灵活性。用于交易的现金数量,一般取决于企业的销售水平。若销售增加,销售额就会上升,用于购买与支付营业费用的现金支出也相应增加。

在许多情况下,企业向客户提供的商业信用条件和它从供应商那里获得的信用条件不同,使企业必须持有现金。如供应商提供的信用条件是 30 天付款,而企业迫于竞争压力,则向顾客提供 45 天的信用期,这样,企业必须筹集够 15 天的营运资金来维持企业运转。

另外,企业业务的季节性也要求企业提前增加存货以等待季节性的销售高潮。这时,一般会发生季节性的现金支出,企业现金余额下降,随后又随着销售高潮到来,存货减少,而现金又逐渐恢复到原来水平。

2. 预防性动机

预防性动机是指持有一定量的现金以应付紧急情况的现金需要。市场情况瞬息万变,存在许多不可预测的因素,企业通常难以对未来现金的流入与流出量做出准确的估计与预期。因此,在正常业务活动现金需要量的基础上,追加一定数量的现金以应付未来现金流入和流出的随机波动,是企业在确定必要现金持有量时应当考虑的因素。企业为应付紧急情况而持有的现金量主要取决于三方面:一是企业愿意承担风险的程度;二是企业临时举债能力的强弱;三是企业对现金流量预测的可靠程度。

3. 投机性动机

投机性动机是指持有一定量的现金以抓住各种瞬息即逝的市场机会,获取较大利益的现金需要。当市场利率变动、物价浮动或证券行情变化时,企业手中若有较多的现金余额,则可以把握时机通过证券或物资交易获得更大的利润。这部分现金持有量的大小往往取决于企业在金融市场的投资机会和企业对待风险的态度。

4. 其他动机

其他动机包括持有一定量的现金为满足将来某一特定的需要或为在银行维持补偿性余额等,其持有量的大小取决于特定的要求。例如,补偿性余额取决于银行贷款额和补偿性余额比例大小。

企业持有的现金总额,出于经济核算的考虑,一般来说应小于各种动机所需现金余额的简单相加。

二、现金的成本

持有现金是有成本的,最优的现金持有量是使得现金持有成本最小化的持有量。现金持有成本包括以下内容。

1. 机会成本

现金的机会成本是指企业因持有一定数量的现金而丧失的再投资收益,是企业不能同时用该部分现金进行有价证券投资所产生的机会成本,这种成本在数额上等于资金成本。例如,某企业的资本成本为 10%,年均持有现金 50 万元,则该企业每年的现金机会成本为 5 万元(50×10%)。机会成本属于变动成本,它与现金持有量的多少密切相关,即现金持有量越大,机会成本越大,反之则越少。

2. 管理成本

现金的管理成本是指企业因持有一定数量的现金而发生的管理费用,如管理者工资、安全措施费用等。管理成本一般属于固定成本,这种固定成本在一定范围内和现金持有量之间没有明显的比例关系。

3. 短缺成本

现金的短缺成本是指在现金持有量不足,又无法及时通过有价证券变现加以补充所给企业造成的损失,包括直接损失与间接损失。现金的短缺成本随现金持有量的增加而下降,随现金持有量的减少而上升,即与现金持有量负相关。

4. 转换成本

现金的转换成本是指企业用现金购入有价证券以及转让有价证券换取现金时付出的交易费用,如委托买卖佣金、委托手续费、证券过户费、交割手续费等。

三、最佳现金持有量的确定

企业在生产经营过程中为了满足交易、预防、投机等需要,必须持有一定数量的现金资产,但现金资产持有太多或太少都对企业不利,应该保持一个合适的量——最佳现金持有量。最佳现金持有量是指在保证企业正常生产经营需要的基础上,相关成本之和最小时的现金持有量。最佳现金持有量的确定方法很多,下面介绍常用的测算方法。

1. 成本分析模式

成本分析模式是根据现金有关成本分析预测其成本总额最低时现金持有量的方法。运用该方法确定现金最佳持有量,只考虑因持有一定量的现金而产生的机会成本和短缺成本,对于管理成本和转换成本则不予考虑。

机会成本即因持有现金而丧失的再投资收益,与现金持有量成正比例关系变动,用公式

表示为

$$机会成本＝现金持有量×有价证券利率(或报酬率)$$

短缺成本与现金持有量呈反方向变动关系,短缺成本随着现金持有量的增大而减少,当现金持有量增大到一定量时,短缺成本将不存在。

成本分析模式中现金成本同现金持有量之间的关系如图 7-1 所示。

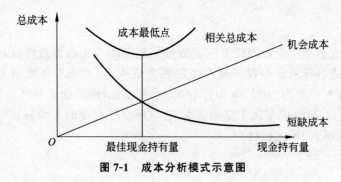

图 7-1 成本分析模式示意图

由图 7-1 可以看出,由于各项成本同现金持有量的变动关系不同,使得总成本曲线呈抛物线型,抛物线的最低点,即为成本最低点,该点所对应的现金持有量便是最佳现金持有量,此时总成本最低。

【例 7-1】 某企业现有 A、B、C、D 四种现金持有方案,有关资料如表 7-1 所示。测算该企业最佳现金持有量。

表 7-1 某企业现金持有方案

项 目	A	B	C	D
现金持有量/元	100 000	200 000	300 000	400 000
机会成本率/%	12	12	12	12
短缺成本/元	50 000	25 000	10 000	5 000

【解析】 根据表 7-1,采用成本分析模式编制该企业最佳现金持有量测算表,如表 7-2 所示。

表 7-2 最佳现金持有量测算表　　　　　　　　　　　　单位:元

方案及现金持有量	机会成本	短缺成本	相关总成本
A(100 000)	12 000	50 000	67 000
B(200 000)	24 000	25 000	49 000
C(300 000)	36 000	10 000	46 000
D(400 000)	48 000	5 000	53 000

通过比较表 7-2 中各方案的总成本可知,C 方案的相关总成本最低,因此 300 000 元应为企业现金最佳持有量。

该方法使用简单,容易理解,考虑了现金持有的成本问题。但决策中是以现有备选方案为前提,从中选优。如果备选方案中漏掉了实际最优方案,所选方案就不是最佳的现金持有方案。若增加备选方案,往往又会加大决策工作量。

2. 存货模式

存货模式认为最佳现金持有量与存货的经济批量问题在很多方面都很相似,因此,可以借用存货的经济批量模型来确定最佳现金持有量。在存货模型中只考虑现金的机会成本和转换成本,而不考虑现金的管理成本和短缺成本。因为在一定范围内,现金的管理成本与现金持有量一般没有关系,属于无关成本,而短缺成本具有很大的不确定性,其意外因素比较大,不易计量,在此也不予考虑。作为两种相关成本,如果现金持有量大,则现金机会成本高,转换成本低;反之,现金持有量小,则现金机会成本低,转换成本高。最佳现金持有量就是使现金机会成本与转换成本之和最低的现金持有量。

设 T 为一个周期内现金总需求量;F 为每次转换有价证券的固定成本;Q 为最佳现金持有量(每次证券变现的数量);K 为有价证券利息率(机会成本);TC 为现金管理相关总成本。则有

$$现金相关总成本 = 持有机会成本 + 固定性转换成本$$

即

$$TC = (Q/2) \times K + (T/Q) \times F$$

持有现金的机会成本与证券变现的交易成本相等时,现金管理的总成本最低,此时可得最佳现金持有量,即

$$Q = \sqrt{\frac{2TF}{K}}$$

将上式代入总成本计算公式可得:

$$TC = \sqrt{2TFK}$$

$$有价证券交易次数 = \frac{T}{Q} = \sqrt{\frac{TK}{2F}}$$

$$有价证券交易间隔期 = 计算期日数/有价证券交易次数$$

【例 7-2】 某企业预计全年需要现金 400 万元,现金与证券的转换成本为每次 400 元,证券年利率 8%,试计算:

(1)最佳现金持有量;(2)相关总成本;(3)转换成本;(4)机会成本;(5)证券交易次数;(6)证券交易间隔期。

【解析】

(1)最佳现金持有量 $Q = \sqrt{2 \times 4\,000\,000 \times 400/8\%} = 200\,000$(元)

(2)相关总成本 $TC = \sqrt{2 \times 4\,000\,000 \times 400 \times 8\%} = 16\,000$(元)

(3)转换成本 $= (4\,000\,000/200\,000) \times 400 = 8\,000$(元)

(4)机会成本 $= (200\,000/2) \times 8\% = 8\,000$(元)

(5)证券交易次数$(T/Q) = 4\,000\,000/200\,000 = 20$(次)

(6)证券交易间隔期 $= 360/20 = 18$(天)

3. 随机模型

在实际工作中,企业现金流量往往具有很大的不确定性。随机模型假定每日净现金流量的分布接近正态分布,每日现金流量可能低于也可能高于期望值,其变化是随机的。由于现金流量波动是随机的,只能对现金持有量确定一个控制区域,定出上限和下限,如图 7-2 所示。当企业现金余额在上限和下限之间波动时,则将部分现金转换为有价证券;当现金余额下降到下限时,则卖出部分证券。

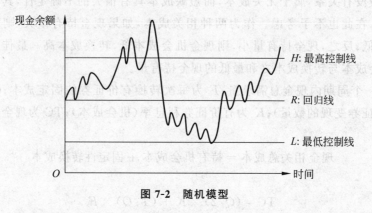

图 7-2　随机模型

图 7-2 显示了随机模型,该模型有两条控制线和一条回归线。最低控制线 L 取决于模型之外的因素,其数额是由现金管理部经理在综合考虑短缺现金的风险程度、公司借款能力、公司日常周转所需资金、银行要求的补偿性余额等因素的基础上确定的。回归线 R 的计算公式为

$$R = \left(\frac{3b \times \delta^2}{4i}\right)^{\frac{1}{3}} + L$$

式中,b 表示证券转换为现金或现金转换为证券的成本;δ 表示公司每日现金流变动的标准差;i 表示以日为基础计算的现金机会成本;L 表示控制下限。

最高控制线 H 的计算公式为

$$H = 3R - 2L$$

【例 7-3】　设某公司现金部经理决定 L 值应为 10 000 元,估计公司现金流量标准差 δ 为 1 000 元,持有现金的年机会成本为 15%,换算为 i 值是 0.000 39,$b=150$ 元。根据该模型,计算回归线 R 的数值。

【解析】　$$R = \left(\frac{3 \times 150 \times 1\ 000^2}{4 \times 0.000\ 39}\right)^{\frac{1}{3}} + 10\ 000 \approx 16\ 607(\text{元})$$
$$H = 3 \times 16\ 607 - 2 \times 10\ 000 = 29\ 821(\text{元})$$

该公司目标现金余额为 16 607 元。如现金持有额达到 29 821 元,则买进 13 214 元的证券;若现金持有额降至 10 000 元,则卖出 6 607 元的证券。

运用随机模型计算货币资金最佳持有量符合随机思想,即企业现金支出是随机的,收入是无法预知的,适用于所有企业现金最佳持有量的测算。随机模型建立在企业的现金未来需求总量和收支不可预测的前提下,计算出来的现金持有量比较保守。

四、现金的日常管理

1. 现金周转期

现金周转期是指介于公司支付现金与收到现金之间的时间段,也就是存货周转期与应收账款周转期之和减去应付账款周转期,具体内容如图 7-3 所示。其计算公式为

$$现金周转期 = 存货周转期 + 应收账款周转期 - 应付账款周转期$$

其中:

$$存货周转期 = 平均存货/每天的销货成本$$
$$应收账款周转期 = 平均应收账款/每天的销货收入$$
$$应付账款周转期 = 平均应付账款/每天的购货成本$$

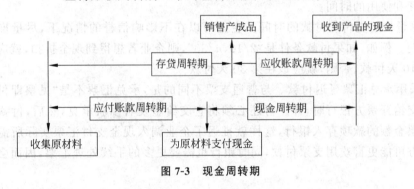

图 7-3　现金周转期

要减少现金周转期,可以加快制造与销售产成品来减少存货周转期,加速应收账款的回收来减少应收账款周转期,或减缓支付应付账款来延长应付账款周转期。

2. 收款管理

现金收款管理目的是尽快收回现金,加速现金周转。为此,企业应根据成本与收益比较原则选用适当方法加速账款回收。鉴于企业账款回收的影响因素主要是邮寄时滞和银行的处理时滞,加速企业现金回收主要采用的方法有邮政信箱法和银行业务集中法两种。

(1)邮政信箱法又称锁箱法,是指企业在各主要城市租用专门的邮政信箱,并开立分行存款户,授权当地银行每日开启信箱,在取得顾客支票后立即予以结算,并通过电汇将货款拨给企业所在地银行的方法。该方法缩短了支票邮寄及在企业停留的时间,但成本较高。

(2)银行业务集中法是一种通过建立多个收款中心来加速先进流转的方法。在这种方法下,企业往往指定一个主要开户银行(通常是总部所在地)为集中银行,并在收款额比较集中的若干地区设立若干个收款中心,顾客首先将款项交给较近的收款中心,然后由收款中心将款项交给集中银行。该方法的优点是账单和货款邮寄时间及支票兑现时间可以极大缩短,缺点是每个收款中心的地方银行都要求有一定的补偿余额,开设的中心越多,补偿性余额也越多,闲置的资金也越多,且设立收款中心需要一定的人力和物力,费用较高。因此,企业应在权衡利弊得失的基础上,做出是否采用该方法的决策,通常采用的考核指标是分散收账收益净额,其计算公式为

分散收账收益净额=(分散收账前应收账款投资额－分散收账后应收账款投资额)
×企业综合资金成本率－因增设收款中心每年增加费用

3. 付款管理

企业现金管理的另一个方面就是决定如何使用现金。根据风险与收益权衡原则,现金付款管理主要是在合理合法的前提下,控制现金的支出和尽可能延缓现金的支出时间。具体而言,现金支出管理可采用以下方法。

(1) 合理利用浮游量。现金浮游量是指企业账户上现金余额与银行账户上所示的存款余额之间的差额。使用现金浮游量可以减少企业现金持有量,从而提高企业现金使用效率。但是,使用现金浮游量也有一定风险,一方面可能会因支付不及时破坏企业之间的信用关系;另一方面可能会出现银行存款的透支现象。所以在使用现金浮游量时,必须注意控制好使用的额度和使用的时间。

(2) 尽量推迟支付应付款的时间。企业可以在不影响信誉的情况下,尽量推迟应付账款的支付期。例如,如果付款条件是"2/10,n/30",则企业若想得到现金折扣,就应在发票开出后的第 10 天付款,否则,就应该在第 30 天付款。

(3) 采用承兑汇票延迟付款。与普通支票不同的是,承兑汇票不是"见票即付"的票据。当它被提交给开票方银行时,开户行还必须将它交给签发者以获承兑,然后,付款人将一笔相当于汇票金额的款项存入银行,这样就推迟了企业调入现金支付汇票实际所需时间。其缺点是对方可能更喜欢用支票付款,同时银行也需要更多的手续处理汇票,因而会收取更高的手续费。

第三节　应收账款管理

一、应收账款的作用及成本

应收账款是企业对外赊销产品、材料,提供劳务及其他原因,应向购货或接受劳务的单位及其他单位收取的款项。当代经济中,商业信用的使用越来越多,应收账款的数额也越来越大,成为流动资金中的重要项目。

1. 应收账款的作用

1)增加销售

企业销售产品有现销和赊销两种方式。在销售顺畅无阻的情况下,企业一般喜欢采用现销的方式,这样能及时收到款项,又能避免坏账损失。然而在市场经济条件下,常常会面临同行的竞争。除了产品质量、价格、售后服务等竞争外,势必也有销售方式的竞争。赊销除了向客户提供产品外,同时提供了商业信用,即向客户提供了一笔在一定期限内无偿使用的资金。适时灵活地运用赊销方式能增加销售,增加企业的市场竞争能力。

2)减少存货

由于赊销方式能增加销售,因而也促成库存产成品存货的减少,使存货转化成应收账款。另外,减少存货能降低仓储、保险等管理费用支出,能减少存货变质等损失,有利于加速资金周转。

2. 应收账款的成本

企业持有应收账款主要有以下三项成本。

1) 机会成本

机会成本是指企业的资金被应收账款占用所丧失的潜在收益,它与应收账款的数额有关,与应收账款占用时间有关,也与参照利率有关。参照利率可用两种思维方法确定:假定资金没被应收账款占用,即应收账款款项已经收讫,那么,①这些资金可用于投资,取得投资收益,参照利率就是投资收益率;②这些资金可扣减筹资数额,供企业经营中使用而减少筹资用资的资金成本,参照利率就是企业的平均资金成本率。计算公式为

$$应收账款机会成本 = 维持赊销业务所需要的资金 \times 参照利率$$
$$= 应收账款平均余额 \times 变动成本率 \times 参照利率$$

其中:

$$应收账款平均余额 = \frac{赊销收入净额}{应收账款周转率}$$
$$= \frac{赊销收入净额}{\dfrac{360}{应收账款周转期}}$$
$$= \frac{赊销收入净额 \times 应收账款周转期}{360}$$

上式中应收账款周转期相当于应收账款平均收账期,在平均收账期不清楚的情况下,可用信用期限近似替代。

2) 管理成本

管理成本是指企业对应收账款进行管理而发生的开支,包括对客户的信用调查费用、应收账款记录分析费用、催收账款费用等。在应收账款的一定数额范围内,管理成本一般为固定成本。

3) 坏账成本

坏账成本是指应收账款因故不能收回而发生的损失。存在应收账款就难以避免坏账的发生,这会给企业带来不稳定与风险,企业可按有关规定以应收账款余额的一定比例提取坏账准备。坏账成本一般与应收账款的数额大小有关,与应收账款的拖欠时间有关。

二、信用政策

应收账款的信用政策是指应收账款的管理政策,包括信用标准、信用条件和收账政策。

1. 信用标准

信用标准是指客户获得本企业商业信用所应具备的条件,如客户达不到信用标准,则本企业将不给信用优惠,或只给较低的信用优惠。信用标准定得过高,会使销售减少并影响企

业的市场竞争力;信用标准定得过低,会增加坏账风险和收账费用。制定信用标准的定量依据是估量客户的信用等级和坏账损失率,定性依据是客户的资信程度。决定客户资信程度的因素有 5 个方面:一是客户品质,即客户的信誉,看客户以往是否有故意拖欠账款和赖账的行为,有否商业行为不端而受司法判处的前科,与其他供货企业的关系是否良好等;二是偿债能力,分析客户的财务报表,资产与负债的比率,资产的变现能力等以判断客户的偿付能力;三是资本,看客户的经济实力和财务状况;四是抵押品,看客户不能如期偿债时能用作抵押的资产,这对不知底细或信用状况有争议的客户尤为重要;五是经济情况,指会影响客户偿债能力的社会经济环境。

2. 信用条件

在根据信用标准决定给客户信用优惠时,应考虑具体的信用条件。信用条件包括信用期限、现金折扣等。

1) 信用期限

信用期限是指企业允许的购货与付款之间的时间间隔。信用期限过短不足以吸引顾客,不利于扩大销售;信用期限过长会引起机会成本、管理成本、坏账成本的增加。信用期限优化的判断依据是延长信用期限增加的销售利润是否超过增加的成本费用。

【例 7-4】 某企业预计信用期限为 20 天,销量可达 50 万件;信用期若延长到 40 天,销量可增加到 60 万件。假定该企业投资报酬率为 9%,产品单位售价为 4 元,其余条件如表 7-3 所示。

表 7-3 企业信用期成本　　　　　　　　　　单位:万元

项　　　目	信 用 期	
	20 天	40 天
销售额	200	240
销售成本		
变动成本	60	72
固定成本	20	20
毛利	120	148
收账费用	10	12
坏账损失	3	5

要求:确定该企业应选择哪一个信用期限?

【解析】 信用期由 20 天延长到 40 天

增加销售利润 $=148-120=28$(万元)

增加机会成本 $=240\times\dfrac{72}{240}\times9\%\times\dfrac{40}{360}-200\times\dfrac{60}{200}\times9\%\times\dfrac{20}{360}$

$\qquad\qquad=0.42$(万元)

增加管理成本 $=12-10=2$(万元)

增加坏账成本 $=5-3=2$(万元)

增加净收益 $=28-(0.42+2+2)=23.58$(万元)

应选择 40 天信用期。

本例中销售利润的增加是指毛利的增加,在固定成本总额不变的情况下也就是边际贡献的增加。

2)现金折扣

企业为了既能扩大销售,又能及早收回款项,往往在给客户信用期限的同时推出现金折扣条款。现金折扣是企业给予客户在规定时期内提前付款能按销售额的一定比率享受折扣的优惠政策,它包括折扣期限和现金折扣率两个要素。$(2/10,n/30)$ 表示信用期限为 30 天,如客户能在 10 天内付款,可享受 2% 的折扣,超过 10 天,则应在 30 天内足额付款。其中 10 天是折扣期限,2% 是现金折扣率。现金折扣本质上是一种筹资行为,因此现金折扣成本是筹资费用而非应收账款成本。在信用条件优化选择中,现金折扣条款能降低机会成本、管理成本和坏账成本,但同时也需付出一定的代价,即现金折扣成本。现金折扣条款有时也会影响销售额,造成销售利润的改变。现金折扣成本也是信用决策中的相关成本,在有现金折扣的情况下,信用条件优化的判断依据是增加的销售利润能否超过增加的机会成本、管理成本、坏账成本和折扣成本四项之和。其中现金折扣成本的计算公式为

$$现金折扣成本 = 赊销净额 \times 折扣期内付款的销售额比例 \times 现金折扣率$$

【例 7-5】 根据例 7-4 资料,若企业在采用 40 天的信用期限的同时,向客户提供 $(2/10,n/40)$ 的现金折扣,预计将有占销售额 60% 的客户在折扣期内付款,而收账费用和坏账损失均比信用期为 40 天的方案下降 8%。判断该企业应否向客户提供现金折扣。

【解析】 在例 7-4 中已判明 40 天信用期优于 20 天信用期,因此本例只需在 40 天信用期的前提下用有现金折扣方案和无现金折扣方案比较。

$$增加销售利润 = 0$$
$$平均收账期 = 10 \times 60\% + 40 \times 40\% = 22(天)$$
$$增加机会成本 = 240 \times \frac{72}{240} \times 9\% \times \frac{22}{360} - 240 \times \frac{72}{240} \times 9\% \times \frac{40}{360}$$
$$= -0.324(万元)$$
$$增加管理成本 = 12 \times (-8\%) = -0.96(万元)$$
$$增加坏账成本 = 5 \times (-8\%) = -0.4(万元)$$
$$增加折扣成本 = 240 \times 60\% \times 2\% = 2.88(万元)$$
$$增加净收益 = 0 - (-0.324 - 0.96 - 0.4 + 2.88) = -1.196(万元)$$

该企业不应向客户提供现金折扣。

【例 7-6】 某企业产销 A 产品,单位售价 400 元,单位变动成本 300 元。现接到某客户的追加订单 1 000 件,企业生产能力可以接受,但是该客户提出赊账期为 60 天的付款方式,假如在 30 天内付款能给予 2% 的现金折扣,客户愿意有 20% 的货款在折扣期内支付。该企业根据信用调查,该客户信用等级较低,坏账损失率可能达到 20%。该企业最低投资报酬率为 15%,收账管理费用为赊销收入额的 2%。

要求:计算并决策该企业是否应接受订单。

【解析】 $增加销售利润 = (400 - 300) \times 1\,000 = 100\,000(元)$

$$增加机会成本 = 400 \times \frac{300}{400} \times 1\,000 \times \left(20\% \times \frac{30}{360} + 80\% \times \frac{60}{360}\right) \times 15\%$$
$$= 6\,750(元)$$

$$增加管理成本 = 400 \times 1\,000 \times 2\% = 8\,000(元)$$

$$增加坏账成本 = 400 \times 1\,000 \times 20\% = 80\,000(元)$$

$$增加折扣成本 = 400 \times 1\,000 \times 20\% \times 2\% = 1\,600(元)$$

$$增加净收益 = 100\,000 - (6\,750 + 8\,000 + 80\,000 + 1\,600) = 3\,650(元)$$

该企业应接受订单。

3. 收账政策

收账政策是指客户违反信用条件,拖欠甚至拒付账款时企业应采取的策略。企业应投入一定收账费用以减少坏账的发生。一般地说,随着收账费用的增加,坏账损失会逐渐减少,但收账费用不是越多越好,因为收账费用增加到一定数额后,坏账损失不再减少,说明在市场经济条件下不可能绝对避免坏账。收账费用投入数额应在权衡增加的收账费用和减少的坏账损失后测算。

企业对客户欠款的催收应做到有理、有力、有节。对超过信用期限不多的客户宜采用电话、发信等方式提醒对方付款。对久拖不还的欠款,应具体调查分析客户欠款不还的原因。如客户确因财务困难而无力支付,则应与客户协商沟通,寻求解决问题的办法,甚至对客户予以适当帮助、进行债务重整等。如客户欠款属恣意赖账、品质恶劣,则应逐渐加强催账力度,直至诉诸法律,并将该客户从信用名单中排除。应尽量避免对客户采取强硬措施,要珍惜与客户之间的关系,树立良好的企业形象。

三、应收账款的日常管理

应收账款的日常管理主要包含以下两个方面。

1. 监督应收账款的收回

企业应编制应收账款账龄分析表,实施对应收账款收回情况的监督,如表 7-4 所示。

表 7-4 应收账款账龄分析表

应收账款账龄	账户数量	金额/万元	比重/%
信用期内	100	80	42.11
超过信用期 1 月内	50	40	21.05
超过信用期 2 月内	40	30	15.79
超过信用期 3 月内	30	20	10.53
超过信用期半年内	20	10	5.26
超过信用期 1 年内	10	5	2.63
超过信用期 1 年以上	15	5	2.63
合　　计	265	190	100

从账龄分析表可以得知企业的应收账款在信用期内及超过信用期各时间档次的金额及比重,也即账龄结构。一般逾期时间越长,收回的难度越大,也越可能形成坏账。通过账龄

结构分析,做好信用记录,可以研究与制定新的信用政策和收账政策。

2. 建立坏账准备金制度

在市场经济条件下,坏账损失难以避免。为使各会计年度合理负担坏账损失,减少企业的风险,应当建立应收账款坏账准备金制度。按现行企业财务制度规定,企业在年末可按应收账款余额的 3‰～5‰ 计提坏账准备金。

第四节　存　货　管　理

一、存货的功能

存货是指企业在生产经营过程中为销售或者耗用而储备的物资,包括材料、燃料、低值易耗品、在产品、半成品、产成品、协作件、商品等。存货管理水平的高低直接影响着企业的生产经营能否顺利进行,并最终影响企业的收益、风险。因此,存货管理是财务管理的一项重要内容。

存货管理是要在各种存货成本与存货效益之间作出权衡,在充分发挥存货功能的基础上,降低存货成本,实现两者的最佳组合。存货的功能是指存货在企业生产经营过程中起到的作用,具体包括以下几个方面。

1. 保证生产正常进行

生产过程中需要的原材料和在产品是生产的物质保证。为保障生产的正常进行,必须储备一定量的原材料,否则可能会造成生产中断、停工待料的现象。

2. 有利于销售

一定数量的存货储备能够增加企业在生产和销售方面的机动性和适应市场变化的能力。当企业市场需求量增加时,若产品储备不足就有可能失去销售良机。

3. 便于维持均衡生产,降低产品成本

有些企业产品属于季节性产品或者需求波动较大的产品,若仅根据需求状况组织生产,则可能有时生产能力得不到充分利用,有时又超负荷生产,这会造成产品成本的上升。

4. 降低存货取得成本

一般情况下,当企业进行采购时,进货总成本与采购物资的单价和采购次数有密切关系。许多供应商为鼓励客户多购买其产品,往往在客户采购量达到一定数量时,给予价格折扣,所以企业通过大批量集中进货,既可以享受价格折扣,降低购置成本,也因减少订货次数,降低了订货成本,使总的进货成本降低。

5. 防止意外事件的发生

企业在采购、运输、生产和销售过程中,都可能发生意料之外的事故,保持必要的存货储备,可以避免和减少意外事件带来的损失。

二、存货的成本

1. 取得成本

取得成本是指为取得某种存货而发生的支出,它由购置成本和订货成本构成。

(1) 购置成本是指存货本身的价值,即存货的买价,它是存货单价与数量的乘积。在无商业折扣的情况下,购置成本不随采购次数的变动而变动,是存货决策的一项无关成本。

(2) 订货成本是指为组织采购存货而发生的费用。订货成本有一部分与订货次数无关,如常设采购机构的基本开支等,这类固定性的订货成本与决策无关。订货成本中另一部分与订货次数有关,如差旅费、邮电费等,这类变动性的订货成本是决策中的相关成本。

2. 储存成本

储存成本是指存货在储存过程中发生的支出。储存成本有一部分是固定性的,如仓库折旧费、仓库员工的固定工资等,这类成本与决策无关。储存成本中另一部分为与存货储存数额成正比的变动成本,如存货资金的应计利息、存货损失、存货保险费等,这类变动性的储存成本是决策中的相关成本。

3. 缺货成本

缺货成本是指由于存货不足而造成的损失,如材料供应中断造成的停工损失,产成品库存短缺造成的延迟发货的信誉损失及丧失销售机会损失,材料缺货而采用替代材料的额外支出。缺货成本中有些是机会成本,只能作大致的估算。当企业允许缺货时,缺货成本随平均存货的减少而增加,是存货决策中的相关成本。

三、存货资金定额的测算

存货在企业流动资产中占的比重很大,做好存货资金定额的测算工作,有助于降低存货资金在流动资产中的比重,提高存货资金的利用效果。测算存货资金定额的方法有定额日数法、因素分析法和比例分析法等。

1. 定额日数法

定额日数法是根据存货每日平均资金占用额和定额日数来计算存货资金定额的一种方法。其计算公式为

$$存货资金定额＝每日平均资金占用额×定额日数$$

这种方法适用于原材料、在产品、产成品等资金定额的测算。

1）原材料资金定额的测算

原材料资金定额＝原材料每日平均资金占用额×原材料资金定额日数

$$= \frac{\text{计划期原材料耗用总量} \times \text{原材料计划单价}}{\text{计划期日数}}$$

$$\times (\text{在途日数} + \text{验收日数} + \text{整理准备日数} + \text{保险日数}$$

$$+ \text{供应间隔日数} \times \text{供应间隔系数})$$

式中，供应间隔系数是指原材料平均库存量与周转最高库存量的比率，如果用的仅是一种原材料，则此比率为 50%（精确地讲比 50% 略大一些），如果生产中同时用几种原材料，则此比率比 50% 要大，但一般小于 60%。供应间隔系数的精确计算稍有难度，本书不作介绍。式中供应间隔日数乘以供应间隔系数是因为原材料在供应间隔期内随着耗用，资金逐渐转移到在产品项目上，并非始终全额占用。

【例 7-7】　某企业计划年度生产甲产品 9 000 件，每件耗用 A 材料 200 千克，A 材料计划单价 100 元/千克。A 种材料在途 4 天，验收 1 天，整理准备 1 天，保险 2 天，供应间隔 30 天，供应间隔系数 60%。

要求：计算 A 材料资金定额。

【解析】　A 材料资金定额 $= \dfrac{100 \times 200 \times 9\,000}{360} \times (4 + 1 + 1 + 2 + 30 \times 60\%)$

$$= 13\,000\,000(\text{元})$$

2）在产品资金定额的测算

$$\text{在产品资金定额} = \frac{\text{计划期生产总量} \times \text{单位产品计划成本}}{\text{计划期日数}} \times \text{生产周期} \times \text{在产品成本系数}$$

式中，在产品成本系数是指生产过程中在产品平均成本占产成品成本的百分比，乘以此系数的原因是产品生产成本不一定在生产周期之初一次全额投入的。例如，某产品的单位成本是 150 元，其中原材料费用为 90 元，在生产开始时一次投入，其他费用 60 元在生产中陆续投入，则该产品的在产品成本系数为

$$\frac{90 + 60 \times 50\%}{150} = 80\%$$

【例 7-8】　某企业甲产品全年产量 20 000 吨，产品单位计划成本 500 元，生产周期 18 天，在产品成本系数为 70%。

要求：计算该在产品资金定额。

【解析】　该在产品资金定额 $= \dfrac{20\,000 \times 500}{360} \times 18 \times 70\% \approx 350\,000(\text{元})$

3）产成品资金定额的测算

$$\text{产成品资金定额} = \frac{\text{计划期生产总量} \times \text{单位产品计划成本}}{\text{计划期日数}} \times \text{产成品定额日数}$$

式中，产成品定额日数包括产成品在库储存日数、发运日数和销售款项的结算日数。

【例 7-9】　根据例 7-8 资料，若甲产品完工库存日数为 6 天，发运日数为 1 天，结算日数为 2 天。

要求：计算甲产品的产成品资金定额。

【解析】 $$产成品资金定额 = \frac{20\ 000 \times 500}{360} \times (6 + 1 + 2) \approx 250\ 000（元）$$

2. 因素分析法

因素分析法是以基期有关存货资金实际合理占用额为基础分析有关因素变动情况，进而测算存货资金定额的一种方法。其计算公式为

$$存货资金定额 = \left(\begin{array}{c}上年存货实际\\平均占用额\end{array} - \begin{array}{c}不合理\\占用额\end{array}\right) \times \left(1 + \begin{array}{c}预测年度\\生产增长百分比\end{array}\right)$$

$$\times \left(1 + \begin{array}{c}预测年度\\价格增长百分比\end{array}\right) \times \left(1 - \begin{array}{c}预测年度存货\\周转速度增长百分比\end{array}\right)$$

【例 7-10】 某企业上年度包装物平均占用资金 20 万元，其中不合理占用额为 2 万元。假定计划年度生产增长 5%，价格上涨 10%，资金周转加速 5%。

要求：计算计划年度包装物资金定额。

【解析】 包装物资金定额 = (200 000 − 20 000) × (1 + 5%) × (1 + 10%) × (1 − 5%)
= 197 505（元）

3. 比例分析法

比例分析法是根据存货资金占用额的相关指标的变动情况，按比例推算存货资金定额的一种方法。其计算公式为

$$存货资金定额 = \begin{array}{c}计划年度某项\\指标的数额\end{array} \times \begin{array}{c}上年该项指标\\正常存货率\end{array} \times \left(1 - \begin{array}{c}预测计划年度存货\\周转速度增长百分比\end{array}\right)$$

【例 7-11】 某企业上年度合理存货平均占用额为 40 万元，上年销售收入总额 800 万元，预测计划年度销售收入将增加到 1 000 万元，计划年度存货周转速度增长 10%。

要求：计算计划年度存货资金定额。

【解析】 $$存货资金定额 = 1\ 000 \times \frac{40}{800} \times (1 - 10\%) = 45（万元）$$

四、存货经济订货批量模型

经济订货批量是指能够使一定时期存货的相关总成本达到最低点的进货数量。通过上述对存货成本的分析可知，决定存货经济订货批量的成本因素主要包括变动性订货成本、变动性储存成本以及允许缺货时的缺货成本。不同的成本项目与进货批量有着不同的变动关系。订货的批量大，储存的存货就多，储存成本就高，同时，采购次数少，进货费用和缺货成本少；订货的批量小，储存的存货就少，储存成本就低，同时，采购次数多，进货费用和缺货成本就多。因此，如何协调各项成本之间的关系，使其成本总和保持最低水平，使企业组织进货过程需解决的主要问题。

1. 经济订货批量的基本模型

经济订货批量基本模型的前提条件包括以下几点。

（1）企业一定时期的进货总量可以较为准确地预测。

（2）存货的流转比较均衡。

（3）存货价格稳定，且不考虑商业折扣。

（4）进货日期完全由企业自行决定，并且每当存货量降为零时，下一批存货均能马上一次到位。

（5）仓储条件及所需现金不受限制。

（6）不允许出现缺货情形。

（7）所需存货市场供应充足。

在满足以上假设条件的前提下，存货的买价和短缺成本都不是决策相关成本，此时，经济批量考虑的仅仅是使变动性的进货费用与变动性的储存成本之和最低。

假设：Q 为经济订货批量；A 为某种存货年度计划进货总量；B 为平均每次进货费用；C 为单位存货年度单位储存成本；TC 为经济订货批量的总成本；W 为经济订货批量的平均占用资金；N 为年度最佳进货批次。

则

$$TC = A/Q \times B + Q/2 \times C = \sqrt{2ABC}$$

$$Q = \sqrt{\frac{2AB}{C}}$$

$$TC = \sqrt{2ABC}$$

$$W = PQ/2 = P\sqrt{\frac{AB}{2C}}$$

$$N = A/Q = \sqrt{\frac{AC}{2B}}$$

【例 7-12】 某企业全年需要 A 材料 120 000 千克，每千克 10 元，每千克 A 材料年储存成本为 6 元，平均每次进货费用 400 元。计算经济订货批量、经济订货批量的存货总成本、经济订货批量的平均占用资金及年度最佳进货批次。

【解析】 $Q = \sqrt{\dfrac{2 \times 120\,000 \times 400}{6}} = 4\,000$（千克）

$TC = \sqrt{2 \times 120\,000 \times 400 \times 6} = 24\,000$（元）

$W = 10 \times 4\,000/2 = 20\,000$（元）

$N = 120\,000/4\,000 = 30$（次）

最佳进货间隔期＝计算期日数/最佳进货批次＝360/30＝12（天）

上述表明，当订货批量为 4000 千克时，进货费用与储存成本总额最小。

【例 7-13】 假设某公司每年所需的原材料为 104 000 件，即每周平均消耗 2 000 件。如果每次订购 10 000 件，则可供公司 5 周的原材料需要。5 周后，原材料存货降至零，同时一批新的订货又将入库，此种存货水平与订货次数的关系如图 7-4 所示。现公司决定将每次订货量改为 5 000 件，每次订货只能供公司两周半生产所需，订货的次数较前者增加了一倍，但平均存货水平只有前者一半，其关系如图 7-5 所示。

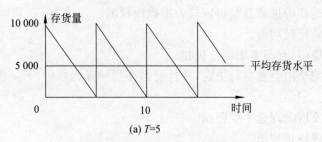

图 7-4　存货水平与订货次数关系(1)

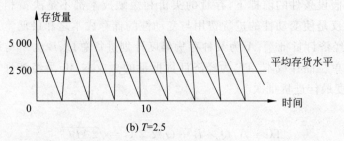

图 7-5　存货水平与订货次数关系(2)

本例中,存货的相关成本表现为订货成本和持有成本。订货成本与订货次数成本成正比,而持有成本则与平均存货水平成正比。设公司每次订货费用为 20 元,存货年持有费率为每件 0.8 元。则与订货批量有关的存货的年总成本 TC 为

$$TC = 20 \times \frac{104\ 000}{Q} + \frac{Q}{2} \times 0.8$$

式中,Q 表示每次进货批量。

进行订货批量测算的目的是要使存货总成本最小。由此例,可得出经济订货模型,存货的总成本为

$$TC = K \times \frac{D}{Q} + \frac{Q}{2} \times K_c$$

式中,TC 表示与订货批量有关的每期存货的总成本;D 表示每期对存货的总需求;Q 表示每次进货批量;K 表示每次订货的变动成本(每次订货费用);K_c 表示单位储存变动成本。

使 TC 最小的批量 Q 即为经济订货批量 EOQ。利用数学知识,可推导出:

$$EOQ = \sqrt{\frac{2KD}{K_c}}$$

$$TC = \sqrt{2KDK_c}$$

式中,TC 表示与订货批量有关的每期存货的总成本;D 表示每期对存货的总需求;Q 表示每次进货批量;K 表示每次订货的变动成本(每次订货费用);K_c 表示单位储存变动成本;EOQ 表示经济订货批量。

由该式可得例 7-13 中某公司经济订货批量和最小存货成本为

$$EOQ = \sqrt{\frac{2 \times 104\ 000 \times 20}{0.8}} \approx 2\ 280.35(件)$$

$$TC = \sqrt{2 \times KDK_c} = \sqrt{2 \times 20 \times 0.8 \times 104\,000} \approx 1\,824.28(元/件)$$

订货批量与订货成本、持有成本、存货总成本的关系如图 7-6 所示。

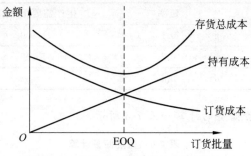

图 7-6 存货成本与订货批量的关系

有很多方法可以扩展经济订货模型，以使其适用范围更广。事实上，许多存货模型研究都立足于经济订货批量模型，通过扩展其假设进行测算。

2. 保险储备

经济订货批量是以供需稳定为前提的，但实际情况并非完全如此，企业对存货的需求量可能发生变化，交货时间也可能延误。在交货期内，如果需求量增大或交货时间延误，就会发生缺货。为防止由此造成的损失，企业需要有一定的保险储备。图 7-7 所示为在具有保险储备时的存货水平。在再订货点，企业按 EOQ 订货。为防止存货中断，再订货点应等于交货期内的预计需求与保险储备之和，即

$$再订货点 = 预计交货期内的需求 + 保险储备$$

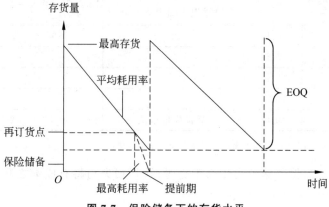

图 7-7 保险储备下的存货水平

企业应保持的保险储备取决于存货中断的概率和存货中断的损失。较高的保险储备可降低缺货损失，但也增加了存货的持有成本。因此，最佳的保险储备应该使缺货损失和保险储备的持有成本之和达到最低。

【例 7-14】 信达公司计划年度耗用某材料 100\,000 千克，材料单价 50 元，经济订货量 25\,000 千克，全年订货 4 次(100\,000/25\,000)，订货点为 1\,200 千克。单位材料年持有成本为材料单价的 25%，单位材料缺货损失 24 元。在交货期内，生产需要量及缺货概率如表 7-5

所示。计算该公司最佳保险储备。

表 7-5 信达公司生产需要量及缺货概率

生产需要量/千克	概率	生产需要量/千克	概率
1 000	0.1	1 300	0.2
1 100	0.2	1 400	0.1
1 200	0.4		

【解析】 该公司保险储备的计算如表 7-6 所示。

表 7-6 保险储备计算 金额单位：元

保险储备量	缺货量	缺货概率	缺 货 损 失	保险储备的持有成本	总成本
0	0	0.1	0		
	0	0.2	0		
	0	0.4	0		
	100	0.2	4×100×0.2×24＝1 920		
	200	0.1	4×200×0.1×24＝1 920 缺货损失期望值 3 840	0	3 840
100	0	0.1	0		
	0	0.2	0		
	0	0.4	0		
	0	0.2	0		
	0	0.1	4×100×0.1×24＝960 缺货损失期望值 960	100×50×0.25＝1 250	2 210
200	0	0.1	0		
	0	0.2	0		
	0	0.4	0		
	0	0.2	0		
	0	0.1	缺货损失期望值 0	200×50×0.25＝2 500	2 500

注：缺货损失＝每年订货次数×缺货数量×缺货概率×单位缺货损失。

由表 7-6 可知,当保险储备为 100 千克时,缺货损失与持有成本之和最低。因此,该企业保险储备量为 100 千克比较合适。

例 7-14 说明了考虑交货期间生产需求量时的最佳保险储备量的确定方法,而因延误供货引起的缺货可以通过估计延误时间和平均每日耗用量来计算增加的保险储备量。

库存管理不仅需要各种模型帮助确定适当的库存水平,还需要建立相应的库存控制系统。库存控制系统可以简单,也可以很复杂。传统的库存控制系统有定量控制系统和定时控制系统两种,定量控制系统是指当存货下降到一定存货水平时即发出订货单,订货数量是固定的和事先决定的。定时控制系统是每隔一固定时期,无论现有存货水平多少,即发出订货申请,这两种系统都较简单和易于理解,但不够精确。目前许多大型公司都已采用了计算机库存控制系统。将库存数据输入计算机后,计算机即对这批货物开始跟踪。此后,每当有该货物取出时,计算机就及时做出记录并修正库存余额。当库存下降到订货点时,计算机自动发出订单,并在收到订货时记下所有的库存量。大型企业的存货种类数以十万计,使用人力及传统方法来难以对如此众多的库存进行有效管理,无法及时调整存货水平并避免出现缺货或浪费现象,但计算机系统对此能做出迅速有效的反应。

五、存货的控制系统

伴随着业务流程重组的兴起以及计算机行业的发展,库存管理系统已有长足发展。从MRP(物料资源规划)到 MRPⅡ(制造资源规划),再到 ERP(企业资源规划),以及后来的柔性制造和供应链管理,甚至是外包等,都大大促进了企业库存管理方法的进步。这些新的生产方式把信息技术革命进步融为一体,提高了企业的整体运作效率。其中较为典型的库存控制系统为 ABC 控制系统和适时制库存控制系统。

1. ABC 控制系统

存货 ABC 分类管理是指按照一定标准,将企业的存货划分为 A、B、C 三类,分别实行分品种重点管理、分类别一般控制和按总额灵活掌握的存货管理方法。

1) 存货 ABC 分类标准

存货分类的标准主要有两个:一是金额标准;二是品种数量标准。其中最为主要的基本标准是金额标准,品种数量标准仅作为参考。A 类存货标准是金额巨大,品种数量很小;B 类存货标准是金额较大,品种数量相对较多;C 类存货标准是金额较小,品种数量繁多。

一般来说,存货的划分标准为:A 类存货金额占整个存货资金比重的 70%,品种数量占整个存货品种数量的 10%;B 类存货金额占整个存货资金比重的 20%,品种数量占整个存货品种数量的 20%;C 类存货金额占整个存货资金比重的 10%,品种数量占整个存货品种数量的 70%。

把存货划分为 A、B、C 三类后,应采取不同的管理方法。由于 A 类存货占用着企业绝大多数的资金,对 A 类存货应进行重点管理。同时,由于 A 类存货品种数量较少,企业完全有能力按照每一个品种进行管理;B 类存货金额相对较小,可以通过划分类别的方式进行管理;C 类存货尽管品种数量繁多,但其所占资金却很小,品种数量又很多,可以只对其进行总量控制和管理。

2) ABC 分类法的应用步骤

存货 ABC 分类法的具体应用过程可以分为以下三个步骤。

(1) 列示企业全部存货明细表,计算出每种存货的金额以及占全部存货金额的百分比。

(2) 按照每种存货金额由大到小进行排序,并累加存货金额百分比。

(3) 当存货金额百分比累加到占全部存货金额的 60%~80%时,这些存货的数目大概占全部存货数目的 5%~10%,把这些存货定为 A 类存货;剩下的存货继续累加到占全部存货金额的百分比 20%~30%,存货的数目大概占全部存货数目的 20%~30%,把这些存货定为 B 类存货;剩余的存货金额累计占全部存货金额的 5%~10%,而数目大概占全部存货数目的 60%~80%,把这些存货定为 C 类存货。

通过对存货进行 ABC 分类,可以使企业分清主次,采取相应的对策进行有效的管理和控制。如企业在组织经济订货批量、再订货点、保险储备、储存期分析时,对 A、B 两类存货要分别按品种和类别进行,而对 C 类存货只需要加以灵活掌握即可,一般不必进行上述各方面的测算与分析。此外,企业还可以运用 ABC 分类法研究各类消费者的消费倾向、档次等,对各档次存货的需要量加以估算,并购进相应数量的存货,从而使企业存货的购进与销售工作有效地建立在市场调查的基础上,获得良好的控制效果。

2. 适时制库存控制系统

适时制库存控制系统又称零库存管理、看板管理系统,是指制造企业事先与供应商和额客户协调好,只有当制造企业在生产过程中需要原料或零件时,供应商才会将原料或零件送来;而每当产品生产出来就被客户取走。这样,制造企业的库存持有水平就可以大大下降。显然,适时制库存控制系统需要的是稳定而标准的生产程序以及与供应商的诚信关系,否则,任何一环出现差错将导致整个生产线的停止。目前,已有越来越多的公司利用适时制库存控制系统减少甚至消除对库存的需求——即实行零库存管理,如沃尔玛、丰田、海尔等。适时制库存控制系统还逐步被应用于企业整个生产管理过程中——集开发、生产、库存和分销于一体,大大提高了企业运营管理效率。

本 章 小 结

本章讲述了营运资金的概述、现金持有动机、现金成本内容、最佳现金持有量、应收账款成本、应收账款信用政策、存货相关总成本等问题,包含以下要点。

(1)营运资金是指流动资产减去流动负债后的余额。营运资金的管理既包括流动资产的管理,也包括流动负债的管理。流动资产是指可以在一年或超过一年的一个营业周期内变现或耗用的资产,根据其占用形态的不同,可主要分为现金、短期投资、应收账款、存货等。流动负债是指在一年或超过一年的一个营业周期内需要清偿的债务,主要包括短期借款、交易性金融负债、应付票据、应付账款、预收款项、应计费用等。

(2)持有现金是出于四种动机:交易性动机、预防性动机、投机性动机、其他动机。交易性动机体现在持有一定量的现金以满足正常生产经营秩序下的需要;预防性动机体现在持有一定量的现金以应付紧急情况的现金需要;投机性动机体现在持有一定量的现金以抓住各种瞬间即逝的市场机会,获取较大利益的现金需要。

(3)持有现金是有成本的,最优的现金持有量是使得现金持有成本最小化的持有量,其成本包括机会成本、管理成本、短缺成本。机会成本是指企业因持有一定现金余额丧失的再投资收益;管理成本是指企业因持有一定数量的现金而发生的管理费用;现金短缺成本是指在现金持有量不足,又无法及时通过有价证券变现加以补充所给企业造成的损失,包括直接损失与间接损失。

(4)最佳现金持有量的确定方法有成本分析模式和存货模式。成本分析模式是机会成本和短缺成本之和最低的现金持有量;存货模式使现金机会成本与转换成本之和最低的现金持有量。

（5）持有应收账款主要有三项成本：机会成本、管理成本和坏账成本。应收账款的机会成本是指企业的资金被应收账款占用所丧失的潜在收益；应收账款的管理成本是指企业对应收账款进行管理而发生的开支；坏账成本是指应收账款因故不能收回而发生的损失。

（6）应收账款的信用政策是指应收账款的管理政策，包括信用标准、信用条件和收账政策。信用标准是指客户获得本企业商业信用所应具备的条件；信用条件包括信用期限、现金折扣等；收账政策是指客户违反信用条件，拖欠甚至拒付账款时企业应采取的策略。

（7）存货相关总成本包括取得成本、储存成本、缺货成本。取得成本是指为取得某种存货而发生的支出，它由购置成本和订货成本构成；储存成本是指存货在储存过程中发生的支出；缺货成本是指由于存货不足而造成的损失。

关键术语中英文对照

营运资金（working capital）

流动资产（current assets）

流动负债（current liabilities）

现金管理（cash management）

机会成本（the opportunity cost）

管理成本（management cost）

短缺成本（shortage cost）

最佳现金持有量（optimal cash holdings）

周转期（turnaround）

现金浮游量（float of cash）

汇票（draft）

支票（check）

透支（overdraft）

应收账款（accounts receivable）

坏账损失（bad debt losses）

存货（inventory）

案 例 学 习

商管公司营运资金管理存在的问题

1. 运营资金来源单一，回笼效率低下

商管公司的资金的来源较单一，租金和物管费等应收款不能及时收回。一是公司商户的租金、物管费没按照合同规定主动缴纳，商家总是在尽可能拖延，实在追得紧才来缴纳。二是商管公司管理层重视程度不够、内控制度落实力度较弱、工作人员平时催缴不力，导致合作商户拖欠租金、物管费。三是公司运营项目固守成规，应收款项来源单一。管理部门学习意识较弱，开拓市场能力不强。最后，代付代收等费用收缴拖延现象严重。公司每月代付各项能耗费(水、电费)等费用后按消耗量进行分摊，商户不用担心由于欠缴费而被水务公司、电力公司断水断电，造成商户缴费不及时。导致商管公司垫付资金被长期占用，资金的价值得不到最大化。

2. 成本预算控制弱化，缺乏预算理念随着市场经济的不断发展

我国企业特别是商管企业的生产经营环境变得更为困难，成本预算与支出控制应该逐渐成了商管公司发展的新的利润增长点。首先，公司未按内部控制的要求对成本及各项费用支出进行预算、成本费用支出进行总量和比率控制；未能依据科学的消耗测算，从实际需求量、最优价格进行控制，实行精细化管理，使得公司成本费用得不到有效控制，资金营运效率不高。其次，公司的成本费用没有严格的审批报销制度，不具有一定的针对性和目的性，只要业务真实，票据齐全，就给予实报实销。

3. 营运资金过度依赖总公司，自主意识薄弱

商管公司生产经营面对的风险包括自然风险、经济风险等多方面风险，而营运资金的管理风险主要受商业经营管理活动相联系的各种因素影响。一般商管公司往往依附于相应的总公司，使其不可避免地产生依赖性。公司管理层缺乏危机意识，当营运资金发生短缺影响到正常运营时，直接从总公司申请划拨，并不担心由于资金不足而导致运营非正常。此外，缺乏资金管理责任感，凡事有总公司支持，造成管理层对资金管理的懈怠，使得资金管理效率低下。商管公司主体地位得不到彰显，作为子公司(或分公司)的商管企业在公司管理的地位和作用上一般会处于受控地位，制约与影响着商管企业实施资产经营及人力资源管理，其开拓意识与主体地位难以实现自主创新。

4. 资产经营管理创新力度不强，开拓渠道不畅

实践证明，现代企业管理制度能否发挥效果，企业经营者是一个关键因素。商管公司一般受控于总公司，决策、管理、考核与激励等机制常常受总公司制约，因而开拓创新渠道会带有一定的滞后性。首先商管公司商铺受经济环境的影响，整体出租率低于90%，导致空置商铺较多，这部分商铺既无租金可收也无物管费可收。占用大量资金无法变现回收，严重制约公司的良性发展。其次经营管理模式单一，导致空置商铺多，制约市场的繁荣，影响商铺的升值，对入驻商家而言也限制了他们的发展，必将影响将来商铺的租金和物业管理费的升值空间。

(资料来源：胡秀凤，邹家琦. 商管公司营运资金管理相关问题研究[J]. 财富生活，2020(24)：56-57)

思考题：如何解决商管公司营运资金管理存在的问题？

课 后 练 习

一、单项选择题

1. 成本分析模式下的最佳现金持有量是使( )的成本之和最小的现金持有量。

A. 机会成本和转换成本　　　　　　B. 机会成本和短缺成本

C. 持有成本和转换成本   D. 持有成本、短缺成本和转换成本

2. 某企业全年需用 A 材料 2 400 吨,每次的订货成本为 400 元,每吨材料年储备成本 12 元,则每年最佳订货次数为( )次。

     A. 12   B. 6   C. 3   D. 4

3. 存货 ABC 分类管理法下,最基本的分类标准是( )。

     A. 金额   B. 品种   C. 数量   D. 体积

4. 最佳现金持有量的存货控制模式中,应考虑的相关成本主要有( )。

     A. 机会成本和固定性转换成本   B. 固定性转换成本和短缺成本

     C. 机会成本和短缺成本   D. 持有成本和短缺成本

5. 下列各项中,企业制订信用标准时不予考虑的因素是( )。

     A. 同行业竞争对手的情况   B. 企业自身的资信程度

     C. 客户的资信程度   D. 企业承担违约风险的能力

6. 信用标准通常用( )来表示。

     A. 预计的坏账损失率   B. 未来收益率

     C. 未来损失率   D. 账款收现率

7. 下列各项中,不属于信用条件构成要素的是( )。

     A. 信用期限   B. 现金折扣率   C. 现金折扣期   D. 商业折扣

8. 企业留存现金的原因,主要是为了满足( )。

     A. 交易性、预防性、收益性需要   B. 交易性、预防性、谨慎性需要

     C. 交易性、预防性、投机性需要   D. 交易性、预防性、安全性需要

9. 下列项目中,不属于信用条件的是( )。

     A. 现金折扣   B. 数量折扣   C. 信用期间   D. 折扣期

10. 对存货的投资属于( )。

     A. 固定资产投资   B. 营运资产投资

     C. 长期投资   D. 间接投资

11. 企业将资金占用在应收账款上而放弃投资于其他方面的收益称为应收账款的( )。

     A. 管理成本   B. 坏账成本   C. 短缺成本   D. 机会成本

12. 企业发生应收账款的原因是( )。

     A. 商业竞争   B. 提高速动比率

     C. 加速流动资金的周转   D. 减少坏账损失

13. 现金作为一种资产,它的( )。

     A. 流动性强,盈利性差   B. 流动性强,盈利性也强

     C. 流动性差,盈利性强   D. 流动性差,盈利性也差

14. 对信用期限的表述,正确的是( )。

     A. 信用期越长,企业坏账风险越小

     B. 信用期越长,表明客户享受的信用条件越优惠

     C. 延长信用期限,不利于销售收入的扩大

     D. 信用期限越长,应收账款的机会成本越低

15. 下列对现金折扣的表述,正确的是( )。

    A. 又叫数量折扣
    B. 折扣率越低,企业付出的代价越高

    C. 目的是为了加快账款的回收
    D. 为了增加利润,应当取消现金折扣

16. 衡量信用标准的指标是( )。

    A. 未来收益率
    B. 未来损失率

    C. 预计坏账损失率
    D. 账款收现率

17. ( )属于应收账款的机会成本。

    A. 对客户的资信调查费用
    B. 收账费用

    C. 坏账损失
    D. 应收账款占用资金的应计利息

18. 信用标准是客户获得企业( )所应具备的最低条件。

    A. 投资利润率
    B. 未来收益率
    C. 商业信用
    D. 现金折扣

19. 下列各项中,不属于应收张狂成本构成要素的是( )。

    A. 机会成本
    B. 管理成本
    C. 坏账准备
    D. 短缺成本

20. 对存货进行 ABC 类划分的最基本的标准是( )。

    A. 重量标准
    B. 数量标准
    C. 金额标准
    D. 数量和金额标准

21. 在对存货实行 ABC 分类管理的情况下,ABC 三类存货的品种数量比重大致为( )。

    A. 0.7∶0.2∶0.1
    B. 0.1∶0.2∶0.7

    C. 0.5∶0.3∶0.2
    D. 0.2∶0.3∶0.5

22. 下列各项中,属于应收账款机会成本的是( )。

    A. 应收账款占用资金的应计利息
    B. 客户资信调查费用

    C. 坏账损失
    D. 收账费用

23. 持有过量现金可能导致的不利后果是( )。

    A. 财务风险加大
    B. 收益水平下降

    C. 偿债能力下降
    D. 资产流动性下降

24. 在营运资金管理中,企业从收到尚未付款的材料开始,到以现金支付该货款之间所用的时间称为( )。

    A. 现金周转期
    B. 应付账款周转期

    C. 存货周转期
    D. 应收账款周转期

二、多项选择题

1. 企业为应付紧急情况所持有的现金余额主要取决的因素包括( )。

    A. 企业临时举债能力的强弱
    B. 企业愿意承担风险的程度

    C. 企业对现金流量预测的可靠程度
    D. 企业的经营规模

2. 流动资产的特点有( )。

    A. 流动性
    B. 波动性
    C. 风险大
    D. 投资回收期短

3. 企业的信用条件包括( )。

    A. 现金折扣
    B. 折扣期限
    C. 商业折扣
    D. 信用期限

4. 在存货管理的 ABC 分类法中,对存货进行分类的标准包括( )。

    A. 数量标准
    B. 质量标准
    C. 重量标准
    D. 金额标准

5. 企业持有现金的动机主要有（　　　）。

    A. 预防动机　　　　　B. 交易动机　　　　　C. 投资动机　　　　　D. 投机动机

6. 下列项目中,属于交易动机的是(　　　)。

    A. 缴纳税款　　　　　　　　　　　　B. 派发现金股利

    C. 购买原材料　　　　　　　　　　　D. 购买股票

7. 确定最佳现金持有量的常见模式有(　　　)。

    A. 存货模式　　　　　　　　　　　　B. 成本分析模式

    C. 现金周转期模式　　　　　　　　　D. 存货周转期模式

8. 企业在制定信用标准时应考虑的基本因素有(　　　)。

    A. 企业承担违约风险的能力　　　　　B. 同行业竞争对手的情况

    C. 客户的资信程度　　　　　　　　　D. 企业同客户关系密切程度

9. 在采用成本分析模式确定最佳现金持有量时,需要考虑的因素有(　　　)。

    A. 机会成本　　　　　B. 日利息率　　　　　C. 管理成本　　　　　D. 短缺成本

10. 企业对客户进行资信评估应当考虑的因素主要包括(　　　)。

    A. 信用品质　　　　　　　　　　　　B. 偿付能力

    C. 资本和抵押品　　　　　　　　　　D. 经济状况

11. 存货的功能主要包括(　　　)。

    A. 防止停工待料　　　　　　　　　　B. 适应市场变化

    C. 降低进货成本　　　　　　　　　　D. 维持均衡生产

12. 应收账款的主要功能有(　　　)。

    A. 促进销售　　　　　B. 阻碍销售　　　　　C. 减少存货　　　　　D. 增加存货

13. 现金成本的组成部分(　　　)。

    A. 短缺成本　　　　　B. 转换成本　　　　　C. 持有成本　　　　　D. 交易成本

14. 下列项目中,属于应收账款管理成本的有(　　　)。

    A. 对客户的资信调查费用　　　　　　B. 收账费用

    C. 坏账成本　　　　　　　　　　　　D. 账簿记录费用

15. 经济订货批量(　　　)。

    A. 与存货的年度总需求量成正比　　　B. 与每次订货的变动成本成反比

    C. 与单位存货的年储存成本成反比　　D. 与存货的购置成本成正比

16. 成本模式分析里的要素包括(　　　)。

    A. 总成本　　　　　　B. 机会成本　　　　　C. 管理成本　　　　　D. 现金持有量

17. 下列说法正确的是(　　　)。

    A. 交易成本和机会成本之和最小的现金持有量,就是最佳现金持有量

    B. 总成本＝机会成本＋交易成本

    C. 交易成本＝T/CF

    D. 机会成本＝$C/2K$

三、判断题

1. 在 ABC 分类管理法下,应当重点管理虽然品种数量较少,但金额巨大的存货。
（　　）

2. 企业为满足交易动机所持有的现金余额主要取决于企业的销售水平。（　　）

3. 在正常业务活动现金需要量的基础上,追加一定数量的现金余额以应付未来现金流入和流出的随机波动,这是出于预防动机。（　　）

4. 在利用成本分析模式和存货模式确定现金最佳持有量时,可以不考虑现金管理成本的影响。（　　）

5. 信用期限越长,企业坏账损失越小。（　　）

6. 营运资金就是流动资产。（　　）

7. 现金折扣是企业广泛采用的一种促销方法。（　　）

8. 在一定范围内,现金持有成本中的管理费用与现金持有量的多少无关。（　　）

9. 一般来说,资产的流动性越高,其获利能力就越强。（　　）

10. 存货占用资金的应计利息属于变动储存成本,在存货决策时应加以考虑。（　　）

11. 在利用存货模型计算最佳现金持有量时,对缺货成本一般不考虑。（　　）

12. 在有关现金折扣业务中,"1/10"表示若客户在一天内付款,可以享受 10％的折扣优惠。（　　）

13. 现金折扣是企业为鼓励客户多购买商品而给予的价格优惠。（　　）

14. 因为应收账款的收账花费与坏账损失一般呈反比关系,所以制订收账政策时就要在收账费用与所减少的坏账损失之间做出权衡。（　　）

15. 订货提前期对经济订货量不产生影响,因而存在或不存在订货提前期下的订货批量、订货次数、订货间隔期都是一样的。（　　）

16. 存货管理的经济订货批量即达到最低的订货成本的订货批量。（　　）

17. 企业为满足交易性需要所持有的现金余额主要取决于企业销售水平。（　　）

18. 企业的最佳现金持有量通常等于满足各种动机所需的现金余额之和。（　　）

19. 企业花费的收账费用越多,坏账损失越少,并且平均收账期也会越短。（　　）

20. 一般而言,当某种存货数量比重达到 70％左右时,可将其划分为 A 类存货,进行重点管理和控制。（　　）

收益分配管理

◆ **学习目标** ▌▌▌▌▌▌▌▌▌▌▌

　　了解收益分配原则和股利支付程序；
　　理解我国公司制企业收益分配的一般程序；
　　理解影响股利分配的因素；
　　掌握常用的股利分配政策；
　　掌握现金股利与股票股利的基本内容。

◆ **导入案例** ▌▌▌▌▌▌▌▌▌▌▌

克莱斯勒的股利政策

　　1995 年 4 月,金融家科克瑞恩和克莱斯勒汽车公司(以下简称"克莱斯勒")的前主席艾柯卡提出要以 55 美元一股的价格收购克莱斯勒的普通股,这一举动使得整个金融界为之震惊。该收购的主要资金来源是负债,但这个出价颇有蹊跷之处。他们还计划使用克莱斯勒自有的 55 亿美元现金来为该收购融资。他们的出价使得什么是公司合适的现金流量,以及公司的财务经理应如何使得股东财富最大化方面的争论愈加激化。

　　在出价之时,克莱斯勒已积聚了超过 70 亿美元的现金余额。克莱斯勒的董事会认为,公司需要 75 亿美元左右的现金来度过下一个经济衰退期,该目标显然符合股东的最大利益。然而,克莱斯勒最大的股东科克瑞恩却不同意这一点,他在当时拥有公司不足 10% 的发行在外股份(价值 15 亿美元)。他认为公司的现金余额过大,应当通过向股东返还现金的方式来加以削减。

　　为了了解科克瑞恩的思维角度,确定公司现金归谁所有非常关键。公司的董事会每个季度都会决定如何处置来自经营的多余现金。这些现金可以通过股利的方式发放给股东,也可以留存在企业。如果支付股利,便是流向股东的现金流量,如果将现金留在公司,这些钱仍然归属于股东,但事实上董事们通过增加净营运资本的方法使股东的资金再投资到了公司里。

　　争论的焦点是净营运资金的增加是否为股东提供了适当的回报。克莱斯勒的董事们认为现金能降低出现财务危机的概率,对于股东来说是有利的,然而,从科克瑞恩的角度来说,克莱斯勒的现金余额增加的同时,它的股价并没有上升。在 1994 年年末,科克瑞恩说服了克莱斯乐的董事会,用公司的一些多余现金将公司的股利提高了60%,并且进行了一项10亿美元的股票回购活动,这两项措施均给股东带来了现金流入。尽管如此,克莱斯勒的现金余额在1995年年初依然上升。股票价格却在继续下跌。科克瑞恩认为,积聚现金并不能增加股东的财富,更好的方法是让股东自行将现金进行再投资。

科克瑞恩与克莱斯勒之间争夺控制权的斗争最终如何结束,并不能解决这一公司究竟应该持有多少现金这个更为普遍的论题,而且克莱斯勒并不是唯一拥有大量现金的公司。1995年4月,据《华尔街日报》报道,克莱斯勒的现金持有量约为其股票市场价值的30%,福特为22%,英特尔为9%,这些公司已经为它们的股东们再投资了大量的资金。这些积聚了大量现金余额的公司可能最终需要向一个重要的、有时会发表意见的群体——它们的股东——辩护自己的行为。

(资料来源:克莱斯勒的股利政策. https://doc.mbalib.com/view/0c0f50a41803b4dcb4ab22c0261dad3a.html,2021-5-30)

思考题:你认为克莱斯勒的股利政策对公司市场价值产生怎样的影响?

基于产权理论的共享经济押金管理及收益分配研究——以共享单车为例

第一节　收益分配概述

一、收益分配的基本原则

企业通过经营活动赚取收益,并将其在相关各方面之间进行分配。企业的收益分配有广义的收益分配和狭义的收益分配两种。广义的收益分配是指对企业的收入和收益总额进行分配的过程;狭义的收益分配则是对企业净收益的分配。本章所指收益分配是指企业净收益的分配。作为一项重要的财务活动,企业的收益分配应当遵循以下原则。

1. 依法分配原则

企业的收益分配必须依法进行。企业的收益分配涉及国家、企业、股东、债权人、职工等多方面的利益。为了规范企业的收益分配行为,国家颁布了相关法规。这些法规规定了企业收益分配的基本要求、一般程序和重要比例,企业应当认真执行,不得违反。

2. 资本保全原则

企业的收益分配必须以资本保全为前提。企业的收益分配是对投资者投入资本的增值部分所进行的分配,不是投资者资本金的返还。以企业的资本金进行的分配,属于一种清算行为,而不是收益的分配。企业必须在有可供分配留存收益的情况下进行收益分配,只有这样才能充分保护投资者的利益。

3. 兼顾各方面利益原则

企业的收益分配必须兼顾各方面的利益。企业是经济社会的基本单元,企业的收益分配直接关系到各方的切身利益。企业除依法纳税外,投资者作为资本投入者、企业的所有者,依法享有净收益的分配权。企业的债权人,在向企业投入资金的同时也承担了一定的风险,企业的收益分配中应当体现出对债权人利益的充分保护,不能伤害债权人的利益。另外,企业的员工是企业净收益的直接创造者,企业的收益分配应当考虑员工的长远利益。因此,企业进行收益分配时,应当统筹兼顾,维护各利益相关团体的合法权益。

4. 分配与积累并重原则

企业的收益分配必须坚持分配与积累并重的原则。企业赚取的净收益,一部分对投资者进行分配;另一部分形成企业的资本积累。企业积累起来的留存收益仍归企业所有者拥有,只是暂时未作分配。积累的留存收益不仅为企业扩大再生产筹措了资金,同时也增加了企业抵抗风险的能力,提高了企业经营的稳定性和安全性,有利于所有者的长远利益。正确处理与积累之间的关系,留存一部分净收益以供未来分配之需,还可以达到以丰补歉,平抑收益分配数额波动,稳定投资报酬率的效果。因此,企业在进行收益分配时,应当正确处理分配与积累之间的关系。

5. 投资与收益对等原则

企业的收益分配必须遵循投资与收益对等原则,即企业进行收益分配应当体现"谁投资谁收益"、收益大小与投资比例相适应的原则。投资与收益对等原则是正确处理投资者利益关系的关键。企业在向投资者分配收益时,应本着平等一致的原则,按照投资者投入资本的比例进行分配,不允许发生任何一方随意多分多占的现象。这样才能从根本上实现收益分配中的公开、公平、公正,保护投资者的利益,提高投资者的积极性。

二、确定收益分配政策时应考虑的因素

在确定企业的收益分配政策时,应当考虑相关因素的影响。

1. 法律因素

为了保护债权人和股东利益,法律法规就公司的收益分配做出了规定,公司的收益分配政策必须符合相关法律规范的要求。相关要求主要体现在资本保全约束、偿债能力约束、资本积累约束、超额累积利润约束等方面。

1) 资本保全约束

资本保全约束要求公司股利的发放不能侵蚀资本,即公司不能因支付股利而引起资本减少。资本保全的目的,在于防止企业任意减少资本结构中的所有者权益的比例,以保护债权人的利益。

2）偿债能力约束

偿债能力约束是指企业应保证按时足额偿还各种到期债务的能力，偿债能力是企业确定收益分配政策时要考虑的一个基本因素。现金股利是企业的现金支出，而大量的现金支出必然影响公司的偿债能力。因此，公司在确定现金股利分配数量时，一定要考虑现金股利分配对公司偿债能力的影响，保证在现金股利分配后公司仍能保持较强的偿债能力，以维护公司的信誉和借贷能力，从而保证公司的正常资金周转。

3）资本积累约束

资本积累约束要求企业必须按照一定的比例和基数提取各种公积金，股利只能从企业的可供分配收益中支付，企业当期的净利润按照规定提取各种公积金后和过去累积的未分配利润形成企业的可供分配收益。另外，在进行收益分配时，企业若出现年度亏损，一般不进行利润分配。

4）超额累积利润约束

超额累积利润约束要求企业不得过多持有累积利润，持有的未分配利润不得超过合理数量。因为资本利得与股利收入的税率不一致，公司通过保留利润来提高其股票价格，则可使股东避税。有些国家的法律禁止公司过度积累盈余，如果一个公司盈余的积累大大超过公司目前及未来投资的需要，则可看作是过度保留，将被加征额外的税款。

2. 企业因素

企业出于长期发展和短期经营的考虑，需要结合以下因素来确定收益分配政策。

1）现金流量

企业资金的正常周转，是企业生产经营得以有序进行的必要条件。因此，保证企业正常的经营活动对现金的需求是确定收益分配政策的最重要的限制因素。企业在进行收益分配时，必须充分考虑企业的现金流量，而不仅仅是企业的净收益。由于会计规范的要求和核算方法的选择，有一部分项目增加了企业的净收益，但并未增加企业可供支配的现金流量，在确定收益分配政策时，企业应当充分考虑该方面的影响。

2）投资需求

企业的收益分配政策应当考虑未来投资需求的影响。如果企业有较多的投资机会，那么，它更适合采用低股利支付水平的分配政策。相反，如果企业的投资机会较少，那么它有可能倾向于采用较高的股利支付水平。

3）筹资能力

企业收益分配政策受其筹资能力的限制。如果企业具有较强的筹资能力，能随时筹集到所需资金，那么该企业具有较强的股利支付能力。

4）资产的流动性

企业现金股利的支付能力，在很大程度上受其资产流动性的限制。较多地支付现金股利，会减少企业的现金持有量，使资产的流动性降低，而保持一定的资产流动是企业正常运转的基础和必备条件。如果一个企业的资产有较强的变现能力，现金的来源较充裕，则它的股利支付能力也比较强。

5）盈利的稳定性

企业的收益分配政策在很大程度上会受其盈利稳定性的影响。一般而言，一个企业的盈利越稳定,其股利支付水平也就越高。

6) 筹资成本

企业的收益分配政策应考虑筹资成本的影响。留存收益是企业内部筹资的一种重要方式,同发行新股或举债相比,它具有成本低的优点。因此,很多企业在确定收益分配政策时,会将企业的净收益作为首选的筹资渠道,特别是在负债资金较多、资本结构欠佳的时期。

7) 股利政策惯性

企业在确定收益分配政策时,应当充分考虑股利政策调整有可能带来的负面影响。一般情况下,企业不宜经常改变其收益分配政策。如果企业历年采取的股利政策具有一定的连续性和稳定性,那么重大的股利政策调整有可能对企业的声誉、股票价格、负债能力、信用等多方面产生影响。另外,股东往往不愿意投资于股利波动频繁的股票。

8) 其他因素

企业收益分配政策还会受其他因素的影响。例如,上市公司所处行业会影响到它的股利政策,朝阳行业一般处于成长期,有可能进行较高比例的股利支付;而夕阳产业则由于处在发展的衰退期,往往难以进行高比例的分红;对从事公用事业的企业来说,往往有及时、充裕的现金来源,而且可选择的投资机会有限,所以发放现金股利的可能性较大。另外,企业可能有意多发股利使股价上升,使已发行的可转换债券尽快地实现转换,从而达到调整资本结构的目的或达到兼并、反收购的目的等。

3. 股东因素

股东在收入、控制权、税赋、投资机会等方面的考虑也会对企业的收益分配政策产生影响。

1) 收入

有些股东依赖公司发放的现金股利维持生活,他们往往要求公司能够支付稳定的股利,反对公司留存过多的收益。另外,有些股东认为留存利润使公司股票价格上升而获得资本利得具有较大的不确定性,取得现实的股利比较可靠,也会倾向于多分配股利。

2) 控制权

收益分配政策也会受到现有股东对控制权要求的影响。以现有股东为基础组成的董事会,在长期的经营中可能形成了一定的有效控制格局,他们往往会将股利政策作为维持其控制地位的工具。当公司为有利可图的投资机会筹集所需资金,而外部又无适当的筹资渠道可以利用时,为避免由于增发新股使新的股东加入公司,打破目前已经形成的控制格局,股东会倾向于较低的股利支付水平,以便从内部的留存收益中取得所需资金。

3) 税赋

企业的收益分配政策会受股东对税赋因素考虑的影响。一般而言,股利收入的税率高于资本利得的税率,很多股东会因此偏好低股利支付水平,以获得更多纳税方面的好处。

4) 投资机会

股东的外部投资机会也是企业制定分配政策必须考虑的一个因素。如果企业将留存收益用于再投资的所得报酬低于股东个人单独将股利收入投资于其他投资机会所得的报酬,则股东倾向于公司不应多留存收益,而应多发放股利给股东。

4. 债务契约与通货膨胀

1) 债务契约

一般来说,股利支付水平越高,留存收益越少,则公司的破产风险越大,越有可能损害债权人的利益。因此,为了保证自己的利益不受损害,债权人通常都会在公司借款合同、债务契约,以及租赁合约中加入关于借款公司股利政策的条款,以限制公司股利的发放。限制条款一般包括以下几个方面。

(1) 未来的股利只能以签订合同之后的收益来发放,即不能以过去的留存收益来发放股利。

(2) 营运资金低于某一特定金额时不得发放股利。

(3) 将利润的一部分以偿债基金的形式留存下来。

(4) 利息保障倍数低于一定水平时不得发放股利。

2) 通货膨胀

通货膨胀会使货币购买力水平下降、固定资产重置资金来源不足,此时,企业往往不得不考虑留用一定的利润,以便弥补由于货币购买力水平下降而造成的固定资产重置资金缺口。因此,在通货膨胀时期,企业一般会采取偏紧的收益分配政策。

三、股利理论

股利理论主要包括股利无关论、股利相关论、所得税差异理论及代理理论。

1. 股利无关论

股利无关论(也称 MM 理论)认为,在一定假设条件下,股利政策不会对企业的价值或股票的价格产生任何影响。一个企业的股票价格完全由企业的投资决策的获利能力和风险组合决定,而与企业的利润分配政策无关。该理论是建立在完全市场理论之上的,其假设条件包括:①市场具有强式效率;②不存在任何企业或个人所得税;③不存在任何筹资费用(包括发行费用和各种交易费用);④企业的投资决策与股利决策彼此独立(企业的股利政策不影响投资决策)。

2. 股利相关论

股利相关理论认为,企业的股利政策会影响到股票价格,其主要观点包括以下两种。

1) 股利重要论

股利重要论(又称"在手之鸟"理论)认为,留存收益再投资给投资者带来的收益具有较大的不确定性,并且投资的风险随着时间的推移会进一步增大,因此,投资者更喜欢现金股利,而不愿意将收益留存在企业内部,承担未来的投资风险。结合证券市场中收益与风险正相关的理论关系,当企业提高股利支付时,投资者由于需要承担的投资风险较小,所要求的报酬率也较低,所以会使企业股票价格上升;而当企业降低股利支付时,投资者相对承担较高的投资风险,所要求的报酬率也较高,就会导致企业股票价格下降。因此,该理论认为企业的股利政策与企业的股票价格是密切相关的,即当企业支付较高的股利时,企业的股票价格会随之上升,所以企业应保持较高水平的股利支付政策。

2）信号传递理论

信号传递理论认为，在信息不对称的情况下，企业可以通过股利政策向市场传递有关企业未来获利能力的信息，从而影响企业的股价。预期未来获利能力强的企业往往愿意通过相对较高的股利支付水平，把自己同预期获利能力差的企业区别开来，以吸引更多的投资者。对市场上的投资者而言，股利政策的差异是反映企业预期获利能力的极有价值的信号。如果企业连续保持较为稳定的股利支付水平，投资者就可能对企业未来的获利能力与现金流量抱有较为乐观的预期。另外，如果企业的股利支付水平在过去一个较长的时期内相对稳定，而现在却有所变化，投资者将会把这种现象看作企业管理当局将改变企业未来收益率的信号，股票市价将会对股利的变动做出反应。

3. 所得税差异理论

所得税差异理论认为，由于普遍存在的税率的差异及纳税时间的差异，资本利得收入比股利收入更有助于实现收益最大化目标，企业应当采用低股利政策。由于认为股利收入和资本利得收入是不同类型的收入，所以在很多国家，对它们征收所得税的税率不同，对资本利得收入征收的税率一般低于对股利收入征收的税率。另外，即使不考虑税率差异因素的影响，股利收入纳税和资本利得收入纳税的时间上也是存在差异的。相对于股利收入的纳税时间来说，投资者对资本利得收入的纳税时间选择更具弹性，投资者可以自由推后资本利得收入纳税的时间，形成延迟纳税带来的收益差异。

因此，在其他条件不变的情况下，投资者更偏好资本利得收入而不是股利收入。而持有高股利支付政策股票的投资者，为了取得与低股利支付政策股票相同的税后净收益，会要求更高的税前回报预期。这会导致资本市场上的股票价格与股利支付水平呈反向变化，而权益资本成本与股利支付水平呈正向变化的情况。

4. 代理理论

代理理论认为，股利政策有助于减缓管理者与股东之间的代理冲突，是协调股东与管理者之间代理关系的一种约束机制。根据代理理论，在存在代理问题时，股利政策的选择至关重要。较多派发现金股利往往具有以下两点优势：①企业管理者将企业的盈利以股利的形式支付给投资者，则管理者自身可以支配的"闲余现金流量"相应减少，这在一定程度上可以抑制企业管理者过度扩大投资或进行特权消费，从而保护外部投资者的利益；②较多派发现金股利，减少了内部融资，促使企业进入资本市场寻求外部融资，从而企业可以经常接受资本市场的有效监督，通过资本市场的监督减少代理成本。因此，高水平的股利支付政策有助于降低企业的代理成本，但同时也增加了企业的外部融资成本，理想的股利政策应当使两种成本之和最小。

第二节　股　利　政　策

股利政策是指在法律允许的范围内，企业是否发放股利、发放多少股利以及何时发放股利的方针及对策。企业的净收益可以支付给股东，也可以留存在企业内部，股利政策的关键问题是确定分配和留存的比例。股利政策不仅会影响股东的财富,而且会影响企业在资本市场上的形象及企业股票的价格,更会影响企业的利益。因此,合理的股利政策对企业及股东来讲是非常重要的。企业应当确定适当的股利政策,并使其保持连续性,以便股东据以判断其发展的趋势。在实际工作中,通常有下列几种股利发放政策可供选择。

一、剩余股利政策

剩余股利政策是指企业生产经营所获得的净收益首先应满足企业的资金需求,如还有剩余,则派发股利;如果没有剩余,则不派发股利。剩余股利政策的理论依据是股利无关理论。根据股利无关理论,在完全理想状态下的资本市场中,上市公司的股利政策与公司普通股每股市价无关,公司派发股利的高低不会给股东的财富价值带来实质性的影响,投资者对于盈利的留存或发放毫无偏好,公司决策者不必考虑公司的分红模式,公司的股利政策只需随着公司的投资、融资方案的制定而自然确定。另外,很多公司有自己的最佳目标投资结构,公司的股利政策不应当破坏最佳资本结构。根据剩余股利政策,公司按如下步骤确定其股利分配额。

(1) 根据公司的投资计划确定公司的最佳资本预算。

(2) 根据公司的目标资本结构及最佳资本预算预计公司资金需求中所需要的权益资本数额。

(3) 尽可能用留存收益满足资金需求中所需增加的股东权益数额。

(4) 留存收益在满足公司股东权益增加需求后,如果有剩余再用于发放股利。

【例 8-1】 假设某公司 2020 年税后净利润为 2 000 万元,2021 年的投资计划需要资金 2 200 万元,公司的目标资本结构为权益资本占 60%,债务资本占 40%。求 2020 年可以发放的股利额。

【解析】 按照目标资本结构的要求,公司投资方案所需的权益资本额为

$$2\ 200 \times 60\% = 1\ 320(万元)$$

在满足上述投资方案所需的权益性资本额以外,2020 年可以发放的股利额为

$$2\ 000 - 1320 = 680(万元)$$

剩余股利政策的优点是:留存收益优先保证再投资的需要,从而有助于降低再投资的资金成本,保持最佳的资本结构,实现企业价值的长期最大化。其缺点是:如果完全执行剩余股利政策,股利发放额就会随投资机会和盈利水平的波动而波动,即使在盈利水平不变的情况下,股利也将与投资机会呈反方向变动,投资机会越多,股利越少,投资机会越少,股利越多。因此,剩余股利政策不利于资者安排收入与支出,也不利于公司树立良好的形象,一般适用于公司初创阶段。

二、固定或稳定增长的股利政策

固定或稳定增长的股利政策是指企业将每年派发的股利额固定在某一特定水平或是在此基础上维持某一固定比率逐年稳定增长。只有在确信企业未来的盈利增长不会发生逆转时,才会宣布实施固定或稳定增长的股利政策。在固定或稳定增长的股利政策下,首先应确

定的是股利分配额,而且该分配额一般不随资金需求的波动而波动。

近年来,为了避免通货膨胀对股东收益的影响,最终达到吸引投资的目的,很多企业开始实行稳定增长的股利政策,即为了避免股利的实际波动,企业在支付某一固定股利的基础上,制定一个目标股利增长率,依据企业的盈利水平按目标股利增长率逐步提高企业的股利支付水平。

1. 固定或稳定增长股利政策的优点

1)有利于稳定公司股价

固定或稳定增长的股利政策可以传递给股票市场和投资者一个企业经营状况稳定、管理层对未来充满信心的信号,有利于企业在资本市场上树立良好的形象、增强投资者信心,进而稳定股价。

2)有利于股东安排支出

固定或稳定增长股利政策有利于吸引打算进行长期投资的股东,这部分股东希望获得稳定的收入来源,以便安排各种经常性的消费和其他支出。

2. 固定或稳定增长股利政策的缺点

1)股利支付与公司盈利相脱离

固定或稳定增长股利政策下的股利支付与企业盈利相脱离,即不论盈利多少,均要按固定的乃至固定增长的比率派发股利。

2)给公司的财务运作带来很大压力

在企业的发展过程中,难免会出现经营状况不好或短暂的困难时期,如果这时仍执行固定或稳定增长的股利政策,派发的股利金额大于实现的盈利,将侵蚀企业的留存收益,影响企业的后续发展,甚至侵蚀企业现有的资本,给企业财务运作带来很大压力,最终影响企业正常的生产经营活动。

因此,采用固定或稳定增长的股利政策,要求企业对未来的盈利和支付能力做出较准确的判断。一般来说,固定股利额不应太高,要留有余地,以免陷入无力支付的被动局面。固定或稳定增长的股利政策一般适用于经营比较稳定或正处于成长期的企业,且很难被长期采用。

三、固定股利支付率政策

固定股利支付率政策是指企业将每年净收益的某一固定比例作为股利分派给股东,这一比例通常称为股利支付率。股利支付率一经确定,一般不得随意变更。固定股利支付率越高,企业留存的净收益越少。在这一股利政策下,企业的税后利润一经计算确定,应派发的股利也就相应确定了。

1. 固定股利支付率政策的优点

1)股利与公司盈余紧密配合

固定股利支付率体现了多盈多分、少盈少分、无盈不分的股利分配原则。

2）体现一种稳定的股利政策

采用固定股利支付率政策,企业每年按固定的比例从税后利润中支付现金股利,从企业支付能力的角度看,这是一种稳定的股利政策。

2. 固定股利支付率政策的缺点

1）容易泄露企业经营信息

大多数企业每年的收益很难保持稳定不变,如果企业每年收益状况不同,固定支付率的股利政策将导致企业每年股利分配额的频繁变化。而股利通常被认为是企业经营状况的信号传递,波动的股利向市场传递的信息则是企业收益前景不明确、不可靠,容易给投资者带来企业经营状况不稳定、投资风险较大的不良印象。

2）容易使企业面临较大的财务压力

企业实现的盈利越多,一定支付率下派发的股利就越多,但企业实现的盈利多,并不代表企业有充足的现金派发股利,只能表明盈利状况较好。如果企业的现金流量状况不佳,却仍要按固定比率派发股利,很容易给企业造成较大的财务压力。

3）缺乏财务弹性

在不同阶段,根据财务状况制定不同的股利政策,会更有效地实现企业的财务目标。但在固定股利支付率政策下,企业丧失了利用股利政策的财务方法,缺乏财务弹性。

4）合适的固定股利支付率的确定难度大

固定股利支付率确定得较低,不能满足投资者对投资收益的要求;固定股利支付率确定得较高,则会给企业带来巨大财务压力,确定较优的股利支付率的难度很大。

由于企业每年面临的投资机会、筹资渠道都不同,而这些都可以影响到企业的股利分派,所以,一成不变地奉行固定股利支付率政策的企业在实际中并不多,该政策只是比较适用于那些处于稳定发展且财务状况也较稳定的企业。

【例 8-2】 某公司长期采用固定股利支付率政策进行股利分配,确定的股利支付率为40%。2020 年该公司税后利润为 1 000 万元,(1) 如果仍然继续执行固定股利支付率政策,计算公司 2020 年度需要支付的股利;(2) 若该公司下一年度有较大的投资需求,准备在2020 年度采用剩余股利政策,投资预算为 1 200 万元,目标资本结构为权益资本占 60%,债务资本占 40%。按照目标资本结构的要求,计算公司 2020 年度可发放的股利。

【解析】

(1) 使用固定股利支付率政策,可支付股利:

$$1\ 000 \times 40\% = 400(万元)$$

(2) 使用剩余股利政策,可支付股利:

$$1\ 000 - 1\ 200 \times 60\% = 280(万元)$$

四、低正常股利加额外股利政策

低正常股利加额外股利政策是指企业事先设定一个较低的正常股利额,每年除按正常股利额向股东发放现金股利外,还在企业盈利情况较好、资金较为充裕的年度向股东发放高于每年度正常股利的额外股利。

1. 低正常股利加额外股利政策的优点

1）具有较大的财务弹性

低正常股利加额外股利政策赋予企业一定的灵活性，使企业在股利发放上具有较大的财务弹性，企业可以根据具体情况，选择不同的股利发放水平，以完善其资本结构，进而实现财务目标。

2）有助于稳定股价

低正常股利加额外股利政策有助于稳定股价，增强投资者信心。由于每年固定派发的股利维持在一个较低的水平上，在企业盈利较少或需用较多的留存收益进行投资时，企业仍然能够按照既定承诺的股利水平派发股利，使投资者保持一个固有的收益保障，这有助于维持企业股票的现有价格。而当企业盈利状况较好且有剩余现金时，就可以在正常股利的基础上再派发额外股利，而额外股利信息的传递则有助于企业股票的股价上扬，增强投资者信心。

低正常股利加额外股利政策既吸收了固定股利政策对股东投资收益的保障优点，又摒弃其对公司所造成的财务压力方面的不足，在资本市场上颇受投资者和公司的欢迎。

2. 低正常股利加额外股利政策的缺点

1）股利派发缺乏稳定性

由于企业盈利波动会使额外股利不断变化，时有时无，容易给投资者以企业收益不稳定的感觉。

2）不发额外股利的负面影响较大

若企业在较长时期持续发放额外股利，可能会被股东误认为所得的是"正常股利"，一旦取消了这部分额外股利，可能会使股东认为企业财务状况恶化，进而可能会引起其股价下跌。

第三节　股利分配程序与方案

一、股利分配程序

公司进行利润分配涉及的项目包括盈余公积和股利两部分。公司税后利润分配的顺序如下。

1. 弥补企业以前年度亏损

公司的法定公积金不足以弥补以前年度亏损的，在提取法定公积金之前，应当先用当年利润弥补亏损。

2. 提取法定盈余公积金

现行制度规定，法定盈余公积的提取比例为当年税后利润（弥补亏损后）的10%。法定盈余公积金已达注册资本的 50% 时可不再提取。法定盈余公积可用于弥补亏损、扩大公司生产经营或转增资本,但企业用盈余公积金转增资本后,法定盈余公积金的余额不得低于转增前公司注册资本的 25%。

3. 提取任意盈余公积金

现行制度规定,公司从税后利润中提取法定公积金后,经股东会或者股东大会决议,还可以从税后利润中提取任意公积金。

4. 向股东(投资者)分配股利(利润)

现行制度规定,公司弥补亏损和提取公积金后所余税后利润,可以向股东(投资者)分配股利(利润),其中有限责任公司股东按照实缴的出资比例分取红利,全体股东约定不按照出资比例分取红利的除外;股份有限公司按照股东持有的股份比例分配,但股份有限公司章程规定不按持股比例的除外。

根据公司法的规定,股东会、股东大会或者董事会违反相关规定,在公司弥补亏损和提取法定公积金之前向股东分配利润的,股东必须将违反规定分配的利润退还公司。

【例 8-3】 洪成公司 2013 年年初未分配利润账户的贷方余额为 37 万元,2013 年发生亏损 100 万元,2014—2018 年间的每年税前利润为 10 万元,2019 年税前利润为 15 万元,2020 年税前利润为 40 万元。所得税税率为 20%,盈余公积金(含公益金)计提比例为 15%。计算:(1)2019 年应交纳的所得税是多少,是否计提盈余公积金(含公益金)?(2)2020 年可供给投资者分配的利润为多少?

【解析】

(1) 2019 年年初未分配利润 $= 37 - 100 + 10 \times 5$

$$= -13(万元)(为以后年度税后利润应弥补的亏损)$$

2019 年应交纳所得税 $= 15 \times 20\% = 3(万元)$

2019 年税后利润 $= 15 - 3 = 12(万元)$

企业可供分配的利润 $= 12 - 13 = -1(万元)$

因此不能计提盈余公积金(含公益金)。

(2) 2020 年税后利润 $= 40 \times (1 - 20\%) = 32(万元)$

可供给分配的利润 $= 32 - 1 = 31(万元)$

计提盈余公积金(公益金) $= 31 \times 15\% = 4.65(万元)$

2020 年可供给投资者分配的利润 $= 31 - 4.65 = 26.35(万元)$

二、股利分配方案的确定

确定股利分配方案需要考虑以下三个方面的内容。

1. 选择股利政策

股利政策不仅影响股东的利益,也会影响公司的正常运营以及未来的发展,因此,制定恰当的股利政策尤为重要。由于各种股利政策各有利弊,公司在进行股利政策决策时,要综合考虑公司面临的具体情况,遵循收益分配的各项原则,以保证不偏离公司目标。

每个公司都有自己的发展阶段,一般包括初创阶段、增长阶段、稳定阶段、成熟阶段和衰退阶段等。在不同的发展阶段,公司所面临的财务、经营状况都会有所不同,在制定股利政策时还要与其所处的发展阶段相适应。公司在发展阶段的股利政策如表 8-1 所示。

表 8-1　公司在不同发展阶段的股利政策

公司发展阶段	特　点	适用的股利政策
初创阶段	公司经营风险高,有投资需求,融资能力差	剩余股利政策
增长阶段	公司快速发展,投资需求大	低正常股利加额外股利政策
稳定阶段	公司业务稳定增长,投资需求减少,净现金流入量增加,每股净收益呈上升趋势	固定或稳定增长股利政策
成熟阶段	公司盈利水平稳定,公司通常已经积累了一定的留存收益和资金	固定股利支付率政策
衰退阶段	公司业务锐减,获利能力和现金获得能力下降	剩余股利政策

2. 确定股利支付水平

股利支付水平通常用股利支付率来衡量。股利支付率是当年发放股利与当年净利润之比,或每股股利除以每股收益。股利支付率的制定往往使公司处于两难境地:低股利支付率虽然有利于公司留存收益,有利于扩大投资规模和未来的持续发展,但在资本市场上对投资者的吸引力会大大降低;而高股利支付率政策有利于增强资本股票的吸引力,有助于公司在资本市场上筹集资金,但由于留存收益的减少,又会给企业资金周转带来影响,加重公司的财务负担。

是否对股东派发股利以及股利支付率高低的确定,取决于下列因素:①企业所处的成长周期;②企业的投资机会;③企业的筹资能力及筹资成本;④企业的资本结构;⑤股利的信号传递功能;⑥借款协议及法律限制;⑦股东偏好;⑧通货膨胀等因素。

3. 确定股利支付形式

股利支付通常有以下四种形式。

1) 现金股利

现金股利是以现金支付的股利,是股利支付中最常见的方式。发放现金股利会减少公司资产负债表上的留存收益和现金,公司选择支付现金股利时,除了要有足够的留存收益之外,还要有足够的现金,而充足的现金往往会成为公司发放现金股利的主要制约因素。

2) 财产股利

财产股利是以现金以外的其他资产支付的股利,主要是以公司所拥有的其他公司的有价证券,如公司债券、公司股票等,作为股利发放给股东。

3) 负债股利

负债股利是以负债方式支付的股利,通常以公司的应付票据支付给股东,有时也以发行公司债券的方式支付股利。

财产股利和负债股利实际上都是现金股利的替代方式,但目前这两种股利方式在我国公司实务中极少使用。

　　4）股票股利

　　股票股利是公司以增发股票的方式所支付的股利,通常称其为"红股"。对公司来说,股票股利并没有现金流出企业,也不会导致公司财产减少,而只是将公司的留存收益转化为股本。但股票股利会增加流通在外的股票数量,同时降低股票的每股价值,它不会改变公司股东权益的总额,但会改变股东权益的构成。

　　【例 8-4】　某上市公司在 2020 年发放股票股利前,其资产负债表上的股东权益账户情况如下(单位:万元)。

股东权益:

普通股(面值1元,流通在外2 000万股)	2 000
资本公积	4 000
盈余公积	2 000
未分配利润	3 000
股东权益合计	11 000

　　假设该公司宣布发放 30% 的股票股利,现有股东每持有 10 股,即可获得赠送的 3 股普通股。该公司发放的股票股利为 600 万股,随着股票股利的发放,未分配利润中有 600 万元的资金要转移到普通股的股本账户上去,因而普通股股本由原来的 2 000 万元增加到 2 600 万元,而未分配利润的余额由 3 000 万元减少至 2 400 万元,但该公司的股东权益总额并未发生改变,仍是 11 000 万元,股票股利发放之后的资产负债表上股东权益部分情况如下。

股东权益:

普通股(面值1元,流通在外2 600万股)	2 600
资本公积	4 000
盈余公积	2 000
未分配利润	2 400
股东权益合计	11 000

　　假设一位股东派发股票股利之前持有公司的普通股 3 000 股,那么,他拥有的股权比例为

$$3\ 000 \div 20\ 000\ 000 = 0.015\%$$

　　派发股利之后,他拥有的股票数量和股份比例为

$$3\ 000 + 900 = 3\ 900(股)$$

$$3\ 900 \div 26\ 000\ 000 = 0.015\%$$

　　由上例可知,由于公司的净资产不变,股票股利派发前后每一位股东的持股比例也不发生变化,那么他们各自持股所代表的净资产也不会改变。

　　表面上看,除了所持股数同比例增加之外,股票股利好像并未给股东带来直接收益,事实上并非如此。理论上,派发股票股利之后的每股价格会成比例降低,保持股东的持有价值不变,但实务中这并非是必然的结果。资本市场和投资者普遍认为,公司发放股票股利往往预示着公司会有较大的发展和成长,这不仅会稳定股票价格,甚至还会使股价不降反升。另外,如果股东把股票股利出售,变成现金收入,还会给他带来资本利得的纳税上的好处。所以股票股利对股东来说并非像表面上看到的那样毫无意义。

　　对公司而言,股票股利的优点主要有以下几点。

（1）节省现金支出。发放股票股利既不需要向股东支付现金，又可以在心理上给股东以从公司取得投资回报的感觉。在再投资机会较多的情况下，公司可以借此为再投资提供成本较低的资金，从而有利于公司的发展。此外，如果公司资金紧张，没有多余的现金派发股利，而又面临市场或股东要求分派股利的压力时，股票股利不失为一种好的选择。

（2）促进股票流通。发放股票股利可以降低公司股票的市场价格，促进公司股票的交易和流通。

（3）吸引投资者。发放股票股利可以降低股价水平，如果公司将以发行股票的方式筹资，则可以降低发行价格，吸引投资者。

（4）增强投资者的信心。发放股票股利可以传递公司未来发展前景良好的信息，增强投资者的信心。

（5）防止公司被控制。股票股利降低每股市价的时候，会吸引更多的投资者成为公司的股东，从而可以使股权更为分散，有效防止公司被恶意控制。

三、股利的发放

公司在选择了股利政策、确定了股利支付水平和方式后，应当进行股利的发放。公司股利的发放必须遵循相关的要求，按照日程安排来进行。一般情况下，股利的发放需要按照下列日程来进行。

1. 预案公布日

预案公布日是董事会发布分红预案的日期，分红预案包括本次分红的数量、方式，股东大会召开的时间、地点及表决方式等。

2. 股利宣告日

股利宣告日是董事会宣告发放股利的日期。只有讨论通过之后，才能公布正式分红方案及实施的时间。

3. 股权登记日

股权登记日是由公司在宣布分红方案时确定的一个具体日期。凡是在此指定日期收盘之前取得了公司股票，成为公司在册股东的投资者，都可以作为股东享受公司分派的股利。在此日之后取得股票的股东则无权享受已宣布的股利。

4. 除息日

在除息日，股票的所有权和领取股息的权利分离，股利权利不再从属于股票，在这一天购入公司股票的投资者不能享有已宣布发放的股利。另外，由于股票失去了"附息"的权利，除息日的股价会下跌，下跌的幅度约等于分派的股息。

5. 股利发放日

在股利发放日，公司按公布的分红方案向股权登记日在册的股东实际支付股利。

【例 8-5】　某上市公司于 2021 年 4 月 10 日公布 2020 年度的最后分红方案,其发布的公告如下:"2021 年 4 月 9 日在北京召开的股东大会,通过了 2020 年 4 月 2 日董事会关于每股分派 0.2 元的 2020 年股息分配方案。股权登记日为 4 月 25 日,除息日是 4 月 26 日,股东可在 5 月 10 日至 25 日之间通过深圳交易所按交易方式领股息。特此公告。"

第四节　股票分割与股票回购

一、股票分割

1. 股票分割的含义

股票分割又称拆股,即将一股股票拆分成多股股票的行为。股票分割一般只会增加发行在外的股票总数,而不会对公司的资本结构产生任何影响。股票分割与股票股利非常相似,都是在不增加股东权益的情况下增加了股份的数量,不同的是,股票股利虽不会引起股东权益总额的改变,但股东权益的内部结构会发生变化,而股票分割之后,股东权益总额及其内部结构都不会发生任何变化,变化的只是股票面值。

2. 股票分割的目的

从公司的角度看,股票分割具有以下目的。
(1) 通过增加股票股数降低每股市价,吸引更多的投资者。
(2) 股票分割会给人们一种公司正处于发展阶段的印象,有利于公司发展壮大。
从股东的角度看,股票分割具有以下目的。
(1) 股票分割后各股东持有的股数增加,持股比例不变,持有股票的总价值不变。不过只要股票分割后每股现金股利下降幅度小于股票分割幅度,股东仍能获得现金股利。
(2) 股票分割向社会传达有利信息,降低了的股价,可能导致购买该股票的人增加,使其价格上升,进而增加股东财富。
一般而言,只有在公司股价暴涨且预期难以下降时,才采用股票分割的办法降低股价,而在公司股价上涨幅度不大时,往往通过发放股票股利将股价维持在理想的范围之内。

【例 8-6】　某上市公司在 2020 年年末资产负债表上的股东权益情况如表 8-2 所示。

表 8-2　2020 年年末股东权益情况　　　　　　　　　　　　　单位:万元

普通股(面值 10 元,发行在外 1 000 万股)	10 000
资本公积	10 000
盈余公积	5 000
未分配利润	8 000
股东权益合计	33 000

(1) 假设股票市价为 10 元,该公司宣布发放 10% 的股票股利,即现有股东每持有 10 股即可获赠 1 股普通股。发放股票股利后,股东权益有何变化?每股净资产是多少?

（2）假设该公司按照 1：2 的比例进行股票分割。股票分割后，股东权益有何变化？每股净资产是多少？

【解析】 根据上述资料，分析计算如下。

（1）发放股票股利后股东权益情况如表 8-3 所示。

表 8-3 发放股票股利后股东权益情况　　　　　　　　　单位：万元

普通股（面值 10 元，发行在外 1 100 万股）	11 000
资本公积	11 000
盈余公积	5 000
未分配利润	6 000
股东权益合计	33 000

每股净资产为 33 000÷（1 000＋100）＝30（元）

（2）股票分割后股东权益情况如表 8-4 所示。

表 8-4 股票分割后股东权益情况　　　　　　　　　单位：万元

普通股（面值 5 元，发行在外 2 000 万股）	10 000
资本公积	10 000
盈余公积	5 000
未分配利润	8 000
股东权益合计	33 000

每股净资产为 33 000÷（1 000×2）＝16.5（元）

二、股票回购

1. 股票回购的含义及方式

股票回购是指上市公司出资将其发行在外的普通股以一定价格购买回来予以注销或作为库存股的一种资本运作方式。公司不得随意收购本公司的股份，只有在满足相关法律规定的情况下才允许股票回购。

股票回购的方式主要包括公开市场回购、要约回购和协议回购三种。其中，公开市场回购是指公司在公开交易市场上以当前市价回购股票；要约回购是指公司在特定期间向股东发出以高于当前市价的某一价格回购既定数量股票的要约，以此回购股票；协议回购则是指公司以协议价格直接向一个或几个主要股东回购股票。

2. 股票回购的动机

在证券市场上，股票回购的动机多种多样，主要有以下几点。

（1）现金股利的替代。现金股利政策会对公司产生派现压力，而股票回购不会。

（2）改变公司的资本结构。无论是现金回购还是举债回购股份，都会提高公司的财务杠杆水平，改变公司的资本结构。若公司认为权益资本在资本结构中所占比例较大，为了调整资本结构而进行股票回购,可以在一定程度上降低整体资金成本。

(3) 传递公司信息。由于信息不对称和预期差异,证券市场上的公司股票价格可能被低估,而过低的股价将会对公司产生负面影响。一般情况下,投资者会认为股票回购是公司认为其股票价值被低估而采取的应对措施。

(4) 保证控制权。控股股东为了保证其控制权,往往采取直接或间接的方式回购股票,从而巩固既有的控制权。另外,股票回购使流通在外的股份数变少,股价上升,可以有效防止恶意收购。

3. 股票回购的影响

股票回购对上市公司的影响主要表现在以下几个方面。

(1) 股票回购需要大量资金支付回购成本,容易造成资金紧张,降低资产流动性,影响公司的后续发展。

(2) 股票回购无异于股东退股和公司资本的减少,可能会使公司的发起人股东更注重创业利润的实现,从而不仅在一定程度上削弱了对债权人利益的保护,而且忽视了公司的长远发展,损害公司的根本利益。

(3) 股票回购容易导致公司操纵股价。公司回购自己的股票容易导致其利用内幕消息进行炒作,加剧公司行为的非规范化,损害投资者的利益。

本 章 小 结

本章讲述了收益分配原则和股利支付程序、影响股利分配的因素、常用的股利分配政策、收益分配的一般程序等基本内容,包含以下要点。

(1) 收益分配是界定企业在生产经营过程中的经营成果如何在相关的利益主体之间进行分配的一种行为,包括依法分配、资本保全、兼顾各方面利益、分配与积累并重、投资与收益对等原则。

(2) 影响股利分配的因素有法律因素、企业因素、股东因素、债务契约与通货膨胀。其中法律因素有资本保全因素、偿债能力约束、资本积累约束、超额累积利润约束;公司因素有现金流量、投资需求、筹资能力、资产的流动性、盈利的稳定性、筹资成本、股利政策惯性;股东因素有稳定的收入、控制权、税赋、投资机会。

(3) 常用的股利分配政策有剩余股利政策、固定或稳定增长的股利政策、固定股利支付率政策、低正常股利加额外股利政策。

(4) 企业利润的分配遵循如下程序:弥补以前年度亏损、提取法定公积金、提取任意公积金、向股东(投资者)分配股利(利润)。

(5) 股利发放日程包括预案公布日、股利宣告日、股权登记日、除息日、股利发放日。

(6) 股票分割是指将面值较大的股票分割为面值较小的股票的行为。股票分割会增加企业的股本规模,从而使每股利润下降。在股票市盈率不变的情况下,会导致企业的股票价格下降。股票分割也可以使企业的股票价格保持在合适的区间。

(7) 股票回购是指企业以现金购买企业发行在外的股票。股票回购会减少企业流通在外的普通股数量,从而使每股利润上升。在股票市盈率不变的情况下,会导致企业的股票价格上涨。股票回购可以用来替代现金股利,也可以用来改变企业的资本结构。对股东而言,股票回购可使其获得税收方面的好处。

关键术语中英文对照

股利(dividend)

股利支付率(dividend payout ratio)

股利政策(dividend policy)

现金股利(cash dividend)

股票分割(stock split)

股票股利(stock dividend)

股票回购(stock repurchase)

案 例 学 习

三江公司2020年的税后净利润为6 000万元,其资本结构为:债权资本40%,股权资本60%,该资本结构也是2021年的目标资本结构。2021年该公司有一个可行投资项目需要资金5 000万元,公司决定从税后利润中拿出资金来解决投资项目资金问题。

思考题:

1. 该公司采用的是何种股利政策? 该股利政策有何利弊?

2. 简述股利分配政策常用的类型并说明各种分配政策的适用范围。

3. 该公司投资项目需要的资金5 000万元应如何筹集?

课 后 练 习

一、单项选择题

1. 固定股利支付率政策是指(　　)。

 A. 先将投资所需的权益资本从盈余中留用,然后将剩余的盈余作为股利予以分配

 B. 将每年发放的股利固定在一固定的水平上并在较长时期内不变,只有盈余显著增长时才提高股利发放额

 C. 公司确定一个股利占盈余的比例,长期按此比例支付股利的政策

 D. 公司一般情况下支付一固定的数额较低的股利,盈余多的年份发放额外股利

2. 采用剩余股利政策分配股利的根本目的是为了(　　)。

 A. 降低企业筹资成本   B. 稳定公司股票价格

    C. 合理安排现金流量   D. 体现风险投资与风险收益的对等关系

3. (   )之后的股票交易,其交易价格可能下降。

    A. 股利宣告日   B. 股权登记日   C. 除息日   D. 股利支付日

4. 下列项目中,在利润分配中优先的是(   )。

    A. 法定盈余公积金   B. 公益金

    C. 任意盈余公积金   D. 优先股股利

5. 股利支付与公司盈利能力相脱节的股利分配政策是(   )。

    A. 额外股利政策   B. 开放股利政策

    C. 固定股利政策   D. 固定股利支付率政策

6. 一般来说,如果一个公司的举债能力较弱,应采取(   )收益分配政策。

    A. 宽松   B. 较紧   C. 不紧   D. 固定

7. 当法定公积金到注册资本的(   )时,可不再提取。

    A. 6%   B. 10%   C. 25%   D. 50%

8. 领取股利的权利与股票相互分离的日期是(   )。

    A. 股利宣告日   B. 股权登记日   C. 除息日   D. 股利支付日

9. 下列因素中,(   )不是影响收益分配的法律因素。

    A. 偿债能力约束   B. 公司举债能力约束

    C. 资本积累约束   D. 超额累积利润约束

10. 主要依靠股利维持生活的股东最不赞成(   )政策。

    A. 剩余股利   B. 固定股利

    C. 固定股利支付率   D. 低正常股利加额外股利

二、多项选择题

1. 恰当的股利分配政策有利于(   )。

    A. 增强公司积累能力   B. 增强投资者对公司的投资信心

    C. 提高企业的市场价值   D. 提高企业的财务形象

2. 影响股利政策的法律约束因素包括(   )。

    A. 资本保全约束   B. 资本确定约束

    C. 资本积累约束   D. 超额累积利润约束

3. 从公司的角度看,制约股利分配的因素有(   )。

    A. 控制权的稀释   B. 举债能力的强弱

    C. 盈余的变化   D. 潜在的投资机会

4. 采用正常股利加额外股利政策的理由是(   )。

    A. 有利于保持最优资本结构

    B. 使公司具有较大的灵活性

    C. 保持理想的资本结构,使综合成本最低

    D. 使依靠股利度日的股东有比较稳定的收入,从而吸引住这部分股东

5. 影响股利政策的因素(   )。

    A. 法律因素   B. 股东因素   C. 生存能力   D. 投资机会

6. 企业发放股票股利（　　）。

　　A. 实际上是企业盈利的资本化　　　　B. 能达到节约企业现金的目的

　　C. 可使股票价格不至于过高　　　　　D. 会使企业财产价值增加

7. 股东在决定收益分配政策时，通常考虑的主要因素有（　　）。

　　A. 规避风险　　　　　　　　　　　　B. 稳定收入

　　C. 防止公司控制权旁落　　　　　　　D. 避税

8. （　　）政策是被企业普遍采用，并为广大的投资者所认可的股利分配政策。

　　A. 固定股利　　　　　　　　　　　　B. 固定股利支付率

　　C. 低正常股利加额外股利　　　　　　D. 剩余股利

9. 在确定收益分配政策时，应遵循的基本原则有（　　）。

　　A. 投资与收益对等原则　　　　　　　B. 分配与积累并重原则

　　C. 兼顾各方利益原则　　　　　　　　D. 依法分配原则

三、判断题

1. 派发股票股利有可能会导致公司资产的流出或负债的增加。　　　　　　　（　　）

2. 低正常股利加额外股利政策能使股利与公司盈余紧密配合，以体现多盈多分、少盈少分的原则。　　　　　　　　　　　　　　　　　　　　　　　　　　　　　（　　）

3. 正确处理投资者利益关系的关键是坚持投资与受益对等原则。　　　　　　（　　）

4. 一般而言，如果企业缺乏良好的投资机会，可适当增加分红数额。　　　　（　　）

5. 股份有限公司的股利分配遵循"无利不分"的原则，即公司的盈余公积抵补亏损后有剩余也不能用来支付股利。　　　　　　　　　　　　　　　　　　　　　（　　）

6. 其他收益分配政策相比，剩余股利政策能使公司在股利支付上具有较大的灵活性。

　　　　　　　　　　　　　　　　　　　　　　　　　　　　　　　　　　（　　）

7. 股东出于控制权考虑，往往限制股利的支付，以防止控制权旁落他人。　　（　　）

8. 采用固定股利支付率政策容易引起公司资金短缺，导致财务状况的恶化。　（　　）

第九章

财务预算和控制

◆ **学习目标** ▐▐▐▐▐▐▐▐▐▐▐

　　了解财务内部控制；

　　理解财务预算编制方法；

　　掌握责任预算、责任报告与业绩考核的基本内容。

◆ **导入案例** ▐▐▐▐▐▐▐▐▐▐▐

直囱改曲的故事

　　一位客人到主人家作客，看见主人家灶上的烟囱是直的，旁边又有很多木材，于是告诉主人，烟囱要改曲，木材也须移去，否则将来可能会有火灾。主人听了没有做任何表示。不久主人家里果然失火，四周的邻居赶紧跑来救火，火被扑灭了。主人烹羊宰牛，宴请四邻，以酬谢他们救火的功劳，但是并没有请当初建议他将木材移走、烟囱改曲的人。有人对主人说："如果当初听了那位先生的话，今天也不用准备筵席，而且没有火灾的损失，现在论功行赏，最初给你建议的人没有被感恩，而救火的人却是座上客，真是很奇怪的事呢！"主人顿时醒悟，赶紧去邀请当初给予建议的那位客人来吃酒。

　　孙子说："夫未战而庙算胜者，得算多也；未战而庙算不胜者，得算少也。多算胜，少算不胜，而况于无算乎！"商场如战场，亦应防患于未然。企业财务管理思路应该从企业的战略出发，建立健全预算管理制度，为企业的健康发展保驾护航。

　　思考题：财务预算有什么作用？如何编制和执行预算？

新常态下人民银行财务预算管理工作转型的思考

第一节　财务预算及编制方法

一、全面预算

1. 全面预算定义

全面预算也称企业预算,是根据企业目标编制的经营、资本、财务等年度收支计划,即以货币及其他数量形式反映的有关企业未来一段期间内全部经营活动各项目标的行动计划与相应措施的数量说明。

2. 全面预算分类

1）按预算期的长短分类

按预算期的长短可以分为长期预算和短期预算。长期预算是指预算期超过一年的预算,例如资本预算和长期销售预算等。短期预算是指预算期在一年以内的预算,如业务预算等。企业长期预算对短期预算有重要影响。

2）按预算的内容分类

按预算的内容可分为财务预算、业务预算和专门预算。财务预算是指企业在一定时期内货币资金的收支及财务状况的预算,包括短期现金收支预算和信贷预算,以及长期的费用支出预算和长期资金筹措预算。业务预算用于计划企业的基本经济业务,包括销售预算和生产预算等。专门预算主要对企业某专项投资而编制的预算,如企业的购置较大的固定资产预算等。三种预算在编制时各有侧重点,相互之间又密不可分,业务预算和专门预算是财务预算的基础,财务预算是业务预算和专门预算的汇总。

3）按预算的编制方法分类

按预算的编制方法可以分为固定预算、弹性预算、零基预算、增量预算、定期预算、滚动预算等。财务预算中经常运用固定预算与弹性预算编制混合预算,以便满足企业经营管理的客观需要。

二、财务预算

1. 财务预算的含义

财务预算是一系列专门反映企业未来一定预算期内预计财务状况和经营成果,以及现金收支等价值指标的各种预算的总称。包括现金预算和预计财务报表两部分。财务预算的编制需要以财务预测的结果为依据,并受到财务预测质量的制约;财务预算必须服从决策目标的要求,使决策目标具体化、系统化、定量化。

2. 财务预算的作用

财务预算具有以下功能。

（1）规划。使管理阶层在制订经营计划时更具备前瞻性。

（2）沟通和协调。通过预算编制让各部门的管理者更好地扮演纵向与横向沟通的角色。

（3）资源分配。由于企业资源有限，通过财务预算可将资源分配给获利能力相对较高的相关部门或项目、产品。

（4）营运控制。预算可视为一种控制标准，若将实际经营成果与预算相比较，可让管理者找出差异，分析原因，改善经营。

（5）绩效评估。通过预算建立绩效评估体系，可帮助各部门管理者做好绩效评估工作。

3. 财务预算的分类

财务预算作为预算体系中的最后环节，可以从价值方面总括地反映经营期资本预算与业务预算的结果，也称为总预算，其余预算则相应称为辅助预算或分预算。财务预算在预算管理体系中占有举足轻重的地位，按照会计报表不同来分类，它主要包括现金预算、利润表预算、资产负债表预算。

1）现金预算

现金预算一般由现金收入、现金支出、现金多余或不足及资金的筹集与运用四个部分组成。与运用余额现金预算的编制，以各项营业预算和资本预算为基础，它反映了各预算期的收入款项和支出款项。其目的在于资金不足时筹措资金，资金多余时及时处理现金余额，发挥现金管理的作用。

2）利润表预算

在各项营业预算、资本预算的基础上，根据企业会计准则，可以编制相应的利润表预算。利润表预算与实际利润表的内容、格式相同，只不过数据是面向预算期的。通过编制利润表预算，可以了解企业预期的盈利水平，从而可以帮助管理层及时调整经营策略。

3）资产负债表预算

资产负债表预算是利用本期期初资产负债表，根据各项营业预算、资本预算、利润表预算的有关数据加以调整编制的，与实际的资产负债表内容、格式相同，只不过数据是反映期末预期的财务状况。

三、财务预算的编制方法

财务预算编制的主要方法可分为以下几类。

1. 固定预算

固定预算也称静态预算，是指企业根据未来既定的业务量水平作为唯一基础来编制预算的方法。预算编制后具有相对的稳定性，没有特殊情况不需要对预算进行修订。该方法适用于经济状况比较稳定的企业或部门。

【例 9-1】 甲公司生产台灯，预计销量为 10 000 台，预计销售价格为 150 元/台，以及销售成本为预计销售收入的 60%，销售费用为销售收入的 6%。按上述资料编制销售利润预算表。

表 9-1　甲公司销售利润预算表（按固定预算方法编制）

预计产量：10 000 件　　　　　　　　　　　　　　　　　　　　　　　　单位：元

项　目	金　额	项　目	金　额
销售收入	150×10 000＝1 500 000	销售费用	1 500 000×6％＝90 000
销售成本	1 500 000×60％＝900 000	销售利润	510 000

固定预算方法的缺点是：首先,固定预算方法过于机械呆板,不论未来预算期内实际业务量水平是否发生变动,都只按事先预计的某一个确定的业务量水平作为编制预算的基础；其次,固定预算方法的可比性差,当实际业务量与编制预算所依据的预计业务量发生较大差异时,有关预算指标的实际数与预算数之间会因业务量基础不同而失去可比性。

2. 弹性预算

1) 弹性预算的含义

弹性预算也称变动预算,是指企业在不能准确预测业务量的情况下,根据成本、业务量和利润之间的数量关系编制能够适应不同生产经营水平预算的方法。

与固定预算相比,弹性预算适应的范围较广,可与多种业务量水平相对应,得到不同的预算额,其业务量范围一般限定在正常业务量能力的 70％～110％。弹性预算一般在制造费用、管理费用等间接费用上应用频率较高。由于企业的生产经营活动总是处于不断变化之中,实际业务量与计划业务量往往并不一致,利用弹性预算,可以将指标与实际业务量相对应的预算金额进行比较,使分析更具用客观性,从而更好地发挥预算在实际生产经营活动中的控制作用。

2) 弹性预算的编制

首先,选择业务量的计量单位。编制弹性预算,要选用一个最能代表本单位或本部门生产经营活动水平的业务量计量单位。例如,制造单一产品的部门可以选用产品实物量；制造多种产品的部门可以选用人工工时或机器工时等。

其次,确定适用的业务量范围。弹性预算的业务量范围,应视企业或部门的业务量变化情况而定,务必使实际业务量在确定的适当范围之中。一般来说,可定为正常生产能力的70％～110％,或以历史上最高业务量和最低业务量为其上、下限。

最后,确定各项成本与业务量之间的数量关系,计算各项预算成本。

弹性预算的编制方法通常采用以下两种方法,即列表法和公式法。

(1) 列表法是指在确定的业务量范围内,划分出若干个不同的水平,分别计算各项预算成本,汇总到一张预算表格中的方法。

【例 9-2】表 9-2 是按列表法编制的甲公司某车间的制造费用弹性预算。

表 9-2　制造费用弹性预算

业务量(直接人工工时)	350	400	450	500	550
占正常生产能力百分比/％	70	80	90	100	110
1. 变动成本					
运输费/(0.1 元/工时)	35	40	45	50	55

续表

电力/(0.2元/工时)	70	80	90	100	110
材料费/(1元/工时)	350	400	450	500	550
合计/元	455	520	585	650	715
2. 混合成本					
辅助材料/元	280	320	368	428	516
修理费/元	200	220	242	242	260
水费/元	60	76	98	130	172
合计/元	540	616	708	800	948
3. 固定成本					
设备租金/元	200	200	200	200	200
管理人员工资/元	300	300	300	300	300
合计/元	500	500	500	500	500
制造费用预算额/元	1 495	1 636	1 793	1 950	2 163

表 9-2 以 10% 为业务量间距,实际上可再大些或再小些,但间隔太大了会失去弹性预算的优点;间隔太小,用以控制成本会更准确,但会增加编制的工作量。如果固定预算是按直接人工工时 500 小时编制的,其制造费用预算总额为 1 950 元,在实际业务量为 480 小时的情况下,就不能用 1 950 元去评价实际成本高低,也不能按业务量变动的比例调整后的预算成本 1 872 元(1 950×480/500)去评价实际成本,因为并不是所有的成本都同业务量成正比例关系。

采用弹性预算可以根据业务量变动确定预算成本,去评价和考核实际成本。

如例 9-2,业务量(直接人工工时)为 480 小时,变动成本中运输费等各项变动成本的合计为 624 元(0.1×480+0.2×480+1×480),固定成本保持不变,为 500 元。混合成本可用内插法计算,480 小时在 450 小时与 500 小时之间,设实际业务量的预算辅助材料为 X 元,则

$$\frac{480-450}{500-450}=\frac{X-368}{428-368}$$

$$X=404(元)$$

同理,可计算出业务量为 480 小时的水费为 117.2 元。因为修理费在 450 小时与 500 小时之间均为 242 元,所以业务量为 480 小时的修理费也应为 242 元,则

480 小时的预算成本 = 624+500+404+117.2+242 = 1 887.2(元)

这样计算出来的预算制造费用,比较符合客观实际情况,用于考核和评价实际成本时也比较准确并容易为考核人所接受。

(2)公式法是指通过确定 $y=a+bx$ 公式中的 a 和 b 编制弹性成本预算的方法。在成本习性分析的基础上,任何成本都可用 $y=a+bx$ 来表示,其中 a 表示固定成本总额,b 表示单位变动成本。如果确定业务量 x 的变动范围,只要根据有关成本项目的 a 和 b 参数,就可以很快计算出业务量在允许范围内任何水平上的各项预算成本 y。

【例 9-3】 表 9-3 为甲公司某车间业务量范围为 350~550 小时,制造费用按公式法编制的弹性预算。

表 9-3　制造费用弹性预算　　　　　　　　　　单位:元

项　目	固定成本	变动成本
运输费		0.10
电力		0.20
消耗材料		1.00
辅助材料	100	0.45
修理费	90	0.60
水费	40	0.10
设备租金	300	0
管理人员工资	150	
合　计	680	2.45

当业务量 x 为 480 小时,预算成本 $y = 680 + 2.45 \times 480 = 1\,856$(元)。

3. 零基预算

1) 零基预算的含义

零基预算是指不受过去实际收支情况的限制,一切都从零开始编制预算的方法。它不受过去实际发生数据的影响,从实际出发,逐项进行分析,从根本上评价各项活动。

2) 零基预算的编制

零基预算是以零为起点,把原业务量和新增业务量看作一个整体,根据预算期的预测业务量确定有关数据,在对所有的业务活动都进行成本效益分析后,编制新的预算。

【例 9-4】　甲公司采用零基预算编制 2020 年年度销售及管理费用预算。具体过程如下。

首先,由相关部门的全体员工,根据预算期公司及本部门的目标,提出预算期可能发生的一些费用项目及金额,如表 9-4 所示。

表 9-4　销售及管理费用　　　　　　　　　　单位:元

项　目	金额	项　目	金额
广告费	3 000	培训费	1 500
差旅费	1 800	业务招待费	2 800

其次,经讨论差旅费、业务培训费为不可避免的成本费用项目,广告费和业务招待费则应根据历史资料进行成本效益分析,其结果为:每投入 1 元广告费,可获收益 15 元;每投入 1 元业务招待费,可获得收益 25 元。

再次,经研究认为预算期内公司可用于销售及管理费用的资金为 7 300 元,应在满足差旅费及培训费的基础上,对剩余资金在广告费与业务招待费之间进行分配。

剩余资金 $= 7\,300 - 1\,500 - 1\,800 = 4\,000$(元)

广告费项目分配资金 $= 15 \times 4\,000/(15 + 25) = 1\,500$(元)

业务招待费项目分配资金 $= 25 \times 4\,000/(15 + 25) = 2\,500$(元)

最后,编制零基预算表,如表 9-5 所示。

表 9-5　2021 年甲公司销售及管理费用零基预算　　　　　单位：元

项　目	差旅费	培训费	广告费	业务招待费
预算额	1 800	1 500	1 500	2 500

4. 增量预算

1）增量预算的含义

增量预算是指以基期成本费用水平为基础，结合预算期业务量水平及降低成本的措施，通过调整原有费用项目而编制预算的方法。

2）增量预算的基本假设

首先，应承认现有的业务活动是企业必需的，保留现有的业务活动，能使企业得到正常发展；其次，原来存在的各项开支都是合理的；最后，增加费用预算是值得的。

3）增量预算的缺点

增量预算建立在历史经验的基础上，承认过去所发生的一切都是合理的，主张不在预算内容上做较大改进。这种方法可能导致以下问题。

（1）按这种方法编制预算，往往不加分析地保留或接受原有的成本项目，可能使原来不合理的费用开支继续存在，使不必要开支合理化，造成预算上的浪费。

（2）增量预算容易鼓励预算编制人凭主观臆断按成本项目平均削减预算或只增不减，不利于调动各部门降低费用的积极性。

（3）按照这种方法编制的费用预算，可能会使那些在未来实际需要费用开支的项目因没有考虑未来情况的变化而造成预算的不足，不利于企业未来的发展。

5. 定期预算

定期预算是指在编制预算时，以不变的会计期间（如日历年度）作为预算期的一种编制预算的方法。这种方法的优点是能够使预算期间与会计期间相对应，便于将实际数与预算数进行对比，也有利于对预算执行情况进行分析和评价。但这种方法固定以一年为预算期，在执行一段时期之后，往往使管理人员只考虑剩余月份的业务量，缺乏长远打算，导致一些短期行为的出现。

6. 滚动预算

滚动预算又称连续预算，是指在编制预算时，将预算期与会计期间分离，随着预算的执行不断补充预算，逐期向后滚动，使预算期始终保持为一个固定长度（一般为 12 个月）的一种预算方法。

滚动预算的基本做法是使预算期始终保持为 12 个月，每过 1 个月或 1 个季度，立即在期末增列 1 个月或 1 个季度的预算，逐期往后滚动，在任何一个时期都使预算保持为 12 个月的时间长度。这种预算能使企业各级管理人员对未来始终保持一定时间的考虑和规划，从而保证企业的经营管理工作能够稳定而有序地进行。

滚动预算的编制还采用了长期计划、短期安排的方法进行，即基期编制预算时，先按年度分季，并将其中第一季度按月划分，建立各月的明细预算数字，以便监督预算的执行；至于其他三个季度的预算可以粗略一些,只列各季总数。到第一季度结束后,再将第二季度的预算按月细分,第三、四季度以及增列的下一年度的第一季度的预算只列出各季度的总数,以此类推。采用这种方法编制的预算有利于管理人员对预算资料做经常性的分析研究,并根据当时预算的执行情况及时加以调整。

四、财务预算的编制程序

企业编制财务预算一般按以下程序进行。

1. 下达目标

企业董事会或经理办公会根据企业发展战略和预算期经济形势的初步预测,在决策的基础上,提出下一年度企业预算目标,包括销售或营业目标、成本费用目标、利润目标和现金流量目标,并确定预算编制的政策,由预算委员会下达各预算执行单位。

2. 编制上报

各预算执行单位按照企业预算委员会下达的预算目标和政策,结合自身特点以及预测的执行条件,提出详细的本单位预算方案,上报企业财务管理部门。

3. 审查平衡

企业财务管理部门对各预算执行单位上报的财务预算方案进行审查、汇总,提出综合平衡的建议。在审查、平衡过程中,预算委员会应当进行充分协调,对发现的问题提出初步调整意见,并反馈给有关预算执行单位予以修正。

4. 审议批准

企业财务管理部门在有关预算执行单位修正调整的基础上,编制出企业预算方案,报财务预算委员会讨论。对于不符合企业发展战略或者预算目标的事项,企业预算委员会应当责成有关预算执行单位进一步修订、调整。在讨论、调整的基础上,企业财务管理部门正式编制企业年度预算方案,提交董事会或经理办公会审议批准。

5. 下达执行

企业财务管理部门对董事会或经理办公室审议批准的年度总预算,一般在次年 3 月底以前,分解成一系列的指标体系,由预算委员会逐级下达各预算执行单位执行。

第二节 内部控制概述

一、内部控制的基本概念

1. 内部控制的含义及目标

内部控制是指企业董事会(或由企业章程规定的经理、厂长办公会等类似的决策治理机构,以下简称董事会)、管理层和全体员工共同实施的,旨在合理保证实现企业基本目标的一系列控制活动。一般而言,内部控制的目标有以下几个方面。

(1) 企业战略。

(2) 经营的效率和效果。

(3) 财务会计报告及管理信息的真实可靠。

(4) 资产的安全完整。

(5) 遵循国家法律法规和有关监管要求。

2. 内部控制的基本要素

1) 内部环境

内部环境是影响、制约企业内部控制制度建立与执行的各种内部因素的总称,是实施内部控制的基础。内部环境主要包括治理结构、组织机构设置与权责分配、企业文化、人力资源政策、内部审计机制、反舞弊机制等内容。

2) 风险评估

风险评估是及时识别、科学分析影响企业战略和经营管理目标实现的各种不确定因素并采取应对策略的过程,是实施内部控制的重要环节和内容。风险评估主要包括目标设定、风险识别、风险分析和风险应对。

3) 控制措施

控制措施是根据风险评估结果、结合风险应对策略所采取的确保企业内部控制目标得以实现的方法和手段,是实施内部控制的具体方式和载体。控制措施结合企业具体业务和事项的特点与要求制定,主要包括职责分工控制、授权控制、审核批准控制、预算控制、财产保护控制、会计系统控制、内部报告控制、经济活动分析控制、绩效考评控制、信息技术控制等。

4) 信息与沟通

信息与沟通是及时、准确、完整地收集与企业经营管理相关的各种信息,并使这些信息以适当的方式在企业有关层级之间进行及时传递、有效沟通和正确应用的过程,是实施内部控制的重要条件。信息与沟通主要包括信息的收集机制及在企业内部和与企业外部有关方面的沟通机制等。

5) 监督检查

监督检查是企业对其内部控制制度的健全性、合理性和有效性进行监督检查与评估,形成书面报告并作出相应处理的过程,是实施内部控制的重要保证。监督检查主要包括对建立并执行内部控制制度的整体情况进行持续性监督检查,对内部控制的某一方面或者某些方面进行专项监督检查,以及提交相应的检查报告、提出有针对性的改进措施等。

二、内部控制制度设计的原则

内部控制的基本原则是指现代企业在建立和设计内部控制框架时必须遵循和依据的客观规律和基本法则,这些原则是外部人员判断一个企业内部控制制度设计状况的基本依据。

1. 合法性原则

合法性原则是指内部控制制度应当符合法律、行政法规的规定和有关政府监管部门的监管要求。

2. 全面性原则

全面性原则是指内部控制制度在层次上应当涵盖企业决策层、管理层和全体员工,在对象上应当覆盖企业各项业务和管理活动,在流程上应当渗透到决策、执行、监督、反馈等各个环节,避免出现空白和漏洞。

3. 重要性原则

重要性原则是指内部控制制度应当在兼顾全局的基础上突出重点,针对重要业务与事项、高风险领域与环节,采取更为严格的控制措施,确保不存在重大缺陷。

4. 有效性原则

有效性原则是指内部控制制度应当能够为内部控制目标的实现提供合理保证。企业全体员工应当自觉维护内部控制制度的有效执行。内部控制制度建立和实施过程中存在的问题应当能够得到及时纠正和处理。

5. 制衡性原则

制衡性原则是指企业的机构、岗位设置和权责分配应当科学合理并符合内部控制的基本要求,确保不同部门、岗位之间权责分明且有利于相互制约、相互监督。履行内部控制监督检查职责的部门应当具有良好的独立性。任何人不得拥有凌驾于内部控制之上的特殊权力。

6. 合理性原则

合理性原则是指内部控制制度应当合理体现企业经营规模、业务范围与特点、风险状况以及所处具体环境等方面的要求。

7. 适应性原则

适应性原则是指内部控制制度应当随着企业外部环境的变化、经营业务调整、管理要求的提高等不断改进和完善。

8. 成本效益原则

成本效益原则是指内部控制制度应当在保证内部控制有效性的前提下,合理权衡成本与效益的关系,争取以合理的成本实现更为有效的控制。

三、内部控制的一般方法

内部控制的一般方法通常包括职责分工控制、授权控制、审核批准控制、预算控制、财产保护控制、会计系统控制、内部报告控制、经济活动分析控制、绩效考评控制、信息技术控制等。

1. 职责分工控制

职责分工控制要求根据企业目标和职能任务,按照科学、精简、高效的原则,合理设置职能部门和工作岗位,明确各部门、各岗位的职责权限,形成各司其职、各负其责、便于考核、相互制约的工作机制。

企业在确定职责分工过程中,应当充分考虑不相容职务相互分离的制衡要求。不相容职务通常包括授权批准、业务经办、会计记录、财产保管、稽核检查等。

2. 授权控制

授权控制要求企业根据职责分工,明确各部门、各岗位办理经济业务与事项的权限范围、审批程序和相应责任等内容。企业内部各级管理人员必须在授权范围内行使职权和承担责任,业务经办人员必须在授权范围内办理业务。

授权一般包括常规性授权和临时性授权。常规性授权是指企业在日常经营管理活动中按照既定的职责和程序进行的授权。临时性授权是指企业在特殊情况、特定条件下进行的应急性授权。

3. 审核批准控制

审核批准控制要求企业各部门、各岗位按照规定的授权和程序,对相关经济业务和事项的真实性、合规性、合理性以及有关资料的完整性进行复核与审查,通过签署意见并签字或者盖章,作出批准、不予批准或者其他处理的决定。

4. 预算控制

预算控制要求企业加强预算编制、执行、分析、考核等各环节的管理,明确预算项目,建立预算标准,规范预算的编制、审定、下达和执行程序,及时分析和控制预算差异,采取改进措施,确保预算的执行。

5. 财产保护控制

财产保护控制要求企业限制未经授权的人员对财产的直接接触和处置,采取财产记录、实物保管、定期盘点、账实核对、财产保险等措施,确保财产的安全完整。

6. 会计系统控制

会计系统控制要求企业根据《中华人民共和国会计法》《企业会计准则》和国家统一的会计制度,制定适合本企业的会计制度,明确会计凭证、会计账簿和财务会计报告以及相关信息披露的处理程序,规范会计政策的选用标准和审批程序,建立、完善会计档案保管和会计工作交接办法,实行会计人员岗位责任制,充分发挥会计的监督职能,确保企业财务会计报告真实、准确、完整。

7. 内部报告控制

内部报告控制要求企业建立和完善内部报告制度,明确相关信息的收集、分析、报告和处理程序,及时提供业务活动中的重要信息,全面反映经济活动情况,增强内部管理的时效性和针对性。内部报告方式通常包括例行报告、实时报告、专题报告、综合报告等。

8. 经济活动分析控制

经济活动分析控制要求企业综合运用生产、购销、投资、财务等方面的信息,利用因素分析、对比分析、趋势分析等方法,定期对企业经营管理活动进行分析,发现存在的问题,查找原因,并提出改进意见和应对措施。

9. 绩效考评控制

绩效考评控制要求企业科学设置业绩考核指标体系,对照预算指标、盈利水平、投资回报率、安全生产目标等业绩指标,对各部门和员工当期业绩进行考核和评价,兑现奖惩,强化对各部门和员工的激励与约束。

10. 信息技术控制

信息技术控制要求企业结合实际情况和计算机信息技术应用程度,建立与本企业经营管理业务相适应的信息化控制流程,提高业务处理效率,减少和消除人为操纵因素,同时加强对计算机信息系统开发与维护、访问与变更、数据输入与输出、文件储存与保管、网络安全等方面的控制,保证信息系统安全、有效运行。

第三节　财务控制

一、财务控制概述

1. 财务控制的含义与特征

财务控制是指按照一定的程序与方法,确保企业及其内部机构和人员全面落实和实现财务预算的过程。财务控制是内部控制的一个重要组成部分,是内部控制的核心,是内部控制在资金和价值方面的体现。

财务控制的特征有:以价值形式为控制手段;以不同岗位、部门和层次的不同经济业务为综合控制对象;以控制日常现金流量为主要内容。

2. 财务控制的基本原则

财务控制的基本原则包括以下内容。

（1）目的性原则。财务控制作为一种财务管理职能，必须具有明确的目的性，为企业理财目标服务。

（2）充分性原则。财务控制的手段对于目标而言，应当是充分的，应当足以保证目标的实现。

（3）及时性原则。财务控制的及时性要求及时发现偏差，并能及时采取措施加以纠正。

（4）认同性原则。财务控制的目标、标准和措施必须为相关人士所认同。

（5）经济性原则。财务控制的手段应当是必要的，没有多余的内容，且所获得的价值应大于所需费用。

（6）客观性原则。管理者对绩效的评价应当客观公正。

（7）灵活性原则。财务控制应当在任何失常情况下，都能保持对运行过程的控制，不受环境变化、计划疏忽、计划变更的影响。

（8）适应性原则。财务控制的目标、内容和方法应与组织结构中的职位相适应。

（9）协调性原则。财务控制的各种手段在功能、作用、方法和范围方面不能相互制约，而应相互配合，在单位内部形成合力，产生协同效应。

（10）简明性原则。控制目标应当明确，控制措施与规章制度应当简明易懂，易为执行者所理解和接受。

3. 财务控制的种类

（1）按照财务控制的内容，可分为一般控制和应用控制。一般控制是指对企业财务活动赖以进行的内部环境所实施的总体控制，包括组织控制、人员控制、财务预算、业绩评价、财务记录等；应用控制是指作用于企业财务活动的具体控制，包括业务处理程序中的批准与授权、审核与复核以及为保证资产安全而采取限制措施等项控制。

（2）按照财务控制的功能，可分为预防性控制、侦查性控制、纠正性控制、指导性控制和补偿性控制。预防性控制是指为防范风险、错弊和非法行为的发生，或减少其发生机会所进行的控制；侦查性控制是指为了及时识别已经存在的风险、已发生的错弊和非法行为，或增强识别能力所进行的控制；纠正性控制是对那些通过侦查性控制查出来的问题所进行的调整和纠正；指导性控制是为了实现有利结果而进行的控制；补偿性控制是针对某些环节的不足或缺陷而采取的控制措施。

（3）按照财务控制的时序，可分为事前控制、事中控制和事后控制。事前控制是指企业为防止财务资源在质和量上发生偏差，而在行为发生之前所实施的控制；事中控制是指财务活动发生过程中所进行的控制；事后控制是指对财务活动的结果所进行的分析、评价。

4. 财务控制的方法

财务控制是内部控制的一个重要环节，财务控制要以消除隐患、防范风险、规范经营、提高效率为宗旨，建立全方位的财务控制体系和多元的财务监控措施。

全方位的财务控制是指财务控制必须渗透到企业的法人治理结构与组织管理的各个层次，包含生产业务全过程及各个经营环节，覆盖企业所有的部门、岗位和员工。

多元的财务监控措施是指既有事后的监控措施，更有事前、事中的监控手段、策略；既有约束手段，也有激励的安排；既有财务上资金流量、存量预算指标的设定、会计报告反馈信息的跟踪,也有人事委派、生产经营一体化、转移价格、资金融通的策略。

二、责任中心财务控制

建立责任中心、编制和执行责任预算、考核和监控责任预算的执行情况是企业实行财务控制的一种有效的手段,被称为责任中心财务控制。

1. 责任中心的含义与特征

责任中心就是承担一定经济责任,并享有一定权利的企业内部(责任)单位。

责任中心通常具有以下特征。

(1)责任中心是一个责、权、利结合的实体。它意味着每个责任中心都要对一定的财务指标承担完成的责任。

(2)责任中心具有承担经济责任的条件,它有两方面的含义:一是责任中心要有履行经济责任中各条款的行为能力;二是责任中心一旦不能履行经济责任,能对其后果承担责任。

(3)责任中心所承担的责任和行使的权力都应是可控的。每个责任中心只能对其责权范围内可控的成本、收入、利润和投资负责,在责任预算和业绩考评中也只应包括他们能控制的项目。可控是相对于不可控而言的,不同的责任层次,其可控的范围不同。一般而言,责任层次越高,其可控范围也就越大。

(4)责任中心具有相对独立的经营业务和财务收支活动。它是确定经济责任的客观对象,是责任中心得以存在的前提条件。

(5)责任中心便于进行责任会计核算或单独核算。责任中心不仅要划清责任而且要单独核算,划清责任是前提,单独核算是保证。只有既划清责任又能进行单独核算的企业内部单位,才能作为一个责任中心。

2. 责任中心的类型和考核指标

根据企业内部责任中心的权责范围及业务活动的特点不同,责任中心可以分为成本中心、利润中心和投资中心三类。

1)成本中心

(1)成本中心的含义。成本中心是对成本或费用承担责任的责任中心,它不会形成可以用货币计量的收入,因而不对收入、利润或投资负责。成本中心一般包括负责产品生产的生产部门、劳务提供部门,以及给予一定费用指标的管理部门。

(2)成本中心的类型。成本中心分为技术性成本中心和酌量性成本中心。技术性成本是指发生的数额通过技术分析可以相对可靠地估算出来的成本,如产品生产过程中发生的直接材料、直接人工、间接制造费用等。

酌量性成本是否发生以及发生数额的多少是由管理人员的决策所决定的,主要包括各种管理费用和某些间接成本项目,如研究开发费用、广告宣传费用、职工培训费等。

(3)成本中心的特点。成本中心相对于其他责任中心如利润中心和投资中心有自身的特点,主要表现在:①成本中心只考评成本费用而不考评收益;②成本中心只对可控成本承担责任。

2）利润中心

（1）利润中心的含义。利润中心往往处于企业内部的较高层次，如分公司、分厂、分店。一般具有独立的收入来源或能视同为一个有独立收入的部门，一般还具有独立的经营权。

（2）利润中心的类型。利润中心分为自然利润中心和人为利润中心两种。

自然利润中心是指可以直接对外销售产品并取得收入的利润中心。人为利润中心是指只对内部责任单位提供产品或服务，而取得"内部销售收入"的利润中心。

3）投资中心

投资中心是指既对成本、收入和利润负责，又对投资效果负责的责任中心。它与利润中心的区别主要有两个：①权力不同，利润中心没有投资决策权，它是指在企业投资形成后进行具体的经营；而投资中心则不仅在产品生产和销售上享有较大的自主权，而且能够相对独立的运用所掌握的资产，有权构建或处理固定资产，扩大或缩减现有生产能力。②考核办法不同，考核利润中心业绩时，不管投资多少或占用资产的多少，都不进行投入产出的比较；相反，考核投资中心业绩时，必须将所获得的利润与所占用的资产进行比较。

三、责任预算、责任报告与业绩考核

1. 责任预算

（1）责任预算的含义。责任预算是指以责任中心为主体，以可控成本、收入、利润和投资等为对象编制的预算。它是企业总预算的补充和具体化。

责任预算由各种责任指标组成。责任指标包括：①主要指标，即上述责任中心所涉及的考核指标，如成本中心的责任指标主要有按成本项目或费用开支项目所组成的可控指标；利润中心的责任指标除了包括成本中心所要考核的指标外，还包括营业收入、贡献毛益、毛利、剩余利润、资金利润率、销售利润率、成本利润率等指标；投资中心的责任指标除了包括成本中心和利润中心所要考核的指标外，还包括投资回收额、投资回收期、投资报酬率、资金流量和资金周转率等；②其他指标，即为保证主要指标的完成而设定的，或是根据企业其他总目标分解的指标，通常有劳动生产率、设备完好率、出勤率、材料消耗率和职工培训等指标。

（2）责任预算的编制。责任预算的编制程序有两种：①以责任中心为主体，将企业总预算在各责任中心之间层层分解而形成各责任中心的预算；②各责任中心自行列示各自的预算指标、层层汇总，最后由企业专门机构或人员进行汇总和调整，确定企业总预算。

2. 责任报告

责任报告是对各个责任中心执行责任预算情况的系统概括和总结。责任报告也称业绩报告、绩效报告，它是根据责任会计记录编制的反映责任预算实际执行情况，揭示责任预算与实际执行差异的内部会计报告。责任报告的形式主要有报表、数据分析和文字说明等。

3. 责任业绩考核

责任业绩考核是指以责任报告为依据，分析、评价各责任中心责任预算的实际执行情况,找出差距,查明原因,借以考核各责任中心工作成果,实施奖罚,促使各责任中心积极纠正行为偏差,完成责任预算的过程。

责任中心的业绩考核有狭义和广义之分。狭义的业绩考核仅指对各责任中心的价值指标,如成本、收入、利润以及资产占用等责任指标的完成情况进行考评。广义的业绩考核除这些价值指标外,还包括对各责任中心的非价值责任指标的完成情况进行考核。

四、责任结算与核算

1. 内部转移价格

1)内部转移价格的含义

内部转移价格是指企业内部各责任中心之间进行内部结算和责任结转时所采用的价格标准。

2)内部转移价格制定原则

制定内部转移价格时,必须考虑全局性原则、公平性原则、自主性原则和重要性原则。

(1)全局性原则强调企业整体利益高于各责任中心利益,当各责任中心利益冲突时,企业和各责任中心应本着企业利润最大化或企业价值最大化的要求,制定内部转移价格。

(2)公平性原则要求内部转移价格的制定应公平合理,应充分体现各责任中心的经营努力或经营业绩,防止某些责任中心因价格优势而获得额外的利益,某些责任中心因价格劣势而遭受额外损失。

(3)自主性原则是指在确保企业整体利益的前提下,只要可能,就应通过各责任中心的自主竞争或讨价还价来确定内部转移价格,真正在企业内部实现市场模拟,使内部转移价格能为各责任中心所接受。

(4)重要性原则即内部转移价格的制定应当体现"大宗细,零星简"的要求,对原材料、半成品、产成品等重要物资的内部转移价格制定从细,而对劳保用品、修理用备件等数量繁多、价值低廉的物资,其内部转移价格制定从简。

3)内部转移价格的类型

(1)市场价格。市场价格是以产品或劳务的市场价格作为基价的价格。

(2)协商价格。协商价格也称为议价,是企业内部各责任中心以正常的市场价格为基础,通过定期共同协商所确定的为双方所接受的价格。

(3)双重价格。双重价格是针对责任中心各方面分别采用不同的内部转移价格所制订的价格。双重价格有两种形式:①双重市场价格,即当某种产品或劳务在市场上出现几种不同价格时,供应方应采用最高市价,使用方采用最低市价;②双重转移价格,即供应方按市场价格或议价作为基础,而使用方按供应方的单位变动成本作为计价的基础。

(4)成本转移价格。成本转移价格是以产品或劳务的成本为基础而制定的内部转移价格。成本转移价格也有多种不同的形式,其中用途较为广泛的成本转移价格有三种:①标准成本,即以产品(半成品)或劳务的标准成本作为内部转移价格,适用于成本中心或半成品的转移。②标准成本加成,即按产品(半成品)或劳务的标准成本加计一定的合理利润作为计价的基础。③标准变动成本,即以产品(半成品)或劳务的标准变动成本作为内部转移价格。

2. 内部结算

内部结算是指企业各责任中心清偿因相互提供产品或劳务所发生的、按内部转移价格计算的债权、债务。

按照结算的手段不同,可分别采取内部支票结算、转账通知单和内部货币结算等方式。

(1) 内部支票结算方式。内部支票结算方式是指由付款一方签发内部支票通知内部银行从其账户中支付款项的结算方式。

(2) 转账通知单方式。转账通知单方式是由收款方根据有关原始凭证或业务活动证明签发转账通知单,通知内部银行将转账通知单转给付方,让其付款的一种结算方式。

(3) 内部货币结算方式。内部货币结算方式是使用内部银行发行的限于企业内部流通的货币(包括内部货币、资金本票、流通券、资金券等)进行内部往来结算的一种方式。

上述各种结算方式都与内部银行有关。内部银行是将商业银行的基本职能与管理方法引入企业内部管理而建立的一种内部资金管理机构。

3. 责任成本的内部结转

责任成本的内部结转又称责任转账,是指在生产经营过程中,对于因不同原因造成的各种经济损失,由承担损失的责任中心对实际发生或发现损失的责任中心进行损失赔偿的账务处理过程。

责任转账的目的是为了划清各责任中心的成本责任,使不应承担损失的责任中心在经济上得到合理补偿。责任转账的方式有直接的货币结算方式和内部银行转账方式。前者是以内部货币直接支付给损失方,后者只是在内部银行所设立的账户之间划转。

本 章 小 结

本章主要讲述了财务预算、内部控制和财务控制等方面内容,主要包含以下几方面。

(1) 财务预算是一系列专门反映企业未来一定预算期内预计财务状况和经营成果,以及现金收支等价值指标的各种预算的总称。

(2) 内部控制是指企业董事会(或者由企业章程规定的经理、厂长办公会等类似的决策治理机构)、管理层和全体员工共同实施的、旨在合理保证实现企业基本目标的一系列控制活动。内部控制基本要素包括内部环境、风险评估、控制措施、信息与沟通和监督检查。

(3) 财务控制是指按照一定的程序与方法,确保企业及其内部机构和人员全面落实和实现财务预算的过程。建立责任中心、编制和执行责任预算、考核和监控责任预算的执行情况是企业实行财务控制的一种有效的手段,又称为责任中心财务控制。

关键术语中英文对照

全面预算管理(overall budget management)

财务预算(financial budget)

固定预算(regular budget)

滚动预算(rolling budget)

零基预算(zero-base budget)

增量预算(incremental budget)

财务控制(financial control)

责任中心财务控制(responsibility centre controls)

内部控制(internal controls)

案 例 学 习

百安居(B&Q)的节俭之道

　　百安居(B&Q)是世界500强企业之一的大型家装超市,从1999年进入中国内地,至今已开设了23家分店。华北区的百安居总部位于北京四季青桥百安居一层卖场偏僻的西南角,与明亮宽敞的卖场相比,办公区显得很简陋。在总经理狭小的办公室内只有一张能容6人的会议桌、一个普通的灰白色文件柜和几张没有扶手的座椅。而总经理手中的签字笔只要1.5元,由行政部门按不高于公司的指导价统一采购。正是这种节约的意识,百安居的营运费用占销售额的百分比远低于同行。

　　百安居依照多年来在全球范围内经营活动的相关数据收集,形成了各种费用在不同情况下的不同标准,如核心城市、二类城市;单层店、二层店等不同参考体系。且在已有控制体系中,在标准与具体实施情况比较时,任何有助于降低成本的差异都可以作为修改标准的依据。以百安居营运成本中的人力成本为例,他们对人事的成本控制,控制的是总量,特别是员工数量,而对员工的个人收入不加限制。在百安居2万多平方米的卖场中,只有230多名员工,平均100平方米配置1名。店员由三部分人组成,即固定员工、供应商所派过来的促销员、配送和收银中的部分临时工,临时工占员工总数的20%～30%。

　　百安居人员配置的调整,主要考虑部门、全店、全国人力效率(每小时的销售额)的对比,其次是商店的具体情况(如卖场形状、面积、现货比例等)。人员的配置主要包括与销售相关的部门以及支持部门。对销售相关的部门员工配置,他们会设置以各部门为纵向坐标,"标准配置、实际配置、建议配置、销售达成、员工效率"等项为横向坐标的表格进行分析汇总。对防损、物业、行政、团购等支持部门,主要采取定岗编制。

　　对于直接的、显性的成本项目,每一项费用都有年度预算和月度计划,每一笔支出都有据可依,且执行情况会与考核挂钩。在百安居的营运报表上记录着员工工资、电费、电工安全鞋、推车修理费等 137 类费用项目。其中,人事、水电等可控费用 84 项,固定资产折旧、利息等不可控费用 53 项。尽管单店日销售额曾突破千万元,营运费用仍被细化到几乎不能再细化的地步,有的甚至单月费用不及 100 元。每个月、每个季度、每一年都会由财务部门进行汇总并上报,相关部门要对其超支和异常的数据做出解释。

同时,百安居还制定了标准操作规范(SOP),印制了一套成型的操作流程和控制手册,将节俭的制度固化下来。该手册从电能、水、印刷用品、劳保用品、电话、办公用品、设备和商店易耗品八个方面提出控制成本的方法。例如,将用电的节俭规定到了以分钟为单位,用电时间控制为 7:00 到 23:30,依据营业、配送、春夏秋冬季和当地的日照情况划分为 18 个时间段,相隔最长的 7 个小时,相隔最短的仅有两分钟。

"我们希望所有员工不要混淆'抠门'与'成本控制'的关系,原则上,'要花该花的钱,少花甚至不花不该花的钱',我们要讲究花钱的效益。"《营运控制手册》的前言部分如此写道。

(资料来源:https://www.docin.com/p-245976130.html&endPro=true)

思考题:

1. 百安居实施了哪些财务控制方法和手段?

2. 百安居是如何进行成本控制的?

课后练习

一、单项选择题

1. 不受现有费用项目和开支水平限制,并能克服增量预算方法缺点的预算方法是(　　)。
   A. 弹性预算　　　　　B. 固定预算　　　　　C. 零基预算　　　　　D. 滚动预算

2. 关于弹性预算的说法中,不正确的是(　　)。
   A. 弹性预算是为了弥补固定预算的缺陷而产生的
   B. 弹性预算的编制是根据量、本、利的依存关系
   C. 弹性预算所依据的业务量是产量或销售量
   D. 弹性预算的预算范围宽

3. 下列各项中,属于增量预算法缺点的是(　　)。
   A. 可比性差　　　　　　　　　　　　B. 可能造成预算上的浪费
   C. 适应性差　　　　　　　　　　　　D. 编制工作量大

4. 下列预算中,其预算期不与会计年度挂钩的预算方法是(　　)。
   A. 弹性预算　　　　　B. 零基预算　　　　　C. 滚动预算　　　　　D. 固定预算

5. 以预算期内正常的、最可能实现的某一业务量水平为固定基础,不考虑可能发生的变动的预算编制方法是(　　)。
   A. 零基预算法　　　　B. 增量预算法　　　　C. 固定预算法　　　　D. 弹性预算法

二、多项选择题

1. 相对于固定预算而言,弹性预算的优点有(　　)。

  A. 预算成本低   B. 预算工作量小

  C. 预算可比性强   D. 预算适用范围宽

 2. 相对定期预算而言,滚动预算的优点有(   )。

  A. 透明度高   B. 及时性强

  C. 预算工作量小   D. 连续性、完整性和稳定性突出

 3. 在编制现金预算过程中,可作为其编制依据的有(   )。

  A. 日常业务预算   B. 预计利润表

  C. 预计资产负债表   D. 特种决策预算

 4. 在下列各项预算中,属于财务预算内容的有(   )。

  A. 销售预算   B. 生产预算

  C. 现金预算   D. 预计利润表

 5. 下列关于财务预算的表述中,正确的有(   )。

  A. 财务预算多为长期预算

  B. 财务预算又被称作总预算

  C. 财务预算是全面预算体系的最后环节

  D. 财务预算主要包括现金预算和预计财务报表

三、判断题

 1. 为了编制滚动预算,应将纳入预算的各项费用进一步划分为不可延缓项目和可延缓项目。   (   )

 2. 管理费用多属于固定成本,一般以过去的实际开支为基础,按预算期的可预见变化来调整。   (   )

 3. 企业在编制零基预算时,需要以现有的费用项目为依据,但不以现有的费用水平为基础。   (   )

 4. 永续预算能够使预算期间与会计年度相配合,便于考核预算的执行结果。 (   )

 5. 特种决策预算包括经营决策预算和投资决策预算,一般情况下,特种决策预算的数据要纳入日常业务预算和现金预算。   (   )

第十章

财 务 分 析

◆ **学习目标** ||||||||||||||

了解财务分析的基本内涵与作用；

理解不同财务分析主体财务分析目标的差异；

掌握偿债能力、盈利能力、营运能力和发展能力相关比率的计算与分析；

掌握杜邦财务分析体系的基本原理。

◆ **导入案例** ||||||||||||||

中国企业联合会、中国企业家协会第 19 次发布"中国企业 500 强"排行榜，同时发布《2020 年中国企业 500 强分析报告》，对中国 500 强企业特征进行详细分析，并针对我国大企业持续发展面临的问题和挑战提出建议。

在规模上，2020 年中国企业 500 强营业收入继续保持增长态势，合计营业收入86.02 万亿元，比上年度 500 强增长 8.75%；500 强企业对 GDP 贡献突出，营业收入与GDP 的相对比稳中有升；入围门槛连续 18 年提高，2020 年中国企业 500 强入围门槛提升至 359.61 亿元；500 强企业资产总额保持中速增长，净资产与归属母公司净资产增速均快于总资产增速；"千亿俱乐部"加快扩容，成员已增至 217 家；500 强企业员工数量比上年小幅下降，对社会就业贡献略有下降。

在效益上，2020 年中国企业 500 强利润总额 55 705.76 亿元，实现归属母公司的净利润 38 924.14 亿元，利润总额、净利润分别比上年 500 强增长 20.02%、10.20%；收入利润率、资产利润率小幅提升，净资产利润率明显下降；27 家企业亏损，亏损面收窄，亏损额明显下降；企业利润变化幅度变小，利润下滑企业减少至 171 家；企业税负压力减轻，纳税总额占全国税收比重"六连降"后小幅回升，整体综合税负连续 4 年下降；服务业盈利水平好于制造业及其他行业，但服务业与制造业、其他行业之间的盈利水平差距有所缩小；非银企业盈利水平显著低于商业银行，但二者之间的差距持续缩小。

在行业上，2020 年中国企业 500 强共涉及 75 个行业，其中制造业企业 238 家，服务业企业 181 家，其他行业企业 81 家。与上年 500 强相比，制造业企业减少 6 家，服务业企业增加 8 家，其他行业企业减少 2 家。在主要指标占比上，服务业、制造业各有高低，但服务业在绝大多数指标的占比呈上升趋势。商业银行、证券与地产企业绩效表现突出，商贸服务企业在资金周转与人均营收方面领先，酒类企业排名有所下降；金融业在二级细分行业中持续占据突出地位,在 6 个主要指标中排名位居二级行业之首,但在净利润中的占比有所下降;通信设备及其他电子设备制造业在研发投入、拥有专利项数、发明专利项数、国际标准制定数 4 个技术性指标上领先。

多个行业入围企业数量发生较大变化,不同行业营收和利润增速差异明显。金融企业盈利水平明显高于非金融企业,但二者之间的盈利水平差距有所缩小;汽车行业入围企业数量保持稳定,但对营业收入与净利润的贡献持续下降;房地产企业营业收入、净利润同比增长,但净利润增速连续两年大幅下降。

在其他方面,2020 年中国企业 500 强资产负债率首次实现"三连降",资产周转率有所提升,其中民营企业提升较快。企业资本劳动比持续提高,技术水平的提升推动大企业由劳动密集型向资本密集型转变;人均产出水平持续提升,国有企业与民营企业之间差距再次扩大;企业换榜率自高位趋稳后持续回落,新上榜企业营业收入高速增长,但净利润大幅下降。

通过财务数据可以反映企业的经营状况与经营成果,在其背后也隐含着行业发展特点。要全面评价企业当前的发展状况,需要进行多角度多方法的财务分析。因此,掌握财务分析的理论和方法也尤为重要。

(资料来源:刘兴国,吴晓.2020 中国企业 500 强分析[J].企业管理,2020(10):6-10)

思考题:以上材料中涉及哪些财务指标?

财务分析如何有效为企业经营决策提供参考的探讨

第一节 财务分析概述

一、财务分析的意义

财务分析是以企业的财务报告和其他有关资料为依据,运用专门的方法,对企业的财务情况和经营成果以及未来发展趋势的过程进行剖析、研究和评价,为企业内外有关方面的决策和管理服务的一项管理工作。

1. 从债权人角度看财务分析的意义

债权人更多地关心企业的偿债能力,关心企业的资本结构和负债比例,以及企业长短期负债的比例是否恰当。其中,短期的债权人更多地注重企业各项流动比率所反映出来的短期偿债能力,长期债权人则会更多地考虑企业的经营方针、投资方向及项目性质等所包含的企业潜在财务风险和偿债能力。

2. 从投资者角度看财务分析的意义

投资者一般注重企业的投资回报率水平,关注企业的风险程度,不但要求了解企业的短期盈利能力,也要考虑企业长期的发展潜力,这些内容都需通过企业财务分析得以展现。

3. 从经管者角度看财务分析的意义

财务分析信息对于提高企业内部经营管理水平,制定有效的内外部决策具有重要意义。企业经营管理者可以利用财务分析信息综合了解企业经营现状,促进企业各级管理层综合管理水平的提高。

4. 从政府角度看财务分析的意义

对企业有监管职能的主要有工商、税务、财政和审计等政府部门,他们也要通过定期了解企业的财务分析信息,把握和判断企业是否按期依法纳税,各项税目的缴纳是否正确等。

5. 从内部员工角度看财务分析的意义

内部员工不但关心企业目前的经营状况和盈利能力,而且同样关心企业的经营前景,他们需要通过财务分析资料来获取这些信息,知道其劳动获取了怎样的成果,企业和本部门的有关指标是否完成,了解各种工资、奖金和福利变动的原因以及企业的稳定性和职业的保障程度等。

二、财务分析的内容

财务分析的内容是由分析对象和分析目的决定的,主要包括以下几部分。

1. 偿债能力分析

偿债能力分析是指对企业一年以内及一年以上的长短期债务的偿还能力及财务风险进行分析评价。通过偿债能力分析,可以了解企业是否有足够的持续经营基础,以保证有足够的现金流入量来偿付各项到期的债务。

2. 盈利能力分析

盈利能力分析是指对企业获取利润的能力及利润分配情况进行分析评价。通过盈利能力分析,可以了解企业收益数额的大小与水平的高低,并为预测企业未来的获利能力提供依据。

3. 营运能力分析

营运能力分析是指对企业运用经济资源从事业务经营的能力和经济资源的利用效率进行分析评价。通过营运能力分析,可以了解和改善企业人、财、物的使用情况,了解所有者权益是否充分得以运用。

4. 财务综合分析

财务综合分析是指对企业的财务状况和经营成果进行综合分析评价,对财务指标的相互影响关系进行研究。通过财务综合分析,可以对企业经营状况、财务状况进行全面揭示与披露,从而对企业经济效益的优劣做出准确的评价与判断。

5. 其他财务情况分析

其他财务情况分析是指除了上述内容之外,其他的有关财务情况和经营收支方面的分析,如对投资者投入资本保值增值情况的分析,企业对社会所作贡献的分析等。

三、财务分析的依据

财务分析所依据的有关资料可以分为内部资料和外部资料。

1. 内部资料

内部资料是指从企业内部收集的,有关企业本身生产经营和财务活动的资料。

(1)核算资料。核算资料指会计、统计、业务核算记录的,反映企业生产经营和财务活动实际情况的数据资料。在核算资料中,会计核算资料是最为主要的资料,特别是会计核算所编制的财务报表和财务情况说明书更是分析的重要依据。

(2)计划预算资料。计划预算资料指企业事前预计和规划的生产经营和财务活动情况的资料,包括财务计划、生产经营计划、各种预算和定额资料。它体现了企业预定的目标和任务。

(3)调研资料。这是指通过调查研究收集的,核算中没有记载的有关资料,这些资料对核算资料起着引证和补充的作用。

(4)其他内部资料。这包括除以上内容外,其他可以反映企业财务情况的资料。

2. 外部资料

外部资料是指从企业外部收集的,有关企业经营和理财所处的环境和外部因素的资料。

(1)市场资料。市场资料是指反映资金、生产资料、消费品等市场供求、价格的变动及市场发展前景的有关资料。

(2)同行业资料。同行业资料是指企业所属行业及同类企业的经营和财务资料,行业内竞争情况的资料,行业发展前景的资料等。

(3)政策资料。政策资料是指有关财政、税收、金融、物价、外贸等经济政策及国家发展经济的方针等方面的资料。

(4)其他外部资料。其他外部资料是指其他与企业发展或决策方案有关的社会、政治、经济、文化状况及国际经济形势等方面的资料。

四、财务分析的方法

进行财务分析,需要运用一些专门的技术方法,对数据进行数量分析。这些方法主要有以下几种。

1. 比较分析法

比较分析法简称比较法,是指通过对比两期或连续数期财务报告中的相同指标,确定其增减变动的方向、数额和幅度,说明企业财务状况或经营成果变动趋势的一种方法。这里所说的比较,是指指标间相减求得差异数值,或者相除求得差异幅度。运用比较法时,一般把报告期的实际指标与选定的标准指标进行比较。

标准指标可根据所要了解的情况来确定,具体方法如下。

(1) 为了解计划的完成情况,可选择计划指标作为标准。

(2) 为了解发展变化情况,可选择上期或历史上某期的指标作为标准。

(3) 为说明企业在同行业中所处的位置或与竞争对手的差距,可选择同行业的平均指标,或者竞争对手的同一指标作为标准。

(4) 为判断指标是否合理合规,可选择约定俗成的公认标准或有关机构或部门规定的标准。

在进行上述比较时,应使对比的指标在以下方面保持一致。

(1) 指标的内容性质一致。

(2) 指标的时间长度一致,即对于期间数指标,对比双方的时间长度相同。

(3) 指标的计算方法一致。

(4) 指标的计价标准一致,即比较双方的价值指标是按可比价格计算的。

在实际工作中,要做到对比指标完全一致有时较困难,在这种情况下,可以对指标进行必要的调整,剔除不可比因素,或者对不可比因素在分析中加以说明。

比较法是分析方法中最基本的方法,也是运用最多的方法之一,常与其他财务分析方法结合运用。

2. 比率分析法

比率分析法又称为比率法,是指将两个性质不同但有一定联系的指标相除,计算比率,形成一个新指标,用于反映经济现象的内在联系和数量关系的分析方法。

财务比率大多是根据财务报表的有关项目计算的,主要有反映偿债能力的流动性比率、资本结构比率,反映经营能力的资产周转率,反映盈利能力的各种利润率等。单个比率揭示的内容有限,根据指标的性质和相互关系,可以把多个比率组成比率体系,进行综合分析。

3. 结构分析法

结构分析法是指通过计算和研究结构相对数,据以反映总体内部的结构及局部与总体的数量关系的分析方法。结构相对数是局部指标与总体指标之比,反映局部占总体的比重,其计算公式为

$$结构相对数 = \frac{局部指标}{总体指标} \times 100\%$$

结构分析法可用于财务报表的整体分析,一般用报表中的各项目逐一与总体指标相比,计算百分率,得出同型报表,或称为百分率报表。

4. 趋势分析法

趋势分析法又称动态分析法,是分析经济现象随时间变化的情况及变动趋势的方法。进行趋势分析时,可以把若干时期的同一指标按时间顺序排成动态数列,或者计算动态相对数,据以观察研究变动趋势。动态相对数指标及其计算公式为

$$定基发展速度 = \frac{某期指标}{固定基期指标} \times 100\%$$

$$环比发展速度 = \frac{后一期指标}{上期指标} \times 100\%$$

$$定基(环比、平均)增长速度 = 定基(环比、平均)发展速度 - 1$$

运用趋势分析法对财务报表进行整体分析,即分别计算若干期报表各项目的定基发展速度或环比发展速度,得出趋势报表或称为指数报表,反映报表各项目的变动趋势。

5. 因素分析法

根据财务指标与其影响因素之间的关系,确定各个影响因素对指标差异的影响方向和影响程度的分析方法称为因素分析法。对财务指标的差异进行因素分析之前,首先需要确定财务指标本身及其影响因素的基准值。常见的基准值有预算值、计划值和历史值,由于比较值的观测时点通常滞后于基准值,因此,因素分析法在形式上与趋势分析法类似,从某种意义上来说也属于时间序列分析。从应用原理来看,因素分析法就是假定其他因素都保持不变,单独考察某一因素的变化对财务指标的影响。因素分析法具体包括连环替代法和差额计算法。

1) 连环替代法

连环替代法是测定比较差异成因的定量分析方法,是因素分析法的基本形式。该方法是把影响某项指标的几个相互联系的因素逐个分解测定,把其中一个因素作为可变,假定其他因素不变,顺序地逐个进行替换,以测定各因素对该指标的影响程度。下面以对总资产报酬率的分析为列,说明连环替代法的基本步骤。

【例 10-1】 某企业 2019 年和 2020 年有关总资产报酬率、总资产产值率、产品销售率和销售利润率如表 10-1 所示,分析各因素变动对总资产报酬率的影响程度。

表 10-1 2019 年和 2020 年企业财务情况　　　　　　单位:%

指　标	2020 年	2019 年
总资产产值率	80	82
产品销售率	98	94
销售利润率	30	22
总资产报酬率	23.52	16.96

（1）指标分解。

$$总资产报酬率 = \frac{息税前利润}{平均资产总额} \times 100\%$$

$$= \frac{主营业务收入净额}{平均资产总额} \times \frac{息税前利润}{主营业务收入净额} \times 100\%$$

$$= \frac{总产值}{平均资产总额} \times \frac{主营业务收入净额}{总产值} \times \frac{息税前利润}{主营业务收入净额} \times 100\%$$

$$= 总资产产值率 \times 产品销售率 \times 销售（息税前）利润率$$

（2）建立指标体系。

$$\frac{基期总资产}{报酬率} = \frac{基期总资产}{产值率} \times \frac{基期产品}{销售率} \times \frac{基期销售}{利润率}$$

$$\frac{实际总资产}{报酬率} = \frac{实际总资产}{产值率} \times \frac{实际产品}{销售率} \times \frac{实际销售}{利润率}$$

$$分析对象 = 实际总资产报酬率 - 基期总资产报酬率$$

根据上述对总资产报酬率的因素分解式，可得出：

实际指标体系：$80\% \times 98\% \times 30\% = 23.52\%$

基期指标体系：$82\% \times 94\% \times 22\% \approx 16.96\%$

分析对象是：$23.52\% - 16.96\% = +6.56\%$

（3）连环顺序替代。

基期指标体系：$82\% \times 94\% \times 22\% \approx 16.96\%$

替代第一因素：$80\% \times 94\% \times 22\% \approx 16.54\%$

替代第二因素：$80\% \times 98\% \times 22\% \approx 17.25\%$

替代第三因素：$80\% \times 98\% \times 30\% = 23.52\%$

（4）确定替代结果，确定各因素对总资产报酬率的影响程度。

总资产产值率的影响：$16.54\% - 16.96\% = -0.42\%$

产品销售率的影响：$17.25\% - 16.54\% = +0.71\%$

销售利润率的影响：$23.52\% - 17.25\% = +6.27\%$

（5）检验分析结果。

$$-0.42\% + 0.71\% + 6.27\% = +6.56\%$$

通过第（4）步列示的结果，可以看出每个因素对净资产收益率变化的作用方向及影响程度，从而可以推断出总资产报酬率下降的主要原因。当然，在采用连环替代法时，要注意各因素的分析顺序。若改变各因素替代顺序，则各个因素的影响程度也不同。

2）差额计算法

差额计算法作为连环替代法的简化形式，其因素分析的原理与连环替代法是相同的。区别在于分析程序上，差额计算法比连环替代法简单，即它可直接利用各影响因素的实际数与基期数的差额，在其他因素不变的假定条件下，计算各因素对分析指标的影响程度。这个步骤的基本点是确定各因素实际数与基期数之间的差额，并在此基础上乘以排列在该因素前面各因素的实际数和排列在该因素后面各因素的基期数，所得出的结果就是该因素变动对分析指标的影响数。

【例10-2】 根据表10-1中的资料,运用差额计算法分析各因素变动对净资产收益率的影响程度。

【解析】 解题原理与连环替代法是相同的,区别在于分析程序上的简化,即差额计算法是将连环替代法的第三、四步骤合并为一个步骤进行。

(1)确定各因素实际数与基期数之间和差额。

实际指标体系:$80\% \times 98\% \times 30\% = 23.52\%$

基期指标体系:$82\% \times 94\% \times 22\% = 16.96\%$

分析对象是:$23.52\% - 16.96\% = +6.56\%$

(2)并在此基础上乘以排列在该因素前面各因素的实际数和排列在该因素后面各因素的基期数,所得出的结果就是该因素变动对分析指标的影响数。

总产值率的影响:$(80\% - 82\%) \times 94\% \times 22\% \approx -0.42\%$

产品销售率的影响:$80\% \times (98\% - 94\%) \times 22\% \approx +0.70\%$

销售利润率的影响:$80\% \times 98\% \times (30\% - 22\%) \approx +6.27\%$

(3)最后检验分析结果:$-0.42\% + 0.71\% + 6.27 = +6.56\%$

3)因素分析法的注意事项

因素分析法是财务分析方法中非常重要的一种分析方法。运用因素分析法准确计算各个影响因素对分析指标的影响方向和影响程度,有利于企业进行事前计划、事中控制和事后监督,促进企业进行目标管理,提高企业经营管理水平。正确把握与运用因素分析法需要注意以下几个问题。

(1)因素分解的关联性。分析指标与其影响因素之间必须真正相关,具有实际经济意义。当同一指标可以分解为不同的有经济意义的因素分解式时,需要根据分析的目的和要求确定合适的因素分解式,以便找出指标变动的真正原因。

(2)因素替代的顺序性。替代因素时,必须按影响因素的预定排列顺序依次进行分析(替代)。传统排列方法是数量指标在前、质量指标在后;现在也有人提出依据重要性原则排列,将主要影响因素排在前面,次要影响因素排在后面。

(3)顺序替代的连环性。在确定各因素变动时,每一次替代都在上一次替代完成的基础上进行,并采用连环比较的方法确定因素变化影响结果。

(4)计算结果的假定性。在计算各因素变动的影响额时,会因替代顺序的不同有所差别,即其计算结果是在某种假定前提下得出的,使用这一方法不可能使每个因素计算都达到绝对的准确。

第二节 财务指标分析

财务指标分析主要包括偿债能力分析、盈利能力分析、营运能力分析和发展能力分析。

一、偿债能力分析

企业偿债能力是指企业偿还债务的能力。通过偿债能力分析,能揭示一个企业财务风险的大小。企业的投资人、债权人、企业财务人员都十分重视偿债能力分析。

1. 短期偿债能力分析

1）流动比率

$$流动比率 = \frac{流动资产}{流动负债}$$

流动比率是流动资产与流动负债进行对比所确定的比率，反映企业用可在短期内转变为现金的流动资产，偿还到期流动负债的能力。经验表明，流动比率在 2∶1 比较合适，过高或过低都不适宜。

2）速动比率

$$速动比率 = \frac{速动资产}{流动负债}$$

速动比率是由速动资产和流动负债对比所确定的比率。速动资产主要包括现金、短期投资、应收及预付款项等，即从流动资产中扣除存货部分。速动比率反映资产的流动性及偿还流动负债的能力，是对流动比率的补充。流动资产各项目的变现能力不同，其中占流动资产很大比重的存货变现所需时间较长，把存货从流动资产总额中减去，可以更加真实可信地反映企业的短期偿债能力。通常认为正常的速动比率为1，当速动比率大于1时，比较安全；当速动比率小于1时，则短期偿债能力偏低。

3）现金比率

$$现金比率 = \frac{可立即动用的资金}{流动负债}$$

现金比率是可立即动用的资金与流动负债进行对比所确定的比率。可立即动用的资金主要是库存现金和银行活期存款，如果企业持有的短期有价证券的变现能力极强，也可看作可立即动用的资金。

2. 长期偿债能力分析

1）资产负债率

$$资产负债率 = \frac{负债总额}{资产总额} \times 100\%$$

资产负债率是指债权人提供资金所占的比重，以及企业资产对债权人权益的保障程度。对于债权人来说，资产负债率越低越好，若比率过高，债权人可能蒙受损失。但就所有者而言，则希望资产负债率高些，但过高又会影响企业的筹资能力。资产负债率数值越小，长期偿债能力越强；数值越大，可以利用的负债资金越多，可以得到财务杠杆利益，但财务风险加大。

2）产权比率

$$产权比率 = \frac{负债总额}{所有者权益总额} \times 100\%$$

产权比率反映所有者权益对债权人权益的保障程度。产权比率越低，长期偿债能力越强，债权人权益的保障程度越高，承担的风险越小。

3）已获利息倍数（利息保障倍数）

$$已获利息倍数 = \frac{息税前利润}{利息费用}$$

已获利息倍数是指企业经营业务收益与利息费用的比率。其中,息税前利润包括利息支出和所得税前的正常业务经营利润,不包括非正常项目。在不存在非正常项目的情况下,其计算公式为

$$息税前利润 = 利润总额 + 利息支出 = 净利润 + 所得税 + 利息支出$$

利息支出包括实际支出的借款利息、债券利息等。

已获利息倍数反映企业获利能力的大小,以及获利能力对偿还到期债务的保证程度。一般而言,其数值应大于1。已获利息倍数越高,偿债能力越强;已获利息倍数越小,偿债的安全性越低。

4）股东权益比率

股东权益比率是股东权益总额同资产总额的比率,反映企业全部资产中所有者投入所占的比重。其计算公式为

$$股东权益比率 = \frac{股东权益总额}{资产总额} \times 100\%$$

$$= 1 - 资产负债率$$

股东权益比率是表示长期偿债能力保证程度的重要指标,该指标越高,说明企业资产中由所有者投资所形成的资产越多,偿还债务的保证程度越大。

【例 10-3】 某公司 2020 年年末资产总额分别为 407 万元,负债总额为 234 万元,权益总额为 173 万元,利润总额为 60 万元,利息费用为 5 万元。计算资产负债率、产权比率、已获利息倍数、股东权益比率。

【解析】 根据题意,可计算

$$资产负债率 = \frac{负债总额}{资产总额} \times 100\% = \frac{234}{407} \times 100\% \approx 57.49\%$$

$$产权比率 = \frac{负债总额}{所有者权益总额} \times 100\% = \frac{234}{173} \times 100\% \approx 135.26\%$$

$$股东权益比率 = 1 - 资产负债率 = 1 - 57.49\% = 42.51\%$$

$$已获利息倍数 = \frac{利润总额 + 利息费用}{利息费用} = \frac{60 + 5}{5} = 13$$

二、盈利能力分析

盈利能力反映企业利润水平的高低,盈利能力分析是企业财务分析的重点。财务结构分析、偿债能力分析等分析工作的根本目的是通过分析及时发现问题,改善企业财务结构,提高企业偿债能力、经营能力,促进企业持续稳定发展,这些最终都可体现在企业盈利能力上。

1. 经营盈利能力分析

1）销售毛利率

销售毛利率为销售毛利与营业收入（销售收入）的比率,其中,销售毛利是营业收入（销售收入）与营业成本（销售成本）之间的差额。销售毛利率的计算公式为

$$销售毛利率 = \frac{销售毛利}{营业收入} = \frac{营业收入 - 营业成本}{营业收入} \times 100\%$$

销售毛利率反映企业经营活动初始盈利能力。企业营业利润形成的基础是销售毛利,它反映了企业对经营期内期间费用的承受能力。

2）核心利润率

2017年至2019年,财政部陆续更新了一般财务报表格式,在最新的报表格式中,其他收益和资产处置收益被列入营业利润的范围,而在此之前这两项内容在营业外收入、营业外支出中列示。营业利润范围的扩大,使得营业利润率指标不再能代表企业核心业务的盈利能力,因此有必要构建核心利润率,用于表示企业核心业务的盈利能力。

核心利润率是核心利润与销售收入的比率,其计算公式为

$$核心利润率 = \frac{核心利润}{营业收入} \times 100\%$$

其中:

$$核心利润 = 营业收入 - 营业成本 - 税金及附加 - 销售费用$$
$$- 管理费用 - 研发费用 - 财务费用$$

核心利润在销售毛利的基础上减去了税金及附加和期间费用,因此,分析核心利润率应在分析销售毛利率的基础上,进一步分析税金及附加和期间费用对核心利润率的影响。核心利润率可反映企业成本费用控制的综合效果,需要辩证看待成本费用对核心利润的影响。

3）营业利润率

营业利润率的计算排除了偶然性交易产生的营业外收入和营业外支出,是企业营业活动产生的收益总额,是利润总额最主要、最稳定的来源。营业利润率反映了企业营业活动盈利能力,其计算公式为

$$营业利润率 = \frac{营业利润}{营业收入} \times 100\%$$

营业利润率与核心利润率相比,包含了减值损失、投资收益等项目,剔除了偶然交易对利润的影响,更为全面地反映了企业营业活动的盈利能力。因此,分析营业利润率应在分析核心利润率的基础上,考虑减值损失、投资收益、其他收益、公允价值变动收益、资产处置收益对营业利润的影响。

4）销售净利率

销售净利率又称销售净利润率,是净利润占营业收入的百分比,其计算公式为

$$销售净利率 = \frac{净利润}{营业收入} \times 100\%$$

净利润是企业某一时期的最终经营成果,反映了企业经营盈利能力的最终水平。与营业利润相比,净利润的计算包括了营业外收入、营业外支出和企业所得税费用。其中,营业

外收入与营业外支出产生于偶然性交易,不具有可持续性,不构成企业净利润的主要来源。需要注意的是,如果企业营业外收支净额对销售净利率的影响较大,则销售净利率不能完全说明企业的整体经营盈利能力。所得税费用是企业应当缴纳的企业所得税,如果税收政策不变,所得税费用在净利润中应处于较为稳定的水平。

5) 销售获现比率

销售获现比率是销售商品、提供劳务收到的现金与营业收入之间的比率,其计算公式为

$$销售获现比率 = \frac{销售商品、提供劳务收到的现金}{营业收入}$$

在应收账款政策稳定、各期应收账款回收进度较一致的情况下,销售商品、提供劳务收到的现金通常与营业收入基本一致,销售获现比率一般在 1 左右。考虑到代收增值税计入现金流,但不计入企业营业收入,这个比率还会略微高于 1。

2. 资产盈利能力分析

1) 总资产报酬率

总资产报酬率是利润总额和利息支出总额与总资产平均余额的比率,用于衡量公司运用全部资产获利的能力。其计算公式为

$$总资产报酬率 = \frac{息税前利润}{总资产平均余额} \times 100\%$$

其中:

$$息税前利润 = 利润总额 + 利息支出$$

息税前利润是没有扣除利息和所得税费用的利润,没有考虑分配给债权人的利息和需要支付给国家的所得税,是企业经济活动所创造的收益。因此,分子使用由企业全部资产创造的息税前利润与分母的资产总额相匹配。利息支出并不是上市公司必须披露的内容,如果上市公司披露了财务费用明细表,其中包括利息支出,则息税前利润 = 利润总额 + 利息支出。若上市公司没有披露财务费用明细,那么息税前利润 = 利润总额 + 财务费用。

总资产报酬率公式中,分母之所以用平均数,是因为分子数据来自动态的利润表,反映一定期间内的经营成果,而分母数据来自静态的资产负债表,要使分子、分母在时间上保持一致,资产总额应该使用平均资产指标。通常,企业总资产报酬率越高,表明其全部资产的获利水平越高,企业的经营管理水平越高。反之,总资产报酬率越低,则表明企业资产的利用效率越高,利用资产创造的利润越少,企业的获利能力也就越低,经营管理水平越低。

2) 总资产净利率

总资产净利率是指公司净利润与总资产平均余额的百分比,反映公司运用全部资产所获得净利润的水平,即公司每占用 1 元的资产能获得多少元的净利润。其计算公式为

$$总资产净利率 = \frac{净利润}{总资产平均余额} \times 100\%$$

总资产净利率是企业盈利能力的关键。虽然股东报酬由总资产净利率和财务杠杆共同决定,但是,提高财务杠杆会同时增加企业风险,有时可能并不增加企业价值。此外,提高企

业的财务杠杆不能随时进行,存在很多限制,企业常常处于财务杠杆不可能再提高的状态。因此,驱动净资产收益率的基本动力是总资产净利率。

3. 资本盈利能力的分析

1) 净资产收益率

净资产收益率是指企业一定时期内的净利润同平均净资产的比率,其计算公式为

$$净资产收益率 = \frac{净利润}{净资产平均余额} \times 100\%$$

上述计算公式中的分子一般采用企业利润表上的净利润数值。但是,如果要分析企业股东权益回报的完整情况,还应考虑直接计入所有者权益的其他综合收益,如其他权益金融工具的公允价值变动净额,这些也是股东在当期获得的未在当期确认的损益。因此,也可以采用利润表上包括其他综合收益在内的综合收益数据作为分子。净资产是指企业资产减去负债后的余额,也就是资产负债表中所有者权益总额。对于净资产平均余额,一般取期初与期末的平均值,但是,如果要通过该指标观察分配能力,则取年末的净资产更为恰当。

净资产收益率是反映盈利能力的核心指标,充分体现了投资者投入企业的自有资本获取净收益的能力,突出反映了投资与报酬的关系。净资产收益率是评价企业自有资本及其积累获取报酬水平的最具综合性与代表性的指标,又称权益净利率,反映了企业资本运营的综合效益。该指标通用性强,适应范围广,不受行业的局限。

2) 资本金收益率

资本金收益率也称实收资本收益率,是净利润和企业投资者投入的平均实收资本(或股本)的比率,反映了企业所有者投入资本的回报水平,是衡量所有者投入资本盈利能力的重要指标,其计算公式为

$$资本金收益率 = \frac{净利润}{平均实收资本(或股本)} \times 100\%$$

资本金收益率衡量的是企业所有者投入资本赚取利润的能力。此处的资本金指的是资产负债表中的实收资本(或股本)项目。该指标数值越高,表明投资者投入企业的资金得到的回报就越高。通过对资本金收益率的分析,不仅可以了解企业管理水平和经济效益的高低,而且可以判定企业的投资收益,从而对所有者投资决策产生影响。

4. 上市公司盈利能力分析

1) 每股收益

每股收益是企业股东每持有一股权益所能获得的利润或承担的亏损,每股收益的计算公式为

$$每股收益 = \frac{归属于公司普通股股东的净利润 - 优先股股利}{普通股平均股数}$$

对投资者来说,每股收益是一个综合性的盈利概念,能比较恰当地说明收益的增长或减少。人们一般将每股收益视为企业能否成功地达到其利润目标的计量标志,或看作一家企业管理效率、盈利能力和股利来源的标志。

每股收益这一财务指标在不同行业、不同规模的上市公司之间具有相当大的可比性,因而在各上市公司之间的业绩比较中被广泛运用。每股收益的数值越大,企业盈利能力越好,股利分配来源越充足,资产增值能力越强。

2) 每股净资产

每股净资产指标反映投资者持有的每一股权益在企业中对应的净资产或股东权益的金额,其计算公式为

$$每股净资产 = \frac{期末股东权益}{期末普通股股数}$$

计算公式中,分子不包括少数股东权益,分母是期末发行在外的普通股,不包括企业的库存股。如果企业没有增发股票,则每股净资产反映了企业通过累积利润扩大企业股东权益的规模。每股净资产越高,企业累积利润越多,股东权益规模越大。

【例10-4】 某上市公司 2020 年年末股东权益为 15 600 万元,全部为普通股,年末普通股股数为 12 000 万股。计算每股净资产。

【解析】
$$每股净资产 = \frac{15\ 600}{12\ 000} = 1.3(元)$$

3) 市盈率

市盈率是资本市场常用的一个重要指标,它反映了在某一时刻投资者对企业每一元盈利所愿意支付的价格。

$$市盈率 = \frac{普通股每股市价}{每股收益}$$

市盈率的合理区间通常在 10~20 倍,但对市盈率的高低有很多种理解,投资者需要根据对企业的全面分析自行甄别其内在含义。在市盈率的计算中,每股收益的取值通常使用最近一期的企业的每股收益,但是,当企业公布了预测的盈余,或者分析者通过分析已知企业的预计每股收益时,使用这种预计的每股收益作为分母计算出的市盈率,则更能够显示出股票市场定价的合理与否。

4) 市净率

市净率也称市倍率,是股票的市场价格与企业股东权益账面价值的比值。严格意义上讲,该指标不是盈利性指标,而是股票估值的指标。但按惯例,该指标在盈利能力分析中讲授。

$$市净率 = \frac{普通股每股市价}{每股净资产}$$

影响企业市净率高低的根本因素,是投资者所判断的企业超过当前账面价值为投资者创造超额利润的能力。当预期未来股东权益报酬率等于股东的必要报酬率时,股票市净率为 1。预期未来股东权益报酬率超过股东必要报酬率越多,企业的利润增长率越高,则股票的市净率高于 1 并且值越大。反之,当预期未来股东权益报酬率低于股东必要报酬率时,股票市净率小于 1。

【例10-5】 某公司的有关财务资料如表 10-2 所示。

表 10-2　某公司的有关财务资料　　　　　　　　单位：万元

项　　目	2018 年	2019 年	2020 年
净利润		3 500	3 800
营业收入净额		26 000	31 000
年末资产总额	30 000	32 000	36 000
年末股东权益总额	19 500	22 000	24 500
年末普通股股数	20 000	20 000	20 000
普通股平均股数		20 000	20 000

假定 2019 年、2020 年每股市价均为 4 元。

计算该公司 2019 年、2020 年的如下指标(所涉及的资产负债表的数字取平均数)：(1) 营业利润率；(2) 市盈率；(3) 股东权益比率；(4) 平均每股净资产；(5) 每股收益。

【解析】　由题意得：

2019 年有关指标为

(1) 营业利润率 $= \dfrac{净利润}{营业收入} \times 100\% = \dfrac{3\ 500}{26\ 000} \times 100\% \approx 13.46\%$

(2) 市盈率 $= \dfrac{每股市价}{每股收益} = \dfrac{4.5}{0.19} \approx 23.68$

(3) 股东权益比率 $= \dfrac{平均股东权益总额}{平均资产总额} \times 100\% = \dfrac{(19\ 500 + 22\ 000) \div 2}{(28\ 000 + 32\ 000) \div 2} \times 100\%$

　　　　　　　 $\approx 69.17\%$

(4) 平均每股净资产 $= \dfrac{平均股东权益总额}{普通股平均股数} \times 100\% = 20\ 750 \div 18\ 000 \approx 1.15(元)$

(5) 每股收益 $= \dfrac{净利润}{年末普通股股数} = 3\ 500 \div 18\ 000 \approx 0.19(元)$

同理，2020 年有关指标为

(1) 营业利润率 $= 12.26\%$

(2) 市盈率 $= 4.5 \div 0.21 = 21.43$

(3) 股东权益比率 $= 68.3\%$

(4) 平均每股净资产 $= 1.29(元)$

(5) 每股收益 $= 0.21(元)$

三、营运能力分析

营运能力是指企业在经营过程当中使用资产获取回报的效率。企业的营运资产,主体是流动资产和固定资产,尽管无形资产是企业资产的重要组成部分,在工业经济时代向知识经济时代转化的过程中,在企业资产中所占比重越来越大,而且在提高企业经济效益方面发挥了巨大作用,但无形资产的作用多数情况下必须通过或依附于有形资产才能发挥出来。因此,流动资产和固定资产构成了企业营运资产的主体,其营运状况将从根本上决定企业的经营状况和经济效益。

1. 应收账款周转率

$$应收账款周转率 = \frac{营业收入}{平均应收账款余额}$$

其中：

$$平均应收账款余额 = (期初应收账款 + 期末应收账款) \div 2$$

$$应收账款周转天数 = \frac{360}{应收账款周转率}$$

2. 存货周转率

存货周转率反映企业采购、储存、生产、销售各环节管理工作状况的好坏，对企业的偿债能力及获利能力具有决定性的影响。其计算公式为

$$存货周转率 = \frac{营业成本}{平均存货成本}$$

其中：

$$平均存货成本 = (期初存货成本 + 期末存货成本) \div 2$$

$$存货周转天数 = \frac{360}{存货周转率} = \frac{平均存货成本 \times 360}{营业成本}$$

3. 流动资产周转率

流动资产周转率是分析流动资产周转情况的一个综合性指标。流动资产周转率越高，说明流动资产周转速度越快。其计算公式为

$$流动资产周转率 = \frac{营业收入}{平均流动资产总额}$$

4. 固定资产周转率

固定资产周转率反映固定资产的周转情况，可以衡量固定资产的利用效率。在计算过程中，要注意折旧以及固定资产更新情况。其计算公式为

$$固定资产周转率 = \frac{营业收入}{平均固定资产净值}$$

5. 总资产周转率

平均资产总额可采用期初、期末的平均数。总资产周转率可用来分析企业全部资产的使用效率或利用效率。其计算公式为

$$总资产周转率 = \frac{营业收入}{平均资产净值}$$

$$总资产周转天数 = \frac{日历天数}{总资产周转率} = \frac{平均资产总额}{平均每日销售收入}$$

如果总资产周转率较低，说明企业利用其资产进行经营的效率较差，会影响企业的获利能力，企业应采取措施提高销售收入或处置资产，以提高总资产利用率。

【例10-6】 某公司资产负债表如表10-3所示。

表 10-3 资产负债表

2020 年 12 月 31 日   单位：元

资　产	金　额	负债及所有者权益	金　额
货币资金	20 000	流动负债	
应收账款净额			
存货		长期负债	
固定资产净额	300 000	所有者权益	240 000
资产总计		负债及所有者权益合计	

已知：该公司 2020 年产品营业成本为 280 000 元，存货周转次数为 4 次；年末流动比率为 1.32；产权比率为 0.8，期初存货等于期末存货。要求：

(1) 根据上述资料计算填列该公司 2013 年 12 月 31 日的资产负债表简表。

(2) 假定本年营业收入为 420 000 元，期初应收账款等于期末应收账款，计算该公司应收账款周转期。

【解析】

(1) 由题意可得表 10-4 中资产负债情况。

表 10-4 资产负债情况   单位：元

资　产	金　额	负债及所有者权益	金　额
货币资金	20 000	流动负债	100 000
应收账款净额	42 000		
存货	70 000	长期负债	92 000
固定资产净额	300 000	所有者权益	240 000
资产总计	432 000	负债及所有者权益合计	432 000

① 资产总计＝负债及所有者权益＝所有者权益＋所有者权益×产权比率

　　＝240 000×(1＋0.8)＝432 000(元)

② 期末存货＝期初存货＝营业成本/存货周转次数＝280 000/4＝70 000(元)

③ 应收账款净额＝资产总额－固定资产净额－存货－货币资金

　　　　　　＝432 000－300 000－70 000－20 000＝42 000(元)

④ 流动负债＝流动资产/流动比率＝(资产总计－固定资产净额)/流动比率

　　　　　　＝(432 000－300 000)/1.32＝132 000/1.32＝100 000(元)

⑤ 长期负债＝负债及所有者权益总计－所有者权益－流动负债

　　　　　　＝432 000－240 000－100 000＝92 000(元)

(2) 应收账款周转率＝420000/42000＝10(次)

　　　应收账款周转天数＝360/10＝36(天)

四、发展能力分析

发展能力反映企业未来的发展趋势和发展潜能。企业发展能力的大小是一个相对概念，即分析期的股东权益、利润、收入和资产是相对于上一期的股东权益、利润、收入和资产而言的。在实践中通常使用增长率对企业发展能力进行分析。企业不同方面的增长率相互作用、相互影响，只有将各方面的增长率进行交叉比较分析，才能全面分析企业的整体发展能力。

1. 收入增长率

市场是企业生存和发展的空间，营业收入增长是企业增长的源泉。一个企业的销售情况越好，说明其在市场所占份额越大，企业生存和发展的市场空间也越大，因此可以用收入增长率反映企业在销售方面的增长能力。收入增长率就是本期营业收入增加额与上期营业收入之比。其计算公式为

$$收入增长率 = \frac{本期营业收入增加额}{上期营业收入} \times 100\%$$

$$= \frac{本期营业收入 - 上期营业收入}{上期营业收入} \times 100\%$$

需要说明的是，如果上期营业收入为负值，则计算公式的分母应取其绝对值。收入增长率为正数，说明企业本期营业收入增加，收入增长率越大，说明企业营业收入增长得越快，销售情况越好；收入增长率为负数，说明企业本期营业收入减少，收入增长率越低，说明销售情况越差。

2. 净利润增长率

企业价值主要取决于盈利及其增长能力，企业的利润增长是反映企业增长能力的重要方面。由于利润可表现为营业利润、利润总额、净利润等多种指标，因此相应的利润增长率也具有不同的表现形式。其中，净利润的增长是企业成长习性的基本表现。净利润增长率是本期净利润增加额与上期净利润之比，其计算公式为

$$净利润增长率 = \frac{本期净利润增加额}{上期净利润} \times 100\%$$

需要说明的是，如果上期净利润为负值，则计算公式的分母应取其绝对值。净利润增长率为正数，说明企业本期净利润增加，净利润增长率越大，说明企业收益增长得越多；净利润增长率为负数，则说明企业本期净利润减少，收益降低。

3. 资产增长率

企业要增加销售收入，就需要增加资产投入。为了反映企业在资产投入方面的增长情况，可以利用资产增长率指标进行衡量。资产增长率是本期资产增加额与资产期初余额之比，其计算公式为

$$资产增长率 = \frac{本期资产增加额}{资产期初余额} \times 100\%$$

资产增长率是用来考核企业资产投入增长幅度的财务指标。资产增长率为正数，说明企业本期资产规模增加，资产增长率越大，说明资产规模增加幅度越大；资产增长率为负数，则说明企业本期资产规模缩减，资产出现负增长。

4. 股东权益增长率

股东权益的增加是驱动股东财富增长的因素之一。股东权益的增加就是期初余额到期末余额的变化,利用股东权益增长率能够解释这种变化。股东权益增长率是本期股东权益增加额与股东权益期初余额之比,也称作资本积累率,其计算公式为

$$股东权益增长率 = \frac{本期股东权益增加额}{股东权益期初余额} \times 100\%$$

股东权益增加表示企业可能不断有新的资本增加,说明股东对企业前景充分看好,在资本结构不变的情况下,也增加了企业负债筹资能力,提高了企业的可持续发展能力。股东权益增长率越高,表明企业本期股东权益增加得越多;反之,股东权益增长率越低,表明企业本年度股东权益增加得越少。

本 章 小 结

本章讲述了财务分析概述、财务指标分析、财务综合分析等问题,包含以下要点。

(1) 财务分析是以会计核算和报告资料及其他相关资料为依据,采用一系列专门的分析技术和方法,对企业等经济组织过去和现在的有关筹资活动、投资活动、经营活动的盈利能力、营运能力、偿债能力和增长能力状况等进行分析与评价,为企业的投资者、债权人、经营者及其他关心企业的组织或个人了解企业过去、评价企业现状、预测企业未来、做出正确经营决策、管理控制和监督管理提供准确的信息或依据。

(2) 偿债能力是指企业偿还各种债务的能力。偿债能力分析的指标主要有流动比率、速动比率、现金比率、资产负债率、产权比率和已获利息倍数等。

(3) 盈利能力是指企业在一定时期内赚取利润的能力。反映盈利能力的指标包括售毛利率、核心利润率、营业利润率、销售净利率、销售获现比率、总资产报酬率、总资产净利率、净资产收益率、资本金收益率等。此外,针对上市公司盈利能力分析的特殊指标,还可以分析其市净率、市盈率、每股净资产等指标。

(4) 企业营运能力是指企业营运资产的使用效率与效益。营运能力分析的目的是评价企业资产的流动性,评价企业资产的利用效益,挖掘企业资产利用的潜力。反映营运能力的指标包括应收账款周转率、存货周转率、流动资产周转率、固定资产周转率和总资产周转率等。

(5) 企业发展能力分析是通过对股东权益增长率、利润增长率、收入增长率、资产增长率等指标进行相互比较与全面分析,综合判断企业的整体发展能力。

关键术语中英文对照

财务分析(financial analysis)
财务指标(financial indicator)

财务信息(financial information)

财务报表(financial statements)

经营成果(operating result)

财务状况(financial situation)

比率分析法(ratio analysis approach)

盈利能力(profit ability)

因素分析法(factor analysis approach)

连环替代法(serial substitution method)

流动比率(current ratio)

资产负债率(asset-liability ratio)

利息保障倍数(times interest earned)

速动比率(quick ratio)

销售毛利率(gross profit margin)

营业利润率(operating profit margin)

总资产报酬率(return on total assets)

净资产收益率(return on equity)

每股净资产(net profit per share)

核心利润率(core profit margin)

销售净利率(net profit margin)

每股收益(earnings per share)

市盈率(price-to-earnings ratio)

营运能力(operating ability)

总资产周转率(total assets turnover)

存货周转率(inventory turnover)

增长能力(growth ability)

收入增长率(sales growth rate)

案 例 学 习

A股4 455家上市公司的半年报里,藏着哪些秘密

A股4 455家上市公司上半年总市值约91万亿元;截至2021年8月30日收盘,A股千亿市值公司共151家,总市值41.33万亿元,平均市值2 737亿元;上半年A股公司净利润约2.8万亿元,同比增长43%。净利润排名前十的公司中,有7家是银行。截至8月31日,A股4 455家上市公司已全部发布2021年上半年财报。以8月30日收盘市值及2021年上半年财报为统计依据,对A股上市公司进行分析,从财务数据角度观察中国经济走向。一个重要的发现是,对比去年同期,中国经济已逐渐摆脱新冠疫情带来的冲击,实现了复苏和增

长。总营收约 31 万亿元,较去年同期增长约 27%;总净利润约 2.8 万亿元,较去年同期增长约 43%;净利润亏损企业,从去年同期的 779 家减少至 561 家,亏损额减少约 900 亿元;3 974 家公司公布上半年研发投入,总计 4 916 亿元,较去年同期增长约 33%;4 285 家公司公布上半年销售费用,总计 8 597 亿元,较去年同期增长约 9%。上半年概况:减亏增收。

1. 营收、净利润双增长,净利润同比增长 43%

A 股上市公司上半年总市值约 91 万亿元,其中超过半数公司市值在 100 亿元以下,市值在 100 亿～500 亿元之间的公司有 1 184 家,市值千亿到万亿之间的公司有 146 家,市值万亿以上的公司有 5 家。从行业分布来看,机械设备、化工、医药生物、电子和计算机是上市公司数量最多的五大领域。

从营收情况看,上半年 A 股公司总营收为 30.65 万亿元,平均营收 68.8 亿元。其中,营收超千亿的公司有 47 家,总营收 13.77 万亿元,约占 A 股公司上半年总营收的 45%。

从净利润情况看,上半年 A 股公司净利润约 2.8 万亿元,平均净利润 6.3 亿元。净利润额相比去年同期的 1.9 万亿元增长了 43%。净利润前十的公司利润占上半年 A 股公司总净利润的 30.8%,其中 7 家是银行。

2. 研发投入不及销售费用

从研发投入看,3 974 家公布研发投入的公司,上半年的研发投入为 4 916 亿元,较去年同期的 3 709 亿元增长约 33%;平均研发投入 1.2 亿元,较去年同期增加了约 2 600 万元。此外,上半年 A 股研发投入排名前三的行业分别为:电子(679 亿元)、建筑装饰(582 亿元)、汽车(424 亿元)。

在销售费用方面,4 285 家公司发布了上半年销售费用,总计 8 597 亿元,高于上半年研发投入总额;平均销售费用 2 亿元,也高于上半年的平均研发投入。销售费用最高的公司主要集中在消费领域,其中包括海尔智家、美的集团、伊利、苏宁易购、永辉超市等。

3. 增收减亏减补

此外,我们统计了 2021 年上半年在规模、收益、亏损、投入等方面"之最"的公司。其中,中国石化营收最高,同时也是获得政府补助最多的公司,但补助金额从去年同期的 26.94 亿元减少到了 15.49 亿元;中国石油较去年同期减亏最多,也是今年上半年销售费用最高的公司;华夏幸福是今年上半年亏损(约 95 亿元)及净利润同比下滑额(-155 亿元)最多的公司;上半年研发投入最多的公司为中国建筑,约 139 亿元,它也是去年同期研发投入最多的公司;上半年,中国工商银行以 1 635 亿元(同比增长 9.8%)的净利润蝉联"A 股最赚钱公司"宝座。

从公司数量看,2021 年上半年净利润亏损的公司为 561 家,较去年同期减少了 218 家,亏损额减少了约 900 亿元。从政府补助的总额看,2021 年上半年,A 股上市公司共计获得政府补助 885 亿元,2020 年上半年的补助额为 908 亿元,减少了 23 亿元。

(资料来源:"学习强国"学习平台发布内容,2021 年 9 月 9 日)

思考题:

1. 通过哪些指标可以反映企业的盈利能力?

2. 如何对企业的盈利能力和营运能力和发展能力进行分析并作出评价?

课后练习

一、单项选择题

1. 财务分析开始于( )。
   A. 投资者　　　　　B. 银行家　　　　　C. 财务分析师　　　　D. 企业经理

2. 财务分析的对象是( )。
   A. 财务报表　　　　B. 财务报告　　　　C. 财务活动　　　　D. 财务效率

3. 企业投资者进行财务分析的根本目标是关心企业的( )。
   A. 盈利能力　　　　B. 营运能力　　　　C. 偿债能力　　　　D. 增长能力

4. 下列指标中,可用于衡量企业短期偿债能力的是( )。
   A. 获利息倍数　　　B. 产权比率　　　　C. 资产周转率　　　D. 流动比率

5. 某企业应收账款周转次数为 4.5 次。假设一年按 360 天计算,则应收账款周转天数为( )天。
   A. 0.2　　　　　　　B. 81.1　　　　　　C. 80　　　　　　　D. 730

6. 计算流动比率、速动比率、现金比率这几个财务比率都要利用的指标是( )。
   A. 流动资产　　　　B. 速动资产　　　　C. 货币资产　　　　D. 流动负债

7. 国际上通常认为合理的流动比率是( )。
   A. 1 : 1　　　　　　B. 4 : 1　　　　　　C. 2 : 1　　　　　　D. 1 : 2

8. 下列指标中,可用于衡量企业长期偿债能力的是( )。
   A. 产权比率　　　　　　　　　　　　B. 现金比率
   C. 流动比率　　　　　　　　　　　　D. 流动资产周转率

9. 一般来说,流动比率的公认绝对标准为( )。
   A. 100%　　　　　　B. 200%　　　　　　C. 300%　　　　　　D. 400%

10. 在计算速动资产时,之所以要扣除存货等项目,是由于( )。
    A. 这些项目价值变动较大　　　　　　B. 这些项目质量难以保证
    C. 这些项目数量不易确定　　　　　　D. 这些项目变现能力较差

二、多项选择题

1. 利息保障倍数指标所反映的企业财务层面包括( )。
   A. 获利能力　　　　　　　　　　　　B. 长期偿债能力
   C. 短期偿债能力　　　　　　　　　　D. 发展能力

2. 财务指标分析主要包括( )。
   A. 偿债能力分析　　　　　　　　　　B. 盈利能力分析
   C. 营运能力分析　　　　　　　　　　D. 成本能力分析

3. 资产负债率,对其正确的评价有( )。
   A. 从债权人角度看,负债比率越大越好

B. 从债权人角度看,负债比率越小越好

C. 从股东角度看,负债比率越高越好

D. 从股东角度看,当全部资本利润率高于债务利息率时,负债比率越高越好

4. 企业营运能力的指标主要有( )。

    A. 速动比率   B. 总资产周转率

    C. 固定资产周转率   D. 流动资产周转率

5. 反映资产营运能力的指标包括( )。

    A. 净资产收益率   B. 流动资产周转率

    C. 固定资产周转率   D. 存货周转率

6. 企业的短期偿债能力指标有( )。

    A. 流动比率   B. 资产负债比率

    C. 速动比率   D. 现金比率

7. 可以用于财务分析的方法有( )。

    A. 趋势分析法   B. 内容分析法   C. 比率分析法   D. 因素分析法

8. 提高净资产收益率的途径有( )。

    A. 提高资产营运效率   B. 增加销售收入

    C. 降低成本费用   D. 降低负债比率

    E. 提高负债比率

三、判断题

1. 从一定意义上讲,流动性比收益性更重要。 ( )

2. 在其他条件不变时,流动资产比重越高,总资产周转速度越快。 ( )

3. 资产周转次数越多,周转天数越多,表明资产周转速度越快。 ( )

4. 营业收入增加的同时,流动资产存量减少所形成的节约额是绝对节约额。 ( )

5. 使用营业收入作为周转额可以用来说明垫支的流动资产周转速度。 ( )

6. 成本收入率越高,流动资产周转速度越快。 ( )

7. 资本盈利能力分析主要对全部资产报酬率指标进行分析和评价。 ( )

8. 从会计学角度看,资本的内涵与我们通常所说的资产的内涵是基本相同的,它侧于揭示企业所拥有的经济资源,而不考虑这些资源的来源特征。 ( )

9. 一般来说,市盈率高,说明投资者愿意出更高的价格购买该公司股票,对该公司发展前景看好,但股票的投资风险也较大。 ( )

10. 每股收益能够完全反映企业的盈利情况和现金流量状况。 ( )

11. 总资产报酬率等于销售净利率乘以总资产周转天数。 ( )

12. 销售净利率能够排除管理费用、财务费用、销售费用等对营业利润的影响。 ( )

13. 最能体现企业经营目标的财务指标是净资产收益率。 ( )

14. 权益乘数越大,财务杠杆作用就越大。 ( )

四、计算题

1. 甲股份有限公司 2020 年有关所有者权益变动等的资料如下。

（1）2020 年 7 月 1 日，按每股 6.5 元的发行价格增发 400 万股普通股（每股面值 1 元）。

（2）2020 年 11 月 1 日，按每股 10 元的价格回购 120 万股普通股（每股面值 1 元），并予以注销。

（3）截至 2020 年年末甲公司发行在外的普通股为 2 000 万股（每股面值 1 元），年末股票市场价格为 9.6 元/股。

（4）2020 年度实现营业收入 16 000 万元，销售净利润率为 10%，不进行股利分配。

（5）甲公司 2020 年的所有者权益增长率为 30%.

2. 假设甲公司 2020 年度除上述项目外，未发生影响所有者权益增减变动的其他事项。根据上述资料，计算：

（1）甲股份有限公司 2020 年的净资产收益率。

（2）甲股份有限公司 2020 年的基本每股收益。

（3）甲股份有限公司 2020 年年末的市盈率。

（4）甲股份有限公司 2020 年年末的市净率。

3. 甲公司 2020 年有关资料为：年末流动比率为 2.1，年末资产总额 160 万元，年末流动负债 14 万元，年末非流动负债 42 万元。计算甲公司 2020 年年末流动资产总额、年末资产负债率和年末产权比率。

第十一章

财务绩效评价

◆ **学习目标** ||||||||||||

了解绩效评价的概念、功能；

掌握平衡计分卡的含义及应用；

理解关键绩效指标法的含义、确定原则和确定方法；

掌握经济增加值的含义及其计算；

掌握关键绩效指标法与平衡计分卡的区别。

◆ **导入案例** |||||||||||||

商业银行财务绩效评价

2019—2020 年我国上市商业银行财务绩效排名如表 11-1 所示。

表 11-1　2019—2020 年我国上市商业银行财务绩效排名

银行名称	2019 年	2020 年	排名变化	银行名称	2019 年	2020 年	排名变化
平安银行	11	10	0	兴业银行	10	8	2
宁波银行	3	4	−1	北京银行	20	19	1
江阴银行	25	22	3	上海银行	14	15	−1
常熟银行	15	9	6	农业银行	6	7	−1
浦发银行	26	26	0	交通银行	17	23	−6
华夏银行	4	25	−21	工商银行	16	13	3
民生银行	9	20	−11	光大银行	19	18	1
招商银行	13	6	7	建设银行	12	14	−2
无锡银行	18	12	6	中国银行	21	17	4
江苏银行	5	3	2	贵阳银行	2	2	0
杭州银行	8	10	−2	中信银行	7	24	−17
南京银行	24	5	19	吴江银行	22	21	1

由表 11-1 可知,南京银行在 2019—2020 年财务绩效排名的上升幅度最大,这是因为南京银行在对风险进行防控时采取了强有力的措施。通过对基础管理能力的不断提高以及对风险防控能力的不断强化,全面推动银行业务战略发展,对银行战略转型等措施有效应用,为南京银行全面发展提供了源源不断的动力,主要表现在提高了银行资产质量、优化资产负债结构、提高银行抵御风险的能力等方面。根据对南京银行展开的实际调查能够知道,南京银行在 2019 年持有的资产负债率为 95.25%,2020 年为 95.13%,2020 年的总资产与总负债与 2019 年相比均有所增加。这种情况的产生主要是因为南京银行 2020 年发放贷款、垫款数额、应付债券、吸收存款的数额与 2019 年相比都有所增加。2020 年南京银行具有的三类不良贷款余额为 34.56 亿元,比 2019 年提高了 4.50 亿元,所有不良贷款利率为 0.97%,与 2019 年相比下降了 0.02% 个百分点,贷款拨备覆盖率为 473.65%,比 2019 年增加了 5.33%,因此具有的风险抵抗能力较强。另外,南京银行在提高自身财务绩效的过程中能够将服务实体经济作为发展目标,通过采取多元化对公客户联动服务渠道,使客户基础得到不断夯实。

2019—2020 年,华夏银行的排名幅度变化最大,之所以出现这种现象,主要是因为华夏银行的现金流量发生了巨大变化所导致。根据对华夏银行发布的年报表进行研究能够知道,目前华夏银行平均资产所展示出的状态为负债结构,这是因为华夏银行为了使资金的运用效率得到有效提高,导致现金净流出量较高。2019 年全年华夏银行经营活动所产生的现金净流出量为 826.74 亿元,2020 年为 989.39 亿元,虽然现金净流出量比 2019 年高出许多,但增长范围依然能够得到有效控制。华夏银行整体投资规模在 2020 年得到了全面增加,各项投资活动产生的现金净流量达到了 1 144.95 亿元,2019 年为 2 786.441 元,呈现出明显降低趋势。2019 年华夏银行发行金融债筹和二级资本债等筹资活动所产生的现金净流入量为 563.31 亿元,2020 年为 437.71 亿元,呈现出明显下降趋势。由于开展相关筹资活动需要支付的成本数额较高,因此当华夏银行扩大自身投资规模时,必然会对下一年财务绩效产生不同程度影响。2020 年开展的两项活动所具有的现金流量都少于 2019 年,然而当现金流量发生了巨大变化,必然会导致华夏银行财务绩效排名发生较大变动。

(资料来源:徐星. 商业银行财务绩效分析及政策建议[J]. 财会学习,2021(28):20-22)

思考题: 分析南京银行和华夏银行财务绩效的变化原因,你还发现了哪些银行的财务绩效发生了变化?试着找出原因。

平衡计分卡在中国各行业中的应用研究

第一节 财务绩效评价概述

一、绩效评价的概念与功能

1. 绩效评价的概念

在管理学中,绩效是指组织为实现其目标而展现在不同层面上的有效输出,包括个人绩效和企业绩效两个方面。其中,企业绩效是指某一经济实体在一定时期内从事经营所取得的成果,一般表现为业绩和效率两个方面。绩效是企业价值增长的具体体现。

绩效评价是指运用数理统计和运筹学原理,采用特定指标体系,对照相应标准,按照一定程序,使用定量和定性相结合的方法,对企业一定经营期间的经营效益和经营者业绩做出客观、公正和准确的综合评判。

2. 绩效评价的功能

(1) 认识功能。通过绩效评价,企业管理者可以对企业有比较全面、客观的认识,有一定的定量依据,避免主观印象起主导作用。

(2) 战略调整和目标分配功能。通过绩效评价,企业管理者可以掌握企业价值链各环节的信息,以监控日常运营,制定、调整系统战略,合理进行目标分解和工作分配,提高企业效率和业绩。

(3) 考核功能。通过绩效评价,企业管理者可以考核企业各级管理层以及员工的业绩水平。企业的绩效状况一方面取决于管理层的领导能力与素质,另一方面取决于员工的执行能力。绩效评价有利于员工绩效的及时反馈,有利于为员工的薪酬激励提供依据。

(4) 引导与促进功能。通过绩效评价,企业管理者可以将企业员工的行为取向引导到绩效上来,调动企业员工创造良好业绩的积极性,促进各项事业顺利发展。

(5) 潜力挖掘功能。通过绩效评价,企业管理者可以发现企业间的差距,达到发挥优势、克服劣势、挖掘潜力、进一步提高绩效的目的。

二、我国绩效评价的发展趋势

新经济环境带来的企业战略、组织形式、财务管理、价值估计及激励机制等方面的巨大变革,使得企业绩效评价理论和方法也在不断地发展并呈现出以下趋势。

1. 将绩效评价纳入企业战略管理的全过程

在企业管理中,绩效评价具有一定的导向作用。在企业日益加强战略管理以获取竞争优势的今天,绩效评价为适应整体战略的要求,已与企业战略经营目标紧密结合,并被纳入整个战略管理过程之中。

2. 开始注重反映利益相关者的要求

企业绩效评价在关注企业内部经营管理过程的同时,将视野投向了企业的利益相关者,不但投资者、债权人和管理者要了解企业的绩效状况,其他利益关系者,如政府、社会公众、客户、供应商、员工等,也要了解企业的绩效状况,企业绩效评价开始由单一的评价向多角度、综合的评价转化。

3. 注重对知识与智力资本等无形资产的评价

随着知识经济的到来,企业赖以生存和发展的核心利润源已发生了实质性的变化,从以实物型资产为主导向以实物型资产和无形资产并重的方向发展。这些无形资产实质上也是企业内部知识的积累以及智力资本的体现。现有的绩效评价已发展为帮助企业引导员工进行知识交流、共享,促进知识的扩散,加速知识的应用,进而提升企业核心竞争能力的工具。

4. 注重对企业整体业务流程的评价

传统的企业绩效评价侧重于单个职能部门的评价,企业中的各部门被视为独立个体,进行独立评价的管理层专注于改善所负责部门的绩效,而较少关心其目标的达成对其他部门或供应链中其他成员产生的影响。此外,适用于静态产品和大批量生产的传统评价方法也不能反映供应链动态经营情况,不能对业务流程进行实时分析评价。因此,适应企业竞争环境和竞争方式的变化,从内部供应链整体出发注重对企业整体流程的评价已成为必然趋势。

5. 注重外部供应链管理绩效评价

外部供应链绩效评价是指围绕供应链的目标,对供应链整体、各环节(尤其是核心企业运营状况以及各环节之间的运营关系等)所进行的事前、事中和事后分析评价。评价供应链的绩效,是对整个供应链的整体运行绩效、供应链节点企业之间的合作关系所做出的评价。在日趋激烈的全球化竞争中,单个企业间的竞争已经被企业群体之间的竞争取代,表现为供应链之间的竞争。因此,供应链管理绩效评价,对供应链运作和管理尤为重要。

6. 注重社会绩效评价研究

当我们对企业进行综合评价时,往往要求企业能同时兼顾经济效益和社会效益。近年国外对企业评价的研究已经越来越多地集中到企业社会绩效评价领域。因此,如何借鉴国外的企业社会绩效评价模式,并以此为基础探讨适合我国国情的企业社会绩效评价系统将是今后企业绩效评价系统研究的重要方面。

第二节　平衡计分卡

一、平衡计分卡概述

传统的绩效测评指标主要是会计、财务指标,只能衡量过去发生的事情(落后的结果因素),但无法评估组织前瞻性的投资(领先的驱动因素)。

平衡计分卡(balance score card,BSC)则是将财务指标与非财务指标相结合,将企业的业绩评价与企业战略发展联系起来,从财务、顾客、内部运营、学习与成长四个维度,将组织的战略落实为可操作的衡量指标和目标值的一种新型绩效管理体系。设计平衡计分卡的目的就是要建立"实现战略制导"的绩效管理系统,从而保证企业战略得到有效的执行。如图 11-1 所示是平衡计分卡框架图。

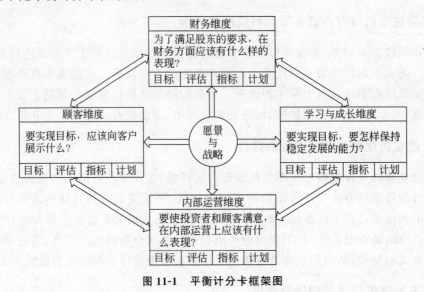

图 11-1 平衡计分卡框架图

1. 平衡计分卡的衡量指标

1) 财务维度

在财务维度上,平衡计分卡解决的是如何满足股东和投资者的需求,实现股东价值的最大化的问题。财务绩效指标是股东和投资者最关注的、反映公司当前绩效的重要参数,通常包括利润、收入、现金流量、投资回报率、经济增加值、增加的市场份额等。财务衡量在平衡计分卡中不仅是一个单独的衡量方面,而且是其他几个衡量方面的出发点和落脚点。

2) 顾客维度

为了满足股东和投资者的需求,使他们获得丰厚的回报,企业就必须关注顾客、关注市场表现。因为顾客是企业之本,是现代企业的利润来源,只有向顾客提供产品和服务,满足顾客需要,企业才能生存、发展。顾客关心时间、质量、性能和服务、成本,企业就必须在这些方面下功夫,提高服务质量、保证服务水平、降低产品成本等。企业从顾客角度给自己设定目标,就能够保证企业的工作成效。常用的顾客维度指标包括按时交货率、新产品销售占全部销售的百分比、重要客户的购买份额、顾客满意度指数、顾客忠诚度、新客户增加比例、客户利润贡献度等。

3) 内部运营维度

为了满足顾客需要,获得市场价值,从内部运营角度企业应该具有什么样的优势,具有什么样的核心能力,具有什么样的关键技术,是企业必须认真对待的问题,也是企业改善其经营绩效的重点。常用的内部运营维度的指标包括生产布局与竞争情况、生产周期、单位成本、产出比率、缺陷率、存货比率、新产品投入计划与实际投入情况、设计效率、原材料整理时间或批量生产准备时间、订单发送准确率、货款回收与管理、售后保证等。

4) 学习与成长维度

为了提升内部运营效率、满足顾客需要、持续提升并创造企业价值,企业必须不断成长。因此,企业围绕组织学习与创新能力的提升对人的管理方面设定的学习与发展类指标,就是为了衡量相关职位在追求运营效率的同时,是否为长远发展营造了积极健康的工作环境和企业文化,是否培养和维持了组织中人员的竞争力。学习和发展类的绩效指标用来评价员工管理、员工激励与职业发展等保持企业长期稳定发展的能力,常用指标包括员工满意度、平时培训时间、再培训投资、关键员工流失率等。

2. 平衡计分卡的主要特点

1) 将业绩指标与战略联系在一起

平衡计分卡的一个主要特点是紧紧围绕公司的战略和使命来设计一套彼此联系、反映公司长期战略目标以及实现这些目标的方式的业绩指标,而不是将财务和非财务指标简单地组合在一起。

2) 强调主要指标之间的因果关系

平衡计分卡与其他绩效管理系统的差别之一在于注重因果关系。假设把投资报酬率作为财务维度的指标,要实现这种结果,就必须提高顾客的满意度,而假设经过分析发现顾客对按时交货率特别重视,就可以将按时交货率作为顾客维度的指标;要提高按时交货率,就必须缩短经营周期,提高经营质量,所以可以把这两个指标放在业务流程维度中;组织要通过培训员工、提高其技能才能保证经营周期和经营质量的改善,所以可以将此业绩指标放在学习和成长维度。这样,通过因果关系分析,就能建立贯穿平衡计分卡四个维度的指标体系。

3) 强调主要指标之间的相互平衡

平衡计分卡的平衡体现在财务指标和非财务指标、前瞻性指标和滞后性指标、内部指标和外部指标等之间的平衡上。财务指标是以货币单位计量的指标,而非财务指标则以货币单位以外的单位计量。滞后指标是结果指标(如顾客盈利性指标),反映过去经营的结果,而前瞻性指标则是未来业绩的驱动因素(如培训时间)。内部指标与企业内部流程和能力有关,而外部指标则与顾客和股东有关。这些指标的平衡使企业的业绩和战略联系起来。

4) 向员工传播公司的战略

首先,通过解释特定的行为,以及这些行为与主要财务业绩指标之间的因果关系,平衡计分卡可以将长期的战略行动传递给经营单位,并帮助企业追踪这些业绩。其次,企业通过平衡计分卡可以将组织的战略传递给员工,使他们理解业绩指标,并为改善企业的业绩而做贡献。最后,平衡计分卡将战略转化为员工可以理解和观察的指标,从而使其知道其行为的变化对于实现战略的意义。

二、平衡计分卡的应用与作用

1. 平衡计分卡的应用

应用平衡计分卡进行企业经营绩效评价的程序如下。

(1) 分析企业的经营现状。

(2) 基于以上分析结果确定企业经营目标。

(3) 根据企业经营目标设定四个维度的绩效目标：财务、顾客、内部运营以及学习与发展。

(4) 在组织内传达经营目标，并把绩效目标分解落实到组织内各级单位和个人。

(5) 将平衡计分卡与绩效管理、能力发展和薪酬挂钩，并运用信息系统为高层决策提供便利，使之易于跟踪和检查，必要时及时调整战略以实现企业目标。

(6) 定期汇报组织绩效结果，根据评估分析，对战略做相应调整。

(7) 重视对员工的激励、员工的能力发展和组织员工学习，把人力资源提升为可管理的组织能力。

(8) 管理组织发展的变革流程，实现企业经营目标。

(9) 建立管理流程，帮助企业决策层发现并解决组织发展过程中的基本问题。

2. 平衡计分卡的作用

(1) 促进企业主动检讨企业的战略，是连接战略与绩效的桥梁。

(2) 帮助企业实现利益相关者满意的目标，保护股东利益，更好地为股东创造价值。

(3) 帮助企业改善内部运营环境，加强内部管理。

(4) 平衡计分卡与薪酬结合，充分调动员工积极性与主动性。

(5) 促使企业内部员工加强沟通，创造良好的组织文化。

第三节　经济增加值

一、经济增加值简介

经济增加值(economic value added，EVA)是美国思腾思特(Stern Stewart)管理咨询公司于 20 世纪 80 年代提出并实施的一套以经济增加值理念为基础的价值评价指标。"4M 体系"即评价指标(measurement)、管理体系(management)、激励制度(motivation)以及理念体系(mindset)，可以很好地阐释经济增加值体系。4M 体系构造如图 11-2 所示。

经济增加值是一种新型的公司绩效衡量指标，是指从税后净营业利润中扣除包括股权和债务的全部投入资本成本后的所得。其核心是资本投入是有成本的，企业的盈利只有高于其资本成本(包括股权成本和债务成本)时才会为股东创造价值。

经济增加值法在 20 世纪 90 年代中期以后得到了广泛的应用，并成为传统绩效衡量指

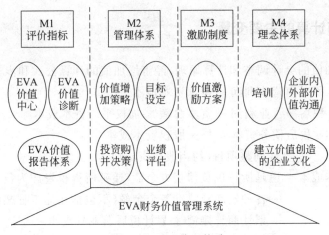

图 11-2 4M 体系构造

标体系的重要补充。经济增加值形成过程示意图如图 11-3 所示。

图 11-3 经济增加值形成过程

经济增加值的计算公式为

$$EVA = 税后净营业利润 - 资本成本$$

式中,EVA 是基于财务指标计算的经济利润;税后净营业利润等于税后净利润加上债务资本的利息支出;资本成本包括债务资本的成本和股本资本的成本。

当企业的税后净营业利润超过资本成本时,经济增加值为正,表明企业的经营收入在扣除所有成本和费用后仍然有剩余,这部分剩余收入的所有权是属于股东的。因此,经济增加值为正,意味着股东价值增加,企业价值上升。反之,如果经济增加值为负,说明企业经济所得不足以弥补包括股东资本成本在内的全部成本和费用,从而使股东价值减少。

使用这种计算方式,某些在会计报表上体现为盈利的企业的经济增加值却可能为负。例如,一家企业税后净营业利润为 3 000 万元,税后债务资本成本为 1 400 万元,股权资本成本为 2 000 万元,则该企业的会计报告上体现利润 1 600 万元(3 000-1 400),但如果按照经济增加值方法计算,其经济增加值为 -400 万元(3 000-1 400-2 000),说明该企业的经营者实际上损害了股东的价值。在考虑了股权资本成本之后,经济增加值指标较好地衡量了每个报告期内企业为股东创造或损失的价值。经济增加值指标最大化与股东投资价值最大化相一致,从而使其克服了传统绩效衡量指标的最大缺陷。此外,在经济增加值的计算中,调整部分会计报表科目的处理方法,还可以减轻会计报表信息对企业真实经济状况的失真反映。

二、经济增加值计算的主要变量

按照经济增加值的会计调整和计算原理,经济增加值的计算公式和步骤如下。

经济增加值=税后净营业利润 - 全部资本成本

　　　　=税后净营业利润 - 资本总额 × 加权平均资本成本

全部资本成本=税后债务资本成本 + 股权资本成本

　　　　　　+ 会计调整项目(约当股权资本成本)

约当股权资本成本 = 递延所得税负债贷方余额(递延所得税资产为负值)

　　　　　　　　　+ 各种资产减值准备金余额(不包括在建工程减值准备)

　　　　　　　　　+ 累计商誉摊销 + 累计税后营业外支出

　　　　　　　　　- 累计税后营业外收入

经济增加值的计算取决于三个基本变量:税后净营业利润、资本总额和加权平均资本成本。

1. 税后净营业利润

税后净营业利润等于税后净利支出部分(如果税后净利润的计算中已扣除少数股东损益,则应加回),即公司的销售收入减去除利息支出以外的全部经营成本和费用(包括所得税费用)后的净值。

税后净营业利润=(利润总额 + 利息费用)×(1 − T)+ 会计调整项目

　　　　　　　=税后净利润 + 利息费用 ×(1 − T)+ 少数股东损益

　　　　　　　　+ 递延所得税负债余额增加 + 各项资产减值准备余额的增加

　　　　　　　　- 公允价值变动损益 - 非营业投资的投资收益

　　　　　　　　- EVA 税后调整

式中,T 为企业所得税税率。

除此之外,还需要对部分会计报表科目的处理方法进行调整,以纠正会计报表信息对真实绩效的扭曲。

2. 资本总额

资本总额是指所有投资者投入公司经营的全部资金的账面价值,包括债务资本和股权资本。其中债务资本是指债权人提供的短期和长期贷款,不包括应付账款、应付票据、其他应付款等商业信用负债。股权资本不仅包括普通股,还包括少数股东权益,因此资本总额还可以理解为公司的全部资产减去商业信用后的净值。

资本总额 = 流动负债(扣除流动免息负债)+ 非流动负债

　　　　　+ 股东权益(包括少数股东权益)+ EVA 调整项目

同样,计算资本总额时也需要对部分会计科目的处理方法进行调整,以纠正对公司真实投入资本的扭曲。在实务中既可以采用年初的资本总额,也可以采用年初与年末资本总额的平均值。

3. 加权平均资本成本

加权平均资本成本是指债务资本单位成本和股权资本单位成本根据债务和股本在资本结构中各自所占的权重计算的平均单位成本。

加权平均资本成本（WACC）＝债务资本和股权资本的加权平均成本

$$=\frac{债务}{总资本}\times 债务成本\times(1-企业所得税税率)$$

$$+\frac{股权}{总资本}\times 股权成本$$

$$=R_d\times(1-T)\times D+Re\times E$$

式中，R_d 为税前债务资本成本；T 为所得税税率；D 为债务资本占全部资本的百分比；Re 为股权资本成本；E 为权益资本占全部资本的百分比。

如前所述，由于根据会计准则编制的财务报表对公司真实情况的反映存在部分失真。在计算经济增加值时，需要对某些会计报表科目的处理方法进行调整，实践中调整项目的选择遵循如下原则。

（1）重要性原则，即拟调整的项目涉及金额应该较大，如果不调整会严重扭曲公司的真实情况。

（2）可影响性原则，即经理层能够影响被调整项目。

（3）可获得性原则，即进行调整所需的有关数据可以获得。

（4）易理解性原则，即非财务人员能够理解。

（5）现金收支原则，即尽量反映公司现金收支的实际情况，避免管理人员通过会计方法操纵利润。

（6）可行性原则，即调整项目信息是可得的，修正方法是可行的，能够被管理者、会计人员或者其他相关人员理解和掌握。

（7）效率性原则，即会计调整要能及时有效地反映企业经营管理状况的变化。

（8）低成本性原则，即应降低为会计修正所花费的成本。

三、经济增加值计算中的调整项目

经济增加值等于税后净营业利润减去资本成本。要计算经济增加值，需要调整税后净营业利润和资本成本。税后净营业利润的计算公式为

税后净营业利润＝营业利润＋财务费用＋当年计提的坏账准备

　　　　　　　＋当年计提的存货跌价准备＋当年计提的长短期投资减值准备

　　　　　　　＋当年计提的委托贷款减值准备＋投资收益

　　　　　　　＋期货收益＋EVA 税收调整

EVA 税收调整＝ 利润表上的所得税＋税率×［财务费用＋营业外支出

　　　　　　　－减值准备（包括固定资产、无形资产、在建工程的减值准备）

　　　　　　　－营业外收入－补贴收入］

税后净营业利润的调整项主要有财务费用、各项准备、非经常性收益和所得税。经济增加值的计算需减去资本成本,以避免重复计算所以需加上财务费用。而对于各项准备,在经济增加值的计算中可以根据情况选择调整或不调整。非经常性收益的调整则主要包括变卖主业优质资产收益、主业优质资产以外的非流动资产转让收益(股权转让收益等)以及其他非经常性收益(补贴收入等)。在实践中,经济增加值的调整项目可能达到一百多项,具体如何进行调整还需要企业结合自身所处的行业、制定的发展战略等来确定。

$$资本成本 = 调整后的资本 \times 平均资本成本$$

$$调整后资本 = 平均所有者权益 + 平均负债合计 - 平均无息流动负债$$

平均资本成本可以是一个估计值。在未对平均资本成本进行估计时,可分别计算债权和股权的资本成本。

$$加权平均资本成本 = 债务资金成本 \times \frac{债务资本}{股权资本 + 债务资本}$$

$$+ 股权资本成本 \times \frac{股权资本}{股权资本 + 债务资本}$$

四、经济增加值的主要作用

1. 促进企业正确评价自身绩效

由于经济增加值体现了价值管理的要求,考虑了资金机会成本和股东回报,企业可以自我纵向比较评价结果,也可以多与其他企业进行横向比较。这有助于企业正确评价自身经营绩效,发现不足,确定改进和努力的方向。

2. 促进企业提升市场竞争能力

将经济增加值作为企业的经营绩效评价指标,可以在企业中树立资本成本意识,并以回报必须高于投资成本的标准对企业的新增投资进行管理,从而通过合理投资、改善管理、提升业绩和调整资本结构等手段增强企业的市场竞争能力。

3. 促进企业调整资本结构、强化资本管理

经济增加值倡导的是资本的使用效率,一项业务或资产不能产生高于资本成本的回报,就需要对其进行优化、清算或缩减对其投资。同时企业也可以通过优化资本结构、降低资本成本来提升企业的经营绩效。

4. 促进企业长远发展

经济增加值不鼓励企业以牺牲长期利益来夸大短期效果,经济增加值要求经营者着眼于企业的长远发展。经济增加值的会计调整能更公平、合理地对经营者的绩效进行评估,使他们更注重企业的长远发展。

第四节　关键绩效指标

一、关键绩效指标简介

关键绩效指标(key performance indicator,KPI)是对传统的绩效评理念的创新,是将企业宏观战略目标经过层层分解产生可操作性的战术目标,是一套衡量、反映、评估企业业务状况的、可量化的关键性指标。关键绩效指标可使员工个人工作目标、职能工作目标与公司战略发展目标之间达到同步。

关键绩效指标法是目标管理(management by objective,MBO)法与帕累托定律(80/20定律)的有机结合。它对企业的战略目标进行了全面的分解、分析,归纳出支撑企业战略目标的关键成功因素(critical success factors,CSF),继而从中提炼出企业、部门和岗位的关键绩效指标。其核心思想是,企业80%的绩效可通过20%的关键指标来把握和引领,企业应当抓住主要矛盾,重点考评与其战略目标实现关系最密切的20%这部分关键绩效指标。

与其他方法相比,关键绩效指标法的优点是很明显的。它从繁多的绩效指标中提炼出少数关键的指标来进行考评,在减少了对员工束缚的同时,还大大降低了绩效管理的成本。这不仅有利于提高绩效管理的效率,还有利于增强企业的核心竞争力。其内涵包括以下几个方面。

(1)关键绩效指标是衡量企业战略实施效果的关键指标。一方面,关键绩效指标是战略导向的,它由企业战略目标的层层分解而得出;另一方面,关键绩效指标强调"关键",它强调的是对企业成功具有重要影响的方面。

(2)关键绩效指标是对组织战略目标有增值作用的绩效指标。基于关键绩效进行绩效考核,是连接个人绩效与企业战略目标的桥梁,它可以保证真正对企业有贡献的行为受到鼓励,从而真正实现企业业绩的提高。

(3)关键绩效指标反映最能有效影响企业价值创造的关键驱动因素。关键绩效指标制定的主要目的是明确引导经营管理者将精力集中在能对绩效产生最大驱动力的经营行为上,及时了解判断企业营运过程中产生的问题,并及时采取提高绩效水平的改进措施。

(4)关键绩效指标是用于评价和管理员工绩效的可量化的或可行为化的标准体系。关键绩效指标是对工作效果和工作行为的最直接衡量方式,因此它必须是可量化或可行为化的。

(5)关键绩效指标是进行绩效沟通的基石,是组织中关于绩效沟通的共同辞典。有了这样一个"辞典",管理者和员工在沟通时可以拥有共同语言,通过在关键绩效指标上达成承诺,员工与管理者可以进行工作期望、工作表现和未来发展方面的沟通。

关键绩效指标法是目前国际通行的企业经营绩效成果测量和战略目标管理的工具,很多公司都在使用该方法进行绩效评估,比如 IBM 公司。IBM 在运用关键绩效指标时秉承以下理念:①关键绩效指标是对部门和个人工作起导向作用的引导性指标,要层层分解,层层支持;②绩效是团队的绩效,应将部门主管和下属绩效捆绑起来;③定量与定性指标相结合,不同时期有不同的关键绩效指标,实行动态管理;④关键绩效指标包含四个方面:财务方面(收益、成本、利润)、客户方面(内外部客户满意度、忠诚度、投诉率、市场份额)、流程(指标覆盖全流程)和学习与成长(员工技能、素质提高、企业氛围)。

二、关键绩效指标法的确定原则

企业采用关键绩效指标法应遵循 SMART 原则,即具体的(specific)、可测量的(measurable)、可实现的(attainable)、相关的(relevant)、有时间限制的(timebound)。

"具体的"是指绩效指标要切中特定的工作目标,不是笼统的,而是应该适度细化,并随情境变化而变化。

"可测量的"是指绩效指标或者是数量化的,或者是行为化的,验证这些绩效指标的数据或信息是可以获得的。

"可实现的"是指绩效指标在付出努力的情况下可以实现,避免设立过高的目标。

"相关的"是指绩效指标要与其他指标有一定相关性。

"有时间限制的"是指在绩效指标中要使用一定的时间单位,即设定完成这些绩效指标的期限,这也是关注效率的一种表现。

三、设计关键绩效指标体系的程序

关键绩效指标法的操作流程一般可分为以下内容。

1. 详细描述部门和岗位的职责

根据组织的战略目标与部门设置情况,依据部门间工作业务流程的关系,确定每一部门的基本职责。

根据部门内的岗位设置情况以及不同岗位间的工作业务流程关系,把部门的职责分解到各个岗位上,通过工作分析,明确每一岗位具体职责,为每一岗位建立规范的工作说明书。

2. 提取工作要项

工作要项指各部门和岗位的工作中所包含的重要职责,由管理者与被管理者通过商讨共同确定。确定工作要项的具体方式有以下三种:①管理者与被管理者共同拟订一个初稿后,召集所有有关下属员工一起讨论直到意见一致为止;②管理者先拟订一个初稿,被管理者在详细阅读初稿的基础上提出改进意见,管理者再根据被管理者的意见做一定修改,直到双方都接受为止;③被管理者先拟订一个初稿,管理者在详细阅读初稿的基础上提出改进意见,然后被管理者再根据管理者的意见做一定修改,直到双方都接受为止。

3. 建立关键绩效指标

每一个工作要项就是一个关键绩效指标,关键绩效指标必须符合数量化和行为化的标准。关键绩效指标的基本类型为数量、质量、成本和时限四种,绩效评价时,常从这四个方面进行评价。在构建关键绩效指标时我们可以通过回答以下问题得出关键绩效指标。

（1）在评价员工的工作时，我们关心的是数量、质量、成本还是时限？

（2）怎样来衡量这些工作的数量、质量、成本和时限？

（3）是否有量化的衡量指标？

（4）如果有，把它们列出来。如果没有量化指标，那么哪些客户可以评价工作完成得好不好？

（5）工作完成得好是一种什么状态？

此外，还应确定个人或部门业务重点，确定哪些个体因素或组织因素与企业相互影响，确定每一职位的业务标准，定义成功的关键因素，即满足业务重点所需要的策略手段。

表 11-2 所示为常用的关键绩效指标的类型、一些典型的例子以及评价这些指标的来源。

表 11-2　常用的关键绩效指标类型、举例及考核来源

指标类型	举 例	考核来源
数量	产量、销售额、利润	业绩记录、财务数据
质量	产品合格率、返修率、准确性	生产记录、内部客户评价
成本	单位产品的成本、投资回报率	财务数据
时限	及时性、工作完成时间	内部客户评价、外部辞衲秤

4. 确定不同指标的权重

确定不同方面的绩效指标在总体绩效中所占的比重。由于各项评估指标的重要程度是不同的，在进行绩效评估时，为了反映各项指标的主次关系，就要确定各项指标的权重系数。权重的大小不能按照完成任务的时间长短来确定，而是由公司的领导层根据公司的发展目标和重点工作任务来确定。

5. 确定绩效标准

指标是指从哪些方面来对工作内容进行考核评价，而标准指各个指标分别应达到什么样的水平；指标解决的是考核什么的问题，而标准解决的是如何考核的问题。对于能够量化的指标可以直接给出数量化的标准，对于不能量化的指标可以从客户的角度出发给出行为化的标准。相关考核标准如表 11-3 所示。

表 11-3　考核指标与考核标准对比表

工作内容	考 核 指 标	考 核 标 准
产品销售	销售额	月销售额 30 万元
	销售费用	销售费用每月 6 万元
工资发放	发放的及时性	在规定的工资发放日当日发放工资
	发放的准确性	出错率小于 2%
	工资表保管的严格性	工资表完备率 97%
	员工满意度	95% 的员工对工资发放工作满意

续表

工作内容	考核指标	考核标准
会议的组织	会议的准备	在会议开始前准备好设备
	人员通知	通知所有应到会人员,无遗漏
信息搜集	信息的数量	每月提供信息 25 条
	信息的全面性	信息涵盖公司已进入或拟进入的全部行业,包括行业生产、销售、研发、盈利能力等各方面
	信息的时效性	信息搜集、整理和提供在信息有效期内完成
	使用者满意度	95%的使用者感到满意

在确定考核标准后,下一步是要知道每个员工在各个考核指标上实际表现怎样。因此,需要通过各种手段对绩效表现进行跟踪,获取相应的信息。在确定如何跟踪绩效指标的系统时,需要弄清楚的问题是搜集多少数据?需要搜集哪些数据?需要在什么时候搜集数据?由谁搜集数据?谁是这些数据的接收者?在制订了绩效跟踪计划后,还要对这个计划进行审查、考核。确立关键绩效指标体系时应把握以下关键要点。

(1) 把部门和个人目标与公司的整体战略目标联系起来,以全局的观念来思考问题。

(2) 指标一般应当比较稳定,即如果业务流程稳定,关键指标的项目不应有较大的变动。

(3) 指标应当可以控制、可以达到。

(4) 关键绩效指标应当简单明了,容易被执行。

(5) 对关键绩效指标要进行规范定义,可以建立"关键绩效指标定义表"对每一个关键绩效指标进行定义。

四、关键绩效指标法的确定方法

关键绩效指标法的确定方法主要有以下几种。

1. 头脑风暴法

采用头脑风暴法一般有以下步骤。

(1) 确立企业战略、目标。

(2) 综合考虑市场环境、技术变化、人力资源特点、部门特点等,在此基础上采用头脑风暴法确立公司层和部门层关键绩效指标。

(3) 对各种绩效指标采用"反头脑风暴法",逐一质疑,最后选定企业和部门的关键绩效指标。

2. 鱼骨分析法

鱼骨分析法是企业战略目标分解的常用方法。它是通过图形的方式,分析各种特定的问题或状况的原因,把它们按逻辑层次表示出来,如图 11-4 所示。

利用鱼骨分析法制定企业关键绩效指标有以下两个步骤。

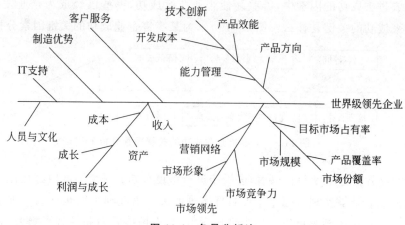

图 11-4　鱼骨分析法

（1）分析绩效指标，选取关键因素，方法如下。

① 综合分析战略、目标、市场环境、技术变化、人力资源特点、部门特点等。

② 按头脑风暴法提出尽可能多的绩效指标。

③ 对各种绩效指标提案进行筛选、归类、整理，明确其从属关系。

④ 选取关键绩效指标。

⑤ 表述关键绩效指标，确保描述准确、清晰、简单明了。

（2）制作鱼骨图，方法如下。

① 填写鱼头。鱼头一般为公司的战略和总体目标。

② 画出主骨。主骨一般为公司层关键绩效指标。

③ 画出大骨。大骨一般为公司层关键绩效指标向各部门层次的分解，即部门关键绩效指标。

④ 画出中骨、小骨。中骨和小骨一般为部门层次关键绩效指标向基层主管和员工的分解，即个人关键绩效指标。

在主骨、大骨、中骨和小骨上用特殊符号做出标记，标出完成关键绩效指标的关键要素。

3. 成功关键分析法

成功关键分析法是基于企业愿景、战略与核心价值观，对企业运营过程中的若干成功关键要素进行提炼与归纳，从而建立企业关键业绩评价指标体系和绩效管理系统的程序和方法，其关键是要寻找企业成功的关键要素，并对企业成功的关键要素进行重点监控，通过寻找企业成功的关键，层层分解从而选择考核的关键绩效指标。通过分析企业获得成功或者取得市场领先地位的关键因素，提炼出导致成功的关键业绩模块，即关键绩效指标维度；再把业绩模块层层分解为关键要素，为了方便对这些要素进行量化考核与分析，须将要素细分为各项指标，即关键绩效指标。

通过成功关键分析法选择关键绩效指标，分为以下三个步骤。

（1）确定企业成功的关键方面。可检视自身：过去为什么成功？哪些因素促成了过去的成功？促成过去成功的因素中,哪些能使企业持续成功,哪些已经成为企业发展的障碍？促使企业未来成功的关键是什么？图 11-5 所示为某零售企业成功的关键因素分析。

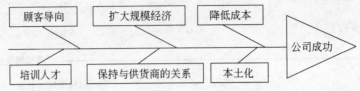

图 11-5 某零售企业成功的关键因素分析

(2) 关键绩效指标维度确立以后,进一步进行维度分析:每个维度内容是什么？如何保证这些维度的目标能够实现？每个维度目标实现的关键措施和手段是什么？维度目标实现的标准是什么？如市场领先可以分解为市场竞争力、市场拓展力和品牌影响力;客户服务可以通过客户满意度来体现;利润增长可以分解为应收账款、费用控制和纯利润;而组织建设则可具体分解为人员、纪律和文化。

(3) 依据 SMART 原则对关键绩效指标要素进一步细化。对关键绩效指标要素进行筛选,将其分解为恰当的可量化的关键绩效指标。如市场拓展力可以通过新客户数量和新业务营业收入增长两个指标来体现,市场竞争力可以通过当期接待人数和当期营业收入来体现。

五、关键绩效指标法的注意事项

1. 不同岗位应该有不同的 KPI 指标组合

不同岗位应有不同的 KPI 指标组合,不同部门的 KPI 指标应有不同的特点和着重点。表 11-4 所示是某公司工程事业部和审计部的关键业绩指标。

表 11-4 某公司工程事业部和审计部的关键业绩指标

工程事业部		审 计 部	
关键业绩指标	权重/%	关键业绩指标	权重/%
提高回款的效率	20	对现有审计制度进行修改和完善	20
实现业务净利润的稳定增长	20	本部门管理成本的控制管理	10
将客户信息、项目信息及时反馈回总部	15	保证内部审计的全面和准确	45
提高部门计划/预算编制的准确性和及时性	15	加强对外部审计机构的管理和支持	25
提高中标率和资格审查通过率	10		
有效地进行事业部内的员工培训,提高员工素质和能力	10		
实现营业额的稳定增长	10		

2. 衡量 KPI 指标与绩效目标

KPI 指标是自上而下分解的关键绩效指标,是指标而不是目标。除了 KPI 指标外,绩效目标的衡量还包括时限性指标、数字化指标和描述性指标。

3. 评估手段要量化、可操作

若对管理部门、服务部门和后勤部门的服务质量的评估难以量化,可以根据部门的业务属性、工作特点进行细分,细分后要确定相应的量化指标。如某公司供应部门的一项 KPI 指标是确保按时供货,不得发生因供货不及时而影响生产的事故发生,对该项指标的评估是通过评估最低库存和不同品种的供货周期进行的。

4. 激励指标与控制指标相结合

激励指标应与控制指标相结合,如某公司对研发人员的 KPI 设计中,其激励指标为新产品销售额、老产品毛利总额;控制指标为研发人员人均毛利、因设计质量发生的费用、内部客户满意度等。

六、关键绩效指标法与平衡计分卡的区别

关键绩效指标法和平衡计分卡在管理倾向、行为方法和结果特性方面均存在差异,具体差异如表 11-5 所示。

表 11-5　关键绩效指标法与平衡计分卡的区别

	对 比 要 素	关键绩效指标法	平衡计分卡
管理倾向	管理思想	若干关键成功因素测评	全方位立体测评
	应用对象	企业、部门、岗位	战略、企业、部门、岗位
	应用范围	范围相对独立	越大,越复杂,越能体现优势
	对业务的影响	重点突出,方向明确	团队及其成员、顾客、供应商一体化最优
行为方法	制作思路	从战略目标起由上而下制定	战略目标分层单独制定
	测评指标	每个组织 5~8 个	每个组织 15~20 个
	制作方法	关键成功因素——关键绩效指标	战略目标—多个角度—关键指标
	操作难易	比较难	难
结果特性	对企业的影响	对流程关键环节有影响	对管理体系、战略方向有影响
	时间特性	指出部分方向,向前看	指出方向,向前看
	可比性	纵向、部分横向可比	自身不同时期部分可比
	副作用	容易使工作不全面	影响到管理系统
	对绩效的影响	使工作主要方面有进展	保持长远绩效不偏袒窠

本 章 小 结

本章讲述了财务绩效评价、平衡计分卡、经济增加值、关键绩效指标等问题，包含以下要点。

(1) 绩效评价是指运用数理统计和运筹学原理，采用特定指标体系，对照相应标准，按照一定程序，使用定量和定性相结合的方法，对企业一定经营期间的经营效益和经营者业绩做出客观、公正和准确的综合评判。

(2) 平衡计分卡(BSC)是一种全面的绩效评价体系，采用财务指标反映企业在生产经营中的结果，同时通过顾客满意度、内部程序及组织创新对经营者进行测评，以弥补财务衡量指标的不足。它将财务指标与非财务指标相结合，并把企业的使命和战略转化为目标和措施，由四个互为关联的维度组成：财务、顾客、内部运营以及学习与发展。

(3) 经济增加值(EVA)是一种新型的公司绩效衡量指标，是指从税后净营业利润中扣除包括股权和债务的全部投入资本成本后的所得。经济增加值法克服了传统绩效评价指标的缺陷，比较准确地反映了公司在一定时期内为股东创造的价值。经济增加值能促进企业正确评价自身绩效、促进企业提升市场竞争能力、促进企业调整资本结构、强化资本管理、促进企业长远发展。

(4) 关键绩效指标(KPI)是指企业的宏观战略目标经过层层分解产生可操作性的战术目标。关键绩效指标的内涵包括五个方面，其确定需要遵循 SMART 原则，设计程序需要三大步诸多小步。关键绩效指标的确定一般包括头脑风暴法、鱼骨分析法以及成功关键分析法三种方法。实施关键绩效指标体系的目的是建立一种机制，将企业战略转化为内部过程和活动，以不断增强企业核心竞争力和持续发展能力。

关键术语中英文对照

财务绩效(financial performance)

平衡计分卡(balanced score card)

经济增加值(economic value added)

关键绩效指标(key performance indicators)

案 例 学 习

通达公司员工的绩效管理

通达公司成立于20世纪50年代初，目前公司有员工1 000人左右。总公司本身没有业务部门，只设一些职能部门；总公司下有若干子公司，分别从事不同的业务。

绩效考评工作是公司重点投入的一项工作,公司的高层领导非常重视。人事部具体负责绩效考评制度的制定和实施。人事部在原有的考评制度基础上制定出了《中层干部考评办法》。在每年对中层干部的考评完成后,公司领导在年终总结会上进行说明,并将具体情况反馈给个人。尽管考评的方案中明确说明考评与人事的升迁、工资的升降等方面挂钩,但最后的结果总是不了了之。对于一般员工的考评则由各部门的领导掌握。子公司的领导对于下属业务人员的考评通常是从经营指标的完成情况来进行的;对于非业务人员的考评,无论是总公司还是子公司均由各部门的领导自由进行。被考评人很难从主管处获得对自己业绩优劣评估的反馈,只是到了年度奖金分配时,部门领导才会对自己的下属做一次简单的排序。

思考题:

1. 绩效管理在人力资源管理中有何作用? 这些作用在通达公司是否有所体现?

2. 通达公司的绩效管理存在哪些问题? 如何才能克服这些问题?

课 后 练 习

一、单项选择题

1. 平衡计分卡从( )四个维度衡量企业的业绩。

   A. 财务、客户、内部运营、学习与成长

   B. 财务、美誉度、内部运营、适应能力

   C. 战略、客户、内部运营、学习与成长

   D. 战略、美誉度、内部运营、适应能力

2. A公司是一家处于起步期的餐饮企业,其业务主要为通过电话订购的方式销售日本特色食品,例如生鱼片和寿司。该公司决定采用平衡计分卡来计量来年的绩效。下列选项中,属于学习和成长维度计量的是( )。

   A. 餐厅营业额   B. 客户关系维护

   C. 处理单个订单的时间   D. 新产品类型的开发

3. 下列关于经济增加值的说法中,不正确的是( )。

   A. 在经济增加值的框架下,公司可以向投资人宣传公司的目标和成就,投资人也可以用经济增加值选择最有前景的公司

   B. 在计算经济增加值时,对于净收益应做哪些调整以及资本成本的确定等,尚存在许多争议

   C. 经济增加值需要做一系列的调整,不能直接与股东财富的创造联系起来

   D. 经济增加值是股票分析家手中的一个强有力的工具

二、多项选择题

1. 平衡计分卡表现为四种平衡,具体为( )。

   A. 外部衡量和内部衡量之间的平衡

B. 企业效益和财务收支之间的平衡

C. 期望的成果和产生这些成果的动因之间的平衡

D. 定量衡量和定性衡量之间的平衡

2. 经济增加值计算的主要变量包括（　　）。

A. 息税前利润　　　　　　　　　B. 税后净营业利润

C. 资本总额　　　　　　　　　　D. 加权平均资本成本

3. 采用 KPI 法应遵循（　　）原则。

A. 具体　　　　　B. 可测量　　　　　C. 可实现　　　　　D. 实际

三、判断题

1. 平衡计分卡比关键绩效指标考核法操作起来更难。　　　　　　　　　（　　）

2. 经济增加值法是一种新型的公司绩效衡量指标，它克服了传统绩效评价指标的缺陷，比较准确地反映了公司在一定时期内为股东创造的价值。　　　　　　　　　（　　）

3. 员工满意度可以作为平衡计分卡顾客方面的衡量指标。　　　　　　　（　　）

第十二章

国际财务管理

◆ **学习目标** ▌▌▌▌▌▌▌▌▌▌

了解交易风险管理、经济风险管理和折算风险管理的方法；

了解及国际筹资的主要渠道和方式及各种渠道的特点、优势；

理解国际贸易融资的概念和特点，优势和作用；

熟悉国际融资租赁的特点；

掌握国际投资的概念及其要素；

了解国际直接投资的方式。

◆ **导入案例** ▌▌▌▌▌▌▌▌▌▌▌

海尔集团的跨国历程

1984 年 10 月 23 日，青岛电冰箱总厂和德国利勃海尔公司签约引进当时亚洲第一条四星级电冰箱生产线。这一年，青岛电冰箱总厂还是一个亏损 147 万元、产品滞销的地方小厂。但自 1985 年开始，通过名牌战略，它以高质量和服务逐步赢得了国内市场。这之后，更名后的海尔将目光投向国外市场。海尔在国外的发展一直遵循"先有市场后有工厂"的原则。1990 年，海尔向欧洲出口了第一批冰箱；2001 年 6 月，海尔收购意大利迈尼盖蒂公司所属的一家冰箱厂。1995 年，海尔开始向美国出口冰箱，起初是以原始设备制造商（OEM）的方式打开市场，稳定后开始推广自己的品牌；1999 年 4 月 28 日，美国海尔贸易有限责任公司的揭牌仪式在联合国大厦举行；30 日，美国海尔生产中心在美国南卡罗来纳州首府哥伦比亚市附近的汉姆顿举行奠基仪式，加上之前在洛杉矶建立的"海尔设计中心"，海尔在美国形成了设计、生产、销售"三位一体"的经营格局；2011 年 10 月 18 日，海尔与日本三洋电机株式会社正式签署协议，收购三洋电机多项业务；2012 年 11 月 6 日，海尔正式宣布完成对新西兰斐雪派克规模为 9.27 亿新西兰元（约合 7.66 亿美元）的并购。

经过 20 多年的布局，海尔全球化运营已进入收获期。据海尔集团旗下子公司之一的海尔智家发布的数据，2019 年前三季度，海尔智家海外业务收入增长 25%，海外收入占比 47%，近 100% 为自有品牌。同时，转型物联网生态品牌后，海尔智家凭借智慧家庭生态品牌的全球落地再次上榜《财富》世界 500 强，排名较去年上升 51 位。

如今,海尔不仅是世界领先家电品牌,更是全球领先的物联网生态品牌。2019 年 1 月 10 日,世界权威市场调查机构欧睿国际数据显示,海尔连续 10 年(2009—2018 年)蝉联"全球大型家用电器品牌零售量第一";而在"2019 年 BrandZ 全球最具价值品牌 100 强"排行榜上,海尔是 BrandZ 历史上第一个也是目前率先进入百强的物联网生态品牌。

目前,海尔在全球拥有十大研发中心、25 个工业园、122 个制造中心、106 个营销中心。另外,海尔还在世界各地建有完善的服务网络,这些全球化的布局是业内领先的。

(资料来源:海尔国际化历程. https://wenku.baidu.com/view/4c7beed6700abb68a982fba1.html,2020-10-15)

思考题:海尔集团的跨国历程体现了什么财务特征?

"一带一路"倡议下外汇风险暴露研究-基于国际财务管理视角

第一节　外汇风险与外汇风险管理

一、外汇风险

外汇风险也称汇率风险,是指因外汇市场变动引起汇率的变动致使以外币计价的资产上涨或下降的可能性。

1. 外汇风险的种类

外汇风险按照其形成原因可以分为三类:交易风险、经济风险和折算风险。

1) 交易风险

交易风险是指在约定以外币计价成交的交易过程中,由于结算时的汇率与交易发生时(签订合同时)的汇率不同而引起收益或亏损的风险。交易风险产生的原因是公司在跨国经营活动中达成了以外币计价的交易,但在将来某一固定日期才进行结算。若汇率在这段时间发生变化,以本币计价的现金流量将会受到直接影响,即在达成外币交易时期望获得或支出的本国货币数目与实际完成交易时的本国货币数目可能是不一致的。

2) 经济风险

经济风险又称经营风险,是指在外汇汇率发生波动时,国际企业的未来收益所蒙受的风险。它是汇率变动对企业的产销数量、价格、成本、费用等产生影响,从而导致企业未来现金流量发生改变的风险,是一种潜在的风险。对于国际企业而言,能否避免经济风险是至关重要的,它关系到企业在海外的投资或经营效果;同时,对这种潜在风险预测的准确程度也将直接影响该企业在融资、销售与生产方面的决策。

3）折算风险

折算风险也称会计风险或转换风险，是指国际企业在合并财务报表时，由于汇率的变化而引起的以外币计价的资产与负债价值及利润价值发生变动的风险。公司面临的折算风险取决于以下因素。

（1）国外经营的子公司所占比例。国外经营的子公司业务的计量在合并报表中所占的比例越高，汇率波动对跨国公司合并财务报表项目的影响越大，其折算风险越大。

（2）国外子公司所在地。国外子公司所在地不同，业务计量货币不同。国外业务计量货币的软硬程度、汇率波动程度会对合并财务报表项目产生影响，从而影响折算风险。

（3）所使用的会计方法。某些报表项目记账时所使用的汇率与资产负债表日调整时所使用的汇率可能不同，如外币货币性项目。当外币业务记账时所使用的汇率与资产负债表日汇率不一致时，则会计报表在期末折算时会产生折算风险。这样的报表项目记账时所使用的汇率与资产负债表日汇率差异越大，产生的折算风险越大。

2. 外汇风险的构成要素

一般而言，外汇风险的构成有三个要素，即时间、本币与外币。国际企业从交易达成到应收账款的实际收进或应付账款的实际付出都需要一段时间，而且企业在其经营活动中所发生的所有外币收付，最终必须与本国货币进行折算。

二、外汇风险管理

加强外汇风险管理的主要方法有以下几种。

1. 妥善选择计价货币

原则上，在出口贸易中应选择汇率稳定且具有上浮趋势的"硬货币"作为计价货币，而在进口贸易中应选择汇率具有下浮趋势的"软货币"作为计价货币，以减缓外汇收支可能发生的价值波动损失。

2. 更改收付日期

当收付的货币对其他货币汇率发生波动时，国际企业可以采用更改该货币收付日期的办法来防止外汇风险，具体方法包括提前收付和推迟收付。

3. 订立货币保值条款

订立货币保值条款是指在合同中规定支付货币的同时，再另行规定一种货币或一组货币与支付货币之间的汇率。若支付时汇率波动超出一定幅度，则按支付当时的汇率调整，从而达到防范风险的目的。

4. 利用远期合同法

远期合同法是指有外汇债权或债务的国际企业与银行签订预约购买或出售外汇的合同，以消除外汇风险。

5. 运用外币期权交易

外币期权交易则既可以防止外汇风险,又有可能从市场价与执行价的差异中赚取利得。

6. 采用福费廷业务

福费廷业务是出口商从银行提前取得现款的一种资金融通形式,属于出口信贷。采用福费廷业务,出口商在无追索权地出售了经进口商承兑的远期汇票以后,便将风险(包括汇率风险)转移出去,从而达到规避风险的目的。

第二节 国 际 投 资

一、国际投资的概念及其要素

国际投资又称对外投资,是指一个国家的政府、企业或个人将一定的资本投放到其他国家或地区以获取经济收益的行为。

国际投资的基本要素与一般意义上的投资有共同性,即都包括投资主体、投资客体、投资目的、投资环境等。但是,国际投资的实际运作比国内投资更复杂,基本要素和内涵更加丰富。

1. 国际投资主体

投资主体是指具有独立投资决策权并对投资结果负有责任的经济法人或自然人。同国内投资相比,国际投资主体具有多元化特征,主要包括四大类:①官方与半官方机构,包括各国政府部门及各类国际组织,它们是某些带有国际援助性质的基础性、公益性国际投资的主要承担者;②跨国公司,是国际直接投资的主体;③金融机构,包括跨国银行及非银行金融机构,是参与国际证券投资和金融服务业的直接投资主体;④居民个人投资者,是以参与国际证券投资为主的群体。尽管国际投资主体可以是政府、企业或个人,但据联合国跨国公司中心的报告显示,国际投资绝大部分是由跨国公司完成的。

2. 国际投资客体

投资客体是投资主体加以经营操作以实现投资目标的对象。国际投资客体主要包括:①实物资产,包括土地、厂房、机器设备、原材料等实物形态的生产资料;②无形资产,包括管理、技术、商标、专利、情报信息、销售渠道等;③金融资产,包括国际债券、国际股票、金融衍生工具等。投资主体既可能采用一种客体投资形式,又可能同时采用几种客体投资形式,从而使投资客体形式呈现多样化的局面。

3. 国际投资的目的

国际投资与国内投资目的相同之处是获取盈利、使资本保值和增值。但国际投资尤其是跨国直接投资,往往会从更加长远的目的考虑,实现跨国公司的战略目标。具体而言,包括：①实现经营战略。通过国际直接投资,获取对原材料、加工过程、生产基地及运输条件的直接控制,进而拥有较低生产成本的相对优势；②实现市场战略。在世界经济一体化的过程中,不论原材料市场,还是产品市场,都具有全球化的趋势,对规模经济效应的追求迫使企业突破有限的国内市场,将视野转向国际并迅速扩大市场范围；③实现发展战略。发达国家在向海外投资的过程中,一方面将国内失去竞争力的产业转移到发展中国家,以扩大生产规模和降低生产成本；另一方面还密切关注被投资国技术和产品开发等方面的最新进展,通过与当地高科技企业结成战略联盟或在当地设立实验室,以保持并提高在全球范围内的竞争优势。

4. 国际投资的货币

国际投资中所使用的货币,不同于只使用单一本国货币的国内投资。在国际投资中,经常使用投资国的货币,会造成投资使用的货币不统一。各国不同的经济实力决定了在国际市场上各国货币相对价格的差异,这种差异影响在各国的投资形式和规模。同时,投资者持有的不同货币在国际市场上兑换时,由于汇率的变化会存在外汇风险,影响投资的收益和成本。因此,在国际投资过程中,一般要考虑汇率、利率及通货膨胀率的变动对投资币值的影响。

5. 国际投资的资金来源

第二次世界大战后,国际资本市场飞速发展,日益完善。除了利用母公司的自有资金(自有股本、折旧基金、留存收益等)向母公司所在国的股票市场、债券市场融资外,跨国公司还可以在国际资本市场和国际货币市场上筹集资金,利用国际货币组织的贷款等国际信贷或利用海外直接投资的收益进行再投资。

6. 国际投资的环境

在国际投资过程中,投资面临的投资环境与一般国内投资者的投资环境截然不同。除自然环境不同外,投资环境的其他因素,如政治、经济、文化以及社会习俗等,都与投资者所在国有很大差异。例如,东道国社会动乱或由于财政恶化而实行外汇管制,增加税收或出台不利于外国投资者的政策,国际金融市场上汇率的急剧变化等。投资环境的复杂性加剧了国际投资的风险。

二、国际直接投资的方式

现代意义上的国际直接投资可分为三种主要方式：跨国创建新企业、跨国并购和缔结跨国战略联盟,每种投资方式都是随着国际经营环境的变化而逐步演变和发展的。

1. 跨国创建新企业

跨国创建新企业是指投资者在境外创建和经营新的企业,又称绿地投资。新建企业可以采取合资经营、独资经营、合作经营、合作开发等多种组织形式。选择不同的组织形式将会对跨国企业未来发展产生重大影响。

（1）合资经营。合资经营是指两国或两国以上的企业或其他组织或个人自平等互利的原则基础上共同协商各自的出资份额，根据投资所在国的法律，通过签订合同的方式举办共同出资、共同经营、共担风险、共负盈亏的股权合营企业。合资经营是国际直接投资中最常见的形式。

（2）独资经营。独资经营是指完全由外国投资者出资并独立经营的一种国际直接投资形式，外国投资者独资的企业由外国投资者提供全部资本，独立经营、自负风险和盈亏。

（3）合作经营。合作经营是由两个或两个以上投资者在双方协商订立合同的基础上界定各方投资方式和利润分配比例，并据以订立合同，展开经营活动的一种经营方式。合作经营的各方不一定都是经济实体，不一定都有法人地位。

（4）合作开发。合作开发的投资方式多用于海上石油开发、矿产资源的开采以及新开发区的开发。合作开发多是通过东道国采用招标方式与中标的外国投资者签订开发合同的形式，明确各方的权利、责任，组成联合开发公司进行项目开发的一种国际经济技术合作的经营方式。

2. 跨国并购

跨国并购包括跨国收购和跨国合并两种方式。跨国收购是指一国企业为了某种目的，通过一定的渠道和支付手段，将另一国企业的整个资产或足以行使经营控制权的股份收买下来；跨国合并则是指原来属于两个不同国家企业的资产和经营被结合成一个新的法人实体。在全球的跨国并购中，跨国收购占了大部分，跨国合并不足跨国并购的3%。

一般认为，跨国并购是跨国公司实现利润最大化动机下的产物。通过跨国并购的实施，对并购企业可以产生以下经济效应。

（1）规模经济效益。新古典经济学认为，由于跨国并购使跨国公司的规模和生产能力得以扩大，不但可以使工厂成本降低，还能进一步创造出财务、管理和经营协同效应，最终使企业的生产成本最小化，以提高生产率和研发能力。同时，在经济全球化的形势下，跨国并购所形成的公司规模优势，可以使在各个地区和领域从事多种经营的跨国公司拥有获得与使用信息和创新机会方面的优势。

（2）战略协同效应。通过跨国并购行为，把处在不同地区但在生产阶段上具有技术紧密联系的企业纳入同一企业的生产过程；更进一步，把属于同一企业经营范围的经济活动整合到一起，可以在公司资源利用上取得协同效应，降低平均成本，从而实现利润最大化。

（3）市场力量效应。通过跨国并购，可以有效降低进入国外市场的壁垒，利用目标企业的资产、销售渠道和人力资源等优势，实现企业低成本、低风险的国际扩张；另外，跨国并购可以减少跨国公司国外市场的竞争对手，提高市场占有率，增强对市场的控制能力，当这种能力达到一定程度时，并购企业可以获得垄断利润。

（4）避税效应。由于各国税收制度安排存在差异，跨国并购的实施可以给参与企业带来财务上的效益。假如所得税和资本收益税的税率有差异，被并购的企业可以相对减少其资本收益的纳税额，获得优惠的税收待遇。

3. 缔结跨国战略联盟

跨国战略联盟是指不同国家间两个或两个以上的企业为达到某一战略目标而建立的合

作关系,从而实现彼此各方面优势互补与协作、利益共享和风险共担。

三、国际证券投资及风险分析

1. 国际证券投资

国际证券投资是指投资者在国际金融市场上购买其他国家政府、金融机构和企业发行的债券、股票以及其他金融工具和有价证券,以获得资本增值而进行的投资活动。投资者不是为了获得公司的控制权和管理决策权,只是为了获得股利或债券利息等投资收益。但是,投资者在国外股票市场上购买外国公司的股票进行间接投资时,如果其所掌握的股票超过一定比例而获得公司的管理及表决权,间接投资就转化成了直接投资。

2. 国际证券投资的风险分析

证券投资风险是指由于各种原因,投资者投资于证券的实际收益率小于预期收益率,甚至有遭受损失的可能性。在国际证券市场上造成投资风险的因素很多,主要包括以下几个方面。

(1)经营风险。经营风险是指发行证券的公司由于决策和管理人员在经营过程中发生的失误,导致企业经营不善,从而使投资者遭受损失的可能性。

(2)市场风险。市场风险是指由于证券市场行情变化而引起的风险,市场行情变化可用证券价格指数或平均数来衡量。

(3)违约风险。违约风险是指发行证券的公司由于财务状况不佳,不能按时支付债务本金和利息的可能性。一般而言,政府发行的证券违约风险小,金融机构发行的证券次之,工商企业发行的证券风险较大。

(4)利率风险。利率风险是指由于市场利率水平的变动,而引起证券投资收益率变动的可能性。

(5)汇率风险。汇率风险是指由于汇率变化而可能给投资者带来损失的风险。

(6)流动性风险。流动性风险是指在变现过程中出现损益的可能性。

第三节　国　际　融　资

一、国际融资的概念

融资就是融通资金,即资金在供给者和需求者之间融通,以调剂资金余缺。在经济全球化的大背景下,国际企业的资金既可以在本国筹集,也可以到其他国家筹集。如果企业资金的融通是在本国境内进行的,资金主要由本国资金供给者提供,不涉及其他国家的资金提供者,就是国内融资。如果资金的融通涉及其他国家的资金供给者,资金的流动超越了国境,则是国际融资。因此,国际融资是指资金需求者通过一定的渠道和方式,从国外的资金供给者处获得资金,并给资金供给者适当回报的经济活动。

二、国际融资的方式

国际企业可以通过不同方式筹集所需资金。国际融资方式主要包括国际信贷融资、国际债券融资、国际股权融资、国际贸易融资及国际租赁融资。

1. 国际信贷融资

国际信贷融资主要包括国际金融机构贷款。国际金融机构是指由多个国家共同兴办，为达到某些共同目的而在国际上进行金融活动的机构。国际金融机构可分为世界性国际金融机构和地区性国际金融机构。前者主要有国际货币基金组织和世界银行，后者包括亚洲开发银行、泛美开发银行、非洲开发银行等。

1）世界银行贷款

世界银行（World Bank）即国际复兴开发银行（International Bank for Reconstruction and Development）。世界银行成立于 1945 年，从 1947 年起成为联合国机构，总部设在美国首都华盛顿。后来又成立了两个附属机构：国际金融公司（International Finance Corporation）和国际开发协会（International Development Association）。这三个机构统称为世界银行集团。

2）亚洲开发银行贷款

亚洲开发银行是一个致力于促进亚洲及太平地区发展中成员国的社会和经济发展的区域性政府间金融开发机构。该机构是根据联合国及远东经济委员会会议的协议，于 1966 年 11 月在召开第一次亚洲开发银行理事会时正式成立的，同年 12 月开始营业，总部设在菲律宾首都马尼拉。亚洲开发银行的宗旨是通过发放贷款进行投资或提供技术援助，促进本地区经济的发展与合作。

3）国际商业银行贷款

国际商业银行贷款是指一国借款人为了本国经济建设的需要、支持某一建设项目或用于其他一般用途，在国际金融市场上向国际商业银行借入的贷款。国际商业银行贷款按期限长短不同，可分为短期信贷、中期信贷、长期信贷。

（1）短期信贷。短期信贷是指借贷期限在 1 年以内的贷款。借款人大多将贷款用于短期周转，一般通过银行以电话、电传成交，事后书面确认。

（2）中期信贷。中期信贷是指一家境外银行向境内金融机构或企业提供的中期贷款。这种贷款金额较小，但贷款条件较为优惠。每笔贷款金额为几千万美元，最多为 1 亿美元。这种贷款的优点是灵活方便，贷款利息略低，而且由一家银行提供贷款可以减少管理费用，降低贷款成本。

（3）长期信贷。长期信贷是指由一家银行牵头，多家银行共同参与贷款。长期信贷金额比较大，一般在 1 亿～5 亿美元，期限在 1 年以上，故需多家银行组成银团。国际商业银行贷款的条件主要包括选择贷款者、利息和费用、贷款期限、借贷货币和贷款偿还等。

4）国际银团贷款

银团贷款又称辛迪加贷款（Syndicated Loan），是指 5 家以上的商业银行或其他金融机构按照商定的条件，联合向借款人提供的数额较大的一种贷款。它是商业银行贷款中最典型、最有代表性的贷款方式,包含了借贷关系中一切最基本的因素。国际银团贷款是当前国际市场上筹措中长期资金的主要途径。银团贷款具有如下特点。

(1)金额较大,专款专用。银团贷款金额最多可达几亿、几十亿美元。款项用途预先确定,以确保专款专用。

(2)借款人多为各国政府或跨国公司。如在我国香港,借款人大多为地产商或大财团。外国银行也将银团贷款分为对政府机构贷款和对私人机构贷款两类,并在最高贷款额度、条件及收取费用等方面确定不同的标准。

(3)银团贷款期限短则 2～3 年,长则 15 年左右,一般期限为 5～10 年。

(4)银团贷款手续简便,没有发行债券那么复杂。

(5)银团贷款在宽限期内,借款人可以按工程的进度编制季度用款计划,随用随支,符合大型工程项目的周转特点。

2. 国际债券融资

国际债券是指国际金融机构、一国政府的金融机构及企业等组织,在国际市场上发行的以外国货币标明面值的债券。

国际债券可分为外国债券、欧洲债券、全球债券三种。下面主要介绍前两种债券。

1) 外国债券

外国债券是指国际债券发行人通过外国金融市场所在地国家的银行或其他金融机构,发行以该国货币为面值的债券,其特点是债券发行人属于一个国家,而债券的面值货币和发行市场属于另一个国家。外国债券是一种传统的债券,早在 19 世纪就已经存在。当前,世界上主要的外国债券有以下几种。

(1)美国纽约的扬基债券。外国借款人在美国发行的以美元计价,并主要由美国国内包销团经办的债券称为扬基债券。扬基债券需经美国证券交易委员会批准才允许出售给美国公众。债券期限以中期为主,通常是 6～8 年。借款人一般为国际机构、外国政府或其他机构以及一些公司借款人。

(2)日本东京的武士债券。外国借款人在日本资本市场上发行的日元债券称为武士债券。武士债券的期限一般为 5～20 年。借款人多为国际机构、信用等级较高的外国政府机构以及一些私人企业。武士债券的发行和招募要事先向日本财务省与金融厅申报,发行时需要以某家日本主要证券机构为牵头经理人。

(3)英国伦敦的猛犬债券。英国是老牌的外国债券市场。在英国发行的外国债券称为猛犬债券,期限为 5～40 年。外国政府与企业皆可发行。公募债券由伦敦市场的银行组织包销团。

(4)瑞士外国债券。瑞士外国债券市场是目前世界上最大的外国债券市场。瑞士法郎外国债券业务的经营权限于瑞士本国的银行与金融公司,如果外国债券是公募发行,则一律由固定的包销团包销,且分配比例通常是固定的。发行公募债券需经瑞士银行批准,期限为 8～15 年。

(5)德国外国债券。德国的外国债券市场主要在法兰克福,是仅次于瑞士和纽约的市场。该市场的特点是德国 6 家主要银行组成外国债券小组委员会,以自我调节方式调整债券的发行。该委员会每月召开一次会议,决定和公布发行债券的时间安排和发行量等,债券期限一般为 5～10 年。

总之,一般外国债券以发行所在国的特征命名。例如,外国企业在中国发行的人民币债券称为熊猫债券。目前,外国债券市场主要在美国、日本、德国和瑞士四个国家,其交易额占整个外国债券市场的 95% 以上。

2) 欧洲债券

欧洲债券是指借款人在外国债券市场上发行的,不是以该外国货币表示面值的债券。欧洲债券是 20 世纪 60 年代兴起的国际债券,其发行额逐年递增,在国际债券发行总额中早已超过外国债券而占统治地位。长期国际债券发行总额中,欧洲债券占 70%～85%。欧洲债券的优点如下。

(1) 自由灵活。由于各国对外国债券普遍实行严格的管制和苛刻的披露要求,外国债券市场在过去许多年中并未成长起来。但发行欧洲债券不需要经发行地国家官方批准,无须向证券监管机关登记注册,无利率管制和发行数额限制,对财务公开的要求也不高,便于筹资者筹集资金。

(2) 成本较低。一是由于欧洲债券市场不存在法规管制,因而发行债券的手续费和其他费用较低。发行费用是债券面值的 2%～2.5%。欧洲美元债的发行成本比在美国国内市场发行债券的成本低 0.125%～0.25%。二是由于欧洲债券市场二级市场发达,且投资者购买欧洲债券所得利息收入通常免交所得税,投资者愿意接受较低的利率。因此,欧洲债券发行人进入欧洲市场的要目的是以相对于国内更低的成本进行筹资。

(3) 货币选择性强。发行人可以根据利率、汇率和筹资用途,选择某种主要货币作为债券的面值货币

(4) 市场容量大,发行欧洲债券筹资数额较大,期限也较长。

3. 国际股权融资

国际股权融资是指一个国家的企业在另一个国家发行股票筹集所需资金的融资形式。由于股票不可退股,只能转让,因此,国际股权融资筹集的是长期资本。随着 20 世纪 80 年代融资证券化趋势的出现,国际股权融资在国际融资中的地位逐渐上升。

1) 国际股权融资的方式

以我国企业为例,国际股权融资有两种主要方式:一是企业直接在我国交易所发行 B 股筹资;二是企业到境外筹资,包括境外直接上市筹资、境外间接上市筹资;三是发行存托凭证融资等。

2) 国际股权融资的优缺点

随着企业国际化经营的发展,国家间的经济联系越来越密切,各国企业利用发行国际股票的形式在国际资本市场上吸引外资将成为必然趋势。

(1) 国际股权融资的优点包括:为企业提供一条源源不断的融资渠道;有利于上市公司在海外树立形象;有利于改善公司的资产负债结构;便于收购国外公司。

(2) 国际股权融资的缺点包括:上市公司需要向公众公布很多信息;筹备上市时需要投入大量的时间、人力并增加费用开支;上市公司管理将受到一定限制。

4. 国际贸易融资

1）国际贸易融资的概念与分类

国际贸易融资是指与国际贸易有直接联系的融资，这是国际融资中最古老的一种融资方式。出口商在从制造产品、运输到销售的过程中，或者进口商在进货过程中，往往要求获得风险小、成本低的融通资金。

2）对出口商的信贷融资

（1）进口商对出口商的预付款。进口商在收到货物单据之前就付出全部或部分货款，这就是进口商对出口商提供了预付款。

（2）银行对出口商的信贷融资。各国银行对出口商的信贷都采取积极支持、防范风险、有贷有还、及时清偿的方式，分阶段进行。

3）对进口商的信贷融资

对进口商的信贷融资分两种情况：一是出口商向进口商提供的信贷融资；二是银行向进口商提供的信贷融资。

（1）出口商向进口商提供的信贷融资。出口商向进口商提供融资，通常是为了增强对进口国的吸引力，提高其向提供贷款国订货的积极性。如规定进口商获得出口商的贷款必须用于出口商的商品购买，有的还具体规定商品的一半以上要由出口国制造，或规定由第三国制造的商品不能超过 15％等。为了推动出口，有的国家还规定贷款利率低于国际金融市场的利率，利差由出口国政府补贴。某些国家还建立了由政府支持的专门办理出口信贷业务的担保机构，为出口商向进口商的信贷提供担保和保险。

（2）银行向进口商提供的信贷融资包括以下内容。

① 银行对进口商的直接融资。西方国家经常使用的方式是商品抵押贷款，即进口商向银行申请委托，并开立以出口商为受益方、凭货物单据付出现款的信用证，以取得现款融资。也可采取透支融资的办法，即银行允许给关系密切的进口商企业提供透支信用，向银行签发超过其账户余额的支票以融通急需的资金。

② 承兑汇票贴现。这是一种提供给进口商的短期融资方式。在出口商要求进口商用现金支付的情况下，进口商可以通过银行信用，与银行签订协议，向银行签发汇票，由银行承兑。进口商持银行承兑汇票在市场贴现，以贴现所得现款支付给出口商。承兑汇票贴现业务也称再融通业务。

③ 承兑信用。这是指进口商通过银行承兑偿还出口商的货款，是银行为外贸融通资金的主要方式。

④ 信用证融资。在国际贸易中，进口商通常不愿意预付货款，尤其是在对出口方信誉不熟悉且不能确认出口货物已发运的情况下，而信用证起到了对进口商的保证作用。

5. 国际租赁融资

1）国际租赁融资的概念

国际租赁是指跨越国境的租赁业务，即在一定时期内，一个国家的出租人把租赁物件租给另一个国家的承租人使用,承租人分期支付相当于租赁物件总价值(指价款、运输费、保险费等项合计)加利息、利润的租金。租赁期满后,租金支付完毕,租赁物件原则上归出租人所有,由其收回后继续向别的承租人出租,但也可以在承租人支付物件的象征性价格后,转归承租人所有。

2) 国际租赁融资的利弊

国际租赁融资对承租人的有利之处主要包括以下内容。

(1) 能充分利用外资。同出口信贷相比,利用租赁形式引进设备实际上是得到全额融资,用较少的资金可以达到利用更多外资的目的。

(2) 有利于企业的技术改造。与企业自身购买设备相比,国际租赁融资的好处在于,除了可以少投入资金外,企业还可以经常更换租赁设备,保持技术的先进性,维持产品的市场竞争力。

(3) 不受国际通货膨胀的影响。租赁合同经双方认可后,租赁金额就固定下来了,在整个租赁期内不会变动,不会因国际通货膨胀或国际贷款利率的改变而改变。

(4) 效率较高。与传统的信贷相比,国际租赁融资可以发挥银行和进出口贸易公司的双重作用,既可以解决资金借款,又可以直接向外国订货并办理出口手续,方便、快速、灵活,减少了中间环节。

(5) 有利于适应暂时性和季节性需要。有些设备在生产中的使用次数不多,却又不可或缺,如探测仪器仪表等;有些设备受生产的季节性影响较大,使用的时间少,闲置的时间多,如农用设备等。如果购置备用,造成积压浪费。采用租赁形式,既便利又节约,能节省保管和维修费用。

(6) 能减少盲目引进的损失。购买引进设备,一旦发现所生产产品不符合国内外市场的形势和要求,要想将设备很快脱手相当困难。若压价出售,会使企业蒙受不必要的经济损失;暂时闲置不用,又会使企业背上沉重的包袱,占用资金;勉强维持生产,而产品又销售不出去,则会造成更大的损失。采用租赁方式灵活方便,如果发现情况不好,可立即退租,使企业损失降到最低限度。

对承租人的不利之处主要包括以下内容。

(1) 租金高昂,即比用现汇或外汇贷款购买的代价高,从而提高产品的生产成本,通常情况下,高出的幅度可达 12%～17%。

(2) 在租赁期间,承租人只有使用权,设备的所有权仍属于出租者。因此,承租人不能将租赁物进行技术改造、抵押或者出售。

(3) 租赁设备在租用期满后的残值仍属于出租人。采用经营租赁方式,如果承租人对设备使用期间的租金没有仔细调查,没有考虑租用设备的使用寿命及利用率,容易造成损失。

(4) 如果设备利用不充分,长期按规定支付租金,会使生产成本增加。

(5) 租赁合同经双方签订认可后,一般不得随意终止。如果一方毁约或不履行有关条款,就要赔偿对方的损失,且罚款较重,因此应慎重考虑。

本 章 小 结

本章讲述了外汇风险及其控制、国际投资、国际融资等问题,包含以下要点。

(1) 外汇风险分为三种,即经济风险、交易风险和折算风险。经济风险是汇率变动对未发生业务的潜在影响;交易风险是汇率变动对已发生未结算业务的潜在影响;折算风险是汇率变动对已发生业务报表反映价值的潜在影响。

(2) 国际直接投资是以控制企业经营管理权为核心,投资不仅涉及目的的投资活动。其特征是投资者有对企业的经营管理权和控制权。直接投资不仅涉及货币资本的流动,而且带动商品及生产要素的转移。国际直接投资的方式主要有跨国创建、跨国并购和缔结跨国战略联盟。

(3) 国际证券投资是指投资者在国际金融市场上购买其他国家的债券、股票,以期获得利润的经济行为。与国际直接投资相比较,国际证券投资的投资者不直接参与资本的管理和使用,因此,国际证券投资也称为国际间接投资。国际证券投资按照不同的标准可以有不同的分类。

(4) 国际融资的主要方式有国际信贷融资、国际债券融资、国际股权融资、国际租赁融资和国际贸易融资等。这些融资方式具有各自的特征和优缺点,国际企业应根据自身的实际情况合理选择,既充分利用国际金融市场来提高融资效率,又要尽量降低融资风险。

关键术语中英文对照

外汇风险(foreign exchange exposure)

交易风险(transaction exposure)

经济风险(economic exposure)

折算风险(translation exposure)

国际投资(international investment)

银团贷款(consortium loan)

外国债券(foreign bond)

欧洲债券(Euro bond)

扬基债券(Yankee bonds)

武士债券(Samurai bonds)

猛犬债券(Bulldog bonds)

福费廷业务(Forfeiting)

案例学习

福特汽车巨头宣布：撤出印度市场！4 000 名员工前途未卜

2021 年 9 月 9 日，由于连年亏损，美国汽车制造商福特汽车宣布，将撤出公司在印度的生产线，这会导致约 4 000 名员工下岗。

福特汽车公司首席执行官吉姆·法利当天表示，福特汽车在印度的生产将立即结束，为实现公司的长期增长目标，这项措施"艰难但必要"。福特汽车印度分公司的负责人也表示，由于连年亏损、行业产能过剩加之印度汽车市场增长不及预期，福特汽车在印度始终没能找到一个"可以长期盈利的办法"，所以决定撤出在印度的生产线。据美国有线电视新闻网的报道称，福特汽车位于印度萨南德和金奈两座城市的工厂将在今后几个月内关闭。据了解，福特汽车 1995 年开始在印度经营，25 年来在印度投资超过 20 亿美元，却只获得该国乘用车市场不足 2% 的份额。

2019 年，福特汽车试图与印度本土竞争对手马恒达汽车公司达成协议，把福特汽车在印度大部分业务注入双方新建的合资公司，但这一协议于去年年底流产。双方当时给出的原因是，全球经济和商业环境发生"根本性变化"，部分原因在于新冠疫情。

此外，路透社的分析指出，继美国通用汽车和摩托车制造商哈雷-戴维森之后，福特汽车也做出撤离印度市场的决定，这意味着印度政府希望通过招商引资以及劳动力成本优势力推"印度制造"的战略遭遇挫折。

思考题：

1. 哪些原因导致福特汽车公司在印度投资的失败？福特汽车公司应采取哪些措施重回印度市场？

2. 通过福特汽车公司的案例，企业在国际直接投资中应注意哪些问题？

课后练习

1. 蓝天服装出口公司主要生产成人服装，并出口至英国。出口商品以英镑计价。公司的所有者张明计划开发儿童服装。他所有的扩张业务将集中在英国，并试图在英国闯出名气。他与一家英国公司协商在当地成立合资公司，生产儿童服装并在英国销售。张明用英镑向英国制造商支付生产费用，产品直接发给英国的经销商，经销商用英镑向张明支付货款。张明的业务扩张需要额外的资金，他想利用短期借款的形式筹集资金。张明有很高的信用等级及担保物，所以他能获得短期融资。英镑利率比人民币利率高 0.25 个百分点。

要求：

(1) 张明应该为他的合资公司借入人民币还是英镑？为什么？

(2) 张明还能以低于人民币或英镑的利率借入欧元。欧元和英镑对人民币的汇率呈同方向变动，但波动幅度不同。为英国的合资企业借入欧元会比借入英镑带来更多的汇率风险吗？

2. 最近几年,有几家中国公司打入了墨西哥市场,拓展公司也准备在墨西哥组建一家独资企业,最大难题就是为墨西哥公司融资时的资本成本和资本结构问题。墨西哥的利率比中国利率高得多,墨西哥政府不愿意降低利率,因为高利率可以吸引外国人投资于墨西哥证券。但国外资金的流入最终可能会导致墨西哥利率降低。因此,拟在墨西哥经营的拓展公司必须在墨西哥高利率环境中决定国际企业的资本结构。

要求:

(1) 拓展公司在墨西哥建立独资企业时,可以通过哪些方式筹集资本? 不同的资本筹集方式将如何影响拓展公司的资本结构?

(2) 墨西哥政府使利率保持高位的政策,会对拓展公司在墨西哥的独资企业的经营产生不利影响吗?

(3) 在墨西哥建立独资企业后,独资企业可以采取哪些方式为自身经营发展融资? 这些方法会怎样影响子公司的资本结构?

(4) 如果拓展公司认为建立独资企业前公司的资本结构是最佳资本结构,当独资公司采用不同方式筹资时,拓展公司应该如何调整自身的资本结构,以维持整个国际企业的最佳资本结构?

(5) 除了投入权益性资本外,拓展公司还可以采取哪些方式为独资企业融资,达到既为子公司业务投入资金又不导致子公司高利息费用的目的? 对拓展公司而言,采取这些方式有无不利影响?

附　录

资金时间价值系数表

附表 1 复利终值系数表

n	1%	2%	3%	4%	5%	6%	7%	8%	9%	10%	11%	12%	13%	14%	15%
1	1.0100	1.0200	1.0300	1.0400	1.0500	1.0600	1.0700	1.0800	1.0900	1.1000	1.1100	1.1200	1.1300	1.1400	1.1500
2	1.0201	1.0404	1.0609	1.0816	1.1025	1.1236	1.1449	1.1664	1.1881	1.2100	1.2321	1.2544	1.2769	1.2996	1.3225
3	1.0303	1.0612	1.0927	1.1249	1.1576	1.1910	1.2250	1.2597	1.2950	1.3310	1.3676	1.4049	1.4429	1.4815	1.5209
4	1.0406	1.0824	1.1255	1.1699	1.2155	1.2625	1.3108	1.3605	1.4116	1.4641	1.5181	1.5735	1.6305	1.6890	1.7490
5	1.0510	1.1041	1.1593	1.2167	1.2763	1.3382	1.4026	1.4693	1.5386	1.6105	1.6851	1.7623	1.8424	1.9254	2.0114
6	1.0615	1.1262	1.1941	1.2653	1.3401	1.4185	1.5007	1.5869	1.6771	1.7716	1.8704	1.9738	2.0820	2.1950	2.3131
7	1.0721	1.1487	1.2299	1.3159	1.4071	1.5036	1.6058	1.7138	1.8280	1.9487	2.0762	2.2107	2.3526	2.5023	2.6600
8	1.0829	1.1717	1.2668	1.3686	1.4775	1.5938	1.7182	1.8509	1.9926	2.1436	2.3045	2.4760	2.6584	2.8526	3.0590
9	1.0937	1.1951	1.3048	1.4233	1.5513	1.6895	1.8385	1.9990	2.1719	2.3579	2.5580	2.7731	3.0040	3.2519	3.5179
10	1.1046	1.2190	1.3439	1.4802	1.6289	1.7908	1.9672	2.1589	2.3674	2.5937	2.8394	3.1058	3.3946	3.7072	4.0456
11	1.1157	1.2434	1.3842	1.5395	1.7103	1.8983	2.1049	2.3316	2.5804	2.8531	3.1518	3.4786	3.8359	4.2262	4.6524
12	1.1268	1.2682	1.4258	1.6010	1.7959	2.0122	2.2522	2.5182	2.8127	3.1384	3.4985	3.8960	4.3345	4.8179	5.3503
13	1.1381	1.2936	1.4685	1.6651	1.8856	2.1329	2.4098	2.7196	3.0658	3.4523	3.8833	4.3635	4.8980	5.4924	6.1528
14	1.1495	1.3195	1.5126	1.7317	1.9799	2.2609	2.5785	2.9372	3.3417	3.7975	4.3104	4.8871	5.5348	6.2613	7.0757
15	1.1610	1.3459	1.5580	1.8009	2.0789	2.3966	2.7590	3.1722	3.6425	4.1772	4.7846	5.4736	6.2543	7.1379	8.1371
16	1.1726	1.3728	1.6047	1.8730	2.1829	2.5404	2.9522	3.4259	3.9703	4.5950	5.3109	6.1304	7.0673	8.1372	9.3576
17	1.1843	1.4002	1.6528	1.9479	2.2920	2.6928	3.1588	3.7000	4.3276	5.0545	5.8951	6.8660	7.9861	9.2765	10.7613
18	1.1961	1.4282	1.7024	2.0258	2.4066	2.8543	3.3799	3.9960	4.7171	5.5599	6.5436	7.6900	9.0243	10.5752	12.3755
19	1.2081	1.4568	1.7535	2.1068	2.5270	3.0256	3.6165	4.3157	5.1417	6.1159	7.2633	8.6128	10.1974	12.0557	14.2318
20	1.2202	1.4859	1.8061	2.1911	2.6533	3.2071	3.8697	4.6610	5.6044	6.7275	8.0623	9.6463	11.5231	13.7435	16.3665
21	1.2324	1.5157	1.8603	2.2788	2.7860	3.3996	4.1406	5.0338	6.1088	7.4002	8.9492	10.8038	13.0211	15.6676	18.8215
22	1.2447	1.5460	1.9161	2.3699	2.9253	3.6035	4.4304	5.4365	6.6586	8.1403	9.9336	12.1003	14.7138	17.8610	21.6447
23	1.2572	1.5769	1.9736	2.4647	3.0715	3.8197	4.7405	5.8715	7.2579	8.9543	11.0263	13.5523	16.6266	20.3616	24.8915
24	1.2697	1.6084	2.0328	2.5633	3.2251	4.0489	5.0724	6.3412	7.9111	9.8497	12.2392	15.1786	18.7881	23.2122	28.6252
25	1.2824	1.6406	2.0938	2.6658	3.3864	4.2919	5.4274	6.8485	8.6231	10.8347	13.5855	17.0001	21.2305	26.4619	32.9190
26	1.2953	1.6734	2.1566	2.7725	3.5557	4.5494	5.8074	7.3964	9.3992	11.9182	15.0799	19.0401	23.9905	30.1666	37.8568
27	1.3082	1.7069	2.2213	2.8834	3.7335	4.8223	6.2139	7.9881	10.2451	13.1100	16.7387	21.3249	27.1093	34.3899	43.5353
28	1.3213	1.7410	2.2879	2.9987	3.9201	5.1117	6.6488	8.6271	11.1671	14.4210	18.5799	23.8839	30.6335	39.2045	50.0656
29	1.3345	1.7758	2.3566	3.1187	4.1161	5.4184	7.1143	9.3173	12.1722	15.8631	20.6237	26.7499	34.6158	44.6931	57.5755
30	1.3478	1.8114	2.4273	3.2434	4.3219	5.7435	7.6123	10.0627	13.2677	17.4494	22.8923	29.9599	39.1159	50.9502	66.2118

续表

n	16%	17%	18%	19%	20%	21%	22%	23%	24%	25%	26%	27%	28%	29%	30%
1	1.160 0	1.170 0	1.180 0	1.190 0	1.200 0	1.210 0	1.220 0	1.230 0	1.240 0	1.250 0	1.260 0	1.270 0	1.280 0	1.290 0	1.300 0
2	1.345 6	1.368 9	1.392 4	1.416 1	1.440 0	1.464 1	1.488 4	1.512 9	1.537 6	1.562 5	1.587 6	1.612 9	1.638 4	1.664 1	1.690 0
3	1.560 9	1.601 6	1.643 0	1.685 2	1.728 0	1.771 6	1.815 8	1.860 9	1.906 6	1.953 1	2.000 4	2.048 4	2.097 2	2.146 7	2.197 0
4	1.810 6	1.873 9	1.938 8	2.005 3	2.073 6	2.143 6	2.215 3	2.288 9	2.364 2	2.441 4	2.520 5	2.601 4	2.684 4	2.769 2	2.856 1
5	2.100 3	2.192 4	2.287 8	2.386 4	2.488 3	2.593 7	2.702 7	2.815 3	2.931 6	3.051 8	3.175 8	3.303 8	3.436 0	3.572 3	3.712 9
6	2.436 4	2.565 2	2.699 6	2.839 8	2.986 0	3.138 4	3.297 3	3.462 8	3.635 2	3.814 7	4.001 5	4.195 9	4.398 0	4.608 3	4.826 8
7	2.826 2	3.001 2	3.185 5	3.379 3	3.583 2	3.797 5	4.022 7	4.259 3	4.507 7	4.768 4	5.041 9	5.328 8	5.629 5	5.944 7	6.274 9
8	3.278 4	3.511 5	3.758 9	4.021 4	4.299 8	4.595 0	4.907 7	5.238 8	5.589 5	5.960 5	6.352 8	6.767 5	7.205 8	7.668 6	8.157 3
9	3.803 0	4.108 4	4.435 5	4.785 4	5.159 8	5.559 9	5.987 4	6.443 9	6.931 0	7.450 6	8.004 5	8.594 8	9.223 4	9.892 5	10.604 5
10	4.411 4	4.806 8	5.233 8	5.694 7	6.191 7	6.727 5	7.304 6	7.925 9	8.594 4	9.313 2	10.085 7	10.915 3	11.805 9	12.761 4	13.785 8
11	5.117 3	5.624 0	6.175 9	6.776 7	7.430 1	8.140 3	8.911 7	9.748 9	10.657 1	11.641 5	12.708 0	13.862 5	15.111 6	16.462 2	17.921 6
12	5.936 0	6.580 1	7.287 6	8.064 2	8.916 1	9.849 7	10.872 2	11.991 2	13.214 8	14.551 9	16.012 0	17.605 3	19.342 8	21.236 2	23.298 1
13	6.885 8	7.698 7	8.599 4	9.596 4	10.699 3	11.918 2	13.264 1	14.749 1	16.386 3	18.189 9	20.175 2	22.358 8	24.758 8	27.394 7	30.287 5
14	7.987 5	9.007 5	10.147 2	11.419 8	12.839 2	14.421 0	16.182 2	18.141 4	20.319 1	22.737 4	25.420 7	28.395 7	31.691 3	35.339 1	39.373 8
15	9.265 5	10.538 7	11.973 7	13.589 5	15.407 0	17.449 4	19.742 3	22.314 0	25.195 6	28.421 7	32.030 1	36.062 5	40.564 8	45.587 5	51.185 9
16	10.748 0	12.330 3	14.129 0	16.171 5	18.488 4	21.113 8	24.085 6	27.446 2	31.242 6	35.527 1	40.357 9	45.799 4	51.923 0	58.807 9	66.541 7
17	12.467 7	14.426 5	16.672 2	19.244 1	22.186 1	25.547 7	29.384 4	33.758 8	38.740 8	44.408 9	50.851 0	58.165 2	66.461 4	75.862 1	86.504 2
18	14.462 5	16.879 0	19.673 3	22.900 5	26.623 3	30.912 7	35.849 0	41.523 3	48.038 6	55.511 2	64.072 2	73.869 8	85.070 6	97.862 2	112.455 4
19	16.776 5	19.748 4	23.214 4	27.251 6	31.948 0	37.404 3	43.735 8	51.073 7	59.567 9	69.388 9	80.731 0	93.814 7	108.890 4	126.242 2	146.192 0
20	19.460 8	23.105 6	27.393 0	32.429 4	38.337 6	45.259 3	53.357 6	62.820 6	73.864 1	86.736 2	101.721 1	119.144 6	139.379 7	162.852 4	190.049 6
21	22.574 5	27.033 6	32.323 8	38.591 0	46.005 1	54.763 7	65.096 3	77.269 4	91.591 5	108.420 2	128.168 5	151.313 7	178.406 0	210.079 6	247.064 5
22	26.186 4	31.629 3	38.142 1	45.923 3	55.206 1	66.264 1	79.417 5	95.041 3	113.573 5	135.525 3	161.492 4	192.168 3	228.359 6	271.002 7	321.183 9
23	30.376 2	37.006 2	45.007 6	54.648 7	66.247 4	80.179 5	96.889 4	116.900 8	140.831 2	169.406 6	203.480 4	244.053 8	292.300 3	349.593 5	417.539 1
24	35.236 4	43.297 3	53.109 0	65.032 0	79.496 8	97.017 2	118.205 0	143.788 0	174.630 6	211.758 2	256.385 3	309.948 3	374.144 4	450.975 6	542.800 8
25	40.874 2	50.657 8	62.668 6	77.388 1	95.396 2	117.390 9	144.210 1	176.859 3	216.542 0	264.697 8	323.045 0	393.634 4	478.904 9	581.758 5	705.641 0
26	47.414 1	59.269 7	73.949 0	92.091 8	114.475 5	142.042 9	175.936 4	217.536 9	268.512 1	330.872 2	407.037 0	499.915 7	612.998 2	750.468 5	917.333 3
27	55.000 4	69.345 5	87.259 8	109.589 3	137.370 6	171.871 9	214.642 4	267.570 4	332.955 0	413.590 3	512.867 0	634.892 9	784.637 7	968.104 4	1 192.533 3
28	63.800 4	81.134 2	102.966 6	130.411 2	164.844 7	207.965 1	261.863 7	329.111 5	412.864 2	516.987 9	646.212 4	806.314 0	1 004.336 3	1 248.854 6	1 550.293 3
29	74.008 5	94.927 1	121.500 5	155.189 3	197.813 6	251.637 7	319.473 7	404.807 2	511.951 6	646.234 9	814.227 6	1 024.018 7	1 285.550 4	1 611.022 5	2 015.381 3
30	85.849 9	111.064 7	143.370 6	184.675 3	237.376 3	304.481 6	389.757 9	497.912 9	634.819 9	807.793 6	1 025.926 7	1 300.503 8	1 645.504 6	2 078.219 0	2 619.995 6

附表 2　复利现值系数表

n	1%	2%	3%	4%	5%	6%	7%	8%	9%	10%	11%	12%	13%	14%	15%
1	0.9901	0.9804	0.9709	0.9615	0.9524	0.9434	0.9346	0.9259	0.9174	0.9091	0.9009	0.8929	0.8850	0.8772	0.8696
2	0.9803	0.9612	0.9426	0.9246	0.9070	0.8900	0.8734	0.8573	0.8417	0.8264	0.8116	0.7972	0.7831	0.7695	0.7561
3	0.9706	0.9423	0.9151	0.8890	0.8638	0.8396	0.8163	0.7938	0.7722	0.7513	0.7312	0.7118	0.6931	0.6750	0.6575
4	0.9610	0.9238	0.8885	0.8548	0.8227	0.7921	0.7629	0.7350	0.7084	0.6830	0.6587	0.6355	0.6133	0.5921	0.5718
5	0.9515	0.9057	0.8626	0.8219	0.7835	0.7473	0.7130	0.6806	0.6499	0.6209	0.5935	0.5674	0.5428	0.5194	0.4972
6	0.9420	0.8880	0.8375	0.7903	0.7462	0.7050	0.6663	0.6302	0.5963	0.5645	0.5346	0.5066	0.4803	0.4556	0.4323
7	0.9327	0.8706	0.8131	0.7599	0.7107	0.6651	0.6227	0.5835	0.5470	0.5132	0.4817	0.4523	0.4251	0.3996	0.3759
8	0.9235	0.8535	0.7894	0.7307	0.6768	0.6274	0.5820	0.5403	0.5019	0.4665	0.4339	0.4039	0.3762	0.3506	0.3269
9	0.9143	0.8368	0.7664	0.7026	0.6446	0.5919	0.5439	0.5002	0.4604	0.4241	0.3909	0.3606	0.3329	0.3075	0.2843
10	0.9053	0.8203	0.7441	0.6756	0.6139	0.5584	0.5083	0.4632	0.4224	0.3855	0.3522	0.3220	0.2946	0.2697	0.2472
11	0.8963	0.8043	0.7224	0.6496	0.5847	0.5268	0.4751	0.4289	0.3875	0.3505	0.3173	0.2875	0.2607	0.2366	0.2149
12	0.8874	0.7885	0.7014	0.6246	0.5568	0.4970	0.4440	0.3971	0.3555	0.3186	0.2858	0.2567	0.2307	0.2076	0.1869
13	0.8787	0.7730	0.6810	0.6006	0.5303	0.4688	0.4150	0.3677	0.3262	0.2897	0.2575	0.2292	0.2042	0.1821	0.1625
14	0.8700	0.7579	0.6611	0.5775	0.5051	0.4423	0.3878	0.3405	0.2992	0.2633	0.2320	0.2046	0.1807	0.1597	0.1413
15	0.8613	0.7430	0.6419	0.5553	0.4810	0.4173	0.3624	0.3152	0.2745	0.2394	0.2090	0.1827	0.1599	0.1401	0.1229
16	0.8528	0.7284	0.6232	0.5339	0.4581	0.3936	0.3387	0.2919	0.2519	0.2176	0.1883	0.1631	0.1415	0.1229	0.1069
17	0.8444	0.7142	0.6050	0.5134	0.4363	0.3714	0.3166	0.2703	0.2311	0.1978	0.1696	0.1456	0.1252	0.1078	0.0929
18	0.8360	0.7002	0.5874	0.4936	0.4155	0.3503	0.2959	0.2502	0.2120	0.1799	0.1528	0.1300	0.1108	0.0946	0.0808
19	0.8277	0.6864	0.5703	0.4746	0.3957	0.3305	0.2765	0.2317	0.1945	0.1635	0.1377	0.1161	0.0981	0.0829	0.0703
20	0.8195	0.6730	0.5537	0.4564	0.3769	0.3118	0.2584	0.2145	0.1784	0.1486	0.1240	0.1037	0.0868	0.0728	0.0611
21	0.8114	0.6598	0.5375	0.4388	0.3589	0.2942	0.2415	0.1987	0.1637	0.1351	0.1117	0.0926	0.0768	0.0638	0.0531
22	0.8034	0.6468	0.5219	0.4220	0.3418	0.2775	0.2257	0.1839	0.1502	0.1228	0.1007	0.0826	0.0680	0.0560	0.0462
23	0.7954	0.6342	0.5067	0.4057	0.3256	0.2618	0.2109	0.1703	0.1378	0.1117	0.0907	0.0738	0.0601	0.0491	0.0402
24	0.7876	0.6217	0.4919	0.3901	0.3101	0.2470	0.1971	0.1577	0.1264	0.1015	0.0817	0.0659	0.0532	0.0431	0.0349
25	0.7798	0.6095	0.4776	0.3751	0.2953	0.2330	0.1842	0.1460	0.1160	0.0923	0.0736	0.0588	0.0471	0.0378	0.0304
26	0.7720	0.5976	0.4637	0.3607	0.2812	0.2198	0.1722	0.1352	0.1064	0.0839	0.0663	0.0525	0.0417	0.0331	0.0264
27	0.7644	0.5859	0.4502	0.3468	0.2678	0.2074	0.1609	0.1252	0.0976	0.0763	0.0597	0.0469	0.0369	0.0291	0.0230
28	0.7568	0.5744	0.4371	0.3335	0.2551	0.1956	0.1504	0.1159	0.0895	0.0693	0.0538	0.0419	0.0326	0.0255	0.0200
29	0.7493	0.5631	0.4243	0.3207	0.2429	0.1846	0.1406	0.1073	0.0822	0.0630	0.0485	0.0374	0.0289	0.0224	0.0174
30	0.7419	0.5521	0.4120	0.3083	0.2314	0.1741	0.1314	0.0994	0.0754	0.0573	0.0437	0.0334	0.0256	0.0196	0.0151

续表

n	16%	17%	18%	19%	20%	21%	22%	23%	24%	25%	26%	27%	28%	29%	30%
1	0.862 1	0.854 7	0.847 5	0.840 3	0.833 3	0.826 4	0.819 7	0.813 0	0.806 5	0.800 0	0.793 7	0.787 4	0.781 3	0.775 2	0.769 2
2	0.743 2	0.730 5	0.718 2	0.706 2	0.694 4	0.683 0	0.671 9	0.661 0	0.650 4	0.640 0	0.629 9	0.620 0	0.610 4	0.600 9	0.591 7
3	0.640 7	0.624 4	0.608 6	0.593 4	0.578 7	0.564 5	0.550 7	0.537 4	0.524 5	0.512 0	0.499 9	0.488 2	0.476 8	0.465 8	0.455 2
4	0.552 3	0.533 7	0.515 8	0.498 7	0.482 3	0.466 5	0.451 4	0.436 9	0.423 0	0.409 6	0.396 8	0.384 4	0.372 5	0.361 1	0.350 1
5	0.476 1	0.456 1	0.437 1	0.419 0	0.401 9	0.385 5	0.370 0	0.355 2	0.341 1	0.327 7	0.314 9	0.302 7	0.291 0	0.279 9	0.269 3
6	0.410 4	0.389 8	0.370 4	0.352 1	0.334 9	0.318 6	0.303 3	0.288 8	0.275 1	0.262 1	0.249 9	0.238 3	0.227 4	0.217 0	0.207 2
7	0.353 8	0.333 2	0.313 9	0.295 9	0.279 1	0.263 3	0.248 6	0.234 8	0.221 8	0.209 7	0.198 3	0.187 7	0.177 6	0.168 2	0.159 4
8	0.305 0	0.284 8	0.266 0	0.248 7	0.232 6	0.217 6	0.203 8	0.190 9	0.178 9	0.167 8	0.157 4	0.147 8	0.138 8	0.130 4	0.122 6
9	0.263 0	0.243 4	0.225 5	0.209 0	0.193 8	0.179 9	0.167 0	0.155 2	0.144 3	0.134 2	0.124 9	0.116 4	0.108 4	0.101 1	0.094 3
10	0.226 7	0.208 0	0.191 1	0.175 6	0.161 5	0.148 6	0.136 9	0.126 2	0.116 4	0.107 4	0.099 2	0.091 6	0.084 7	0.078 4	0.072 5
11	0.195 4	0.177 8	0.161 9	0.147 6	0.134 6	0.122 8	0.112 2	0.102 6	0.093 8	0.085 9	0.078 7	0.072 1	0.066 2	0.060 7	0.055 8
12	0.168 5	0.152 0	0.137 2	0.124 0	0.112 2	0.101 5	0.092 0	0.083 4	0.075 7	0.068 7	0.062 5	0.056 8	0.051 7	0.047 1	0.042 9
13	0.145 2	0.129 9	0.116 3	0.104 2	0.093 5	0.083 9	0.075 4	0.067 8	0.061 0	0.055 0	0.049 6	0.044 7	0.040 4	0.036 5	0.033 0
14	0.125 2	0.111 0	0.098 5	0.087 6	0.077 9	0.069 3	0.061 8	0.055 1	0.049 2	0.044 0	0.039 3	0.035 2	0.031 6	0.028 3	0.025 4
15	0.107 9	0.094 9	0.083 5	0.073 6	0.064 9	0.057 3	0.050 7	0.044 8	0.039 7	0.035 2	0.031 2	0.027 7	0.024 7	0.021 9	0.019 5
16	0.093 0	0.081 1	0.070 8	0.061 8	0.054 1	0.047 4	0.041 5	0.036 4	0.032 0	0.028 1	0.024 8	0.021 8	0.019 3	0.017 0	0.015 0
17	0.080 2	0.069 3	0.060 0	0.052 0	0.045 1	0.039 1	0.034 0	0.029 6	0.025 8	0.022 5	0.019 7	0.017 2	0.015 0	0.013 2	0.011 6
18	0.069 1	0.059 2	0.050 8	0.043 7	0.037 6	0.032 3	0.027 9	0.024 1	0.020 8	0.018 0	0.015 6	0.013 5	0.011 8	0.010 2	0.008 9
19	0.059 6	0.050 6	0.043 1	0.036 7	0.031 3	0.026 7	0.022 9	0.019 6	0.016 8	0.014 4	0.012 4	0.010 7	0.009 2	0.007 9	0.006 8
20	0.051 4	0.043 3	0.036 5	0.030 8	0.026 1	0.022 1	0.018 7	0.015 9	0.013 5	0.011 5	0.009 8	0.008 4	0.007 2	0.006 1	0.005 3
21	0.044 3	0.037 0	0.030 9	0.025 9	0.021 7	0.018 3	0.015 4	0.012 9	0.010 9	0.009 2	0.007 8	0.006 6	0.005 6	0.004 8	0.004 0
22	0.038 2	0.031 6	0.026 2	0.021 8	0.018 1	0.015 1	0.012 6	0.010 5	0.008 8	0.007 4	0.006 2	0.005 2	0.004 4	0.003 7	0.003 1
23	0.032 9	0.027 0	0.022 2	0.018 3	0.015 1	0.012 5	0.010 3	0.008 6	0.007 1	0.005 9	0.004 9	0.004 1	0.003 4	0.002 9	0.002 4
24	0.028 4	0.023 1	0.018 8	0.015 4	0.012 6	0.010 3	0.008 5	0.007 0	0.005 7	0.004 7	0.003 9	0.003 2	0.002 7	0.002 2	0.001 8
25	0.024 5	0.019 7	0.016 0	0.012 9	0.010 5	0.008 5	0.006 9	0.005 7	0.004 6	0.003 8	0.003 1	0.002 5	0.002 1	0.001 7	0.001 4
26	0.021 1	0.016 9	0.013 5	0.010 9	0.008 7	0.007 0	0.005 7	0.004 6	0.003 7	0.003 0	0.002 5	0.002 0	0.001 6	0.001 3	0.001 1
27	0.018 2	0.014 4	0.011 5	0.009 1	0.007 3	0.005 8	0.004 7	0.003 7	0.003 0	0.002 4	0.001 9	0.001 6	0.001 3	0.001 0	0.000 8
28	0.015 7	0.012 3	0.009 7	0.007 7	0.006 1	0.004 8	0.003 8	0.003 0	0.002 4	0.001 9	0.001 5	0.001 2	0.001 0	0.000 8	0.000 6
29	0.013 5	0.010 5	0.008 2	0.006 4	0.005 1	0.004 0	0.003 1	0.002 5	0.002 0	0.001 5	0.001 2	0.001 0	0.000 8	0.000 6	0.000 5
30	0.011 6	0.009 0	0.007 0	0.005 4	0.004 2	0.003 3	0.002 6	0.002 0	0.001 6	0.001 2	0.001 0	0.000 8	0.000 6	0.000 5	0.000 4

附表 3 年金终值系数表

n	1%	2%	3%	4%	5%	6%	7%	8%	9%	10%	11%	12%	13%	14%	15%
1	1.0000	1.0000	1.0000	1.0000	1.0000	1.0000	1.0000	1.0000	1.0000	1.0000	1.0000	1.0000	1.0000	1.0000	1.0000
2	2.0100	2.0200	2.0300	2.0400	2.0500	2.0600	2.0700	2.0800	2.0900	2.1000	2.1100	2.1200	2.1300	2.1400	2.1500
3	3.0301	3.0604	3.0909	3.1216	3.1525	3.1836	3.2149	3.2464	3.2781	3.3100	3.3421	3.3744	3.4069	3.4396	3.4725
4	4.0604	4.1216	4.1836	4.2465	4.3101	4.3746	4.4399	4.5061	4.5731	4.6410	4.7097	4.7793	4.8498	4.9211	4.9934
5	5.1010	5.2040	5.3091	5.4163	5.5256	5.6371	5.7507	5.8666	5.9847	6.1051	6.2278	6.3528	6.4803	6.6101	6.7424
6	6.1520	6.3081	6.4684	6.6330	6.8019	6.9753	7.1533	7.3359	7.5233	7.7156	7.9129	8.1152	8.3227	8.5355	8.7537
7	7.2135	7.4343	7.6625	7.8983	8.1420	8.3938	8.6540	8.9228	9.2004	9.4872	9.7833	10.0890	10.4047	10.7305	11.0668
8	8.2857	8.5830	8.8923	9.2142	9.5491	9.8975	10.2598	10.6366	11.0285	11.4359	11.8594	12.2997	12.7573	13.2328	13.7268
9	9.3685	9.7546	10.1591	10.5828	11.0266	11.4913	11.9780	12.4876	13.0210	13.5795	14.1640	14.7757	15.4157	16.0853	16.7858
10	10.4622	10.9497	11.4639	12.0061	12.5779	13.1808	13.8164	14.4866	15.1929	15.9374	16.7220	17.5487	18.4197	19.3373	20.3037
11	11.5668	12.1687	12.8078	13.4864	14.2068	14.9716	15.7836	16.6455	17.5603	18.5312	19.5614	20.6546	21.8143	23.0445	24.3493
12	12.6825	13.4121	14.1920	15.0258	15.9171	16.8699	17.8885	18.9771	20.1407	21.3843	22.7132	24.1331	25.6502	27.2707	29.0017
13	13.8093	14.6803	15.6178	16.6268	17.7130	18.8821	20.1406	21.4953	22.9534	24.5227	26.2116	28.0291	29.9847	32.0887	34.3519
14	14.9474	15.9739	17.0863	18.2919	19.5986	21.0151	22.5505	24.2149	26.0192	27.9750	30.0949	32.3926	34.8827	37.5811	40.5047
15	16.0969	17.2934	18.5989	20.0236	21.5786	23.2760	25.1290	27.1521	29.3609	31.7725	34.4054	37.2797	40.4175	43.8424	47.5804
16	17.2579	18.6393	20.1569	21.8245	23.6575	25.6725	27.8881	30.3243	33.0034	35.9497	39.1899	42.7533	46.6717	50.9804	55.7175
17	18.4304	20.0121	21.7616	23.6975	25.8404	28.2129	30.8402	33.7502	36.9737	40.5447	44.5008	48.8837	53.7391	59.1176	65.0751
18	19.6147	21.4123	23.4144	25.6454	28.1324	30.9057	33.9990	37.4502	41.3013	45.5992	50.3959	55.7497	61.7251	68.3941	75.8364
19	20.8109	22.8406	25.1169	27.6712	30.5390	33.7600	37.3790	41.4463	46.0185	51.1591	56.9395	63.4397	70.7494	78.9692	88.2118
20	22.0190	24.2974	26.8704	29.7781	33.0660	36.7856	40.9955	45.7620	51.1601	57.2750	64.2028	72.0524	80.9468	91.0249	102.4436
21	23.2392	25.7833	28.6765	31.9692	35.7193	39.9927	44.8652	50.4229	56.7645	64.0025	72.2651	81.6987	92.4699	104.7684	118.8101
22	24.4716	27.2990	30.5368	34.2480	38.5052	43.3923	49.0057	55.4568	62.8733	71.4027	81.2143	92.5026	105.4910	120.4360	137.6316
23	25.7163	28.8450	32.4529	36.6179	41.4305	46.9958	53.4361	60.8933	69.5319	79.5430	91.1479	104.6029	120.2048	138.2970	159.2764
24	26.9735	30.4219	34.4265	39.0826	44.5020	50.8156	58.1767	66.7648	76.7898	88.4973	102.1742	118.1552	136.8315	158.6586	184.1678
25	28.2432	32.0303	36.4593	41.6459	47.7271	54.8645	63.2490	73.1059	84.7009	98.3471	114.4133	133.3339	155.6196	181.8708	212.7930
26	29.5256	33.6709	38.5530	44.3117	51.1135	59.1564	68.6765	79.9544	93.3240	109.1818	127.9988	150.3339	176.8501	208.3327	245.7120
27	30.8209	35.3443	40.7096	47.0842	54.6691	63.7058	74.4838	87.3508	102.7231	121.0999	143.0786	169.3740	200.8406	238.4993	283.5688
28	32.1291	37.0512	42.9309	49.9676	58.4026	68.5281	80.6977	95.3388	112.9682	134.2099	159.8173	190.6989	227.9499	272.8899	327.1041
29	33.4504	38.7922	45.2189	52.9663	62.3227	73.6398	87.3465	103.9659	124.1354	148.6309	178.3972	214.5828	258.5834	312.0937	377.1697
30	34.7849	40.5681	47.5754	56.0849	66.4388	79.0582	94.4608	113.2832	136.3075	164.4940	199.0209	241.3327	293.1992	356.7868	434.7451

续表

n	16%	17%	18%	19%	20%	21%	22%	23%	24%	25%	26%	27%	28%	29%	30%
1	1.000 0	1.000 0	1.000 0	1.000 0	1.000 0	1.000 0	1.000 0	1.000 0	1.000 0	1.000 0	1.000 0	1.000 0	1.000 0	1.000 0	1.000 0
2	2.160 0	2.170 0	2.180 0	2.190 0	2.200 0	2.210 0	2.220 0	2.230 0	2.240 0	2.250 0	2.260 0	2.270 0	2.280 0	2.290 0	2.300 0
3	3.505 6	3.538 9	3.572 4	3.606 1	3.640 0	3.674 1	3.708 4	3.742 9	3.777 6	3.812 5	3.847 6	3.882 9	3.918 4	3.954 1	3.990 0
4	5.066 5	5.140 5	5.215 4	5.291 3	5.368 0	5.445 7	5.524 2	5.603 8	5.684 2	5.765 6	5.848 0	5.931 3	6.015 6	6.100 8	6.187 0
5	6.877 1	7.014 4	7.154 2	7.296 6	7.441 6	7.589 2	7.739 6	7.892 6	8.048 4	8.207 0	8.368 4	8.532 7	8.699 9	8.870 0	9.043 1
6	8.977 5	9.206 8	9.442 0	9.683 0	9.929 9	10.183 0	10.442 3	10.707 9	10.980 1	11.258 8	11.544 2	11.836 6	12.135 9	12.442 3	12.756 0
7	11.413 9	11.772 0	12.141 5	12.522 7	12.915 9	13.321 4	13.739 6	14.170 8	14.615 3	15.073 5	15.545 8	16.032 4	16.533 9	17.050 6	17.582 8
8	14.240 1	14.773 3	15.327 0	15.902 0	16.499 1	17.118 9	17.762 3	18.430 0	19.122 9	19.841 9	20.587 6	21.361 2	22.163 4	22.995 3	23.857 7
9	17.518 5	18.284 7	19.085 9	19.923 4	20.798 9	21.713 9	22.670 0	23.669 0	24.712 5	25.802 3	26.940 4	28.128 7	29.369 2	30.663 9	32.015 0
10	21.321 5	22.393 1	23.521 3	24.708 9	25.958 7	27.273 8	28.657 4	30.112 8	31.643 4	33.252 9	34.944 9	36.723 5	38.592 6	40.556 4	42.619 5
11	25.732 9	27.199 9	28.755 1	30.403 5	32.150 4	34.001 3	35.962 0	38.038 6	40.237 9	42.566 1	45.030 6	47.638 8	50.398 5	53.317 8	56.405 3
12	30.850 2	32.823 9	34.931 1	37.180 2	39.580 5	42.141 6	44.873 7	47.787 7	50.895 0	54.207 7	57.738 6	61.501 3	65.510 0	69.780 0	74.327 0
13	36.786 2	39.404 0	42.218 7	45.244 5	48.496 6	51.991 3	55.745 9	59.778 8	64.109 7	68.759 6	73.750 6	79.106 6	84.852 9	91.016 1	97.625 0
14	43.672 0	47.102 7	50.818 0	54.840 9	59.195 9	63.909 5	69.010 0	74.528 0	80.496 1	86.949 5	93.925 8	101.465 4	109.611 7	118.410 8	127.912 5
15	51.659 5	56.110 1	60.965 3	66.260 7	72.035 1	78.330 5	85.192 2	92.669 4	100.815 1	109.686 8	119.346 5	129.861 1	141.302 9	153.750 0	167.286 3
16	60.925 0	66.648 8	72.939 0	79.850 2	87.442 1	95.779 9	104.934 5	114.983 4	126.010 8	138.108 5	151.376 6	165.923 6	181.867 7	199.337 4	218.472 2
17	71.673 0	78.979 2	87.068 0	96.021 8	105.930 6	116.893 7	129.020 1	142.429 5	157.253 4	173.635 7	191.734 5	211.723 0	233.790 7	258.145 3	285.013 9
18	84.140 7	93.405 6	103.740 3	115.265 9	128.116 7	142.441 3	158.404 5	176.188 3	195.994 2	218.044 6	242.585 5	269.888 2	300.252 1	334.007 4	371.518 0
19	98.603 2	110.284 6	123.413 5	138.166 4	154.740 0	173.354 0	194.253 5	217.711 6	244.032 8	273.555 8	306.657 7	343.758 0	385.322 7	431.869 6	483.973 4
20	115.379 7	130.032 9	146.628 0	165.418 0	186.688 0	210.758 4	237.989 3	268.785 3	303.600 6	342.944 7	387.388 7	437.572 6	494.213 1	558.111 8	630.165 5
21	134.840 5	153.138 5	174.021 0	197.847 4	225.025 6	256.017 6	291.346 9	331.605 9	377.464 8	429.680 9	489.109 8	556.717 3	633.592 7	720.964 2	820.215 1
22	157.415 0	180.172 1	206.344 8	236.438 5	271.030 7	310.781 3	356.443 2	408.875 3	469.056 3	538.101 1	617.278 3	708.030 9	811.998 7	931.043 8	1067.279 6
23	183.601 4	211.801 3	244.486 8	282.361 8	326.236 9	377.045 4	435.860 7	503.916 6	582.629 8	673.626 4	778.770 7	900.199 3	1040.358 3	1202.046 5	1388.463 5
24	213.977 6	248.807 6	289.494 5	337.010 5	392.484 2	457.224 9	532.750 1	620.817 4	723.461 0	843.032 9	982.251 1	1144.253 1	1332.658 6	1551.640 0	1806.002 6
25	249.214 0	292.104 9	342.603 5	402.042 5	471.981 1	554.242 2	650.955 1	764.605 4	898.091 6	1054.791 2	1238.636 3	1454.201 4	1706.803 1	2002.615 6	2348.803 3
26	290.088 3	342.762 7	405.272 1	479.430 6	567.377 3	671.633 0	795.165 3	941.464 7	1114.633 6	1319.489 0	1561.681 8	1847.835 8	2185.707 9	2584.374 1	3054.443 3
27	337.502 4	402.032 3	479.221 1	571.522 4	681.852 8	813.675 9	971.101 6	1159.001 6	1383.145 7	1650.361 2	1968.719 1	2347.751 5	2798.706 1	3334.842 6	3971.777 6
28	392.502 8	471.377 8	566.480 9	681.111 6	819.223 3	985.547 9	1185.744 0	1426.571 9	1716.100 7	2063.951 5	2481.586 0	2982.644 4	3583.343 8	4302.947 0	5164.310 9
29	456.303 2	552.512 1	669.447 5	811.522 8	984.068 0	1193.512 9	1447.607 7	1755.683 5	2128.964 8	2580.939 4	3127.798 4	3788.958 3	4587.680 1	5551.801 6	6714.604 2
30	530.311 7	647.439 1	790.948 0	966.712 2	1181.881 6	1445.150 7	1767.081 3	2160.490 7	2640.916 4	3227.174 3	3942.026 0	4812.977 1	5873.230 6	7162.824 1	8729.985 5

附表 4　年金现值系数表

n	1%	2%	3%	4%	5%	6%	7%	8%	9%	10%	11%	12%	13%	14%	15%
1	0.9901	0.9804	0.9709	0.9615	0.9524	0.9434	0.9346	0.9259	0.9174	0.9091	0.9009	0.8929	0.8850	0.8772	0.8696
2	1.9704	1.9416	1.9135	1.8861	1.8594	1.8334	1.8080	1.7833	1.7591	1.7355	1.7125	1.6901	1.6681	1.6467	1.6257
3	2.9410	2.8839	2.8286	2.7751	2.7232	2.6730	2.6243	2.5771	2.5313	2.4869	2.4437	2.4018	2.3612	2.3216	2.2832
4	3.9020	3.8077	3.7171	3.6299	3.5460	3.4651	3.3872	3.3121	3.2397	3.1699	3.1024	3.0373	2.9745	2.9137	2.8550
5	4.8534	4.7135	4.5797	4.4518	4.3295	4.2124	4.1002	3.9927	3.8897	3.7908	3.6959	3.6048	3.5172	3.4331	3.3522
6	5.7955	5.6014	5.4172	5.2421	5.0757	4.9173	4.7665	4.6229	4.4859	4.3553	4.2305	4.1114	3.9975	3.8887	3.7845
7	6.7282	6.4720	6.2303	6.0021	5.7864	5.5824	5.3893	5.2064	5.0330	4.8684	4.7122	4.5638	4.4226	4.2883	4.1604
8	7.6517	7.3255	7.0197	6.7327	6.4632	6.2098	5.9713	5.7466	5.5348	5.3349	5.1461	4.9676	4.7988	4.6389	4.4873
9	8.5660	8.1622	7.7861	7.4353	7.1078	6.8017	6.5152	6.2469	5.9952	5.7590	5.5370	5.3282	5.1317	4.9464	4.7716
10	9.4713	8.9826	8.5302	8.1109	7.7217	7.3601	7.0236	6.7101	6.4177	6.1446	5.8892	5.6502	5.4262	5.2161	5.0188
11	10.3676	9.7868	9.2526	8.7605	8.3064	7.8869	7.4987	7.1390	6.8052	6.4951	6.2065	5.9377	5.6869	5.4527	5.2337
12	11.2551	10.5753	9.9540	9.3851	8.8633	8.3838	7.9427	7.5361	7.1607	6.8137	6.4924	6.1944	5.9176	5.6603	5.4206
13	12.1337	11.3484	10.6350	9.9856	9.3936	8.8527	8.3577	7.9038	7.4869	7.1034	6.7499	6.4235	6.1218	5.8424	5.5831
14	13.0037	12.1062	11.2961	10.5631	9.8986	9.2950	8.7455	8.2442	7.7862	7.3667	6.9819	6.6282	6.3025	6.0021	5.7245
15	13.8651	12.8493	11.9379	11.1184	10.3797	9.7122	9.1079	8.5595	8.0607	7.6061	7.1909	6.8109	6.4624	6.1422	5.8474
16	14.7179	13.5777	12.5611	11.6523	10.8378	10.1059	9.4466	8.8514	8.3126	7.8237	7.3792	6.9740	6.6039	6.2651	5.9542
17	15.5623	14.2919	13.1661	12.1657	11.2741	10.4773	9.7632	9.1216	8.5436	8.0216	7.5488	7.1196	6.7291	6.3729	6.0472
18	16.3983	14.9920	13.7535	12.6593	11.6896	10.8276	10.0591	9.3719	8.7556	8.2014	7.7016	7.2497	6.8399	6.4674	6.1280
19	17.2260	15.6785	14.3238	13.1339	12.0853	11.1581	10.3356	9.6036	8.9501	8.3649	7.8393	7.3658	6.9380	6.5504	6.1982
20	18.0456	16.3514	14.8775	13.5903	12.4622	11.4699	10.5940	9.8181	9.1285	8.5136	7.9633	7.4694	7.0248	6.6231	6.2593
21	18.8570	17.0112	15.4150	14.0292	12.8212	11.7641	10.8355	10.0168	9.2922	8.6487	8.0751	7.5620	7.1016	6.6870	6.3125
22	19.6604	17.6580	15.9369	14.4511	13.1630	12.0416	11.0612	10.2007	9.4424	8.7715	8.1757	7.6446	7.1695	6.7429	6.3587
23	20.4558	18.2922	16.4436	14.8568	13.4886	12.3034	11.2722	10.3711	9.5802	8.8832	8.2664	7.7184	7.2297	6.7921	6.3988
24	21.2434	18.9139	16.9355	15.2470	13.7986	12.5504	11.4693	10.5288	9.7066	8.9847	8.3481	7.7843	7.2829	6.8351	6.4338
25	22.0232	19.5235	17.4131	15.6221	14.0939	12.7834	11.6536	10.6748	9.8226	9.0770	8.4217	7.8431	7.3300	6.8729	6.4641
26	22.7952	20.1210	17.8768	15.9828	14.3752	13.0032	11.8258	10.8100	9.9290	9.1609	8.4881	7.8957	7.3717	6.9061	6.4906
27	23.5596	20.7069	18.3270	16.3296	14.6430	13.2105	11.9867	10.9352	10.0266	9.2372	8.5478	7.9426	7.4086	6.9352	6.5135
28	24.3164	21.2813	18.7641	16.6631	14.8981	13.4062	12.1371	11.0511	10.1161	9.3066	8.6016	7.9844	7.4412	6.9607	6.5335
29	25.0658	21.8444	19.1885	16.9837	15.1411	13.5907	12.2777	11.1584	10.1983	9.3696	8.6501	8.0218	7.4701	6.9830	6.5509
30	25.8077	22.3965	19.6004	17.2920	15.3725	13.7648	12.4090	11.2578	10.2737	9.4269	8.6938	8.0552	7.4957	7.0027	6.5660

续表

n	16%	17%	18%	19%	20%	21%	22%	23%	24%	25%	26%	27%	28%	29%	30%
1	0.8621	0.8547	0.8475	0.8403	0.8333	0.8264	0.8197	0.8130	0.8065	0.8000	0.7937	0.7874	0.7813	0.7752	0.7692
2	1.6052	1.5852	1.5656	1.5465	1.5278	1.5095	1.4915	1.4740	1.4568	1.4400	1.4235	1.4074	1.3916	1.3761	1.3609
3	2.2459	2.2096	2.1743	2.1399	2.1065	2.0739	2.0422	2.0114	1.9813	1.9520	1.9234	1.8956	1.8684	1.8420	1.8161
4	2.7982	2.7432	2.6901	2.6386	2.5887	2.5404	2.4936	2.4483	2.4043	2.3616	2.3202	2.2800	2.2410	2.2031	2.1662
5	3.2743	3.1993	3.1272	3.0576	2.9906	2.9260	2.8636	2.8035	2.7454	2.6893	2.6351	2.5827	2.5320	2.4830	2.4356
6	3.6847	3.5892	3.4976	3.4098	3.3255	3.2446	3.1669	3.0923	3.0205	2.9514	2.8850	2.8210	2.7594	2.7000	2.6427
7	4.0386	3.9224	3.8115	3.7057	3.6046	3.5079	3.4155	3.3270	3.2423	3.1611	3.0833	3.0087	2.9370	2.8682	2.8021
8	4.3436	4.2072	4.0776	3.9544	3.8372	3.7256	3.6193	3.5179	3.4212	3.3289	3.2407	3.1564	3.0758	2.9986	2.9247
9	4.6065	4.4506	4.3030	4.1633	4.0310	3.9054	3.7863	3.6731	3.5655	3.4631	3.3657	3.2728	3.1842	3.0997	3.0190
10	4.8332	4.6586	4.4941	4.3389	4.1925	4.0541	3.9232	3.7993	3.6819	3.5705	3.4648	3.3644	3.2689	3.1781	3.0915
11	5.0286	4.8364	4.6560	4.4865	4.3271	4.1769	4.0354	3.9018	3.7757	3.6564	3.5435	3.4365	3.3351	3.2388	3.1473
12	5.1971	4.9884	4.7932	4.6105	4.4392	4.2784	4.1274	3.9852	3.8514	3.7251	3.6059	3.4933	3.3868	3.2859	3.1903
13	5.3423	5.1183	4.9095	4.7147	4.5327	4.3624	4.2028	4.0530	3.9124	3.7801	3.6555	3.5381	3.4272	3.3224	3.2233
14	5.4675	5.2293	5.0081	4.8023	4.6106	4.4317	4.2646	4.1082	3.9616	3.8241	3.6949	3.5733	3.4587	3.3507	3.2487
15	5.5755	5.3242	5.0916	4.8759	4.6755	4.4890	4.3152	4.1530	4.0013	3.8593	3.7261	3.6010	3.4834	3.3726	3.2682
16	5.6685	5.4053	5.1624	4.9377	4.7296	4.5364	4.3567	4.1894	4.0333	3.8874	3.7509	3.6228	3.5026	3.3896	3.2832
17	5.7487	5.4746	5.2223	4.9897	4.7746	4.5755	4.3908	4.2190	4.0591	3.9099	3.7705	3.6400	3.5177	3.4028	3.2948
18	5.8178	5.5339	5.2732	5.0333	4.8122	4.6079	4.4187	4.2431	4.0799	3.9279	3.7861	3.6536	3.5294	3.4130	3.3037
19	5.8775	5.5845	5.3162	5.0700	4.8435	4.6346	4.4415	4.2627	4.0967	3.9424	3.7985	3.6642	3.5386	3.4210	3.3105
20	5.9288	5.6278	5.3527	5.1009	4.8696	4.6567	4.4603	4.2786	4.1103	3.9539	3.8083	3.6726	3.5458	3.4271	3.3158
21	5.9731	5.6648	5.3837	5.1268	4.8913	4.6750	4.4756	4.2916	4.1212	3.9631	3.8161	3.6792	3.5514	3.4319	3.3198
22	6.0113	5.6964	5.4099	5.1486	4.9094	4.6900	4.4882	4.3021	4.1300	3.9705	3.8223	3.6844	3.5558	3.4356	3.3230
23	6.0442	5.7234	5.4321	5.1668	4.9245	4.7025	4.4985	4.3106	4.1371	3.9764	3.8273	3.6885	3.5592	3.4384	3.3254
24	6.0726	5.7465	5.4509	5.1822	4.9371	4.7128	4.5070	4.3176	4.1428	3.9811	3.8312	3.6918	3.5619	3.4406	3.3272
25	6.0971	5.7662	5.4669	5.1951	4.9476	4.7213	4.5139	4.3232	4.1474	3.9849	3.8342	3.6943	3.5640	3.4423	3.3286
26	6.1182	5.7831	5.4804	5.2060	4.9563	4.7284	4.5196	4.3278	4.1511	3.9879	3.8367	3.6963	3.5656	3.4437	3.3297
27	6.1364	5.7975	5.4919	5.2151	4.9636	4.7342	4.5243	4.3316	4.1542	3.9903	3.8387	3.6979	3.5669	3.4447	3.3305
28	6.1520	5.8099	5.5016	5.2228	4.9697	4.7390	4.5281	4.3346	4.1566	3.9923	3.8402	3.6991	3.5679	3.4455	3.3312
29	6.1656	5.8204	5.5098	5.2292	4.9747	4.7430	4.5312	4.3371	4.1585	3.9938	3.8414	3.7001	3.5687	3.4461	3.3317
30	6.1772	5.8294	5.5168	5.2347	4.9789	4.7463	4.5338	4.3391	4.1601	3.9950	3.8424	3.7009	3.5693	3.4466	3.3321

参 考 文 献

[1] 荆新,王化成,刘俊彦.财务管理学[M].8版.北京:中国人民大学出版社,2020.

[2] 财政部会计资格评价中心.财务管理[M].北京:经济科学出版社,2020.

[3] 陈玉菁,赵洪进,顾晓安.财务管理:实务与案例[M].4版.北京:中国人民大学出版社,2019.

[4] 劳伦斯·J.吉特曼,查德·J.祖特.财务管理基础[M].7版.路蒙佳,译.北京:中国人民大学出版社,2018.

[5] 达江,中华会计网校.中级财务管理[M].北京:中国商业出版社,2021.

[6] 王化成,佟岩,黎来芳,等.财务管理[M].6版.北京:中国人民大学出版社,2020.

[7] 斯蒂芬·佩因曼.财务报表分析与证券定价[M].北京:中国财政经济出版社,2002.

[8] 张薇,刘美艳,高微.财务管理[M].北京:清华大学出版社,2015.

[9] Richard A.Brealey,Stewart C. Myers.Principles of Corporate Finance[M].12版.北京:机械工业出版社,2021.

[10] 张新民,钱爱民.财务报表分析[M].5版.北京:中国人民大学出版社,2019.

[11] 江涛.财务预算与控制[M].成都:西南财经大学出版社,2017.

[12] 切奥尔·S.尤恩,布鲁斯·G.雷斯尼克.国际财务管理[M].赵银德,刘瑞文,赵叶灵,译.北京:机械工业出版社,2018.

[13] 王化成,刘亭立,邓路,等.高级财务管理学[M].4版.北京:中国人民大学出版社,2017.